A^{t}V

CALEL PERECHODNIK wurde am 8. 9. 1916 in Warschau als Sohn jüdischer Eltern geboren. Im Anschluß an sein Agronomiestudium in Frankreich kehrte er 1937 nach Polen zurück. 1938 heiratete er und zog nach Otwock, einer Kleinstadt in der Nähe Warschaus. Nach der Errichtung der Ghettos wurde er 1941 Ghetto-Polizist. Seine in diesem Buch vorliegenden Erinnerungen schrieb er 1943 in seinem Warschauer Versteck nieder. Beim Warschauer Aufstand 1944 verbrannte er in einem Bunker.

Die nationalsozialistische Vernichtungsmaschinerie ist durch einen besonders perfiden Aspekt gekennzeichnet: Sie benutzte systematisch Juden als Mittäter des Holocaust, sie machte Opfer zu Tätern.
   Calel Perechodnik ist einer von denen, die sich zu Komplizen der Nazis machen ließen. Er meldete sich freiwillig als Ghetto-Polizist. Seine Hoffnung, dadurch Frau und Kind zu retten, erweist sich als trügerisch. Er selbst bringt beide zur Sammelstelle für die Deportationen nach Treblinka und begreift erst im letzten Moment, daß sie nicht verschont bleiben sollen, sondern mit den anderen abtransportiert und ermordet werden.

Calel Perechodnik

Bin ich ein Mörder?

Das Testament eines jüdischen Ghetto-Polizisten

Aufbau Taschenbuch Verlag

Titel der Originalausgabe:

התפקיד העצוב
של התיעוד
יומן מחבוא

ISBN 3-7466-1589-5

1. Auflage 1999
Aufbau Taschenbuch Verlag GmbH, Berlin
© für die deutsche Ausgabe Dietrich zu Klampen Verlag GbR, Lüneburg 1997
© der Originalausgabe by Keter Publishing House, Jerusalem 1993
Umschlaggestaltung Preuße & Hülpüsch Grafik Design
Vordergrundfoto: Perechodnik mit seiner Tochter
Hintergrundfoto: anonym
Druck Clausen & Bosse, Leck
Printed in Germany

Inhalt

Micha Brumlik
Mittäter und Zeuge im Inferno
Die Lebensbeichte des Calel Perechodnik

Daß Juden im Holocaust Juden ausgeliefert und ihren Mördern preisgegeben haben, hat seit dem Ende des Zweiten Weltkriegs die jüdische Gemeinschaft immer wieder aufgewühlt. Schon kurz nach dem Krieg haben Debatten über jüdische Kapos die Beziehungen in den jüdischen Gemeinden vergiftet, schon während des Krieges hat der Streit darüber, wer wen retten konnte und es dennoch nicht getan hat, alle Rettungsanstrengungen begleitet und überschattet. Diese Auseinandersetzung auf Begriffe gebracht und damit öffentlich diskutierbar gemacht zu haben, war das Verdienst Hannah Arendts, die bei ihren Einlassungen von der historischen Forschung Raul Hilbergs zehren konnte. Beiden ist gemeinsam, daß sie das, worüber sie ebenso kühl wie treffsicher urteilten, nicht aus eigener Erfahrung kannten.

Hannah Arendt hat mit ihrem erstmals 1964 erschienenen Buch *Eichmann in Jerusalem*, in dem sie die Formel von der »Banalität des Bösen« geprägt hat, nicht nur einen wesentlichen Beitrag zur Aufklärung der Möglichkeit der Massenvernichtung des jüdischen Volkes geliefert, sondern zugleich eine der bittersten Debatten jüdischer Selbsterforschung ausgelöst. »In Amsterdam wie in Warschau, in Berlin wie in Budapest«, so führt sie im siebten Kapitel ihrer Studie unter dem Titel *Die Wannseekonferenz oder Pontius Pilatus* aus, »konnten sich die Nazis darauf verlassen, daß jüdische Funktionäre Personal- und Vermögenslisten ausfertigen, die Kosten für Deportation und Vernichtung bei den zu Deportierenden aufbringen, frei gewordene Wohnungen im Auge behalten und Polizeikräfte zur Verfügung stellen würden, um die Juden zu ergreifen und auf die Züge zu bringen ...«

Mit den jetzt vorliegenden, im Jahr 1943 abgeschlossenen Memoiren des Calel Perechodnik, eines rechtszionistischen, intellektuell ambitionierten Ingenieurs, liegt zum ersten Mal der authentische Bericht eines Juden vor, der selbst Teil der Mordmaschinerie wurde. Mit dem Text Perechodniks, der zunächst in einem Kurort in der Nähe von Warschau, in Otwock, Ghettopolizist war, um später im

Untergrund, auf der »arischen« Seite, die Liquidation des Warschauer Ghettos zu überleben, und schließlich – im Zuge des Warschauer Aufstandes von 1944 – zu sterben, erreicht uns die Stimme eines Menschen, der alle Schranken, die die menschliche Grundbefindlichkeit umreißt, überschritten hat. Menschen sind – und sei es sogar aus Eigeninteresse – von ihrer Natur her darauf angelegt, enge Bindungen einzugehen, Bindungen, die im Fall der Gründung von Familien bei aller Ambivalenz doch mindestens dahin tendieren, den eigenen Nachfahren, sofern sie als Kinder mit ihren Eltern zusammengelebt haben, das Überleben zu sichern, sie zumindest nicht selbst umzubringen. Man mag dahin gestellt sein lassen, ob die unter den meisten Menschen stabil gehaltene Erfahrung, daß die Kinder nicht vor den Eltern sterben und die Eltern daran schon gar nicht mittun, anthropologischer oder nur »kultureller« Art sind. Schließlich mangelt es nicht an Beispielen dafür, daß Kinder von den Eltern mißhandelt und umgebracht werden. Aber daß ein Vater, der Frau und Tochter zärtlich liebte, in eine Situation gebracht wurde, in der ihm nach eigenem Verständnis nichts anderes übrig blieb, als sie auszuliefern, übersteigt alle normalen Erwartungen an zwischenmenschliches Zusammenleben.

Calel Perechodnik mußte nicht nur mit ansehen, wie ukrainische und deutsche Polizisten oder Milizionäre Juden aus nächster Nähe erschossen und die Leichen zu Hunderten unter die Erde brachten. Calel Perechodnik war auch als Polizist versucht, sein Schicksal und das Schicksal seiner Familie auf Kosten anderer Menschen zu retten und wurde dabei auf das Grausamste getäuscht.

Uns liegt die Lebensbeichte eines Mannes vor, der nicht nur sein Herz verhärten mußte, sondern darüber hinaus am Tode der Schwester seiner Frau und seiner Tochter schuldig wurde, eines Mannes, der seine engste Familie auf den Deportationssammelplatz brachte, als das Ghetto von Otwock liquidiert wurde, um miterleben zu müssen, wie seine Schwägerin sich vergiftete, um nicht in Treblinka vergast zu werden.

»Tochter, Tochter«, so gedenkt dieser Vater seines Kindes, »heute wirst du zwei Jahre alt. Ach, wenn ich es gewußt hätte, vielleicht hätte ich dich vor zwei Jahren mit meinen eigenen Händen erdros-

8

selt. O Tochter, kommt deine Mutter deinetwegen um oder kommst du wegen der Dummheit deiner Eltern um?«

Wer das erlebt hat, hat Grenzen überschritten, die normale Sterbliche nicht erfassen können. Jean Amery, der Auschwitz überlebte und sich schließlich selbst umbrachte, hat es ausgesprochen: wer unter der Folter war, wird in der Welt nimmer heimisch. Die Intensität dieser Erfahrung läßt sich kaum steigern, und dennoch: die Lebensgeschichte des Calel Perechodnik, ungelenk und nicht immer schlüssig erzählt, beweist, daß auch die Folter noch nicht der letzte Schritt war, zu dem die Nationalsozialisten ihre jüdischen Opfer zwangen. Die Geschichte des Calel Perechodnik ist auf jeder Seite ein Zeugnis dafür, wie Menschen sich umso tiefer in Verbrechen, Lüge und Mord verstricken, je stärker sie sich daran klammern, daß die verkehrte Welt, in die sie gezwungen wurden, einen nachvollziehbaren Sinn hat. Das im wahrsten Sinne des Wortes Diabolische, das grundsätzlich verkehrte und nicht nur un-, sondern geradezu widervernünftige der nationalsozialistischen Judenghettos bestand ja darin, eine Kulisse des Normalen zu etablieren, unter dem Vorwand von erbärmlichen, aber doch Normalität ausstrahlenden Arbeitsverhältnissen von nachvollziehbaren Verwaltungsakten und Planungshorizonten eine Gegenrationalität zu installieren, deren Ziel und Zweck alleine der Tod war.

Dem Opfer, das als Täter Zeuge wurde, Calel Perechodnik, ist das früh aufgefallen. Seine These, daß der irregeleitete, auch wissenschaftliche Genius des deutschen Volkes deutschen Wissenschaftler mit ihrem Willen, die Juden auszurotten, vor einem für Normalsterbliche unlösbaren Problem standen, das nur ein Volk von so hohem zivilisatorischem und kulturellen Niveau wie die Deutschen lösen konnte, benennt die Details dieses Programms präzise. Dabei gibt er seiner Analyse eine intentionalistische Färbung, die man nicht teilen muß. Auf jeden Fall: wenn hinter alledem eine Absicht, ein Plan oder eine Logik verborgen war, so konnte sie auch beschrieben werden:

»Sie standen vor dem Problem, ausnahmslos alle Juden des Generalgouvernements umzubringen, wobei folgende Bedingungen zu erfüllen waren: Die Juden sollen nicht merken, daß über sie das Todesurteil gefällt worden ist; die Juden sollen sich nicht wehren …;

die Juden selber sollen dabei helfen, diese Drecksarbeit zu tun ...; jüdische Leichen sollen durch Juden bestattet werden ...; jeder einflußreiche oder vermögende Jude soll hundertprozentig davon überzeugt sein, daß man ihn nicht im Sinne hat; die abtransportierten Juden sollen nicht merken,daß sie in den Tod fahren; die Juden sollen im Augenblick des Todes nicht rasend werden, die am Leben gebliebenen sollen jedoch bis zum letzten Augenblick im Unklaren über ihr Schicksal bleiben ...«

Der Zeuge des Infernos, für den die Hölle nicht mehr die anderen waren, sondern der die Erfahrung machen mußte, daß er selbst für andere zur Hölle wurde und seither die Hölle in sich trug, war es als naturwissenschaftlich gebildeter Ingenieur gewöhnt, Erklärungen zu suchen und zu finden. Anders als Arendt, die ihr Urteil über die zur Kollaboration ebenso gezwungenen wie persönlich und moralisch verführten Judenräte aus der sicheren Entfernung von zwanzig Jahren und der Erfahrung der Emigration abgab, zeiht Perechodnik die Angehörigen des eigenen Volkes weder der Dummheit noch der Naivität. Er erklärt ihr und damit sein Mittun mit dem tiefen Glauben an die kulturellen Errungenschaften des zwanzigsten Jahrhunderts, mit dem »Unverständnis gegenüber der Mentalität, der Blutrünstigkeit der Hunnen, die sich allen menschlichen und christlichen Regeln widersetzen.«

Die Deutschen, die Perechodnik erlebte, waren alles andere als banal – sie waren schlau, zielbewußt, mit einem wachen Blick für die Schwächen ihrer Opfer. »Ehre sei dir, deutscher Genius, der du es geschafft hast, die Menschen so zu verdummen, ... daß sie sich wie Schafe drängten, um auf ihre Henker zu warten.« In Perechodniks Erinnerungen taucht die façon de parler von den Schafen, die sich zur Schlachtbank führen ließen, ein erstes Mal auf, eine Formel, die in den ersten Jahren des Staates Israel immer wieder den Überlebenden und den Ermordeten entgegengehalten wurden. Der geprüfte Zeuge, ein Hiob mit Blut an den Händen, spricht es aus: Niemand, der dies durchgemacht hat, muß sich dafür verantwortlich erklären, niemand muß sich dafür entschuldigen, von anderen Menschen, vor allem von Deutschen, nicht das Schlimmste angenommen haben und am Horizont eines durchschnittlichen Alltags festgehalten zu haben.

Wer will, wer vermag darüber zu urteilen, ob diese Analyse der Selbstentlastung dient? Und wer wollte, sogar wenn dem so wäre, behaupten, daß die Analyse nicht gleichwohl zutrifft? All jene nämlich, die heute aus der Höhe einer kühl-distanzierten Theoriebildung bestreiten, daß dem Prozeß der Massenvernichtung eine böse Absicht zugrundelag, werden sich gleichwohl mit dieser Erfahrung der Opfer auseinandersetzen müssen – mit einer Erfahrung, die in ihrer Zeit – aus einiger Distanz betrachtet – gar keine andere Deutung zuließ. Diese Perspektive führt zur offenen Artikulation von Rachephantasien, die einem auch heute noch das Blut in den Adern gefrieren lassen:

»Für meine kleine Tochter, für alle jüdischen Kinder würde ich hundertfach Rache nehmen. Mein Herz bebt schon vor Freude, die blassen Wangen erröten freudig bei dem Gedanken, welche psychischen und physischen Torturen ich den Deutschen vor ihrem Tod zufügen würde. Und dann, durch Blut und Rache gesättigt, kann ich zusammen mit meinen Feinden untergehen.«

Verzweiflung und Inferno führen zusammen mit der schon in den dreißiger Jahren ausgebildeten rechtszionistischen Einstellung, nach dem erzwungenen Verrat an der eigenen Familie, im polnischen Versteck zu einer zutiefst geschichtspessimistischen Einstellung, die jenseits aller Verzweiflung an Aufklärung und Demokratie nur noch an eines glauben kann: an die Errichtung eines jüdischen Staates nach dem Sieg der demokratischen Welt über Deutschland. Gleichgültig wieviele Juden den Mord überleben werden, wichtig ist nicht mehr die Zahl der Überlebenden, die nur noch als »Kleinigkeit« bezeichnet wird, sondern das freie Leben und sei es auch nur einer Handvoll von Juden in Palästina.

Früh schon flucht der Zeuge allen, die nicht seiner Meinung sind und – handele es sich nun um Ultraorthodoxe, Linke, Nichtzionisten oder Liberale – mit ihren optimistischen und vertrauensvollen Grundhaltungen eine rechtzeitige Evakuierung nach Palästina verhindert hätten. Ein Fluch, von dem nicht zu verkennen ist, daß er nicht zuletzt dem Autor selbst gilt. Dieser Hiob schickt sich nicht mehr in sein Schicksal und vertraut auf Gott, nein, er bestreitet Gott, bestreitet das Judentum, flucht sich selbst und huldigt der Rache sogut wie dem extremen Nationalismus. Nicht alle, wahrscheinlich nicht einmal die meisten, die das Inferno überstanden haben, reagierten ähnlich. Aber es waren eben doch mehr als nur einer. Gewiß ist nicht alle Politik der rechtsgerichteten israelischen Regierung mehr als fünfzig Jahre nach der Befreiung der Lager alleine aus dieser historischen Hypothek zu verstehen – aber wer sie nicht zur Kenntnis nimmt, hat gleichermaßen nichts verstanden.

Die Lebensbeichte des Calel Perechodnik ist ein document humain, das man kaum anders als mit Schaudern zur Kenntnis nehmen kann, ein document humain, das vor allem in Deutschland mit großer Aufmerksamkeit und Sorgfalt gelesen werden sollte. Die Lebensbeichte des Calel Perechodnik beweist, daß es noch Schlimmeres gab als die massenhafte, planmäßige Tötung menschlichen Lebens: diese Memoiren zeugen nicht von einer toten, sondern von einer ermordeten Seele. An einer Stelle bekundet der Zeuge seinen Atheismus so gut wie seinen Glauben an die Unsterblichkeit der Seele. Dem können wir so keinen Sinn abgewinnen. Aber vielleicht wäre es im Sinne dieses Verzweifelten gewesen, wenn er wüßte, daß mindestens einige Menschen des von ihm gehaßten und ob seiner instrumentellen Begabungen bewunderten deutschen Volkes bereit sind, seine Erfahrungen zu beglaubigen.

Calel Perechodnik
Bin ich ein Mörder?

Motto:

Naître Juif ce n'est pas une honte,
*   c'est un malheur!*
Ma femme bien aimée Annie,
*   seras tu vengée?*
Ma petite fille Athalie,
*   seras tu vengée?*
Les cendres de 3 millions hommes,
femmes, enfants juifs, brulés à Treblinka
*   serez-vous vengés?*

S. N.   (Sadyzmowi Niemieckiemu

P. P.   (Polskiej Podłości

T. Ż.   (Tragedii Żydowskiej

Als Jude geboren zu werden, ist keine Schande,
es ist ein Unglück!
Meine geliebte Frau Anna,
wirst Du gerächt werden?
Meine kleine Tochter Athalia,
wirst Du gerächt werden?
Die Asche drei Millionen jüdischer Männer,
Frauen, Kinder, in Treblinka verbrannt,
werdet Ihr gerächt werden?

– dem deutschen Sadismus)

– der polnischen Niedertracht)

– der jüdischen Tragödie)

widme ich meine Memoiren

Warschau, 7. Mai bis 19. August 1943
Epilog 19. Oktober 1943

7. Mai 1943. Ich, Calel Perechodnik, Ingenieur der Agronomie, der ich den Typus des durchschnittlich gebildeten Juden verkörpere, werde mich bemühen, den Werdegang meiner Familie während der deutschen Okkupation zu beschreiben.

Es ist keine literarische Arbeit, denn es fehlt mir an Begabung und an Ehrgeiz. Es ist auch keine Geschichte des polnischen Judentums. Es ist kein Tagebuch, denn ich habe alle persönlichen Momente getilgt, da sie nur mich betreffen. Es sind vielmehr die Memoiren eines Juden und seiner jüdischen Familie.

Im Grunde genommen ist es die Beichte meines Lebens, eine aufrichtige und ehrliche Beichte. Doch leider glaube ich nicht an die Absolution durch Gott, und unter den Menschen gibt es einzig nur meine Frau, die mir vergeben könnte – die es aber nicht tun sollte. Sie lebt nicht mehr. Sie kam ums Leben wegen des deutschen Vandalismus und im besonderen Maße wegen meines Leichtsinns. Ich bitte daher, diese Memoiren als letzte Beichte zu betrachten.

Ich gebe mich keinen Illusionen hin, denn früher oder später werde auch ich das Los aller Juden aus ganz Polen teilen. Sie werden mich eines schönen Tages auf ein Feld führen, mir befehlen, ein Grab für mich auszuheben, mich auszuziehen und mich hineinzulegen, ich werde dann eines schnellen Todes durch eine Revolverkugel sterben. Die Erde wird plattgemacht, und ein polnischer Bauer wird sie pflügen und an dieser Stelle Roggen oder Weizen säen. Ich habe schon so viele Hinrichtungen gesehen, daß ich nur die Augen zu schließen brauche, um Einzelheiten meines eigenen Todes zu sehen.

Ich bitte nicht um Absolution; wenn ich an Gott, an Himmel, an Hölle, an Belohnung oder Strafe nach dem Tode glaubte, würde ich überhaupt nicht schreiben. Mir genügte die Gewißheit, daß alle Deutschen nach dem Tod in der Hölle schmoren werden. Aber leider, beten – kann ich nicht, zu glauben – vermag ich nicht!

Folglich bitte ich die ganze demokratische Welt, die Engländer, Amerikaner, Russen, die Juden in Palästina, daß sie unsere Frauen und Kinder rächen mögen, die bei lebendigem Leibe in Treblinka verbrannt wurden. Wir Judenmänner sind es nicht wert, gerächt zu werden! Wir sind durch eigene Schuld gefallen und das nicht auf dem Feld der Ehre.

Ich würde gerne die Geschichte aller jüdischen Familien in Polen beschreiben, aber ich bin der Meinung, daß ein jeder durch meine Geschichte hindurch leicht auch die Geschichten aller Juden aus ganz Polen sehen kann.

Mein Leben ist typisch, weil ich mich weder eines hervorragenden Verstandes rühmen darf, noch ist mir zufälliges Glück zuteil geworden, wegen dem es mir besser ergangen wäre als anderen. O nein! Alle Torheiten, alle Fehler, die die Juden begangen haben, beging auch ich. Alles Unglück, alle Tragödien, die sie trafen – die trafen mich in gleicher Weise. So ist es denn auch die Geschichte Eines von Vielen, Eines von Millionen unglücklicher Menschen, die leider als Juden geboren wurden – gegen ihren Willen und zu ihrem Unglück.

Ich wurde in Warschau am 8. September 1916 geboren, in die Familie sehr durchschnittlicher, gewöhnlicher Juden aus der sogenannten Mittelschicht. Es waren ehrliche Leute, mit einem großen Familiensinn, der sich als Liebe und Verbundenheit zu den Eltern und als materielle Zuwendung zu den Kindern zeigte.

Ich betone »materiell«, weil weder mich noch meine Geschwister irgendwelche geistigen Bande mit den Eltern verbunden haben. Sie bemühten sich nicht, oder vermochten es nicht, uns zu verstehen. Jeder von uns erzog sich selber.

Unter dem Einfluß der Schule, der Freunde, der gelesenen Bücher, im Gefühl materieller Unabhängigkeit und in der Atmosphäre tatsächlicher Freiheit des Wortes und des Gedankens, besonders in den Jahren 1925–1935.

Mit meinem Bruder gehörte ich *Bejtar* an – einer zionistischen Organisation, die die Bildung eines unabhängigen Judenstaates in Palästina propagierte.

Das hinderte mich nicht im geringsten daran, mich als einen guten polnischen Patrioten zu empfinden. Ich verehrte die polnische Dichtung, die aus der Zeit, als Polen seine Souveränität verloren hatte, besonders die Dichtung Mickiewicz'. Sie sprach mein Herz an, denn ich bezog sie auf die Geschichte der Juden. In meiner Naivität meinte ich, daß gerade die Polen, die so lange von ihren Feinden unterdrückt worden sind, uns Juden sehr gut verstehen müßten, sie sollten mit uns mitfühlen und uns nach Möglichkeit helfen.

Obschon ich nicht besonders religiös war, glaubte ich damals an Gott, ich glaubte an den historischen Auftrag des Judentums, ich glaubte an den Auftrag, Kultur unter den Völkern der Welt zu verbreiten. Ich war gleichermaßen stolz auf Spinoza, auf Einstein und andere jüdische Geistesgrößen.

Über den Antisemitismus dachte ich nicht besonders nach. Ich war der tiefen Überzeugung, daß mit dem gesellschaftlichen Fortschritt und der Zunahme der zivilisatorischen Errungenschaften der Menschheit der Antisemitismus automatisch aussterben müßte, und ich war überzeugt, daß sich die Menschheit in ihrer Entwicklung immer mehr den Idealen der Französischen Revolution – Freiheit, Gleichheit, Brüderlichkeit – annähern wird.

Ich sagte mit Asnyk,

> Was Wut zunichte macht,
> was Frevel zerstört,
> das baut die Liebe aus
> Trümmern wieder auf[1].

Im übrigen möchte ich anmerken, daß ich mit dem praktischen Antisemitismus keinen persönlichen Kontakt hatte. Ich konnte zwar nicht an der Universität Warschau studieren, dafür hatte ich aber die Möglichkeit, nach Frankreich zu reisen, um Agronomie zu studieren.

Die Zeit, die ich in Toulouse gelebt habe, gehört zu den liebsten Erinnerungen meines Lebens.

Diese Freiheit, diesen Respekt vor anderen Menschen, diese Meinungsfreiheit fand man wohl in keinem anderen Land.

Sie mochten zwar die Polen nicht besonders, da sie die meisten für *bandits polonais** hielten. Aber das wurde nicht ernst genommen.

Im Jahre 1935 war es schwierig, einem durchschnittlichen Franzosen den Unterschied zwischen *vrai polonais, juif polonais* und *citoyen polonais*** zu erklären.

Sie meinten, daß es zwischen den ersten beiden Definitionen keinen Unterschied gäbe, so daß sie in der Bezeichnung *citoyen polonais* mündeten.

---

* polnische Banditen (franz.).

** einem wahrem Polen, einem polnischen Juden, einem polnischen Bürger (franz.).

In dieser freiheitlichen Atmosphäre, inmitten von Menschen mit ebensolchen Ansichten, kamen mir Presseberichte über verschiedene antijüdische Krawalle an der Warschauer Universität äußerst merkwürdig vor. Ich konnte es damals nicht glauben, ich konnte es mir nicht vorstellen, daß man so einfach auf einen Bekannten oder auch Unbekannten zugehen könnte, um ihm eines aufs Auge zu schlagen oder ihn zu verprügeln, nur weil er als Jude auf die Welt kam.

Nach Abschluß des Studiums mit der Note *très bien, avec felicitations du Jury** schrieb ich eine Diplomarbeit über dieHanfkulturen in Polen – eine Arbeit, derer sich kein gebürtiger Pole schämen müßte, wegen verschiedener Schlußfolgerungen, die ich bezüglich der oben erwähnten Kulturen zog.

Im letzten Moment, das heißt am 10. Juli 1937, hielt ich vor dem Direktor, dem Dekan und dem Professor eine Rede.

Darin dankte ich nicht für die verschiedenen Lehren, die ich während meines dreijährigen Aufenthaltes am Toulouser Institut erhielt, denn für gewöhnlich vergißt der Mensch schnell das Gelernte. Vielmehr dankte ich dafür, daß man mich lehrte »logisch zu denken«, neue wissenschaftliche als auch lebenspraktische Probleme zu lösen, gestützt auf der Ganzheit des erworbenen Wissens und der angeborenen Intelligenz. Aber leider sprach damals die Eitelkeit aus mir. Ich dachte, ich könnte denken und logische Schlüsse ziehen, aber im gegebenen Augenblick mußte ich auf tragische Weise erkennen, daß dies nicht so ist. Mit dem Blut meiner Allernächsten und Allerliebsten mußte ich die mangelnde Denkfähigkeit bezahlen, aber davon später.

Vor der endgültigen Abreise aus Frankreich habe ich noch die Weltausstellung in Paris besucht und kehrte dann nach Polen zurück als einundzwanzigjähriger Diplom-Ingenieur. Obwohl ich noch für ein Jahr vom Militärdienst zurückgestellt war, trat ich eine Woche nach meiner Rückkehr vor die Kommission. Ich bekam die Kategorie A, aber weil Polen eine so starke Macht war, eine so schlagkräftige Armee besaß und so viele diplomierte Ingenieure in Offiziersrängen hatte, war meine Person überflüssig.

* Sehr gut, mit den Glückwünschen der Prüfungskommission. (franz.)

Schließlich, reden wir nicht drumherum, bekam ich den Vermerk »überzählig«. So wie mir erging es meinem Bruder, ebenfalls Ingenieur, sowie all meinen jüdischen Kollegen mit mittlerer oder höherer Bildung – nur deshalb, weil man keine jüdischen Offiziere in der polnischen Armee haben wollte.

Ich bekenne ehrlich, daß ich nicht sonderlich traurig darüber war. Ich wollte doch nur loyal meine Pflicht gegenüber dem Land erfüllen, das mir die Möglichkeit zu leben bot, das mir eine gewisse Rechtssicherheit garantierte und dem ich nur das Beste wünschte.

Mir ist völlig klar, daß es mir kein Pole glauben wird, aber Leute, versteht mich doch! Im Wohlstand Polens sah ich meinen eigenen Wohlstand.

Ich war den Geboten des Propheten Elias treu, der den Juden in babylonischer Gefangenschaft empfohlen hat, nicht für den Untergang, sondern für den Wohlstand dieses Landes zu beten, denn er werde auch ihnen zuteil.

Was tun? Ich muß wohl meine Bindung an Polen mit materialistischen und egoistischen Motiven begründen. Wenn ich also schreiben würde, ich sei ehrlich und selbstlos mit Polen verbunden, kannte die polnische Dichtung besser und schätzte sie mehr als so mancher gebildete Pole, die polnische Sprache sei ja auch meine Muttersprache, in dieser Sprache eröffnete ich auch dem geliebten Mädchen, was ich für es empfand – solche oder ähnliche Worte würde mir niemand glauben, und deshalb möchte ich auch darüber nicht schreiben.

Im August 1938 fand meine Hochzeit mit Anna Nusfeld statt, einem Mädchen, das außer mir keine Welt gesehen hat, und das ich seit 1932 liebte. Meine Gattin war Mitinhaberin des Kinos »Oase« in Otwock. Sie hatte keine Eltern mehr, beide verstarben, als sie noch Kind war. Die alte Großmutter zog sie und ihre Geschwister auf. In Wirklichkeit zogen sie sich selber groß.

Als junge Leute haben sie dann mit eigenen Kräften ein schönes Kino erbaut, auf einem vom Großvater geerbten Grundstück.

Man kann mit Bestimmtheit sagen, daß sie sich nach 20-jähriger Qual und unmenschlicher Schufterei eine Stellung erarbeitet haben. Sie wollten sogar noch ein Kino in Otwock bauen, aber der Bürgermeister war damit nicht einverstanden. Es war ihm lieber, daß es kein Kino gäbe, als daß es einem Juden gehören sollte. Aber lassen wir das.

Ich möchte betonen, daß meine Gattin keine besondere Bildung genoß, doch sie war eine überaus intelligente und kluge Frau.

Ich erinnere noch, als ich vor der Militärkommission stand und mich der Arzt im Majorsrang fragte, ob mein ausländisches Diplom in Polen maßgeblich ist, um eine militärische Position zu bekommen. Ich weiß nicht, ob er ernsthaft gefragt hat oder ob er Witze machte. Ich jedenfalls war überzeugt, daß ich eher zehn Diplome machen könnte und trotzdem keine leitende Stellung in Polen bekommen würde.

Weil ich nicht vom Geld meiner Frau leben wollte, habe ich zusammen mit meinem Onkel Góralski ein Geschäft mit Baumaterialien betrieben. Der Betrieb konnte mir und meiner Frau einen vollständigen Unterhalt sichern. Das Geld vom Kino verwendeten wir für die Tilgung alter Hypothekenschulden, für eine aufwendige Wohnungseinrichtung und für unsere Garderobe. Zusammengenommen war ich mit meinen 22 Jahren kein reicher, aber ein glücklicher Mensch. Ich hatte eine liebe Frau, hatte meine Arbeit, war eingerichtet und darüber hinaus von niemandem materiell abhängig.

Man könnte mich fragen, warum ich damals nicht nach Palästina ausgereist bin, als Zionist hätte ich es doch tun müssen? Ich beantworte diese Frage: Erstens bin ich wegen meiner Frau nicht gereist. Zwanzig Jahre lang hat sie sich gequält, so manches Mal bei Hunger und Kälte. Das Kino haben ihre Brüder selbst gebaut, sie hat mit ihrer Schwester Ziegelsteine geschleppt und Kalk gelöscht. Mein Gott! Wie sehr haben sie gearbeitet, bis das Kino zu prosperieren begann.

Jetzt, als sie das Ziel erreicht hatten und eingerichtet waren, hatte meine Frau weder die Kräfte noch die Energie, um das alles hinter sich zu lassen und in einem neuen Land von vorn zu beginnen.

Zweitens war ich nicht der Meinung, daß den Juden in Polen der Boden unter den Füßen brannte. Ich dachte, daß ich ein Recht darauf habe, in Polen zu leben, da ich dem Land gegenüber loyal meine bürgerlichen Pflichten erfülle. So beschlossen wir, erst nach einer gewissen Zeit nach Palästina zu gehen und dort Land zu kaufen, auf dem ich im erlernten Beruf als Agronom arbeiten könnte.

Kurz und gut, das verfluchte Jahr 1939, das Jahr der dunklen Wolken, das Jahr der Bewährungsproben traf uns in Polen, in unserer Heimatstadt Otwock.

Das Jahr 1939. Die Deutschen rüsteten auf, sie bereiteten sich auf einen Kampf gegen die ganze Welt vor. Und die Polen? Womit haben sie sich im Jahr der Bewährung beschäftigt?

Vor mir liegt ein Kalender der »Selbstverteidigung des Volkes« aus dem Jahre 1939 (Auflage der Zentralen Druckerei, Poznań, Nowomiejski Platz Nr. 7). Den Kalender fand ich in der Wohnung der Polin, die mich zur Zeit versteckt hält. Zum Glück kann sie nicht lesen, und ihr Mann, der an der Front fiel, kann sie nicht mehr darüber aufklären, daß »der Jude ein Todfeind der Kirche und des großen Polen ist«, daß »das Böse im heutigen Polen im Judentum seinen Hauptsitz hat«, daß »mit der Beseitigung der Juden aus Polen auch das Böse, das uns quält, verschwindet«. So waren die Losungen des polnischen Volkes.

Und wie war der Standpunkt der polnischen Regierung – der Regierung, die heute vom »Neuen Warschauer Kurier«[2] judeopolnische Regierung genannt wurde? Ich nenne ein paar Stichworte: Verbot der Schächtung, ökonomischer Boykott, Beschränkungen an der Universität, Einschränkungen der Aufnahme in Ämter und anderes mehr.

Trotzdem haben Juden offiziell die Staatsanleihe subskribiert und waren zum Zeitpunkt des Kriegsausbruchs zu größten Opfern bereit, um Polen zu verteidigen und damit auch ihre Frauen, ihre Kinder, ihr Hab und Gut.

Ich werde nicht die Geschehnisse des Krieges beschreiben. Nur vielleicht soviel, daß ich am 7. September 1939, dem im Radio gehörten Befehl gehorchend, meine Frau verließ und zusammen mit meinem Bruder, meinem Vater und einem Onkel zu Fuß in Richtung Osten zog.

Unterwegs wollte mein Bruder dem Militär beitreten. Sie nahmen ihn nicht und sagten uns, wir sollten doch weiter nach Osten ziehen, dort würde man uns mobilisieren.

Der über acht Tage dauernde Weg dorthin wird mir immer in Erinnerung bleiben. Was für eine ideale Bruderschaft bestand damals zwischen Polen und Juden! Wie sicher ging man des Nachts auf den

Straßen! Wie opferbereit und gastlich empfing der polnische Bauer Flüchtlinge!

Alle wurden damals geeint durch brüderliche Bande, durch Vaterlandsliebe und durch den Hass auf den gemeinsamen Feind.

Wir gingen weiter, bis zu dem Moment, als die Bolschewiki in die östlichen Regionen einmarschierten. Weiterzugehen hatte keinen Sinn. Die Russen überraschten uns in Słonim, der Heimatstadt meiner Mutter. Mutters große Familie nahm uns sehr gut auf. Wir blieben an Ort und Stelle und beobachteten den weiteren Verlauf der Dinge.

Welche Gefühle herrschten bei den Juden vor, als die Bolschewiki polnischen Boden betraten? Das ist eine schwierige Angelegenheit, aber ich werde mich bemühen, völlig ehrlich und objektiv zu sein, nur die Wahrheit und die reine Wahrheit zu schreiben.

Das erste Gefühl war unbändige Freude. Wen wundert es. Von der einen Seite marschiert der Deutsche ein, Parolen von der erbarmungslosen Vernichtung und Ermordung aller Juden verbreitend, von der anderen Seite kommt der Bolschewik mit der Parole, daß für ihn alle Menschen vor dem Gesetz gleich sind. Da gab es nichts zu vergleichen. Die Juden freuten sich und ich mich mit ihnen. Obwohl ich mein ganzes Leben lang ein Gegner der Kommunisten war, betete ich jetzt zu Gott, die Bolschewiki mögen das Gebiet bis zur Weichsel besetzen. Ich war bereit, das Kino, das Geschäft, die väterliche Villa zu verlieren – nur um zu leben, wie ein freier Mensch, ohne irgendwelche Rassenschranken.

Beim Anblick sowjetischer Panzer machte ich gewiß keine Freudensprünge. Zugegeben, es gab Juden – von jeher Kommunisten – die die polnischen Verbände entwaffnet haben, aber kann man dafür alle Juden verantwortlich machen?

Ich schätze, daß die Zahl der Juden, die mit der Waffe in der Hand bei der Verteidigung Polens gefallen sind, höher war, als die Zahl der Juden, die polnische Verbände entwaffnet haben.

Wie war der Standpunkt der Allgemeinheit? Ich weiß noch, wir waren der Meinung, England als Garantiemacht für die Unantastbarkeit der Grenzen Polens müßte jetzt Rußland den Krieg erklären. Als dies nicht geschah, kamen die Leute zu der Überzeugung, daß die Bolschewiki hier nun für immer bleiben werden.

Meine Tante sagte folgendes zu mir. Wenn es euch gut geht (mit euch meinte sie die Juden unter der deutschen Besatzung), gehen die Deutschen bei euch weg und ihr werdet wieder Polen haben, aber wir werden das ganze Leben unter der Herrschaft der Bolschewiki bleiben.

Ich betone, daß es meiner Tante unter den Bolschewiki sehr gut ging und daß ich ähnliche Sätze von den meisten der dortigen Juden gehört habe. Der beste Beweis dafür ist doch, wieviele Juden haben die russische Staatsbürgerschaft nicht annehmen wollen und haben sich im Generalgouvernement erneut angemeldet, worauf sie nach Archangielsk verschickt wurden?

Wie viele Juden sind vor den Bolschewiki nach Wilna geflohen?

Und andersherum, wieviele Juden überließen ihre Häuser dem Schicksal und flohen zu den Bolschewiki?

Eines weiß ich, es ist absoluter Unsinn zu meinen, daß alle Juden für den Kommunismus waren.

Ein Großteil wollte in das alte Polen zurückkehren, sie wollten sich sogar eine Zeitlang unter den Deutschen herumquälen und die Rückkehr alter Zeiten erwarten, aber nicht für immer in Rußland bleiben.

Mein Bruder und der Onkel blieben in Słonim, ich kehrte am zweiundzwanzigsten Oktober nach Otwock zurück. Mein Vater kam erst im März des folgenden Jahres wieder. Ich war glücklich, meine Frau gesund anzutreffen und alles andere heil und ganz vorzufinden. Das war der Zeipunkt, an dem man sich entscheiden mußte: hierbleiben oder dorthin gehen.

Was den Ausgang des Krieges anging, so teilte ich die Erwartungen aller Juden.

Keiner der Juden, ohne Ausnahme, dachte vom Kriegsbeginn bis heute auch nur daran, die Deutschen könnten gewinnen und für immer in Polen bleiben. Alle waren heilig davon überzeugt, daß Polen wieder auferstehen wird. So wie ein frommer Jude an die Ankunft des Messias glaubt, so glaubten wir an die Niederlage der Deutschen.

Wenn mich damals jemand gefragt hätte, worauf sich mein Glaube stützt, hätte ich kaum antworten können. Heute weiß ich, daß ein jeder Mensch daran glaubt, woran er glauben möchte und was für ihn bequem ist. Im übrigen konnte ich mich davon überzeugen, daß die meisten Menschen geborene Optimisten und Feiglinge sind.

Wenn die Juden sich zu dem Zeitpunkt darüber klar gewesen wären, daß die Deutschen für immer hier blieben, sie hätten den logischen Schluß ziehen müssen, daß beim Deutschen kein Jude *à la longue* existieren kann. Daraus folgte, man müßte sich retten. Nach Rußland fliehen oder für größere Summen – was am Anfang des Krieges möglich war – nach Palästina oder nach Amerika auswandern.

Eine andere Psychose, die in ihren Konsequenzen genau so fatal war, stellte der Glaube dar, daß der Krieg nicht lange dauern würde – höchstens ein halbes Jahr. Die Juden glaubten daran, die Polen glaubten daran, ich habe den Eindruck, daß die ganze Welt daran glaubte. Der Glaube hielt sich bis zu Frankreichs Fall. Später dann, als England die Friedensvorschläge Deutschlands verwarf, hat man erneut zu glauben begonnen, der Krieg ende nach einem Jahr. Es hat niemanden gestört, als das Jahr verging. In einem – weiteren – Jahr muß doch der Krieg zu Ende gehen. Fragt man heute einen intelligenten Polen, wann der Krieg vorbei sein würde, antwortet er: entweder bis zum Herbst oder auf das Frühjahr oder in einem Jahr. Irgendwer errät es irgendwann.

Reden wir aber zunächst über den Oktober 1939.

Die Leute sind guter Dinge, sie sind überzeugt, daß von den Deutschen bald nichts mehr zu sehen sein wird. In der Zwischenzeit muß man sich absichern: man muß die Waren bei den Polen unterbringen und die Geschäfte auf ihre Namen überschreiben, man muß aus Furcht vor Inflation das Geld anlegen, man muß sich ein paar Anzüge nähen lassen, man muß unbedingt beim Schuster hohe Stiefel in Auftrag geben, man muß Vorräte für ein halbes Jahr anlegen – und warten, bis der Krieg zu Ende geht.

Da die Deutschen den Verkauf von Vermögen verboten haben, tragen die Juden, als Besitzer von Immobilien, immense Summen zu Kreditgesellschaften, um nach dem Krieg ein neues Leben ohne Schulden beginnen zu können.

Ich selbst beglich die letzte Hypothek des Kinos. Für den abwesenden Vater zahlte ich ein paar schöne Tausender bei der Kreditgesellschaft ein und war mit mir sehr zufrieden. *O sancta simplicitas!**

Es ist klar, daß vom ersten Tag des Krieges an das Kino geschlossen blieb, nach meiner Rückkehr ist es mir aber gelungen, den Warenbestand meines Baugeschäftes zu Geld zu machen. Einen Teil verkauften die Deutschen, den Rest brachte ich zum Ausverkauf. Mir war bewußt, daß ich mein aufgelöstes Geschäft niemals werde wiederaufbauen können, doch ich habe keinen Augenblick gezögert. Erstens kannte ich keinen Polen, dem ich das Geschäft hätte überschreiben können. Zweitens wußte ich, daß ich nach dem Krieg nicht gleichzeitig das Geschäft und das Kino würde führen können. Ich wußte es, weil die zwei Schwager, die das Kino geführt haben, umgekommen sind. Mietek, der jüngere, fiel als Soldat an der Front. Wolf, der ältere, hat eine Kiste Dynamit vergraben und wurde am 11. November 1939 erschossen. Eine Polin, Frau Bukojemska, die Geliebte des Gendarmen Michailis, hat ihn denunziert. Wolf wurde von Michailis im Wald bei Sródborów erschossen, zusammen mit ihm zwei weitere Juden: der Schriftsteller Urke Nachalnik und ein gewisser Randominski.

Sie wurden zusammengeschlagen, mußten ihre Gräber selber ausheben und wurden dann erschossen. Das waren die ersten drei jüdischen Opfer in Otwock.

Später stellte sich heraus, daß sie noch Glück hatten, denn sie wurden zumindest auf dem jüdischen Friedhof beigesetzt. Dank der Bemühungen des Otwocker Magistrats und besonders unseres Städtischen Arztes Mierosławski stimmten die Deutschen einer Exhumierung der Leichen zu. Die Familien schafften es noch, ihnen Grabsteine aufzustellen. Den meisten Juden war es in diesem Krieg vorherbestimmt, so umzukommen, daß niemand je erfährt, wo ihre Asche verstreut wurde.

Wie war am Anfang des Krieges das Verhältnis der Deutschen zu den Juden? Man kann sagen, es war unterschiedlich, je nach Ortschaft, in der die Juden lebten. Am schlechtesten erging es den Juden auf den Territorien, die dem Dritten Reich angeschlossen wurden. Aus den meisten Kleinstädten wurden sie ausgesiedelt. Die Aussiedlung erfolgte auf wahrhaft barbarische Weise.

Ich weiß, wie es in Nasielsk gewesen ist. Die Deutschen haben die

* O heilige Einfalt! (lat.)

Stadt umringt und gaben bekannt, daß jeder Jude mitsamt seinem Gepäck auf dem Platz zu erscheinen habe. Dort hat man den Juden das Gepäck weggenommen, sie selbst wurden in die Synagoge getrieben, wo sie zusammengepfercht vierundzwanzig Stunden stehen mußten.

Einer Frau, die zu spät auf den Platz kam, befahlen die Deutschen, sich nackt auszuziehen und in der Synagoge vor der Menge zu tanzen. Solche und ähnliche Entgleisungen waren an der Tagesordnung. Als nächstes wurden die Juden zum Bahnhof getrieben und wie Vieh in Güterwagen verladen. In geschlossenen Wagen wurden sie acht Tage herumgefahren, ohne Essen und Trinken. Was mußte sich in diesen Wagen abgespielt haben. Wieviele Kinder sind dort erstickt, wieviele verhungert, das möge jeder für sich ergänzen.

Nach achttägiger Wanderschaft haben die Deutschen gnädig einem Freikauf der Ausgesiedelten durch die Warschauer Gemeinde zugestimmt, dann erst hat man sie dort aus den Waggons gelassen.

Es gab keine Kleinstadt, in der die Deutschen den Juden den freiwilligen Abzug aus der Stadt befohlen hätten.

Überall die gleiche Prozedur: Platz, Synagoge, Beraubung, Güterwagen und dann die Wanderschaft von Stadt zu Stadt. Ich erinnere daran, daß es im Dezember 1939 und Januar 1940 geschah, zur Zeit der größten Fröste.

Wieviele jüdische Häuser ausgeraubt wurden, wieviele Leute erschlagen wurden, daran möchte ich nicht erinnern. Ich habe den Eindruck, daß das alles nicht gezielt auf einen Befehl von oben geschah, sondern daß diese Vorfälle durch die *Volksdeutschen*[3] und durch deutsche Offiziere provoziert wurden, die es nach Raub und Blut verlangte. Jedenfalls waren es Juden aus Kleinstädten, die als erste die deutsche Verfolgung durchlitten. Sie kamen bestenfalls nach Warschau, ohne Sachen, ohne Geld. Selten hatte jemand in den Kleidern Geld eingenäht.

Selbstverständlich gab es auch umsichtige Juden, die, ohne auf die Aussiedlung zu warten, selber das Dritte Reich verließen. Sie gingen nach Rußland oder in das Generalgouvernement.

Im Generalgouvernement[4] gab es solcherlei Aussiedlungen nicht. Die Juden lebten in der ständigen Furcht, daß es – nun doch? – morgen passieren könnte. Die Angst und die Ungewißheit der Zukunft vergifteten jeden Tag, jeden Gedanken der Menschen. Im Laufe der Zeit bildeten sich die Juden ein, das Generalgouvernement sei etwas anderes, die »Weltmeinung« (hübsches Wort, nicht wahr?) fürchtend, wagten es die Deutschen nicht, dort auszusiedeln.

Jedenfalls gab es keine Aussiedlungen im Generalgouvernement. Natürlich wurden Synagogen angezündet, Juden wurden die Bärte abgeschnitten, Wohnungen und Geschäfte wurden ausgeraubt, Waren und Vermögen beschlagnahmt. Jüdinnen, die man zu Zwangsarbeit in Kasernen eingefangen hatte, wurden gequält.

So wurde zum Beispiel an einem frostigen Tag im Januar ein Mädchen dazu gezwungen, mit der eigenen Unterhose den Boden zu putzen und dann die schmutzige, nasse Wäsche auf den bloßen Körper anzuziehen und so auf die Straße zu gehen.

Es gab viele solcher Geschichten.

Einige Deutsche quälten Juden auf ganz witzige Weise. Da spielte sich folgender Dialog ab:

– Jude, was bist du von Beruf?

– Kaufmann.

– Sehr angenehm, ich dagegen bin Boxer.

Nach diesen Worten erfolgte ein Schlag, nach dem das Auge anschwoll oder die ausgeschlagenen Zähne in der Hand gezählt werden konnten. Ein andermal wurde eine größere Gruppe Juden zu Zwangsarbeiten im Sejm eingefangen. Nach einer gewissen Zeit kam ein Deutscher mit einem langen Messer in der Hand zu ihnen. Er wählte sorgfältig aus, schließlich ging er mit einem von ihnen nach unten in den Keller. Nach einer gewissen Zeit kam er völlig blutverschmiert zurück. Seine Arme, die Ellenbogen und auch das Messer trieften richtig voll Menschenblut. Er wählte das zweite Opfer, dann das dritte und so weiter bis ans Ende. Jedes Mal überlegte er lange, wen er auswählen sollte, jedes Mal triefte das Messer mehr und jedes Mal schlug den Juden das Herz unbarmherzig: will er denn alle auf diese Weise abschlachten? Einige Juden sagten Gebete vor dem Tod auf, andere warteten resigniert auf den Tod. Der letzte Jude, der unten angekommen ist, traf alle im Keller an … alle lebten und rupften Hühner, die der Deutsche zuvor mit dem langen Messer selbst getötet hat. Solche Schikanen betrafen Einzelne. Die Mehrheit schützte sich, so gut sie konnte. Mit mehr oder weniger Angst betrieb man Handel, genau genommen betrieb man den eigenen Ausverkauf, um zu überleben. In Städten, die menschlichere Kommandanten hatten, lebte es sich nicht schlecht. Einige haben sogar Handel betrieben und machten mit den Deutschen keine schlechten Geschäfte.

Wie war das Verhältnis der Polen zu den Juden in jener Zeit?
Die Phase der Brüderlichkeit aus der Vorkriegszeit und des Kriegsanfangs war vorbei. Doch ich kann nicht sagen, daß das Verhältnis feindselig geworden wäre. Als die Deutschen meinen Schwager Wolf umgebracht haben, weinte Dr. Mierosławski wie ein kleines Kind, und er bemühte sich sogar uneigennützig um die Exhumierung der Gebeine.

Es gab vereinzelte Vorfälle, daß der Mob *Jude, Jude* schrie, um Juden bei den Deutschen anzuzeigen. Im Allgemeinen war das Verhältnis aber ziemlich korrekt. Das, was die Polen verlangten, nein, ich schreibe nicht richtig – was sie vorschlugen, führte zum: Umschreiben der Geschäfte auf ihre Namen, zur Übergabe der Wohnungen mit Möbeln an sie oder zum Deponieren von Mobiliar bei ihnen. Sicherlich hatten nicht alle von Anfang an vor, sich diese Güter anzueignen, aber – sofern es um Otwock geht – sahen die Juden in neunundneunzig Prozent aller Fälle einen Monat nach Geschäftsübergabe keinen Groschen mehr. Genauso war es meist mit Wohnungen, Möbeln und jeglicher Art von Mobiliar.

Lauthals bemitleideten sie die Juden, sponnen mit ihnen gemeinsame Pläne für die Zeit nach dem Krieg, aber alle Polen haben versucht, und das räume ich ein, auf legale Weise, ohne Mithilfe der Deutschen, in den Besitz jüdischer Geschäfte oder Vermögen zu gelangen. Verständlich, daß Juden den schönen Worten auf den Leim gingen und im guten Glauben verschiedene Verträge schrieben. Kaum einer wurde später eingehalten.

Ja, es gab auch solche Fälle, wie den von Kalinowski, der den jüdischen Bäcker Kirszenbaum aus seiner Bäckerei hinauswarf, um sie selber zu übernehmen. Damit zog er sich aber die Mißbilligung beinahe aller Polen zu.

Es gab auch andere Fälle, ziemlich komische, die aber ganz typisch waren für die Mentalität einiger Polen.

Als die Deutschen den Kurzwarenladen von Kronenberg ausraubten, sagte Frau Doktor Papciak, die Frau eines polnischen Offiziers, ihres Zeichens eine glühende Patriotin, zu ihrem Nachbarn Kronenberg: »Oh, wie schade, daß mein Ziutek (der 14-jährige Sohn – mein Zusatz) nicht hier ist, er hätte sonst von den Deutschen ein paar Sachen bekommen.«

Im allgemeinen war das Verhältnis, von krassen Einzelfällen einmal abgesehen, korrekt, wenngleich protektionistisch, und man war stets darauf bedacht, dem anderen den eigenen Patriotismus zu versichern.

Ich erinnere mich an ein interessantes Gespräch mit dem Hauswart der Villa meines Vaters, einem gewissen Jan Dębowski. Dieser Jan, der wohl keinen schlechten politischen Überblick besaß, zog sich bereits am 3. September 1939 vom Militär zurück und kehrte heim. Während des Septembers und Oktobers dieses Jahres behandelte er meine Mutter mit Geringschätzung – immerhin war sie die Besitzerin der Villa.

Sobald ich aus Słonim zurückgekommen war, wandte ich mich an ihn, und es entspann sich folgendes Gespräch zwischen uns:

– Was denkt Jan, wird die Welt noch Welt bleiben?
– Ach klar wird sie!
– Na, und Polen, Jan, wird es nochmal unabhängig?
– Ach klar wird es!
– Und mein Vater, Jan, wird er der Eigentümer der Villa bleiben?
– Ach klar wird er!
– Wird Jan dann noch wissen, wie er während des Krieges meine Mutter behandelt hat?
– Aber Sie wissen doch, daß ich dumm bin. Warum hat mir Ihre Mutter nichts gesagt? Sie weiß doch, daß ich dumm bin.

Und tatsächlich hat er sich gebessert, was ihn aber nicht daran hinderte, ein Jahr später beim *Ortskommandanten* Schlicht Hausmeister zu werden, während der Ghettozeit Juden auszurauben und während der Aktion nach Juden im polnischen Stadtteil zu fahnden und sie zur Gendarmerie zu bringen.

Es sei noch hinzugefügt, daß in den Städten des Dritten Reiches, wo man mit Aussiedlungen rechnete, Polen jüdische Immobilien zu Spottpreisen zu kaufen vorschlugen, »denn die Deutschen nehmen's euch sowieso.«

Juden und Polen hatten charakteristischerweise verschiedene Einstellungen gegenüber der deutschen Besatzung.

Ich behaupte, daß sechzig Prozent der Juden polnische Fünfhundert-Złoty Banknoten versteckten. Sie waren heilig davon überzeugt, daß diese ihren Wert behielten. Ich weiß es nicht genau, bezweifle aber, daß zehn Prozent der Polen das gleiche taten. Welch eine Ironie des Schicksals! Juden glaubten mehr an Polen, an Sikorski, als gebürtige Polen.

Zu jener Zeit glaubte ich, und das sei betont, an alle gängigen politischen Dogmen. Der tragische Tod meines Schwagers ging mir sehr nahe, aber ich beneidete ihn darum, einen kleinen dreiwöchigen Sohn zu hinterlassen. Meine Frau und ich teilten den Ahnenkult der Chinesen. Es schürte unsere Bereitschaft, Nachwuchs zu haben und es läßt einen gewöhnlichen Menschen sagen: *non omnis moriar*[*]. Darüber hinaus glaubte ich, daß Frauen und insbesondere Kindern nichts geschehen könnte, überhaupt sollte der Krieg in Kürze zu Ende gehen. Genug, meine Frau wurde schwanger. Wir erwarteten unser Kind im September 1940, bis dahin sollte von den Deutschen keine Spur mehr übrig sein.

Da sich die Konfiszierungen von Inventar häuften, vermietete ich meine Wohnung an den Gerichtsvollzieher am Städtischen Gericht Alchimowicz. Seine Wohnung in Warschau ist während eines Luftangriffs verbrannt. Ich habe ihn und seine Frau als besonders rechtschaffen, edel und ehrenwert empfunden, als aufrichtige polnische Patrioten.

Meine komplett eingerichtete Wohnung, wunderschön möbliert und blankgeputzt, teilweise mit meiner Wäsche ausgestattet, habe ich kostenlos vermietet.

Ich habe ihnen aufs Wort vertraut, ich verlangte auch keine Quittung, die mein Eigentumsrecht bestätigt hätte. Mehr noch, ich habe sie eingeweiht, daß auf dem Dachboden besonders wertvolle Stücke lagern, die mir und meiner Familie gehören. Ich gebe zu, daß ich mich in ihnen nicht getäuscht habe. Sie haben zu gegebener Zeit alles an mich zurückgegeben, obwohl alles stark abgenutzt war. Aber daran ist Frau Alchimowicz schuld, die von Haushaltsführung

---

[*] Nicht ganz werde ich sterben. (lat.; Horaz, Oden 3, 30, 6)

keine Ahnung hatte. Vor dem Krieg war sie eine große Dame, die sich nicht mit so gewöhnlichen Dingen wie Haushaltsführung und Sauberhaltung einer Wohnung abgab. Sie zog es vor, ihre freie Zeit mit Englisch-Lernen zu verbringen, um so auf die Ankunft der englischen Befreier zu warten.

Es vergingen Dezember und Januar, die Deutschen haben den Juden verboten, Züge zu benutzen, sie befahlen das Tragen von Armbinden, sie bildeten *Judenräte*[5] und sie registrierten für die Zwangsarbeit.

Merkwürdig war, daß in jener Zeit nur ganz wenige Juden in andere Städte umgezogen sind, um dort ein Leben als neue Menschen anzufangen – als »eingefleischte Polen«. Die Mehrheit der Juden verhielt sich passiv, höchstens ein paar aufrichtige Bürger sind dem *Judenrat* nicht beigetreten. Auch ich habe mich nicht darum bemüht, obwohl ich dort hätte Beamter werden können, aber ich wollte den Deutschen nicht zu Diensten sein.

Was das Kino betrifft, so wurden die Stühle requiriert, unser Konkurrent Radlinski stellte unseren Projektor in seinem Kino auf, und das Gebäude wurde als Getreidespeicher der regionalen landwirtschaftlichen Genossenschaft genutzt. Trotz der Beschlagnahmeverfügung waren der Präsident Czarnecki und der Direktor Erdmann nicht damit einverstanden, ohne Rücksprache mit mir in den Besitz des Gebäudes zu gelangen, sie wollten nicht – wie sie sich ausdrückten – »einen polnischen Bürger schädigen.«

Am neunzehnten August 1940 brachte meine Frau eine wunderschöne Tochter auf die Welt, ich gab ihr den Namen Athalia. Sie war klein und kerngesund. Die ganze Familie freute sich, und wir schmiedeten alle zusammen Zukunftspläne, wir überlegten, wie wir sie erziehen werden und was aus ihr werden wird.

Im Juli und im August 1940 begannen Verschickungen von Juden in Zwangsarbeitslager in die Gegend von Lublin. Diese Lager unterstanden dem Befehl der SS. Selbstverständlich sind nicht alle Juden dorthin gelangt. Verschickt hatte der *Judenrat*, der Reiche hat sich freigekauft, der Arme ist arbeiten gegangen. Angeblich sind in den Lagern schreckliche Dinge geschehen, das haben Leute erzählt, die dort gewesen sind. Nicht alle haben ihnen geglaubt. Ich habe es geglaubt, als ich die Photographie eines Bekannten gesehen habe, seinerzeit ein stattlicher, intelligenter Junge. Auf dem Bild, das im Lager gemacht worden ist, habe ich das Gesicht eines Kretins oder das eines Irren aus der Irrenanstalt gesehen.

Das, was der Leiter des *Arbeitsamtes* Hugo Dürr mit den Juden angestellt hat, bevor sie zur Zwangsarbeit geschickt wurden, das möge ihm der Teufel in der Hölle in Erinnerung rufen, wo er sich jetzt höchstwahrscheinlich befindet.

Der Sommer ist vergangen, und es wurde November, als durch Aushang bekannt gegeben wurde, daß ab dem 1. Dezember 1940 ein Ghetto für Juden entstehen wird. Juden hatten das Recht, ihr ganzes Vermögen mitzunehmen, es wurden *Judenräte* in Aussicht gestellt und eine eigene Polizei, man wies auch auf die Möglichkeit hin, das Ghetto zu verlassen und sich täglich außer Sonntags im polnischen Stadtteil frei zu bewegen.

Auf solche Versprechungen sind fast alle hereingefallen, und nur ein kleiner Prozentsatz der Juden ist nicht ins Ghetto gegangen. Sogar Jüdinnen, die mit Polen verheiratet waren, haben sich mit ihren Kindern im Ghetto niedergelassen. Wie leicht ist es gewesen, dort hineinzukommen, eine Ausweg hat es nicht mehr gegeben!

Ich habe auch im Ghetto Wohnsitz genommen. An der Podmiejska-Straße 14 mietete ich ein Zimmer bei der Frau unseres Billet-verkäufers Głasek, meine Möbel verkaufte ich vorher. Wertvollere Sachen ließ ich weiter beim Gerichtsvollzieher Alchimowicz, der sich mittlerweile in der Villa meines Vaters niedergelassen hatte. Ich richtete einen Lebensmittelvorrat für den Winter ein. Zum Heizen habe ich ein paar Kiefern beim Kino gefällt. Den Stellvertretenden Bürgermeister Czarniecki hat es erzürnt, daß ich als Otwocker Bürger und Agronomie-Ingenieur meine eigenen Bäume vernichte. Er hat es mit dem Ziehen gesunder Zähne verglichen. Mein Eigentum tat mir schon leid, mit blutendem Herzen habe ich die Bäume gefällt, aber ich war dazu gezwungen. Mein Vater wollte nicht eine einzige Kiefer von seinem Anwesen fällen, höchstens ein paar Akazien, die sowieso schnell nachwachsen.

Wenn ich solche Kleinigkeiten ausbreite, dann nur, um zu zeigen, wie fest die Juden davon überzeugt waren, daß sie alsbald in ihre Domizile zurückkehren, wo sie erneut als freie Menschen leben werden.

Das Ghetto sah anfangs ziemlich harmlos aus. Es war nicht umzäunt, man konnte es verlassen, das Gebiet war recht groß, und es hat weder an Wohnungen noch an Lebensmitteln gefehlt.

Langsam ist jedoch drumherum eine Umzäunung entstanden, und man hat es den Juden unter Androhung der Todesstrafe verboten, das Ghetto zu verlassen. Anfänglich hat das Verbot nur auf dem Papier existiert. Die Juden waren gezwungen, ihre Sachen zu verkaufen, daher ist der Tauschhandel weitergegangen. Im Mai oder Juni konnte man für einen Anzug lediglich zwei, höchstens drei Doppelzentner Kartoffeln bekommen, aber man lebte so einigermaßen.

Als ich sah, daß der Krieg nicht zu Ende geht, bin ich im Februar 1941 in die Reihen der *Ghetto-Polizei*[6] eingetreten, auch um vor der Hatz zu den Lagern sicher zu sein.

Gemäß der damals vorherrschenden Meinung war es ein Vorteil des Ghettos, daß sich die Deutschen dort nicht herumtrieben. Die Raubüberfälle und Beschlagnahmen hörten also auf. Wenn sie etwas benötigten, wandten sie sich an den *Judenrat*, der ihnen alles brav ablieferte. Meine Sachen habe ich bei Alchimowicz abgeholt und *omnia mea mecum habebam*** im kleinen Zimmer verwahrt. So verbrachte ich den Winter und den Sommer 1941 in ziemlicher Ruhe, mit der Betreuung und der Erziehung meiner kleinen Alinka beschäftigt.

Obgleich wir uns mit meiner Frau so manches versagten, gab es doch keine Nahrungsmittel, die uns für unser Töchterchen zu teuer gewesen wären.

Eine königliche Betreuung wurde ihr zuteil, wir haben sie niemals alleine zu Hause gelassen, so erblühte sie und entwickelte sich und gab zu den schönsten Hoffnungen Anlaß.

Ich gebe zu, daß sich der Charakter der Juden während des Krieges verändert hat. Das Leben im Ghetto war schon ziemlich merkwürdig, es hat an nichts gefehlt, für Geld konnte man alles kaufen. Aus Rußland kamen pralle Lebensmittelpakete von Verwandten. Der Reiche lebte, kleidete sich, speiste und trank, ohne Furcht vor

---

* Alles, was ich besitze, trage ich bei mir. (lat.; nach Cicero »Omnia mea mecum porto«: Alle meine Habe trage ich bei mir; Paradoxa stoicorum 1, 1, 8)

der Verschickung ins Lager; für Geld konnte man sich immer freikaufen. Zur gleichen Zeit schwoll der Arme an und starb vor den
Augen der Leute an Hunger oder Krankheit. Eine Typhus-Epide-
mie hat damals gerade begonnen, viele Leute wurden krank und
starben. Die Mehrheit ging dessenungeachtet zur Tagesordnung
über.

Überhaupt ist damals eine Atmosphäre entstanden, in der jeder nur
allein mit seiner Familie den Krieg überleben wollte, für sich leben,
gut leben und dabei möglichst wenig von den eigenen Sachen
verkaufen müssen. Natürlich hat man den Armen geholfen, es gab
kostenlose Armenspeisung, es gab Waisenhäuser, aber faktisch hat
dies überhaupt nicht ausgereicht.

Viele Juden arbeiteten damals in deutschen Kasernen, und sie sind
dort gut behandelt worden. Daraus ist eine allgemeine Ansicht entstanden, daß die Deutschen einen jüdischen Arbeiter gut behandeln
und nichts gegen ihn haben, sie haßen lediglich reiche Juden. Das
war noch so eine Täuschung, die hunderttausende von Menschenleben kostete. Die Deutschen brachten bis zum letzten Augenblick,
bis zum heutigen Tag solche Märchen in den Umlauf. Heutzutage
brauchen sie nicht mehr zu lügen, denn sie haben auch den letzten
jüdischen Arbeiter ermordet.

**22. Juni 1941 – Ausbruch des Krieges zwischen Deutschland
und dem kommunistischen Rußland**. Die Ergebnisse und die Geschehnisse des Krieges sind allen bekannt, also werde ich darüber
nichts schreiben. Wichtig ist nur, daß die deutsche Armee das ganze
Territorium des damaligen Polen besetzte und tief ins russische
Gebiet vorgedrungen ist. Das bedeutete, daß Juden aus östlichen
Teilen Polens unter deutsche Herrschaft gerieten.

Ich weiß nicht, welche Grausamkeiten Russen an Polen begingen,
als sie die besetzten Gebiete verließen.

Ich weiß nicht, ob das NKWD[7] mit Juden an der Spitze diese Aktionen geleitet hat, wie es der »Nowy Kurier Warszawski« meldete,
aber ich weiß, daß damals Krieg herrschte, alles ringsherum
brannte und die Hirne etwas erhitzt waren. Was konnte schließlich
ein Kommunist, der als Jude geboren wurde und im Sowjetregime
aufwuchs, mit uns Juden, polnischen Staatsbürgern, gemein haben?

Soviel wie gar nichts, denn er haßte die jüdische Bourgeoisie genauso wie die Bourgeoisien anderer Völker.

Nichtsdestoweniger haben die Deutschen, die sich russischer Hilfe bedienten, um den Krieg anzufangen, und die zwei Jahre lang Stalin und die Sowjetunion hochlobten, sich plötzlich daran erinnert, daß Stalin mit einer Jüdin verheiratet war, daß Kaganowiczs[8] in Rußland, Rosenmans[9] in Amerika regierten, und daß andere Juden in England herrschten. Kurz gesagt »wenn schon hie und da Juden« sind, gibt es keinen Unterschied zwischen einem monarchistischen England und einem kommunistischen Rußland, die Alliierten führen den Krieg einzig zu dem Zweck, daß das »internationale Judentum« die Welt beherrscht und alle »Gojim«[*] ausrottet.

Die Deutschen behaupteten, daß ein ganzes Volk »russischer Balladensänger«, ein Volk von einhundertsiebzig Millionen Menschen mit einem Lied auf den Lippen in den sicheren Tod geht, um drei Millionen polnischer Juden zu retten. Und ein Vierhundertmillionen starkes britisches Imperium, für gewöhnlich ziemlich egoistisch, kämpft gegen das Große Deutschland nur, weil letzteres den jüdischen Anspruch auf die Weltherrschaft nicht akzeptieren will. Angesichts dessen müsse man einen großen Kreuzzug der Christlichen Welt gegen die Gefahren des jüdischen Kommunismus, des jüdischen Kapitalismus und der jüdischen Armut ausrufen.

Wenn schon die ganze Welt verrückt geworden ist und sich freiwillig unter das jüdische Joch fügt, so ist es die heilige deutsche Pflicht, wenigstens alle europäischen Juden zu vernichten. Schließlich wird es eine gerechte Strafe für die in mitteleuropäischen Ghettos sitzenden Mośki[*] dafür, daß sie ihren »jüdischen Präsidenten Roosevelt« aufgehetzt haben und ihn gegen Deutschland mit Waffengewalt auftreten lassen.

Infolgedessen muß man alle Juden bis auf den letzten ausrotten, so daß keiner mehr auf dieser Welt übrigbleibt. Dann erst wird die Welt erlöst, regeneriert, niemand wird mehr Kriege führen, Großdeutschland wird gerettet, die europäische Kultur bewahrt, die

---

* Goj, Mehrzahl Gojim (hebräisch): jüdische Bezeichnung der Nichtjuden.

** Mosiek, Mehrzahl Mośki, Diminutiv von Moses: polnisches Schimpfwort für Juden.

Christliche Religion wird sich in Ruhe entfalten, die Menschen werden sich bessern, es wird keine Diebstähle, keine Morde und keine Trunksucht geben. Es wird eine neue, bessere Welt entstehen. Und so fiel das Todesurteil über alle Juden, über nützliche oder schädliche, über Frauen, Alte, Kinder, über alle Juden, ohne Unterscheidung nach Alter oder Geschlecht.

Ich habe den Eindruck, daß der Befehl zur Ausrottung aller Juden nicht nur aus blindem Hass auf das Judentum und aus Raubgier nach Gold und Kleidern gegeben wurde.

Ich denke, daß es Hitler vor allem darum ging, einer Überraschung wie im November 1918 vorzubeugen.

Die deutsche Propaganda hämmerte seit Kriegsanfang den Deutschen ein, daß Amerika, England und Rußland nur von Juden regiert wurden.

Nach der Lektüre der einzigen Zeitung, die mir zur Verfügung steht, d. h. dem »Nowy Kurier Warszawski«, habe ich selbst beinahe daran zu glauben begonnen. Was sollten erst die Deutschen glauben, die es seit zehn Jahren zu hören bekamen. Es gab also nichts Einfacheres für Hitler, als die Ermordung aller Juden zu befehlen und die Deutschen vor vollendete Tatsachen zu stellen: »Nach diesem Krieg wird es keine Sieger und Besiegte geben, sondern nur Lebende und Ausgerottete.« Wir haben Juden gemordet, wenn wir kapitulieren, werden die Juden uns auch morden. Deutsche, kämpft unter Aufbietung aller Kräfte bis zum Letzten, denn wenn ihr den Krieg nicht gewinnt, werdet ihr untergehen. So oder ähnlich schrieben Tageszeitungen, und was das Schlimmste ist, die Deutschen glaubten daran, so daß Hitler keine Revolution im Lande fürchten mußte. Auf Kosten von drei Millionen Menschenleben beugte er dieser Überraschung vor, gleichzeitig aber brachte er sein Volk in Gefahr des, des … in welche Gefahr brachte er es? Die Zukunft wird es zeigen.

Später wird davon die Rede sein, auf welche Weise die Deutschen, als systematisches, zivilisiertes Volk dieses Urteil ausgeführt haben.

Wie war das Verhältnis der Polen zu den Juden im Jahre 1941?

Die gegenseitigen Beziehungen verschlechterten sich im Allgemeinen. Erstens regierten sich die Juden in den Ghettos selbständig. Die Polen konnten keinen Nutzen daraus ziehen. Schließlich waren jüdische Häuser und Geschäfte bereits unter polnischer Verwaltung. Es hat sich gezeigt, daß man auch ohne Juden leben konnte. Es gab Städte, in denen keine Juden mehr zu finden waren, und den Polen ging es dort sehr gut ohne sie.

Zweitens zerstörten die Juden polnische Wohnungen in den Ghettos, die Armen fällten nachts Bäume. Ein jeder Magistrat fragt sich da, wäre es nicht besser, die Juden aus den Städten ganz auszusiedeln? Die Möbel, die Wohnungen, die Kleider würden bleiben. Sollen sie doch gehen.

An die *Kreishauptmänner*[10] ging ein Antrag nach dem anderen, darin baten einzelne Bürgermeister höflich darum, die Juden aus der Stadt zu weisen, da die Stadt ein Kurort – eine andere wiederum ein Industriestandort – sei. Wegen der Anwesenheit der Juden herrsche Überteuerung, Typhus, Schieberei, Diebstahl und so weiter. Woher soll ich denn wissen, welche Argumente die Bürgermeister und Stadträte vorgeschoben haben? Man müßte das den Otwocker Bürgermeister Gadomski fragen, der mit ähnlichen, vielfach wiederholten Eingaben glänzte.

Eines ist sicher, die Deutschen haben genau gespürt, daß nicht alle Polen Gegner der Judenvernichtung waren, mehr noch, unter ihnen gab es auch solche, die gerne dabei behilflich waren, um den Preis, die jüdische Hinterlassenschaft zu beerben.

Und die Juden? Was machten die Juden in einer Zeit, da sich dunkle Wolken über ihnen türmten? Sie lebten in größter Ruhe. Politik interessierte sie nicht besonders, Zeitungen langweilten sie ein wenig – schließlich, wer hatte dafür noch Zeit? Jeder mußte für das tägliche Brot, für Kartoffeln verdienen. Und der Krieg?

Es war sowieso klar, daß sich alles zum Guten wenden wird, daß die Deutschen früher oder später verlieren werden. Traf ein Jude einen anderen und fragte nach dem Befinden, hörte er als Antwort, daß sich schon alles zum Guten wenden wird.

Fürwahr, der jüdische Optimismus ist unverbesserlich. Die jüdische Polizei hatte zwar uneingeschränkte Macht, sie verließ sich aber auf die Gemeinschaft. Niemand wollte nach dem Krieg gehängt werden. Für alle Fälle drohten die einen den anderen eine Nachkriegsrechnung an. Vorläufig aber lebten alle einträchtig miteinander, jeder mit der Sorge ums tägliche Brot beschäftigt.

Es begann ein verfluchtes Jahr in der Weltgeschichte, das Jahr 1942, das die kulturellen Errungenschaft der gesamten Menschheit zunichte machte. Obwohl Juden Sylvester nicht feiern, sagten Bekannte, Eheleute, Eltern und Kinder zueinander: »Auf das wir das nächste Jahr erleben, auf daß der Krieg dieses Jahr zu Ende geht.« Leider erhörte der Herrgott die Bitten des jüdischen Volkes nicht und es gingen fast keine Wünsche in Erfüllung. Das Jahr, das die rohesten und die aufs Höchste sadistischen Instinkte der Menschen freisetzte. Zuerst näherten sich dumpfe Gerüchte, Gerüchte, denen die Juden glaubten – und nicht glaubten. Schließlich fällt es schwer, daran zu glauben, man muß es mit den eigenen Augen gesehen haben, um sich zu vergegenwärtigen, was alles möglich ist, und das im zwanzigsten Jahrhundert.

So wurde zum Beispiel erzählt, daß man in Słonim vierzehntausend Leute auf dem Platz versammelt hat: Frauen, Kinder, Männer, und alle wurden mit Maschinengewehren erschossen.

Ich frage euch, Leute, kann man denn so etwas glauben? Ohne Grund Frauen und unschuldige Kinder erschießen? Einfach so? Am hellichten Tage? Man darf doch nicht einmal die größte Mörderin zum Tode verurteilen, wenn sie schwanger ist – und da sollten sie angeblich kleine Kinder umgebracht haben? Wo gibt es denn Menschen, Familienväter, die es wagen würden, mit einem Maschinengewehr auf wehrlose, kleine Kinder zu zielen? Wo bleibt das Urteil der kultivierten Welt? Wo blieben Gelehrte, Schriftsteller, Professoren? Wie kann die Welt dazu schweigen? Das kann doch nicht stimmen.

Nach dieser Nachricht kam eine zweite, noch ungeheuere: in Wilna hat man sechzigtausend Menschen umgebracht, in Baranowice zwanzigtausend. Die Leute verstehen nichts mehr. Sie glauben es zwar, aber sie können sich das nicht vorstellen, daß nun eines Tages jemand kommen könnte, um ihr zweijähriges Töchterchen umzubringen, dessen einziges Vergehen es ist, von einer jüdischen Mutter und einem jüdischen Vater abzustammen.

Schlußendlich fanden wir eine Erklärung: diese Juden sind umgebracht worden, weil sie sowjetische Bürger waren und – vielleicht – gegen die Deutschen kämpften. Wir wiederum sind Bürger des Generalgouvernements, bei uns könnte so etwas nicht passieren.

Dort herrscht schließlich der Kriegszustand, wir aber haben eine zivile Verwaltung.

Eine schlimmere Tragödie im Verständnis des engstirnigen Otwocker Judentums ist da schon die Tatsache, daß im Januar zweihundert gesunde Leute – Kranke wurden von Ärzten ausgesondert – in das Straflager Treblinka geschickt wurden. Angeblich leben dort noch fünfzehn Leute aus der ganzen Gruppe. Der Rest wurde auf der Stelle qualvoll ermordet.

Hier sahen nun die Juden aus Otwock die ganze Tragödie: man hat zweihundert Unschuldige genommen und hat sie umgebracht. Zum Glück wählte sie die jüdische Polizei aus und verschickte nur die Ärmsten. Die einen sind zufrieden, daß sie sich freigekauft haben, die anderen – meist Verwandte der Verschickten – schworen der *Ghetto-Polizei* Rache, selbstverständlich nach dem Kriege. Die Stadt war erzürnt.

Es verging auch kein Tag, an dem nicht einige Juden wegen Verlassens des Ghettos erschossen wurden. Sie wurden ohne Gericht, auf der Stelle umgebracht und auf Feldern verscharrt.

Jetzt verließ kaum noch einer das Ghetto, die Angst senkte sich tief in die Herzen der Menschen. Aus Gründen, die nur sie selber kennen, erteilten die Deutschen den Juden Anschauungsunterricht darin, daß beim Verlassen des Ghettos sofort die Todesstrafe droht. Ein intelligenter und vorausschauender Jude hätte sich fragen müssen: was droht beim Verbleiben im Ghetto? Vielleicht auch die Todesstrafe? Leider hat sich diese Frage niemand gestellt – ich auch nicht.

April 1942 – leidvolles Passah. In verschiedenen Städten trafen die Juden Vorbereitungen, um, je nach Vermögen, die Feiertage festlich zu begehen. Die Frommen kauften Matze, die Ärmeren bereiteten Kartoffeln vor, andere legten einen Brotvorrat für acht Tage an. Plötzlich, wie der Blitz aus heiterem Himmel, schlugen Nachrichten aus Lublin ein.

Vorläufig wußte niemand etwas Genaues, verschiedene Versionen machten die Runde. Einige sagten, daß man die Juden aus der Stadt ausgesiedelt habe. Einen kleinen Teil nützlicher Juden – jeder fügte in Gedanken hinzu: reicher – trieb man nach Majdanek bei Lublin. Schreckliche Sachen sind dort angeblich geschehen: viele Leute wurden erschlagen, die Köpfe kleiner Kinder wurden auf dem Straßenpflaster zerschmettert – und ähnliche Geschichten.

Es gab keinen Juden und keinen *Judenrat,* der zu ergründen suchte, was es mit der Lubliner Tragödie auf sich hatte. Was ist mit den Einwohnern des Ghettos geschehen? Hat man sie in den Osten gebracht, zum Arbeiten? Wenn ja, was ist dann mit kleinen Kindern und mit den Alten passiert? Sind sie umgebracht worden? Wenn ja, warum und auf welche Weise? Hat sich die Lubliner Gemeinde etwas zuschulden kommen lassen? Ist es ein Einzelfall? Oder ist es eine durchdachte Aktion?

Leider hat niemand solche Fragen laut gestellt.

Schließlich, »was das Auge nicht sieht, tut dem Herzen nicht weh«, und wir, die Otwocker Juden, erlebten ja unsere eigene »Tragödie«. Die Deutschen verlangen vierhundert Leute zum Arbeiten. Sie sagten, daß es nach Karczew ginge, aber wer weiß es schon, vielleicht nach Treblinka? Ein Ereignis, das aus heutiger Perspektive keineswegs eine Tragödie ist, verdeckte uns die Sicht auf die Lubliner Tragödie, so wie der kleine Mond imstande ist, die große Sonne zu verdecken.

Woher soll man vierhundert Leute zum Arbeiten hernehmen? Jeder sagt: Ich kann doch nicht gehen, denn ich arbeite bei der Polizei; ich bin im *Judenrat* tätig; ich habe einen Bruder bei der Polizei; ich kann nicht gehen, denn ich muß doch mein Geschäft weiterführen; ich gehe nicht, denn ich kann es mir leisten, tausend Złoty der Polizei zu geben.

Keiner erinnerte sich noch an Lublin. Die Polizisten fingen Tag und Nacht Leute ein. Sie fingen ein und sie entließen, es blieb Bewegung im Geschäft: Endlich wurden vierhundert Leute nach Karczew geschickt. *A présent tout le monde est content!**

Der Kommandant der *Ghetto-Polizei* Kronenberg war zufrieden, denn er hat mit dem *Kreishauptmann* persönlich gesprochen, darüber hinaus hat er das Ghetto vor der Aussiedlung bewahrt, er hat sich bei dieser Gelegenheit die Taschen gefüllt, und er hat ein paar anständige Leute, die er nicht mochte, ins Lager geschickt.

Der *Kreishauptmann* war auch sehr zufrieden: die Otwocker Juden

---

* Gegenwärtig sind alle zufrieden! (franz.)

haben sich beruhigt und sie haben gedacht, daß ihnen kein Unglück mehr widerfahren kann.

Auch die Juden waren zufrieden, denn dank der Verschickten konnten die Deutschen sie nicht aus Otwock aussiedeln; wer sollte denn sonst den Arbeitern Nahrungsmittel zuschicken und wer ihre Wäsche waschen? Und was ist nun mit den Familien der Verschickten? Da kann man nichts mehr machen, helft euch selber, so gut ihr könnt, ihr Frauen, ihr Mütter kleiner Kinder. Wir können euch auch nicht helfen.

Solche Gedanken sind jedem im Kopf herumgegangen. Jetzt weiß ich selber nicht, ob ich lachen oder weinen soll, ob unserer Naivität – aber damals …

Ich nehme an, daß kein Prophet jüdischer Mentalität den Lauf der Dinge hätte vorhersagen können. Dafür bräuchte man schon das Blut der alten Hunnen in den eigenen Adern.

Der Mai verging ruhig, der Juni ebenfalls. Die Leute beruhigten sich tatsächlich, denn das Leben hier lief wie ein schnelles Rad: jeder mußte arbeiten, den Unterhalt verdienen, Steuern an den *Judenrat* zahlen oder an die Polizei. Man mußte für den Kommandanten der Gendarmerie Schlicht und für den Leiter des Arbeitsamtes Dürr Pelze, Seidenhemden usw. kaufen; für die polnische Polizei mußte man Fahrräder und hohe Stiefel besorgen, für die Gendarmerie mußte man andere kostbare Geschenke vorbereiten. Man mußte für den sanitären Zustand der Stadt sorgen und man mußte sich neue *Kennkarten*[11] ausstellen lassen. Letzteres ist recht beschwerlich gewesen: die Deutschen haben verfügt, daß alle Juden bis zum ersten Januar 1943 eine neue Identitätskarte benötigen. Man hat deswegen weit entfernte Städte wegen Urkunden und anderer Dokumente anschreiben müssen.

So viel Arbeit – tatsächlich war der Tag zu kurz, um das alles zu schaffen. Es gab keine Zeit für Politik, keine Zeit, um verschiedenen Dingen nachzugehen, oder darüber nachzudenken, was werden wird.

Und was habe ich in dieser Zeit getan? Ehrlich gesagt, gar nichts. Ich habe zwar keine Gefangenen gemacht, denn ich habe gemeint, das stünde mir nicht an, und ich hatte Angst davor, was die Leute sagen würden. Auch hat es mir am »sportlichen Ehrgeiz« gefehlt.

Zusammen mit meinem Kollegen Abram Willendorf habe ich Brotkontingente bei jüdischen Bäckern abgeholt und sie an die Kommandantur und die Funktionäre der *Ghetto-Polizei* verteilt. Ich habe bescheiden zum Leben verdient. Mit großem Bedauern – selbstverständlich – habe ich einiges verkauft. Und so vergingen Tag um Tag und Woche für Woche.

Juli 1942. Was tun die Deutschen? Die deutschen Wissenschaftler stehen vor einem für Normalsterbliche unlösbaren Problem, aber nicht so für ein Volk von solch hohem zivilisatorischen und kulturellen Niveau, wie es die Deutschen sind – das Volk Nietzsches. Sie stehen vor dem Problem, ausnahmslos alle Juden des ganzen Generalgouvernements umzubringen, wobei natürlich folgende Bedingungen zu erfüllen sind:

1) Die Juden sollen nicht merken, daß über sie das Todesurteil gefällt worden ist;

2) die Juden sollen sich nicht wehren;

3) für die Umsetzung sollen so wenig Deutsche wie möglich mobilisiert werden;

4) die Juden selbst sollen dabei helfen, diese Drecksarbeit zu tun;

5) andere Juden sollen die verlassenen Ghettos aufräumen;

6) jüdische Leichen sollen durch Juden bestattet werden;

7) alle bewegliche Habe, Gold, Dollars, Juwelen sollen in deutsche Hände gelangen;

8) alle jüdischen Städte sollen sicher sein, »es kommt nicht in Betracht«;

9) jeder einflußreiche oder vermögende Jude sollte hundertprozentig davon überzeugt sein, daß man ihn nicht im Sinne hat – damit er nicht flieht, sondern dableibt, bis er an die Reihe kommt;

10) die abtransportierten Juden sollen nicht merken, daß sie in den Tod fahren;

11) die Juden sollen im Augenblick des Todes nicht rasend werden, die am Leben Gebliebenen sollen jedoch bis zum letzten Augenblick im Unklaren bleiben;

12) die Körper von drei Millionen Menschen sollen als wertvolle Rohstoffe genutzt werden z. B. als natürlicher Dünger oder indem man ihnen das Fett entzieht; es sollen auch keine Friedhöfe hinterlassen werden, die Spuren abgeben könnten;

13) man muß die Rettung der Juden in die polnischen Bezirke unmöglich machen.

Wahrlich ein makaber schwieriges Problem, denn es geht darum, drei Millionen Menschen umzubringen, alle bis auf den letzten. Bei den oben erwähnten Bedingungen ein, wie es scheint, unlösbares Problem. Doch der Teufel persönlich könnte die Deutschen für die tapfere und präzise Ausführung dieses Plans loben und sie mit seinem höchsten Orden auszeichnen. Er könnte und sollte die Deutschen belobigen, wenn er doch nicht manchmal beschämt wäre, daß sie ihn an grausamem Einfallsreichtum überflügelt haben.

22. Juli. Himmler persönlich erscheint im Warschauer Ghetto. Das Ghetto zählt siebenhunderttausend Einwohner, und sie bewohnen Häuser, von denen sich jedes einzelne in eine Festung verwandeln ließe. Wer weiß, vielleicht haben die Juden Waffen versteckt? Worum geht es den Deutschen? Um eine Kleinigkeit. Um das, was Himmler dem Vorsitzenden des *Judenrates* Czerniaków[12] erklärt: das Warschauer Ghetto ist übervölkert. Im Osten werden aber Leute zum Arbeiten gebraucht. Deshalb solle man Tausende Juden bereitstellen, sie werden in Güterwagen verladen und zum Einsatzort transportiert. Man gestattet es ihnen – selbstverständlich –, Geld und Rucksäcke mit Sachen mitzunehmen. Diejenigen, die sich freiwillig melden, bekommen eine kostenlose Wegzehrung von drei Kilo Brot und einem Kilo Marmelade. Die Ankömmlinge werden vor Ort zu den geeigneten Arbeiten selektiert. Davon ausgenommen bleiben selbstverständlich: Beamte des *Judenrates* und ihre Familien, Ärzte und ihre Familien, Juden, die für die Deutschen in sogenannten Szops[13] arbeiten, und ihre Familien, reiche Juden kommen ebenfalls nicht in Frage. Sie alle bekommen entsprechende Ausweise mit Unterschrift und Stempel mit Hakenkreuz, so daß sie, ihre Familien und ihre Wohnungen unantastbar werden, richtiggehend tabu.

Im Grunde geht es nur um armseliges Gesindel, Häftlinge und ähnliches.

Was will Himmler von Czerniaków? Kleinigkeiten. Es geht nur darum, daß die *Ghetto-Polizei* ungefähr zehntausend Leute auf den Platz bringt. Dort werden sie selektiert, damit – um Himmelswillen – nicht ein nützlicher Jude verschickt werde. Ach ja, und Czerniaków soll unterschreiben, daß die Juden diese Aktion aus eigener Initiative, freiwillig durchführen, zum Zwecke – was weiß ich zu welchem Zwecke? Vielleicht, um die Wohnbedingungen und die sanitären Verhältnisse im Ghetto zu verbessern?

Ingenieur Czerniaków, ein hochgebildeter und kultivierter Mensch, hat jedoch die schreckliche Wahrheit hinter den schönen Worten gefühlt oder erkannt, wer weiß es schon, vielleicht hat er es auch geglaubt, wollte aber nicht zum Mittler des Henkers werden, nicht einmal bei den Armseligen; so hat er abgelehnt und am selben Tag Selbstmord begangen. Er war sicher, daß sein stiller und frei-williger Tod zum warnenden *memento* für die verbleibenden Juden werden würde.

Ehre gebührt Dir, Ingenieur Czerniaków! Mit goldenen Lettern hast Du Dich in die Geschichte der Warschauer Juden eingetragen, denn Du hast als Einzelner die Ehre dieser Juden gerettet.

Und wie war die Einstellung des *Judenrates,* der Polizei und der restlichen Bevölkerung? Das ist eine sehr schmerzliche Angele-genheit. Jeder Jude hat überlegt: es wäre doch Auflehnung, würde man den Deutschen eine Absage erteilen und ihren Befehl nicht ausführen. Dann könnte Militär ins Ghetto einmarschieren und – der Herr möge uns davor bewahren – viele Menschen erschießen. Für den Ungehorsam werden vor allem Beamte des *Judenrates* und der Polizei mit dem Tode bestraft. Wenn wir den Befehl aber ausführen, betrifft uns Polizisten die Aussiedlung nicht, betrifft uns Ärzte und Zahnärzte die Aussiedlung nicht, betrifft uns Fachleute aus den Szops die Aussiedlung nicht, uns Reiche, wir kaufen uns *Ausweise,* betrifft sie nicht, uns alle und unsere Familien betrifft die Aussiedlung nicht. Was soll's, der göttliche Wille geschehe, wohlgemerkt der Wille des deutschen Gottes, mit dem man immer einverstanden zu sein hat. Der Befehl sollte ausgeführt werden.

Der jüdischen Polizei wird der Befehl erteilt, die Leute auf den Platz zu bringen. Die Polizisten, zweitausend an der Zahl, machen sich energisch an die Arbeit. Jeder beglückwünscht sich, so klug gewesen zu sein, sich bei der Polizei einzuschreiben, sich selbst und seine Familie in Sicherheit wähnend. Jeder ist sicher, daß für ihn in diesem Falle »der Laden läuft«, und es geht ans Werk. Sie brechen vor allem Lebensmittelgeschäfte auf und rauben die Ware, um selber nicht hungern zu müssen.

Als man bereits die Häftlinge, die Leute von den Sammelpunkten und die Armen von den Straßen abtransportiert hat, kommt die Reihe an die Waisenhäuser. Den Polizisten ist es etwas unangenehm, Dr. Korczak zu verschicken, der darauf bestanden hat, zusammen mit seinen Kindern verschickt zu werden, aber was soll man tun, wenn er es selbst so will? Wenn einen das Gewissen quält, betäubt er es mit Wodka. Ein Tag vergeht schnell.

Oh, Dr. Korczak! Ich verneige mein Haupt vor Deinem Namen. Nicht Deine Bücher haben Dich unsterblich gemacht, sondern Deine Tat. Du wolltest die armen Joski, Mośki, Srulki[14] auch im letzten Moment nicht verlassen. Du wolltest mit ihnen zusammen umkommen. Ehre Deinem Gedenken!

In der Stadt herrschte Hunger. Keiner riskierte seinen Kopf, um zu schmuggeln. Die Reichen trugen sich zur Arbeit in die Szops ein. Die »Jüdische Zeitung«[15] schrieb von der Produktivität der Stadt, es gab keine Nichtsnutze, alle waren bereit, für die Deutschen zu arbeiten, selbstverständlich um von der Aussiedlung freigestellt zu werden.

Die Polizisten besetzten ganze Häuserblocks, eingerahmt von vier Straßen, damit klar war, daß sie und ihre Familien hier lebten, und daß hier keiner eintreten durfte. Sie besetzten fremde Wohnungen und befahlen den Leuten, sich zu entfernen und alle Habe dazulassen. Sie häuften in diesen Wohnungen große Reichtümer an. Sie soffen, raubten und führten deutsche Befehle aus! Neue Szops schossen aus dem Boden, wie Pilze nach einem Regenguß. Jeder Szop benötigte ein Haus.

Die einen mußten einziehen, also zogen andere aus. Auf diese Weise wurden Familien zerstört, ein Teil irrte herum und wurde in Waggons verladen, Ehemänner verloren Ehefrauen, Söhne verloren Eltern, Mütter verloren Kinder. Hunger herrschte in der Stadt, die Hölle beherrschte die Straßen, die Hölle beherrschte die Menschenseelen.

Eine oder zwei Wochen lang kam die jüdische Polizei alleine zurecht, später schritten Ukrainer ein, die die Aktion leiteten. Der Leitspruch der Aktion hieß Tempo und Arbeit. Juden! Arbeitet schnell, zieht von einem Ort zum anderen um, bereichert euch, verliert – so daß ihr gar nicht zum Nachdenken kommt.

Ihr dürft um Gotteswillen nicht darauf kommen, daß ihr alle auf diese Weise umgebracht werdet.

Polizei! Sei sicher, daß das große Deutschland dich nicht vergißt. Ärzte, die Deutschen brauchen euch. Fachleute, ohne euch können die Deutschen den Krieg nicht gewinnen. Also Tempo, Tempo und nochmals Tempo. Trinkt Wodka und denkt nicht nach. Ist denn der Mensch ein denkendes Wesen? Wer hat das gesagt? Die Armen stellen sich selbst, ist denn ein Menschenleben kostbar? Die Leute melden sich freiwillig für drei Kilo Brot und ein Kilo Marmelade. Leichen liegen einsam auf der Straße, so schaut das Ende der Ungehorsamen aus. Und die Gehorsamen? Wißt ihr das nicht? Die Gehorsamen fahren zur Arbeit, schwere Rucksäcke schleppend.

Müssen sie denn unbedingt in Warschau wohnen?

Warum gefälligst nicht in der Provinz?

Viele Tragödien spielten sich in jenen sonnigen Julitagen ab. Ich möchte darüber nicht mehr schreiben, um es denen aus Warschau zu überlassen, denen, die es selbst erlebt haben und den Moment vielleicht erleben werden, da sie die eigenen und die fremden Leiden den Nachkommen weiter vermitteln können.

Ein Teil der Juden verläßt Warschau und begibt sich in andere Ghettos. Dort sind sie doch in Sicherheit. Für Geld läßt sie die *Wache* durch. Auf dem *Umschlagplatz* werden Leute selektiert, für viel Geld kann man sich freikaufen. Freut euch, ihr Reichen! Bleibt doch vor Ort! Es gibt keinen Grund zur Flucht!

Niemand weiß, wohin die Leute verschickt werden. Die Züge fahren nachts ab. Wohin? In welche Richtung? Man weiß es nicht.

Wie reagieren Juden in anderen Städten auf Nachrichten von der Aussiedlung aus Warschau?

Es ist nicht das ferne Lublin. Warschau ist es, wo jeder Verwandte und Bekannte hat. Einige haben sogar Passierscheine, sie fahren nach Warschau. Man bringt Leute von dort mit. Es gibt telefonische Kommunikation. Das Telefon ist in Kommissariaten und *Judenräten* pausenlos in Betrieb. Anstatt einmal anzurufen, um zu hören, was los sei, und die logischen Schlüsse daraus zu ziehen, rufen Juden täglich an, um Nachrichten zu bekommen. Sie interessieren sich dafür, welche Häuser an jenem Tag ausgesiedelt wurden. Welche Nummern? Welche Straßen wurden blockiert? Die einen erzählen am Telefon, daß der heutige Tag ruhig verlaufen ist, die anderen meinen, daß er heiß gewesen ist. Klar, das eine und das andere ist wahr, Warschau ist doch groß. Der jüdische Wortschatz wird um neue Ausdrücke reicher: Wir werden zu »Alteisen«, »zu Wildleder«, »zur Seife«. Alle reden davon, aber niemandem ist das Grauen der Situation klar, niemand macht sich die wahre Bedeutung dieser Worte bewußt. Welche Schlüsse sollten Juden aus der Warschauer Aktion ziehen? Klare Sache, die Deutschen lassen es nicht zu, daß Juden logische Schlüsse ziehen. Sie legen ihnen, scheinbar ungewollt, »entsprechende« Schlüsse nahe. Sollen sich doch die Juden freuen, daß sie schlau und vorausschauend sind. Der *Kreishauptmann* für den Landkreis Warschau, Dr. Ruprecht, schickt einen Erlaß an die *Judenräte* in Otwock, Falenica, Legionów, Wołomin, Jadowa und Radzimin, daß bis zum zweiten Juli 1942 alle Fachleute aufgelistet werden sollen: alle Schneider, Schuster, Metallarbeiter, Elektriker, Sattler; sie werden »zusammen mit ihren Familien und dem Gepäck nach Warschau umgesiedelt, um dort in den Arbeitsprozeß eingegliedert zu werden.«

Zugleich wird betont, daß eine genaue Auflistung derer erfolgen soll, die Handwerkszeug besitzen.

Über diesen Erlaß freute sich das Warschauer Ghetto, es freuen sich die Provinzjuden: den Deutschen geht es schlecht, es fehlt ihnen an Arbeitskräften, speziell an Fachleuten. Den in den Szops arbeitenden Juden wird sicherlich nichts passieren, wo doch noch mehr herangeholt werden sollen und dazu mit Familien und mit Gepäck. O ja, die Deutschen wissen, daß Arbeiter nicht arbeiten wollen, wenn ihre Familien weggeschafft werden. Die Fabriken stehen still und Deutschlands Niederlage ist perfekt. Vorwitzige Schuster verspotten die übrige jüdische Bevölkerung:

– Seht nur, ihr sagtet, Schneider und Schuster seien nichts wert,
   und jetzt sind wir es, die ganze Städte mit ihrer Arbeit retten.

Die Nichtfachleute freuten sich auch. Sie wußten nämlich, daß es keine Aussiedlungen geben wird, bevor nicht die Fachleute abtransportiert worden sind.

Es gibt sicherlich einen automatischen Termin – einen oder zwei

Tage nach der Abfahrt der Fachleute, aber niemals vorher. So räsonierten die Juden, und man hält sie angeblich für ein gescheites Volk. O menschliche Einfalt!

Eigentlich sind es weder Dummheit noch Naivität, die den Juden diese und keine andere Art des Räsonierens vorschreiben. Es ist der Glaube der Juden an die kulturellen Errungenschaften des zwanzigsten Jahrhunderts, es ist das Unverständnis gegenüber der Mentalität, der Blutrünstigkeit der Hunnen, die sich allen menschlichen und christlichen Regeln widersetzen. Das alles blendet die Juden und verdummt sie komplett.

Es wundert mich nicht, denn man müßte schon den Teufel in sich haben, um den Lauf der Dinge vorhersehen zu können, und die Deutschen agierten schlau. Lipszer, der berüchtigte Leutnant der Gendarmerie für den Kreis Warschau, erschien in dieser Zeit in Otwock. Er verlangte vom Kommandanten der *Ghetto-Polizei* Kronenberg zahlreiche kostbare Geschenke für sich und seine Kollegen. Als Gegenleistung versprach er feierlich: *Otwock kommt nicht in Betracht* – und wenn es schlimmstenfalls doch noch zu so einer Anordnung kommen sollte, werde er vorher Kronenberg verständigen und es wird schon werden. Was er freilich nicht sagte, aber deutlich zu verstehen gab, daß man für Geld mit ihm alles regeln kann.

Andere *Judenräte* stellten Anträge an die *Kreishauptmänner* auf Genehmigung für die Gründung von Szops. Alle Juden im Generalgouvernement erfaßte ein Arbeitsrausch. In Otwock waren alle bereit, zwölf, sechzehn Stunden pro Tag zu arbeiten. Kostenlos, man möge sie nur vor Ort belassen. Es versteht sich von selbst, daß man diese Bedingung nicht laut stellte.

Die Beamten im *Arbeitsamt* und im *Kreishauptamt* ließen sich gnädig mit großen Summen bestechen. Nach vielen Umständen, Unsicherheiten und viel Herzklopfen kamen endlich die ersehnten Genehmigungen. Von Mund zu Mund wurden die Namen der deutschen Würdenträger gereicht, die diese Genehmigungen unterzeichnet haben. Dieser gehört der SA an, jener der SS, der ist der fünfte in der Rangskala der Hitlerpartei. Über die zehn Gebote haben sich Juden bestimmt nicht so gefreut, wie über die Genehmigung für die Gründung von Szops, zumal in Otwock ganze Waggons mit Lumpen angekommen sind, die gewaschen werden mußten.

Schaut nur Juden, was die Deutschen von euch erwarten. Die jüdischen Frauen vergaßen schnell, daß sie sich immer Wäscherinnen zum Waschen geholt haben, sie vergaßen ihre manikürten Hände. Alle trugen sich in den Wäscherei-Szop ein. Es herrschte riesige Freude!

Es gibt Lumpen, es gibt Szops, wir werden arbeiten, wir werden hier bleiben. Warschau war völlig vergessen.

In Kürze sollte ein Waggon mit Brettern für den Tischler-Szop ankommen. Die Juden bereiteten eigenhändig den Platz neben dem Abstellgleis vor. Sie fällten Bäume, sie zäunten das Areal mit Stacheldraht ein, damit die Bretter nicht gestohlen wurden. Alle arbeiteten eifrig und hegten die besten Hoffnungen für die Zukunft.

Als der Platz fertig war, erwarteten die Juden, daß dort die Bretter von den Waggons geladen würden, die Deutschen hingegen wußten, daß er dazu da sein würde, alle Juden zu versammeln, um sie in die Waggons zu verladen.

So reagierte die jüdische Masse auf die Warschauer Vorfälle. Was haben aber einzelne Leute in Otwock gedacht?

Das gleiche wie im Warschauer Ghetto. Gewisse Axiome setzten sich durch (bekanntlich werden Axiome nicht bewiesen): 1) daß die Polizei sicher sei, also brauchte man nicht weiter nachzudenken. Der Kommandant der *Ghetto-Polizei* fertigte eine Liste der Polizisten und ihrer Familienangehörigen an: der Ehefrauen, Kinder, Eltern und er schickte sie an das *Arbeitsamt*. Für alle Fälle sollte jeder einen Beruf angeben – einen nützlichen Beruf; schlimmstenfalls schrieb man: Schneidergehilfe. Brüder beneideten ihre Polizisten-Brüder. 2) Beamte des *Judenrates* waren ebenfalls sicher. 3) Mitarbeiter der Szops? Na, das sind Auserwählte des Schicksals, wegen ihnen braucht man den *Judenrat* und die Polizei. 4) Reiche? Wer sollte sich um Reiche sorgen. Vom Anbeginn der Welt hat sich der Reiche immer zu helfen gewußt.

Kann man anders darüber denken? Gibt es andere Möglichkeiten? Soll man in eine andere Stadt ausreisen? Das hat doch keinen Sinn, dort kann es auch Aussiedlungen geben. Es ist doch besser, in der eigenen Stadt zu bleiben, wo man die Polizisten und überhaupt alle kennt. Zu spät gelangten Juden zu der Überzeugung, am besten das Generalgouvernement zu verlassen und zum Beispiel in die Schweiz auszureisen. Jetzt waren sie bereit, ihre Immobilien für einen Spottpreis an Polen zu verkaufen, für die Genehmigung zur Ausreise in die Schweiz eine Viertelmillion Złoty zu bezahlen. Es tauchte jedoch kein »Macher« auf, und die Ausreise ins Ausland blieb ein »frommer Wunsch«. Diejenigen, die nicht hundertprozentig sicher waren, bei der Selektion übrigzubleiben, suchten für alle Fälle Unterschlupf, um sich bei einer Aktion verstecken zu können. Gemäß der *vox populi* können die am ersten Tag Versteckten anderntags herauskommen und frei weiterleben.

In jener Zeit haben viele Familien Otwock auf geheimnisvolle Weise verlassen. Gerüchte haben besagt, sie seien in die Schweiz ausgereist, doch ich habe jetzt den Eindruck – bin sogar sicher –, daß sie auf einfachste Weise eine Wohnung im polnischen Teil Warschaus gemietet haben. So haben es die Angepaßten gemacht, die über das nötige arische Aussehen und über Geld verfügt haben.

Jetzt besuchten immer häufiger Polen das Ghetto. Sie wollten verschiedene Sachen zu Spottpreisen erstehen, denn – so erklärten sie – »ihr müßt es sowieso dalassen, wenn sie aussiedeln werden.«

Meine Hausmeisterin, eine Frau, die mit meiner Frau fast zusammen aufgewachsen ist, erschien auch bei uns. Offensichtlich jedoch nicht, um uns zu versichern, daß wir in der Not mit ihr rechnen könnten. Wir waren für sie bereits lebende Leichen, das ließ sie uns deutlich spüren. Und wer wäre es wert, unsere Sachen zu erben, besonders die Bettwäsche? Dafür käme doch nur sie in Frage, die uns schon so viele Jahre kenne und die uns so gerne möge. In ihrer »Naivität« stellte sie uns sogar solch eine Frage. Sie verließ uns sehr verwundert und aufgebracht, weil wir ihr nur einen schwarzen Rock gaben, um sie loszuwerden.

Andere erklärten sich gnädig bereit, jüdische Sachen zur Aufbewahrung zu nehmen. Einige schworen bei der Annahme der Sachen, schlimmstenfalls auch die Besitzer aufzunehmen und zu verstecken.

So gut wie niemand dachte daran, daß die einzige und einfachste Art der Rettung darin bestand, das Ghetto zu verlassen, versehen mit einer *Kennkarte* – oder schlimmstenfalls mit einer Geburtsurkunde – und im polnischen Viertel Wohnsitz zu nehmen. Das betraf selbstverständlich nur Frauen und Männer mit entsprechendem Aussehen. Niemand dachte auch daran, sich um jeden Preis Waffen zu beschaffen, um sein Leben und das seiner Allernächsten teuer zu verkaufen. Drei Jahre Gefangenschaft haben leider das ihre getan.

Wenn es um das Verlassen des Ghettos geht und um Wohnsitznahme im polnischen Viertel, so gab es einige Gründe dafür, warum es die Juden nicht getan haben, auch wenn ihnen bewußt war, wie schrecklich ihre Situation war.

Einerseits hat ihnen die Gendarmerie eingetrichtert, daß das Verlassen des Ghettos gleichbedeutend sei mit dem Todesurteil, andererseits herrschte eine panische Angst vor Polen. Die Juden befürchteten, im polnischen Viertel ausgeraubt und der Gendarmerie ausgeliefert zu werden. Vor den Gendarmen konnte man sich noch verstecken, oder ihnen ausweichen – schließlich gab es davon nicht viele auf den Straßen, aber wie sollte man sich vor den Polen verstecken, die ganz leicht Juden erkennen können. Vorläufig werde ich mich dazu nicht äußern, ob die Juden recht hatten oder in diesem Punkt überempfindlich waren und den Polen mit den Verdächtigungen unrecht taten. Das werden wir in den nächsten Kapiteln sehen.

Was habe ich damals gemacht? Nichts, oder treffender, noch schlimmeres als nichts. Damals bin ich der Meinung gewesen, daß ein jeder Mensch ein normales Leben mit Arbeit, Verdienst usw. braucht und es auch haben sollte, unabhängig davon, was in der Welt gerade los ist.

Schließlich war ich Polizist und dazu noch einer von den wichtigsten, beschäftigt in der sogenannten Brotkommission. Außerdem war ich mit dem Kommandanten der *Ghetto-Polizei* Kronenberg persönlich befreundet, daher meinte ich, wegen mir und meiner Familie völlig beruhigt sein zu können.

Manchmal dachte ich, es wäre vielleicht besser, mein Töchterchen Aluśka, ein niedliches zweijähriges Mädchen, blond und blauäugig, bei Polen in Obhut zu geben. Ich bin bereit gewesen, dafür gut zu bezahlen, sogar ein Jahr im voraus. Für ein Jahr, denn in einem Jahr sollte doch der Krieg zu Ende sein, schönes Märchen, nicht wahr? Im Falle unseres Todes wäre ich sicher, daß unser Töchterchen adoptiert werden wird, allein schon wegen des Immobilienvermögens, dessen einzige Erbin sie wäre.

In jener Zeit war die Mehrzahl der Juden der Meinung, daß kleine Kinder das Schicksal der Eltern teilen sollten und daß man keine Waisen auf dieser Welt zurücklassen sollte. Ich war anderer Meinung. Ich dachte, daß es meinem Töchterchen einmal im Leben gut gehen wird, wenn es in gute Hände kommt. Das Vermögen wird ihre Unabhängigkeit absichern, und es wird ihr eine angemessene Entwicklung ermöglichen. Außerdem dachte ich, daß Eltern das Sterben leichter fällt, wenn sie wissen, daß sie jemanden hinterlassen und ihr Geschlecht nicht ausstirbt. Für mein Verständnis war es nur noch nötig, die entsprechenden Leute zu finden, denen ich das Schicksal und die Zukunft meines Kindes anvertrauen konnte.

Das ist gut überlegt gewesen, und es hätte eine hundertprozentige Erfolgschance gehabt, wenn es schnell ausgeführt worden wäre. Das Prinzip »*periculum in mora*«* hätte lebensbestimmend sein müssen und nicht »später, denn ich habe Zeit«, so wie ich es seit jeher zu sagen pflegte.

Ich wandte mich an den Gerichtsvollzieher Alchimowicz, dem ich bereits so viele Dienste erwiesen hatte und den ich für einen aufrichtigen und ehrlichen Menschen hielt. Ich bat ihn, das Kind bei seiner Familie in Lublin unterzubringen, selbstverständlich gegen Bezahlung, deren Höhe ich von vornherein akzeptiere. Er versicherte mir, dies zu erledigen, nach Lublin zu fahren und mein Töchterchen dort sehr wahrscheinlich unterzubringen. Nach der Unterredung wähnte ich in meiner Naivität mein Töchterchen bereits schon in Sicherheit.

Ich glaube, daß Alchimowicz in diesem Augenblick die ehrliche Absicht hatte, mir zu helfen, als er dann aber nach Hause kam und seiner Frau davon erzählte, hat sie ihm wahrscheinlich abgeraten.

Eine Verpflichtung einem Juden gegenüber einzugehen und später dann Bescheid geben, daß er damit nicht rechnen könne, denn es kann dabei um Menschenleben gehen – wer möchte schon heutzutage mit so etwas spielen?

Und ich habe im Ghetto gesessen und darauf gewartet, daß die Sache erfolgreich abgewickelt wird.

* Gefahr ist im Verzug (lat.), d. h. Gefahr liegt im Zögern.

Damals kam es mir nicht in den Sinn, eine Anzeige in der Zeitung aufzugeben, es wurde auch darüber diskutiert, das Kind im Findelhaus unterzubringen, aber damit hatte es sich dann auch. Mein Töchterchen, verzärtelt und verwöhnt, war mir dafür zu kostbar. Auf der anderen Seite war auch keinem klar, wie nah das Unheil schon war und nur ein sofortiger »Kaiserschnitt« hätte das Leben retten können.

In eine *Kennkarte* hatte ich kein Vertrauen, denn ich sah zu typisch für einen jüdischen Intellektuellen aus. Das Aussehen meiner Frau könnte gehen, nach einigen Veränderungen und dem Aufhellen der Haare. Deshalb bat sie mich, ihr eine *Kennkarte* zu besorgen. Sie verstand meine Gleichgültigkeit gegenüber der drohenden Aussiedlung nicht. Sie hat mir gegenüber wiederholt davon gesprochen, daß sie sich bestens vorstellen könne, was ihr Bruder in der Nacht vor seiner Erschießung erlebt hat und daß sie sich retten möchte. Ich habe diese Worte mit Schweigen quittiert, ich habe sie auch gar nicht hören wollen, denn sie vergifteten mir das Blut. Hätte mir eine freie Summe zur Verfügung gestanden, hätte ich mich möglicherweise darum gekümmert, um sozusagen meine Ruhe zu haben. Aber ich hätte vorher den Anzug und das englische Paletot verkaufen müssen, und das tat mir leid. Letztlich verspürte ich auch keine Gefahr, fest an alle Axiome glaubend. Werde ich mich von dieser Schuld je freikaufen, o Gott!?

Samstag, der 15. August. Ich ging vor dem Mittagessen aus dem Haus. Ich wohnte an der Ghettogrenze, ganz nah am Schlagbaum an der Wawerska-Straße. Ganz zufällig traf ich einen polnischen Bekannten, einen Magister der Rechte, am Schlagbaum, als er sich gerade mit einem Juden unterhielt.

Ich muß ein paar Worte über meine Bekanntschaft mit dem Magister schreiben. Wir haben uns im November 1940 in Otwock kennengelernt, wo der Magister Staatsbeamter war, und es auch heute noch ist. Ich habe ihn einmal monatlich besucht, manchmal auch häufiger und wir haben miteinander diskutiert, meist über Politik. Einmal habe ich ihn zu mir ins Ghetto zum Reibekuchenessen eingeladen. Eines Tages hat mich der Magister recht kühl empfangen, offenbar haben ihn persönliche Sorgen bedrückt. Ich weiß nicht mehr genau, wann das gewesen ist, im Juli oder August

1941, jedenfalls habe ich seit dieser Zeit meine Besuche eingestellt. Ich weiß nicht, was für eine Meinung der Magister von mir gehabt hat. Ich habe ihn jedenfalls für einen Menschen mit einnehmenden Manieren gehalten, ehrenwert, ehrlich und ein glühender Patriot, mit einem Wort, für einen Menschen, auf den man sich verlassen kann und der einem in der Not gerne und selbstlos helfen würde. Im Zuge einer so kurzen Bekanntschaft habe ich selbstverständlich keine Beweise dafür finden können, daß er wirklich so war, ich habe es eher intuitiv gespürt.

Wenn ich nicht befürchten müßte, den Magister damit zu beleidigen, würde ich sagen, daß er – obwohl eingefleischter Pole – alle guten Seiten eines jüdischen Charakters ahnen ließ.

Eine solche Aussage legte von meinem jüdischen Chauvinismus Zeugnis ab und wäre im übrigen heutzutage die größtmögliche Beleidigung.

Zurück zu unserem Zusammentreffen. Ich begrüßte den Magister sehr herzlich, er witzelte ein wenig über meinen eleganten Aufzug, der weder auf den Krieg, noch auf den Verbleib im Ghetto schließen ließe. Danach ließ er den humorvollen Ton weg und fragte mich ernst: Warum seid ihr Juden so passiv? Warum tut ihr nichts? Ich war darüber sehr verwundert, denn meiner Meinung nach gab es nichts zu tun. Wir verabschiedeten uns schnell.

Unmittelbar danach traf ich Anka, die mit dem Kind spazieren ging. Ich erzählte ihr von dem Treffen mit dem Magister und fragte sie, ob wir ihn nicht zu uns bitten sollten, um ihm einige unserer Sachen zur Aufbewahrung zu geben. Anka war damit im Prinzip einverstanden, sie wollte es lediglich auf Montag verschieben. Ich ging schnell zum Schlagbaum zurück, wo ich den Magister noch antraf, und ich bat ihn darum, am nächsten Montag um fünf Uhr zum gleichen Ort zu kommen. Er war damit sofort einverstanden, verlangte aber, ihn vorher anzurufen. Ein dummer Umstand, nicht von Bedeutung, aber wie tragisch waren seine Konsequenzen.

Sonntag, der 16. August. Ein allgemeines Großreinemachen und Waschen fand bei mir statt. Die Wäscherin wusch alles, meine Frau räumte in allen Ecken gründlich auf und wechselte auch die Bettwäsche – in der Zeit paßte ich auf das Kind auf. Der Tag verging bei der Arbeit.

Montag, der 17. August. In Otwock hat sich die Stimmungslage abrupt verschlechtert. Ein paar einflußreiche und vermögende Juden aus der Bürstenmacherbranche sind ins Warschauer Ghetto zurückgegangen. Dort ging offensichtlich die Aktion zu Ende, jetzt kam Otwock an die Reihe.

Ich kam gereizt nach Hause. Das Kind schlief gerade. Als ich es ungewollt weckte, schimpfte mich meine Frau aus, ich antwortete scharf, mit einem Wort – wir haben uns gestritten. Im Zuge der Auseinandersetzung bekam ich viel Unangenehmes zu hören. Darunter waren auch einige prophetische Aussagen, obwohl ich nicht glaube, daß Anka wußte, wie nah sie der Wahrheit war. Sie fragte, was für einen Nutzen sie von mir hätte? Was hätte sie davon, daß ich arbeite und den Lebensunterhalt verdiene, wo sie doch viel besser leben könnte, würde sie ihre vielen Kleider verkaufen; sie wisse, daß sie abtransportiert werde und all das zurücklassen müsse; schließlich warf sie mir vor, daß ich ihr keine *Kennkarte* besorgt habe und sie überhaupt nicht abgesichert hätte. Als ich diese Worte gehört habe, war ich wirklich aufgebracht. Wütend verließ ich das Haus und rief den Magister natürlich nicht mehr an.

Ich höre jetzt noch Ankas prophetische Worte. Sie hämmern in meinem Hirn, bei Tag und Nacht erreichen mich laute Worte aus dem Jenseits:

– Du bist schuld, du hast uns ins Verderben gestürzt! Du bist schuld.

Anka, die mich ehrlich geliebt hat und mir immer eine so gute Frau gewesen ist, hat mir vielleicht verziehen, vielleicht bittet sie darum, daß wenigstens ich am Leben bleibe. Ich, der Einzige, der ihrer gedenken, der ihr ein ehrendes Andenken bewahren, ich, der ihr ein Denkmal aufstellen wird. Aber kann man sich mit einem Denkmal freikaufen? Kann man sich von solch einer Schuld überhaupt loskaufen? Wenn ich weiterlebe, dann nur, damit die Strafe größer ausfällt, damit ich vor meinem Tod für meine Taten büße.

Fürwahr, wir noch lebenden Juden beneiden die Juden, die durch die ersten Bomben oder durch Typhus umgekommen sind, die überhaupt früher aufgehört haben zu leben. Sie haben wenigstens nicht gelitten. Es soll irgendwo geschrieben stehen, daß eine Zeit kommen wird, da die Lebenden die Toten beneiden werden.

Dienstag, der 18. August. Ein schöner und sonniger Tag. In der Stadt herrscht Ruhe, als plötzlich um ein Uhr mittags Panik ausbricht. Frauen laufen herum und rufen, man soll kleine Kinder in Sicherheit bringen. Ich eile zum Kommissariat, fast alle Polizisten sind bereits dort. Ich versuche zu erfahren, was eigentlich los ist.

Es stellt sich heraus, daß Major Brand, angeblich der Kommandant des *Umsiedlungsbataillons*[16], nach Otwock gekommen ist und die Ghettopläne verlangt hat. Danach hat er, völlig widerrechtlich nach Meinung naiver Juden, den Kommandanten der *Ghetto-Polizei* Kronenberg zum Leiter des Judenrates ernannt; bis zu diesem Zeitpunkt hat der jüdische Rat dem *Kreishauptmann* unterstanden. Brand hat außerdem noch befohlen, binnen vierundzwanzig Stunden alle gemauerten Häuser niederzureißen und zu zerlegen, aus den so gewonnenen Ziegeln sollte um das Ghetto herum eine Mauer errichtet werden. Zum Schluß hat er noch den Platz für den Schreiner-Szop angeschaut, dann hat er die Pläne mitgenommen und das Ghetto verlassen.

Nach diesem Besuch wurde die Stimmung in der Stadt überaus bedrückt. Obwohl niemand den Befehl zum Einmauern der Stadt ernst nahm, weil er undurchführbar war, so wußten doch alle, daß die Aussiedlung erfolgen wird. Es war nur noch nicht klar, wann und unter welchen Umständen? Wird es teilweise durchgeführt? Und wer wird selektieren?

Aus der neuen Situation zog jeder andere Schlüsse. Für mich war es wichtig zu wissen, was der Kommandant der *Ghetto-Polizei* dachte. Kronenberg hat noch in der vorangegangenen Woche einen Brief von einem gewissen Rykner erhalten, dem ehemaligen stellvertretenden Kommandanten der jüdischen Polizei in Otwock.

Ich muß erklären, was mit ihm früher geschehen ist. Rykner ist im Januar 1942 zusammen mit zweihundert Leuten wegen gewisser Vergehen ins Straflager Treblinka I geschickt worden.

Aus dieser Gruppe sind etwa fünfzehn hervorragende Fachleute am Leben geblieben. Sie haben gearbeitet, und es ist ihnen relativ gut gegangen, soweit, daß Rykner im Mai nach Otwock fahren konnte, selbstverständlich in Begleitung eines *SS-Mannes*. Er hat nicht darüber reden wollen, was sich dort tut, er hat seine Frau begrüßt und ist wieder weggefahren. Ein paar Monate später ist er erneut gekommen, um Frauen und Kinder der Fachleute mit einem Lastwagen nach Kosów zu bringen, einem Städtchen in unmittelbarer Nachbarschaft Treblinkas.

Rykner hat also Kronenberg den Brief geschrieben, um die Otwocker Juden vor der drohenden Gefahr zu warnen. Ein paar Tage später hat Rykner bei Kronenberg angerufen, weil er nicht sicher war, ob der Brief angekommen ist. Der Vorwand für den Anruf war eine Bestellung von Nägeln für das Lager in Treblinka. Als Kronenberg den Erhalt des Briefes bestätigt hat, entwickelte sich folgender Dialog:

– Also, du weißt, was du tun sollst?

– Ich weiß!

Die menschlichen Gedanken sind unergründlich. Rykner wollte die Einwohner warnen, damit sie rechtzeitig fliehen können. Kronenberg meinte, es läge in seinem Interesse, eine Panik in der Stadt zu vermeiden, denn für eine Massenflucht hätte nur er verantwortlich gemacht werden können.

Ich weiß auch nicht, ob Brand zu Kronenberg etwas davon gesagt hat, daß am nächsten Tag die Aussiedlung stattfinden sollte. Ich weiß aber, daß Kronenberg davon gewußt hat, denn er hat diese Nachricht an einen befreundeten Polizisten weitergegeben. Er hat den Friseur für den nächsten Tag um sechs Uhr früh zu sich bestellt und er hat ruhig abgewartet. Den Polizisten hat er die Anweisung gegeben, daß ihre Frauen um dieselbe Zeit in den Szop kommen und sich an die Waschzuber stellen sollten, um den Deutschen Arbeitsbereitschaft zu demonstrieren. Es war nur zum Schein, denn die Wäscherei war noch nicht eingerichtet.

Die Beamten des *Judenrates* haben sich mit ihren Familien in ihrem Dienstgebäude postiert. Die Schneider sind zum Schneider-Szop gegangen, das heißt zu dem Lokal, das dafür vorgesehen war. Dort haben Nähmaschinen gestanden, aber es gab nichts zu tun, denn die Deutschen hatten noch keine Ware geschickt. Niemand hat jedoch daran gedacht. Die Bürstenmacher sind, in Erwartung der Borstenlieferung, die Bürstenmaschinen anschauen gegangen. Die Schreiner haben sich an der Hobelmaschine zu schaffen gemacht, auf die Waggons mit Brettern wartend. Und die Massen haben, wie immer, wahrscheinlich auf ein Wunder gewartet. Vom ersten Tag der deutschen Okkupation haben die Juden in Otwock in ständiger Furcht vor der Aussiedlung gelebt.

Interessant ist, daß jede historische Katastrophe angekündigt wird, es gibt immer irgendwelche Zeichen am Himmel, die die Menschheit vor der drohenden Gefahr warnen. Aber selten glaubt jemand daran. So war es auch in Otwock. Dürr hat bei seiner Abfahrt in den Sommerurlaub gesagt, daß er bei seiner Rückkehr keine Juden mehr in Otwock antreffen wird.

Der deutsche Inspektor des Lagers Karczew, Frank, hat auch den Saum des Schleiers gelüftet. Er hat den Arbeitern bereits im Mai mitgeteilt, daß nur sie und ihre Familien in Otwock bleiben werden. Er hat die Familien registrieren und hat sich die angefertigte Liste aushändigen lassen. Seinerzeit hat seinen Worten niemand besondere Beachtung geschenkt, aber jetzt, der Gefahr ansichtig, fühlten sich die Familien der Arbeiter sicher. Die Liste ihrer Namen wurde nicht zu irgendwem gebracht, sondern zu Inspektor Frank persönlich, einem leibhaftigen Verwandten des Generalgouverneurs, und er hat ihnen – aus eigenem Willen – die Unantastbarkeit garantiert.

Nichtsdestoweniger haben an diesem sonnigen achtzehnten August alle die Aussiedlung geahnt. Nur wenige haben den Termin gekannt und ihn geheimgehalten, aber ich kann mit Sicherheit behaupten, daß fünfundsiebzig Prozent der Juden dahinter gekommen sind. Sie haben jedoch ruhig geschlafen, sicher, daß es sie nicht betrifft. Die übrigen fünfundzwanzig Prozent der jüdischen Bevölkerung Otwocks haben in der Nacht die Stadt verlassen, sich in Kellern versteckt oder haben schließlich resigniert den Lauf der Dinge erwartet.

Ehre sei dir, deutscher Genius, der du es geschafft hast, die Menschen so zu verdummen und sie in einen Zustand kollektiver Verblendung zu versetzen, daß sie sich wie Schafe zusammendrängten, um auf ihre Henker zu warten. Sie haben sich nicht einmal versteckt, ganz im Gegenteil, sie haben sich zu Herden gedrängt, damit die Henker nicht zu viel Arbeit haben. Noch ein interessanter Umstand allgemeiner Verblödung: obwohl alle sicher waren, daß sie bleiben, haben sie doch vollgestopfte Rucksäcke vorbereitet.

Ich bin nicht imstande, die Frage zu beantworten, was wir beim

Packen gedacht haben. Die Rucksäcke sind zu schwer gewesen, um damit in andere Ghettos zu fliehen. Es hätte doch jeder unterwegs erkennen können, daß da ein Jude flieht. Vielleicht hat man die Rucksäcke gepackt, um sie schlimmstenfalls auch in die Waggons mitzunehmen? Wir dürfen nicht vergessen, daß neunzig Prozent der Juden nicht gewußt haben, wohin die Reise ging. Ich glaube nicht an diese Erklärung. Ich habe eine andere, scheinbar absurde Erklärung, und gegenwärtig, also ein Jahr nach den beschriebenen Ereignissen, glaube ich daran umso mehr. Das Packen der Rucksäcke ist nur für die Deutschen von Vorteil gewesen. Jeder hat nur sein Bestes mitgenommen und hat darin sein ganzes Vermögen eingenäht: Gold, Dollars, Wertpapiere. Die Rucksäcke sind direkt nach Treblinka gekommen, wo die Deutschen die Sachen nicht einmal zu sortieren brauchten. Man hat nur gutes Zeug mitgenommen. Diejenigen aber, die ihre Rucksäcke zu Hause gelassen haben, ersparten damit ihren Henkern die Mühe des Packens. Das ist richtiges Marionettentheater gewesen. Aber was für ein tragisches Theater! Es bleibt für immer ein Geheimnis des Satans, wie es die Deutschen geschafft haben, ausnahmslos alle Juden glauben zu machen, sie täten es für sich, um ihre materielle Zukunft abzusichern.

Zurück jedoch zum Dienstag, dem 18. August.

Nach meiner Rückkehr vom Kommissariat rief ich sofort den Magister an und verabredete mich mit ihm für fünf Uhr, am gleichen Ort vor dem Schlagbaum. Der Magister war pünktlich und wir begaben uns in meine Wohnung.

Zusammen mit meiner Frau schilderte ich ihm dann die Situation. Wir sagten, daß uns höchstwahrscheinlich gar nichts droht, wir würden jedoch gerne mit seiner Hilfe unser Töchterchen an einem geeigneten Ort unterbringen. Ich sagte, daß ich ihm vorab Sachen im Werte von fünfundzwanzigtausend Złoty mitgeben möchte – als Gegenwert für die Kosten einer einjährigen Kinderbetreuung. Ich bin der Meinung gewesen, dies sei ausreichend, selbst für den Fall, daß mir etwas zustoßen sollte, wo doch »der Krieg in einem Jahr zu Ende gehen wird«.

Der Magister hat mir in ein paar Tagen antworten wollen, doch ich bestand darauf, daß er am nächsten Tag kommt. In meiner Naivität sagte ich noch, man müsse sich beeilen. Wir gaben ihm einen Koffer mit unseren Sachen zur Verwahrung. Er sollte sie in der Wohnung seiner Familie deponieren, wo er auch selbst wohnte. Mein eigener Koffer war sehr groß, deshalb tauschte ich mit meiner Tante die Koffer. Nicht etwa aus Mangel an Vertrauen, sondern um dem Magister das Schleppen des schweren Koffers zu ersparen. Außerdem schenkte ich ihm einen silbernen Stift und seiner Schwester, obwohl ich sie nicht kannte, ein Fläschchen Eau de Cologne von Chanel. Ich hätte ihm gerne teurere Geschenke gemacht, aber ich wußte, daß ich ihn damit hätte erzürnen können.

Als wäre es heute, kann ich mich noch an den Moment erinnern, als ich ihm den Koffer über den Ghettozaun reichte. Der Magister befestigte ihn am Gepäckträger seines Fahrrades und fuhr weg. Als ich seinen Rücken sah, stieg in mir eine böse Vorahnung auf. Ich wollte ihn rufen. Wozu? Ich habe es selbst nicht gewußt. Vielleicht, um ihm noch einen Koffer mitzugeben? Vielleicht, um ihn zu bitten, mein Töchterchen gleich mitzunehmen? Wenn es ihm nicht gelingen sollte, sie irgendwo unterzubringen, könnten wir sie nach ein paar Tagen wieder zurücknehmen. Für einen Moment verspürte ich tiefen Schmerz und eine unerklärbare Unruhe. Der Magister entfernte sich indes immer mehr, bald verschwand er ganz aus meinen Augen.

Als ich nach Hause zurückkam, machte ich mich zusammen mit meiner Frau ans Packen der Rucksäcke. Danach ging ich in die Stadt, um zusammen mit dem Kollegen Willendorf ein paar gewöhnliche Alltagsgeschäfte zu erledigen. Ich weiß noch, daß wir in der Mühle Mehl abholten und es zum Bäcker brachten, damit er für den nächsten Tag Brot für uns daraus backen konnte.

Was hat meine Frau während meiner Abwesenheit gemacht? Sie selbst hat mir davon nichts gesagt. Anka ist also zum Fotografen gegangen, um Paßbilder für die polnische *Kennkarte* machen zu lassen. Sie hat verlangt, daß sie für Mittwochmorgen fertig werden. Ich habe das erst einen Monat später von diesem Fotografen erfahren, der auch Polizist gewesen ist.

Heute weiß ich, daß es in Otwock eine Gruppe von fünfzig polnischen Bürgern gegeben hat, die an diesem Tag genau gewußt haben, was anderntags passieren wird.

So traf gegen fünf Uhr abends im Kommissariat der polnischen Polizei ein Telephonogramm ein, man sollte für Mittwoch, den neunzehnten August sieben Uhr abends fünfzig Güterwagen bestellen. Es erging auch der Befehl, gleichentags um sieben Uhr früh einen Appell der uniformierten und der Kriminalpolizei vorzunehmen, die an der Aktion zur Aussiedlung der Juden teilnehmen sollte.

Die Kunde von den bestellten Waggons fand in der Stadt keine Verbreitung. Die Juden erfuhren stattdessen, daß ein Polizeiappell stattfinden sollte. Die polnischen Polizisten wollten sie mit der Erklärung beruhigen, daß es ein gewöhnlicher wöchentlicher Appell sei. Sie profitierten ihrerseits von der Nachricht, indem sie ihre bei jüdischen Schneidern und Schustern bestellten Sachen abholten, egal ob sie fertig geworden sind oder nicht. Keine Erklärung ist imstande, die polnische Polizei zu entschuldigen.

In anderen Städten fühlten sich Polizisten dazu verpflichtet, die örtlichen Juden vor den bevorstehenden Aussiedlungen zu warnen. Die Otwocker Polizei betrachtete es nicht als ihre Pflicht und tat gar nichts. Während der dreijährigen Okkupation hat sie am Blut der Juden gesaugt, hat ständig Schutzgelder von Metzgern, Bäckern, Schmugglern und allen reichen Juden kassiert, die mit irgendetwas gehandelt haben oder die Vorkriegswaren versteckt hielten.

Wir dürfen nicht vergessen, daß während des Krieges das ganze Leben der Juden illegal war. Ein Polizist konnte an allem Anstoß nehmen: Wovon lebt ihr? Woher kommen die Kartoffeln im Ghetto? Woher kommt das Brot? Wo sind denn die Roggenfelder? Und wenn sie schon da sind, woher habt ihr das Saatgut genommen? Woher habt ihr das Fleisch?

Während des ganzen Krieges haben die polnischen Polizisten vom Ghetto gelebt, und sie haben gut gelebt, obwohl sie offiziell kein Zutrittsrecht zum Ghetto hatten.

Ich werfe es ihnen nicht vor, ich habe Verständnis dafür, daß sie von ihrem Gehalt in Zeiten der Inflation nicht leben konnten. Es bleibt aber für immer ihre Schande, daß sie den Juden den letzten Dienst versagten und sie vor der Aussiedlung nicht warnten. Ich klage sie an, im gleichen Maße wie die deutschen Schergen für den Tod der Juden verantwortlich zu sein.

Ja, es gab seltene Fälle, in denen Polizisten ihre nahestehenden Bekannten vor den bevorstehenden Aussiedlungen warnten. Sie verlangten ihnen aber das Ehrenwort ab, es nicht weiterzugeben. Ich weiß zum Beispiel, daß Vorsteher Pietras die Leitung des Zofiówka- Krankenhauses informierte.

Dank dieser Information konnten sich ein paar Personen retten, und andere, die es nicht konnten oder denen die Energie zur Rettung fehlte, begingen in der gleichen Nacht Selbstmord durch Einnahme von Zyankali.

Der Gerechtigkeit wegen muß ich die Person des Kommandanten des Otwocker Kommissariats Marchlewicz ausklammern. Ich kann ihm nicht vorwerfen, daß er während des Krieges vom Ghetto gelebt hätte. Er hat seine Grenzen weder vor noch nach der Aktion überschritten. Ich bin heilig davon überzeugt, daß sich in seiner Wohnung keine einzige jüdische Habseligkeit finden ließe. Er persönlich hat nie einen Juden angehalten, sicherlich hatte er auch Mitleid mit ihnen. Ich kann jedoch sein Vorgehen nach den edlen Regeln der *splendid isolation* nicht gutheißen. Wären nur alle polnischen Polizisten seinem Beispiel gefolgt – aber auch er hätte es zumindest für seine moralische Pflicht halten sollen, die Juden zu warnen. Er tat es jedoch nicht.

Wir erfuhren von all dem erst nach einer gewissen Zeit.

Es wurde Nacht, eine schlaflose Nacht für ausnahmslos alle Bewohner des Ghettos. Sie schlichen in den Straßen herum, unentschlossen, was sie tun sollten. Gerüchte machten die Runde, daß die polnische Polizei das Ghetto bereits umstellt und ein paar Hundert Personen beim Versuch, das Ghetto zu verlassen, verhaftet hat. Diese Leute sollten am folgenden Tag erschossen werden.

Gerüchte gingen von Mund zu Mund und nahmen immer phantastischere Formen an, Leute schlichen herum, wie Gespenster in dieser warmen Augustnacht. Nur die Bäcker buken mit atavistischer Kraft weiter, mit der Kraft der Gewohnheit, die ihnen seit ihrer Kindheit eingetrichtert worden war, ganz so, als drohe ihnen gar nichts. Sie bereiteten für die Stadt Weiß- und Schwarzbrot vor und Brötchen für die Kinder.

In den frühen Morgenstunden entstand eine wahre Völkerwanderung, alle versammelten sich um das Kommissariat der *Ghetto-Polizei,* den *Judenrat,* die Wäscherei und die Szops. Der Satan guckte sich das an, er schaute auf die lebenden Marionetten und lachte, so wie er bislang noch nie gelacht hat. Er sah, wie die »schlauen« Juden unwissentlich den Deutschen halfen, wie sie ihnen Arbeit ersparten.

Gegen vier Uhr nachts nahmen wir den regen Verkehr in der Stadt wahr, daraufhin weckten wir das Kind und gingen mit meiner Tante Czerna Góralska und ihrem neunjährigen Sohn Mulik zum Haus meiner Eltern. Sie wohnten direkt neben dem Kommissariat. Selbstverständlich vergaßen wir nicht, die Rucksäcke mitzunehmen, so daß wir nur mit Mühe dort ankamen. Wir trafen die Eltern nicht an, sie sind in der Nacht ins polnische Viertel geflüchtet. Zu Hause war nur meine Schwester Rachel, die Frau des Polizisten Janek Frojnd.

Anka hat sofort das Kind ausgezogen, weil die Kleine schlafen sollte. Wir dachten nicht einmal daran, daß wir vielleicht keine Zeit mehr haben werden, um sie anzuziehen.

Ich ging in die Stadt, um das Neueste aufzuschnappen und um das tägliche Brotkontingent zusammenzutragen.

Um sieben Uhr früh – ich war gerade auf dem Bazar – fuhr der erste Wagen, vollbesetzt mit Ukrainern, durch den Karczewer Schlagbaum. Die ersten Schüsse fielen. Ich lief schnell nach Hause, als aus der Warschauer Straße der nächste Lastwagen herankam, hinter ihm die Limousine der SS-Würdenträger. Von überall her hörte man Schüsse, das Ghetto war bereits umstellt.

Mittwoch, der 19. August 1942. Der Tag der Vernichtung ist gekommen. Ich möchte diesen Tag genau, getreu und so plastisch beschreiben, daß ein jeder sich vorstellen kann, welche Hölle die Menschen an diesem verfluchten Tag erlebten, als ihnen plötzlich klar wurde, daß sie sich haben täuschen lassen.

Das erste Opfer war Frau Doktor Gliksmann, wohnhaft beim Warschauer Schlagbaum. Eine nette, hübsche Ärztin, Mutter zweier Kinder. Sie trat ruhig auf die Straße, um den Ukrainern eine Bescheinigung zu zeigen, die sie als Zahnärztin auswies, speziell für die jüdische Polizei tätig. Mit einem freundlichen Lächeln streckte sie die Hand mit der Bescheinigung aus, ein Schuß traf sie in den Kopf – sie war sofort tot.

Oh, glückliche Frau! Du kamst in einem Moment um, wo du damit am wenigsten gerechnet hast, nicht wissend, daß mit dir zusammen auch deine hübschen kleinen Kinder zum Tode verurteilt wurden. Mühe hatten die Deutschen überhaupt nicht. Zuerst begaben sie sich zum jüdischen Kommissariat. Dort befahlen sie der Menge, sich in Reihen aufzustellen. Sie sagten, alle sollen auf den Platz gehen, wo sie selektiert werden. Die Familien der Polizisten sollten freigelassen werden. Unterdessen rannten die Polizisten wie besessen herum, nicht wissend, was sie tun sollten, bliesen sie aus Leibeskräften unablässig in ihre Trillerpfeifen. Jeder bangte um sich und seine Familie.

Die Ukrainer feuerten ein ums andere Mal. Es wurde nicht in die Luft geschossen. Jeder Schuß traf den Kopf eines Menschen – und das aus weniger als zwei Metern Entfernung. Die Menschen fielen, Hirne spritzten, Blut floß. Die benommenen Juden verstanden nicht, warum die Deutschen schossen, wo sie sich doch nicht versteckten, sondern alle bereit waren, in einer Reihe zu stehen. Jeder hatte ein Papier und eine Bescheinigung in der Tasche, daß er der Aussiedlung nicht unterliege.

An die SS-Offiziere trat Ingenieur Rotblit heran, er war der Gründer der Szops in Otwock und ein persönlicher Freund des *Kreishauptmannes*. Mit stolzem Lächeln überreichte er seine Papiere. Der Offizier nahm mit einer Hand die Papiere, mit der anderen aber schoß er ihm in den Kopf. Ingenieur Rotblit fiel. Anstatt nun die Papiere seines Opfers anzuschauen, durchsuchte der Deutsche die Taschen des Getöteten, nahm das Geld und holte die Kronen von den Zähnen. Ingenieur Rotblit! Mit deinen Beziehungen, deinem Vermögen und deinen Passierscheinen hattest du die größten Chancen, dich zu retten. Warum kamst du um, naiver Mensch?

In der Zwischenzeit formierte sich im Kommissariat eine Gruppe bestehend aus Polizistenfrauen, ihren Kindern und weiteren Familienangehörigen. Eine einzige Frau in Otwock behielt einen kühlen Kopf, es war Tola, die Frau des Kommandanten der *Ghetto-Polizei* Kronenberg. Sie schickte ihren Schwiegervater in die Reihe, setzte sich aber selbst als Telefonistin ans Telefon des Kommissariats. Ihr Mann hat vorher Major Brand zwei goldene Uhren gegeben und sie konnte bleiben, wo sie war. Den anderen fiel es noch nicht einmal auf, daß sie in der Reihe fehlte.

In der Zeit laufe ich schnell nach Hause. Meine Frau, völlig aufgelöst vor Aufregung, zieht gerade das Kind an, sie selbst trägt bereits zwei Kleider, einen Rock, einen Blazer, ein Jackett und einen Mantel. Sie will sich im Keller verstecken. Fürchterliche Angst überkommt mich: Das Kind könnte zu weinen anfangen und man würde sie im Keller finden. Sie werden keine Rücksicht darauf nehmen, daß sie die Frau eines Polizisten ist, sondern sie, das Kind und all die anderen umbringen, die sich bereits im Keller versteckt haben. Was tun? O Gott!

Völlig aufgelöst kehre ich zum Kommissariat zurück. Ich eile zu Kronenberg, sage ihm, daß meine Frau sich im Keller versteckt hat und ich nicht weiß, was man tun soll. Der Kommandant der *Ghetto-Polizei* weiß, was zu tun ist.

– Bringen Sie sie mit dem Kind auf den Platz, auf meine Verantwortung, sie wird freigelassen.

Ich laufe, als seien mir Flügel gewachsen. Achte überhaupt nicht auf Kugeln, die um mich herum nur so pfeifen, platze in die Wohnung herein. Gottseidank treffe ich Anka noch im Zimmer an, aber in was für einem Moment! Sie war bereits halb im Keller, über dem Boden sah man nur noch Kopf und Arme.

– Anka — schreie ich — Kronenberg sagt, alle sollen auf den Platz kommen, dir droht nichts, du wirst freigelassen.

– Und wo ist Rachel?

– Rachel ist im Kommissariat — antworte ich — in der Gruppe der Polizistenfrauen.

Anka steigt aus dem Keller. Wir verdecken die Öffnung, damit Tante Czerna mit ihrem Sohn Mulik und die anderen, die sich dort versteckten, nicht entdeckt werden. Ich nehme das Kind auf den Arm und führe meine Frau. Nicht genug, daß ich sie verloren habe, darüberhinaus bleibt mir die Erkenntnis, daß ich ihr Henker gewesen bin, der sie zum Tode geführt hat.

Wir schließen uns der Gruppe der Polizistenfrauen an. Es wundert uns, daß die Gruppe nicht mehr einheitlich ist, sondern sich um andere Personen vergrößert hat. Wir trösten uns damit, daß die richtige Selektion erst auf dem Platz erfolgen wird. Anka steht mit dem Kind in der Reihe, ich halte mich daneben. Aus Richtung des *Judenrates* nähert sich eine riesige Menschenschlange, es handelt sich um Beamte mit dem Vorsteher vorneweg und ihre Familien. Alle marschieren ruhig, denn sie wissen, daß sie in Kürze sowieso freigelassen werden. Mit der Reihe nähert sich auch Doktor Augarten, der beste Lungenchirurg in ganz Otwock und Umgebung, der Oberarzt des Ghettos. Er möchte an die SS-Offiziere herantreten und sich ausweisen, war er doch für viele Jahre Chefarzt des Krankenhauses in Hannover. Der Offizier winkt nur ab. Das soll heißen, daß er alles weiß. Vorerst muß der Doktor mit den anderen in die Reihe, er wird auf dem Platz freigelassen.

In der Zwischenzeit umstellen die Ukrainer bereits die Wäscherei, wo die Frauen der Intelligenz mit ihren Kindern versammelt sind. Sie stehen bei den Waschzubern und halten Lumpen in den Händen. Denkt nur: Lumpen, die irgendwann einmal zu Waren für die Deutschen verarbeitet werden. Und tatsächlich, ein Ukrainer wacht mit dem Gewehr in der Hand darüber, daß kein Unbefugter die Wäscherei betritt. Arbeitet Frauen, seid beruhigt.

In diesem Moment kommt der Sekretär der *Ghetto-Polizei* Ehrlich mit seiner Frau angelaufen, er möchte sie in der Wäscherei unterbringen. Der Ukrainer versperrt ihm den Weg, droht mit dem Gewehr, läßt die Frau nicht in die Wäscherei. Der verzweifelte Ehrlich kehrt zu seiner Wohnung zurück, die vis-à-vis lag, und versteckt im letzten Augenblick seine Frau im Keller. Hätte er gewußt, daß den Polizistenfrauen keine Gefahr droht, hätte er sie wahrscheinlich auf den Platz gebracht. Und das alles nur, weil ihn die Ukrainer vorher nicht zum Kommissariat durchlassen wollten, deshalb wußte er nicht Bescheid.

Plötzlich umstellen immer mehr Ukrainer die Wäscherei, befehlen, die Lumpen beiseite zu legen, eine Reihe zu bilden und in Richtung Platz zu marschieren.

Die Menschen verwandeln sich in Automaten, verblödete Marionetten, leblos noch dazu, denn eins ums andere Mal wird jemand umgebracht. Niemand ist mehr imstande zu denken. Die Pfiffe der jüdischen Polizisten, die Schüsse der Ukrainer, die Leichen von Bekannten unter den Füßen. Die SS-Offiziere, mit ihren Helmen und silbernen Schilden auf der Brust, sehen aus wie Halbgötter, vor ihnen die elende demütige Masse der Juden, mit Gepäck auf dem

Rücken, kleinen Kindern auf den Armen und ungeheurer Angst in den Herzen.

Die Ukrainer treiben die Leute aus allen Straßen zusammen. Obwohl alle gehorchen, alle gerade marschieren, fallen dauernd Schüsse. Die Ukrainer schießen am liebsten auf junge Leute, auf junge Mädchen. Wenn sie Greise, Behinderte, Gelähmte antreffen, o nein, solche bringen sie nicht um. Sie befehlen den Familien diese auf den Platz zu führen.

Ich sah eine junge Frau mit gelähmten Beinen. Mit Tränen in den Augen bat sie um eine Kugel – vergeblich. Die Familie mußte sie vom Ende der Stadt bis auf den Platz und weiter bis zum Waggon schleppen. Ich sah auch eine junge Frau, die noch vor einer Minute vor Leben und Gesundheit strotzte – ich sah sie in dem Moment, als ein Ukrainer ihren lebendigen Körper mit einem Spaten vierteilte. Die Kugeln gingen ihm aus, so faßte er den Spaten am Stiel und schlug so lange auf den Körper zwischen die Brüste ein, bis er ihn vollständig halbierte. Auch auf der anderen Seite der Bahngeleise treiben die Ukrainer Leute an. Diese haben sich meist selbst gestellt, es bilden sich Reihen, und die Juden achten darauf, daß man in geraden Reihen geht.

Alle marschieren in Richtung des Platzes, in Richtung des Tischler-Szops, den sie eigenhändig mit Stacheldraht umzäunt haben. Juden, setzt euch hinter den Draht. Alle auf die Erde, der Platz ist groß, alle finden Platz. Ach, da seid ihr ja schon, die ganze Stadt ist da. So nehmt zur Kenntnis, daß ihre alle verschickt werdet. Niemand wird freigelassen, die Polizisten auch nicht. Sie bewachen uns schon, die Schuppen der Verblendung fallen. Wir wurden alle betrogen. Von den zwölftausend Einwohnern des Ghettos sitzen achttausend auf dem Platz. Die Mehrzahl hat sich freiwillig gestellt.

Meine Frau schaut mich mit stummen Augen an, diesen Blick werde ich nie vergessen, schließlich fragt sie:

– Calel, hat man Czerna in unserem Keller gefunden?

Oh, wenn ich damals nur die Kraft hätte zu lügen, zu sagen, ja man habe sie in unserem Keller gefunden und sie auf der Stelle umgebracht.

Schweigend verneine ich mit einer Kopfbewegung.

– Calel, wo ist die Frau von Kronenberg, der dir befahl, mich auf den Platz zu bringen?

Ich schweige, was soll ich sagen?

– Calel, und die sich versteckt haben, sie werden leben, nicht wahr?

– Nein, nein, nein — antworte ich.

Weiß ich denn, ob es in diesem Augenblick möglich ist, überhaupt etwas zu verstehen. In meinem Kopf ein Rauschen, als wäre dort der Niagarafall. Von all dem, was geschieht, verstehe ich nichts, ich habe die Fähigkeit zum Denken und Handeln verloren.

Die Deutschen wissen, daß es zu gefährlich ist, Menschen nichts tun und womöglich noch denken zu lassen. Also befehlen sie uns Polizisten, Wasser für die ganze Menge aus dem polnischen Brunnen heranzuschaffen. Ich funktioniere, wie ein Automat, ich höre Stimmen, die ich nicht verstehe.

Ach richtig, jemand bietet mir Geld an, damit ich ihm schneller Wasser bringe. Dummer Mensch, was soll ich jetzt mit Geld?!

Die Sonne brennt immer mehr. Mein Töchterchen hat heute noch nichts gegessen, und es wäre bereits Zeit, sie zum zweiten Mal schlafen zu legen. Um diese Zeit schläft sie immer im Wald. Tochter, Tochter, gerade heute wirst du zwei Jahre alt. Ach, wenn ich es gewußt hätte, vielleicht hätte ich dich vor zwei Jahren mit meinen eigenen Händen erdrosselt. O Tochter, Anka kommt deinetwegen um, oder kommst du wegen der Dummheit deiner Eltern um? Wer ist überhaupt noch imstande zu entscheiden, was Ursache ist und was Wirkung? Hinter dem Stacheldraht schaust du mich mit ernsten Augen an, meine teuerste Tochter.

Du weinst nicht mehr, verziehst keine Miene. Innerhalb einer Stunde wurdest du erwachsen, wurdest zu einer Greisin. Du scheinst zu wissen, daß du verurteilt bist, irgendein Instinkt hat es dir eingegeben. Du streckst die Arme nach mir aus, aber ich habe kein Recht, dich aufzunehmen. Nähme ich dich auf den Arm, bekäme ich sofort eine Kugel in den Kopf. Was macht es schon, wenn ich eine kriege: Ach, diese Angst, diese panische Angst der Sklaven!

Die Deutschen lassen unterdessen Stühle heranholen, sie setzen sich im Kreis, trinken Bier, rauchen, essen und lachen. Von Zeit zu Zeit schießen sie in die Menge, damit keiner aufzustehen wagt.

Ebenfalls zur Abschreckung holen sie ein paar Leute aus der Menge und schlagen so lange mit Schlagstöcken auf sie ein, bis sie tot sind. Die Juden schauen zu, und – o Wunder – sie verstehen den Schrecken der Situation immer noch nicht.

Die einen erinnern die anderen an das Geld, das sie ihnen schulden. Eine Freundin bittet mich, ihr das vergessene Geld aus ihrem Zimmer zu holen. Ein anderer Bekannter bittet mich um 20 Złoty für den Weg, denn er hätte nichts bei sich. Verfluchtes Geld! Werden die Menschen ewig daran glauben, daß es sie vor allem Unglück bewahren kann?

Was wollen sie alle von mir. wo ich doch selber nicht weiß und nicht verstehe, was um mich herum vorgeht. Es bleibt mir nur die Erkenntnis, meine Frau und mein Töchterchen selbst in den Tod geführt zu haben.

Plötzlich tritt aus den Reihen eine Jüdin namens Kamieniecka heraus. Sie geht forsch auf die Offiziere zu und zeigt ihnen eine polnische *Kennkarte*. Sie bekommt ein paar Schläge ab, aber sie wird freigelassen. Von tausenden Augenpaaren begleitet, entschwindet sie bald im polnischen Viertel. Sie ist gerettet.

Nur Anka schaut ihr nicht nach, sie schaut mich an und sagt nichts. Sie wirft es mir noch nicht einmal vor, meinetwegen keine *Kennkarte* zu haben. Gott im Himmel! Was habe ich angerichtet? Ich wende den Kopf ab und schweige, denn was soll ich sagen? Soll ich mich herausreden oder gar um Vergebung bitten? Kann man im Angesicht des Todes überhaupt etwas sagen? Nur der deutsche Satan tobt vor Wut, denn eine Jüdin betrog die Deutschen und hat sich gerettet. Plötzlich kann er wieder zufrieden sein. Aus dem polnischen Viertel kommt eine schöne, junge, elegant gekleidete Frau. Wir wissen selber nicht, ob sie Jüdin oder Polin ist. Die deutschen Offiziere fragen höflich, was sie wünscht. Der Antwort entnehmen sie, daß sie Jüdin ist und zusammen mit ihrer Mutter gehen möchte, die bereits auf dem Platz ist. Verdutzt fragen sie ein paar Mal.

– *Polen oder Jude?*

Lange verstehen sie es nicht. Als sie endlich dahinter kommen, worum es ihr geht, verneigen sie nicht einmal den Kopf vor ihrem Opfergang. Sie wird mit Schlagstöcken verprügelt und in die Reihe gestoßen.

Die ganze Zeit über nahmen die Polizisten an, daß auch sie abtransportiert werden. Sie wurden nicht mehr zum Kommissariat durchgelassen, aber konnten sich immer noch ungehindert im Städtchen bewegen.

Einige versuchten, sich zu verstecken, aber die Mehrheit dachte nicht an Flucht.

Ich ging zusammen mit Willendorf in die Stadt, um etwas Eßbares für unsere Kinder aufzutreiben, die an diesem Tag noch nichts gegessen haben. Wir bewegten uns durch die Straßen und sprachen fast gar nicht. Obwohl ich genau wußte, jetzt könnte ich mich verstecken, kam mir so etwas nicht in den Sinn. Wie denn? Dort wartet Anka auf das Essen für Aluśka und ich sollte mich verstecken und es nicht bringen? Allein zurückzubleiben und sie beide fahren lassen, kam mir damals so absurd vor, daß ich keinen Augenblick daran dachte.

Wir fanden schließlich Tomaten und Bonbons, danach kehrten wir auf den Platz zurück.

Unterwegs nahmen wir noch kleine Kissen mit, um sie im Waggon für die Kinder zu haben. Diese Aktion erschöpfte unsere Kräfte.

Wir waren völlig resigniert, unfähig irgend etwas zu tun, unfähig zu denken und sogar zu sprechen.

Zwölf Uhr mittags. Lipszer, Kommandant der Gendarmerie im Kreis Warschau kommt gefahren, nach ihm erscheint Frank, zusammen mit Dürr. Sie halten eine Konferenz im Stehen. Alle Polizisten sollen auf dem Platz vor dem Kommissariat erscheinen, dort erfahren sie etwas über ihr Schicksal und das ihrer Familien. Als sie das hören, hegen die Ehefrauen beste Hoffnung. Wir lassen sie beruhigt zurück und stellen uns in einer Doppelreihe vor dem Kommissariat auf.

Lipszer spricht zu uns. Er spricht langsam, seine Stimme klingt hart. Der Deutsche betont jedes Wort.

Ist er Mensch oder Gott? Keiner weiß es sicher.

Plötzlich unterbricht er, nähert sich der Reihe und sagt mit erhobener Stimme zu einem Polizisten

– *Bist du ein Polizist, du hunt einer? Umleigum!**

* Eigentlich: Bist du ein Polizist, du Hund? Umlegen! (vermutlich schlesische oder ostpreußische Mundart)

Die Söhne des alten Szwajcer gaben ihm auf dem Platz eine alte Polizeiarmbinde, um ihn aus der Menge der Verurteilten herauszuholen. Jetzt wird der Vater vor ihren Augen erschossen. Sie schauen zu, wie er fast vor ihre Füße fällt, sie zucken nicht einmal, sie stehen stramm.

Lipszer kontrolliert die nächsten Verdächtigen. Tatsächlich schaffte es noch einer, eine alte Armbinde zu erwischen. Er hat zwar weder Mütze noch Kennummer, aber einen richtigen Ausweis, von den Deutschen unterschrieben; er war einmal Polizist. Sein Herz schlägt wie eine Kirchenglocke. Vergleicht Lipszer die Nummer auf der Armbinde mit der im Ausweis ... Er hat es nicht bemerkt.

Auf die Frage, ob sonst noch jemand die Deutschen betrügen wolle, tritt der Rat Solnicki aus der Reihe. Statt einer Polizeiarmbinde trägt er eine Binde des *Judenrates* um den Arm – was solls, nun muß man sterben. Aber nein. Es fällt nur ein knappes:

– *Du blajbst.*

Lipszer kehrt auf die Veranda zurück, und seine Worte fließen wieder langsam.

O Gott, was sagt er da?

– Ihr Polizisten bleibt in Otwock. Ihr räumt das ganze Ghetto auf. Alle Sachen, Waren, Möbel bringt ihr zu den Magazinen, alle Menschen, die sich verstecken, schickt ihr solange in Arrest, bis die Gendarmerie eintrifft. Ihr dürft nichts wegnehmen, weder Sachen noch Geld. Beim Abnehmen der Gardinen dürft ihr sie nicht zerreißen. Die Möbel dürfen nicht beschädigt werden, Gold und Dollars müssen mir persönlich ausgehändigt werden. Denkt daran, versucht nicht eure eigenen Taschen zu füllen, denn *der ferater szlaft nicht** und mit ihm, Lipszer, gibt es keine Späße. Ist das Ghetto aufgeräumt, kommt ihr ins Arbeitslager nach Karczew, dort werdet ihr während des Krieges arbeiten.

Nach dem Krieg werdet ihr entlassen. Wären eure Frauen hier, würde ich sie freilassen, da sie aber schon auf dem Platz sind, müssen sie mitfahren. Die fünf Frauen, die dageblieben sind, dürfen offiziell bleiben.

Mein Gott, verhöhnt er uns, macht er Witze oder lacht er über uns?

* Eigentlich: Der Verräter schläft nicht.

Erst befiehlt er, die Frauen auf den Platz zu bringen, später sagt er, wären sie hier, dürften sie bleiben. Mein Schwager Janek Frojnd steht da und weint.

Mencz, bist du ein mencz?[17] – sage ich im Geiste. Großer Gott, wir stehen hier zu hundert Mann, einer neben dem anderen, und vor uns nur ein paar Gendarmen mit Gewehren. Jungs! Stürzen wir uns auf sie, laßt uns alle umkommen – denke ich weiter. Aber daraus wird nichts, jetzt hat Kronenberg das Wort. Er hat seine Frau nicht hergegeben, nur mir und den anderen befahl er, die ihrigen auszuliefern. Was sagt er da?

– *Mir danken Herr Leutnant.*

Jungs, und nun zusammen, sagt es alle laut. Lipszer winkt mit der Hand ab und lacht sicher innerlich. Denn er weiß ganz genau, daß die Zeit kommt, da der Mohr seine Schuldigkeit getan hat, dann wird er Kronenberg, seine Frau und die restlichen Polizisten eigenhändig umbringen. Hier sind alle zum Tode verurteilt. Wir wissen nur nichts davon. Und was täte ein Jude, um auch nur eine Stunde länger zu leben? Ein Teil der Polizisten ist froh, zufällig wohnten sie weiter weg vom Kommissariat, und ihre Frauen konnten sich verstecken. Die Ledigen sind aus verständlichen Gründen zufrieden. Und diejenigen, die Frauen verlieren. Wer denkt jetzt an die anderen? Wer denkt überhaupt noch?

Es gibt noch einen denkenden Menschen. Das ist mein Kollege Abram Willendorf. Er will demonstrativ seine Armbinde abgeben, sich für's Leben bedanken und zusammen mit Frau und Sohn in den Tod gehen. Kronenberg verbietet ihm eine solche Geste. Er dürfe sich seiner Frau anschließen, wenn er wolle, aber ohne Demonstration, die den übrigen Polizisten schaden könnte.

Unmittelbar danach wird ein Teil der Polizisten zum Zofiówka-Krankenhaus abkommandiert, um die Leichen der getöteten Juden zu begraben. Mein Schwager Janek Frojnd geht mit ihnen, mir gelingt es, aus dieser Gruppe zu entkommen. Ich kehre auf den Platz zurück, Anka sitzt dort und wartet auf die Freilassung. Was soll ich ihr sagen? Was tun?

Als ich dort bin, scheinen mich ihre flehentlich ausgestreckten Arme anzurufen: Calel, Calel, sind wir frei? Das Kind schaut mich ebenfalls mit instinktiv ausgestreckten Armen an. Ich schweige, während der Polizist Abram Willendorf mit seinem Verhalten die Situation klärt. Auch er sagt nichts zu seiner Frau, zieht aber schweigend Armbinde, Mütze und Polizeinummer aus und wirft sie beiseite, dann setzt er sich ruhig auf die Erde. Wir fahren zusammen, so die schweigende Antwort Willendorfs, eines ehrenwerten Menschen, eines Kommunisten seit jeher.

Abram Willendorf, was soll ich jetzt über dich sagen? Ein Jahr lang waren wir unzertrennliche Freunde. Wir traten immer gemeinsam auf: Du – Kommunist, ich – Zionist. Du hast die Ehre des Otwocker Judentums und die Ehre der Polizei gerettet. Du hast deiner Frau die letzten Minuten ihres Lebens versüßt.

Und ich, Intellektueller, was habe ich getan? Habe ich die Armbinde fallenlassen? Nein, ich hatte nicht den Mut dazu.

Ich könnte sagen, meine Frau bat mich, es nicht zu tun, damit wenigstens ich am Leben bleibe und ihrer manchmal gedenke. Darüber schreibe ich nur, um herauszustellen, was Anka für ein edler und opferbereiter Mensch war. Ich weiß zu gut, daß mir auch ohne diese Bitten der Mut fehlte, den Tod zu wählen.

Das Beispiel der Masse riß mich völlig mit. Ich dachte so wie die anderen: wenigstens einen Tag später, wenn's sein muß auch mit Zwang oder gar mit Schande. Ich konnte es nicht einen Tag früher, allein, aus freien Stücken, aber mit Stolz.

Ein Uhr geht vorbei, zwei Uhr geht vorbei. Die Juden werden apathisch, sie denken nicht mehr – denn woran sollten sie denken? Meine Frau, Anka, woran dachtest du damals? Vielleicht daran, daß neben dir auch deine Schwester mit Kindern sitzt? Oder daran, daß aus eurer Familie niemand mehr am Leben bleibt. Vielleicht schaust du deine kleine Tochter an, den wunderschönen Engel, erinnerst dich, unter welchen Schmerzen du sie geboren hast, unter welchen Schwierigkeiten und mit welcher Selbstverleugnung du sie aufgezogen hast. Was hat sie verbrochen. Vielleicht versuchst du zu ergründen, die Deutschen zu verstehen, oder denkst du darüber nach, warum keiner von ihnen herankommt, um Aluśka auf den Arm zu nehmen und mit ihr zu spielen? Bisher gab es keinen Menschen, der auf der Straße nicht angehalten hätte, um die Kleine anzuschauen. Oder denkst du an das Kino, das du mit eigenen Händen gebaut hast? Denkst du an das schöne, hohe Gras vor deiner

Villa? Wie angenehm der Schatten unter den Kiefern ist, die zu fällen du mir nie erlaubt hast. Wie ruhig und sicher ist es dort. Wie gut täte es, sich dort hinzulegen und einzuschlafen, so wie du das über viele Jahre an sonnigen Augusttagen getan hast?

Oder schaust du vielleicht den polnischen Polizisten an, der dich mit dem Gewehr in der Hand bewacht. So viele Jahre kam er ins Kino, immer küßte er durch die Scheibe an der Kasse deine Hand, machte Komplimente, sagte, wie schön du im Schein der Lampe aussiehst, in der ganzen Pracht deiner Jugend – und jetzt ist er bereit, dich zu erschießen, sobald du nur aufstehst. Vielleicht schaust du die Polen an, die in den überfüllten Wagen der Elektrischen fahren und die Juden aus Otwock zum letzten Mal sehen? Die einen sind sicher zufrieden und machen Witze, die Juden sehend, brav auf dem Platz, wie eine Herde Schafe; die anderen senken schweigend die Köpfe, oder bekreuzigen sich und flüstern: *requiescat in pace**. Denn sie sehen in ihnen bereits Tote.

Vielleicht stellst du dir die Frage, wer Polen, das unabhängige Polen, ins Verderben gestürzt hat, du oder sie?

Oder denkst du vielleicht, daß ich am Leben bleibe und noch lange leben, wieder heiraten und dich vergessen werde? Oder hoffst du noch bis zum letzten Augenblick auf die Freilassung?

Es geht nicht in deinen Kopf, daß sie dich in einen Viehwaggon pferchen. Vielleicht betest du? Oder bist du zusammengebrochen? Oder erinnerst du dich an Feiern im Casino, an Spaziergänge in Zakopane?

Du erinnerst dich an dein junges Leben, an das Leben deiner kleinen Tochter und möchtest leben, leben, leben.

Woran dachtest du, Aneczka? Unser ganzes gemeinsames Leben lang kannte ich deine Gedanken, aber am letzten Tag sagtest du nichts mehr zu mir, du wandtest dich überhaupt nicht mehr an mich. Endlich höre ich deine Stimme.

– Calel, besorge Gift für mich und das Kind.

Um das gleiche bittet mich meine Schwester Rachel. Woher hier Gift nehmen? Ich bin wie ein Automat, der Befehle ausführen kann, aber nicht weiß, was um ihn herum vor sich geht. Endlich gehe ich

---

* Möge er in Frieden ruhen. (lat.)

zum Kommissariat, um bei Podolskis Apotheke anzurufen. Wie eigenartig meine Worte am Telefon klingen.

– Hier Perechodnik, schicken Sie bitte Gift für drei Personen zum Zaun am Kommissariat.

Sind es meine Worte, oder die eines Fremden? Und warum sollen sie es schicken? Richtig, bis zur Apotheke sind es nur zweihundert Meter, aber ich komme dort nicht hin. Ich warte. Die Apotheke schickt es nicht. Neben dem Zaun fährt irgend ein Pole auf dem Fahrrad herum. Er ist bereit, zur Apotheke zu fahren, kommt aber kurz darauf zurück, ohne Rezept wollen sie ihm nichts geben. Rezept? Woher hier einen Arzt auftreiben? Ich weiß schon, auf dem Platz ist Doktor Augarten, so viele Jahre hat er Menschen vor dem Tod gerettet, soll er einmal ein tödliches Medikament geben. Ich kehre auf den Platz zurück.

– Herr Doktor, geben Sie mir ein Rezept für Gift.

Augarten nimmt Federhalter und Notizblock heraus, schreibt etwas auf lateinisch, unterschreibt, setzt das Datum drunter: 19. August 1942, und fügt die gewohnte Formel hinzu: für Perechodnik. Ich nehme den Zettel durch die Drähte und gehe weg ohne ein Wort. Jetzt muß man nicht mehr für ein Rezept bezahlen. Was ist das? Eine Tragödie, eine Komödie? Oder ganz einfach Marionettentheater?

Ich kehre zum Zaun zurück und werfe den Zettel dem wartenden Polen zu. Ein paar Minuten später kehrt er zurück, wirft mir zehn Tabletten Luminal zu, nach Geld fragt er nicht. Hat es der Unbekannte für mich ausgelegt, oder hat die Apotheke kein Geld genommen?

Ich bin wieder auf dem Platz. Wie wirkt Luminal? Wieviel muß man nehmen? Wen kann man fragen? Jemand sagt, drei Tabletten sind eine tödliche Dosis. Meine Schwester Rachel zögert nicht. Sie nimmt drei Tabletten, löst sie in Wasser auf und trinkt es mit einem Schluck. Sie verabschiedet sich von niemandem, gibt mir nur ein paar kleine Erinnerungsstücke für ihren Mann. Das tapfere Mädchen schläft sogleich ein. Ich gehe weg.

Meine Frau bereitet für sich den tödlichen Trunk, sie will ihn trinken, sogar ohne sich von mir zu verabschieden. Im letzten Augenblick schüttet ihre Schwester die vorbereitete Flüssigkeit auf den

Boden. Offenbar glaubt sie, daß sie auch dort weiterleben werden. Woran dachtest du, meine Schwägerin?

Warst du zufrieden, daß du deinem Mann verboten hast, weiter Polizist zu bleiben und er deinetwegen umgekommen ist? Er hätte sich doch retten können.

Und woran hast du gedacht, Frau Ingenieur Skotnicka? Du große Dame, lächelnd flüstern deine Lippen: *non omnis moriar.* Richtig, dir ist es schon während des Krieges gelungen, deine Kinder nach Palästina zu schicken. Dein Sohn kämpft sicher in den Reihen der englischen Armee, es gibt jemanden, der dich rächt. Deine Tochter hat das Technikum in Haifa abgeschlossen. So Gott will, wird sie heiraten und Kinder bekommen, die sie nach dir benennen wird. Dein Geschlecht rotten die Deutschen nicht aus.

Woran denkst du, *Frau* Schüssler, du gebürtige *Reichsdeutsche*? Vierzig Jahre ist es her, als du dein Schicksal mit einem Juden verbandest, du umgabst ihn mit aufrichtiger Liebe und Treue, du teiltest mit ihm gute und schlechte Zeiten. Ihm folgend verließest du dein heimatliches Deutschland, während des Krieges nahmst du mit ihm Wohnsitz im Ghetto von Otwock, und nun gehst du freiwillig ... Woran dachtest du? Bereust du deinen Opfergang? Oder bist du stolz auf deine große Liebe, die dich dem Mann bis nach ... Treblinka folgen läßt? Du tröstest deinen Mann mit guten Worten, voller Scham, aus dem Volk der Wandalen zu stammen.

Woran dachtest du, Fräulein Zylber? Gestern noch gab es Gelegenheit, zu Bekannten nach Lublin zu reisen. Du hättest dich retten können. Ein jeder Pole könnte darüber glücklich sein, wolltest du ihn heiraten, du schöne, reiche und edle Jungfrau. Vielleicht denkst du mit Trauer an deine Unschuld?. Vielleicht rezitierst du aus Lilla Weneda[18], daß du schon sterben mußt, ohne die Freuden des Lebens genossen zu haben.

Woran denkt ihr, Beamte des *Judenrates*? Ihr wart bereit, für die Deutschen alles zu tun, und sie haben euch verschmäht. Es schien euch nicht zu berühren, als man euch nicht *Judenrat,* sondern *Judenferat* – Verräter der jüdischen Sache genannt hat. Richtig, ihr bedauert, nicht Polizisten geworden zu sein.

Woran dachtet ihr Rabbiner, ihr jüdischen Weisen? Wart ihr auch in diesem Augenblick stolz darauf, dem auserwählten Volk anzugehören, im Namen des Herren als Opfer zu sterben? Oder wolltet ihr lieber ein gewöhnliches Volk sein, das aus gewöhnlichen Leuten und gewöhnlichen Verbrechern zusammengesetzt ist, nur um das Recht auf Leben zu behalten?

Woran dachtet ihr, jüdische Reiche? Selbst in so einem Moment prüftet ihr, ob das Gold gut im Anzug vernäht sei. Ihr wart sicher, es rettet euch auch jetzt.

Woran dachtet ihr, Schuster, Schneider und Arbeiter? Ja, ja Gedalewicz, nimm unbedingt die deutsche Uniform mit, dort kannst du zeigen, wie gut du Uniformen nähen kannst. Wer sollte dir etwas tun? Seid frohen Mutes, ihr Arbeiter. Euch werden sie nicht abtransportieren.

Woran dachtet ihr, »Centos«-Kinder[19]? Ein kleiner Junge sagte zu mir, es sei eine Schande, Waisenkinder zu deportieren.

Woran dachtest du, jüdische Masse? Du warst passiv, resigniert, stumm. Ohne es zu wissen, rezitierst du die Dichterworte: »Ein Volk kann aus eigener Schuld zugrunde gehen, wenn es blinder und einschläfernder Jammer erfüllt und die Verzweiflung den Schluß nahelegt, daß die Grabesruhe sanft sei.«[20] Über alles dachten die Juden nach, nur nicht darüber, daß sie Nachfahren des Judas Machabaeus[21] sind. Wo bleibt euer Geist, der mit drohender Stimme schrie:

– Mag ich auch zugrunde gehen, aber nur gemeinsam mit meinen Feinden!

Vor euch kaum zweihundert Mann mit Gewehren, ihr dagegen seid achttausend und habt nichts zu verlieren. Erhebt euch, stoßt einen gemeinsamen Schrei aus und in einer Sekunde werdet ihr frei sein.

Verflucht ist das jüdische Volk, ist auch schon alt, hat keine Kraft mehr, gegen Widrigkeiten anzukämpfen.

Ich kehre zu meiner Frau zurück, gebe ihr vier frische Tabletten. Die Waggons kommen an. Gott, laß ein Wunder geschehen! Wir wenden uns an die Deutschen, bitten sie fast auf Knien um Gnade für unsere Frauen. Der deutsche Satan verhöhnt uns weiter.

– Gut, sie werden freigelassen — bescheinigen sie uns.

Wie auf Flügeln laufe ich freudig zu meiner Frau.

– Anka, Anka! — schreie ich — du bist gerettet!

Wir holen die Frauen mit den Kindern aus der Menge. Dantische

Szenen spielen sich dabei ab. Unsere Mütter und Schwestern müssen in den Tod gehen, wohlwissend, daß ihre Töchter und Schwägerinnen am Leben bleiben. Ledige Polizisten holen ihre Verlobten oder Schwestern heraus – die Mütter geben ihnen ihre Trauringe, damit sie sich leichter als Verheiratete ausgeben können.

Willendorf, Willendorf, was hast du getan?

Jetzt werden die Polizistenfrauen mit ihren Männern am Leben bleiben, während du mit Frau und Sohn in den Waggon gehen mußt, und das nur, weil du die Armbinde verschmähtest. Für dich gibt es leider keine Rettung.

Rachel, Rachel, warum beeiltest du dich so?

Ach, ihr aufopfernden Schwestern und Pflegerinnen des Zofiówka-Krankenhauses! Ihr wollt Rachel retten, ihr wollt eine Spritze geben. Ihr wißt, ihr werdet selbst zugrunde gehen und trotzdem zittert keine Hand bei der letzten Spritze. Aber woher Milch für die Spritze nehmen, an diesem verfluchten Tag?

Ihr gebt nicht auf, ihr macht eine andere Spritze. Die Dosis Luminal war, wie sich herausstellte, zu niedrig. Die wiedererwachte Rachel wird zwischen Polizistenfrauen untergebracht. Gerade bei Bewußtsein, hält sie den Polizeiausweis ihres Mannes in der Hand.

Anka, Anka, wird es je einen Dichter geben, der den Edelmut deiner Seele zu beschreiben vermag? Gerade eben noch die Vision des Todes vor Augen, bist du nun zu weiteren Opfern und Entbehrungen bereit, kaum das die Morgenröte der Freiheit zu leuchten begann. Du bittest mich flehentlich:

– Calel, laß uns die Tochter meiner Schwester mit uns nehmen, wir geben sie als unser Kind aus, sie kann sich mit uns retten, wir nehmen uns ihrer an.

Vergeblich bittest du, vergeblich flehst du. Liebe muß blind sein, da du Edle mich liebgewonnen hast, obwohl ich deiner unwürdig bin. Oh, ich weiß, als Ausrede könnte ich anbringen, deine Bitte abgelehnt zu haben, weil ich spürte, daß sie dich mit zwei Kindern nicht freilassen würden. Nein, ich sage es nicht, warum sollte ich das eigene Gewissen belügen. An diesem Tage lenkte uns nicht der Verstand, sondern der blinde Instinkt, der das wahre menschliche Antlitz offenbarte, den Edelmut der einen und die Niedertracht der anderen.

Endlich ist die Gruppe der Polizistenfrauen an die Seite gebracht. Sie befehlen uns, die Verbliebenen in die Waggons zu laden. Oh, ihr verfluchten Deutschen! Wie schlau ihr doch seid, wie schnell wurden wir zu gehorsamen Marionetten in euren Händen! Wir arbeiten flink, weder beherrscht uns der Dämon des Aufbegehrens noch haben wir Mitleid mit den übrigen Juden.

– *Bełgo, bełgo** – schreien die Ukrainer – zu wenig Waggons, ladet je zweihundert Leute in einen Waggon.

Die Polizisten führen die eigenen Väter und Mütter in die Waggons, verriegeln selbst die Türen, so, als nagelten sie eigenhändig ihre Sargdeckel zu.

Ein Polizist händigt seinem Vater Gift aus, worauf sein Bruder, ein hübscher, sechzehnjähriger Junge, schreit und weint.

- Zygmunt, Zygmunt, und für mich?

Ein wahnsinniges Arbeitstempo. Druck in den Schläfen, ein unerträglicher Schmerz im Herzen und nur ein Gedanke im Kopf, der nämlich, daß wir gleich unsere Frauen und Kinder nehmen und diesem verfluchten Platz entfliehen werden. Es dämmert schon, alle sind schon verladen. Die Deutschen gehen zu den Polizistenfrauen und beginnen sie zu selektieren; Kinder werden nicht freigelassen.

– Calel, Calel, was soll ich tun?

– Zygmunt, was soll ich tun?

– Mojsze, was soll ich tun?

– Unsere Ehemänner, was sollen wir tun?

Besinnungslos nehme ich Aluśka, Blut von meinem Blut, Knochen von meinem Knochen, und stelle sie an die Seite. Sie steht allein, hungrig, schläfrig, erstaunt. Vielleicht versteht sie nicht, warum der Vater, sonst immer so gut zu ihr, sie im Dunkel allein läßt. Sie steht da und weint nicht, nur ihre Augen leuchten, diese Augen, große Augen.

Plötzlich sehen wir, wie die Deutschen ihre Waffen auf uns richten. Ein Befehl ertönt.

– Alle Polizisten zum anderen Ende des Platzes im Laufschritt marsch! In Zweierreihen antreten!

Es kommt uns vor, als stünden wir auf dem Fleck, aber nein, die

---

* Scheiße! Scheiße! (Ein karpatischer Dialekt des Ukrainischen)

Beine tragen uns gegen unseren Willen zum anderen Ende des Platzes.

Der deutsche Satan enthüllt sein wahres Antlitz. Jetzt braucht man keine Komödie mehr zu spielen. Für hundert Personen können sich die Deutschen selbst anstrengen und sie in Waggons laden.

Die Unseren entschwinden ohne Abschied in die dunkle Nacht. Von weitem sehe ich nur noch eine Staubwolke und Umrisse, die nicht zu unterscheiden sind. Alles ist verloren. Beeilt euch nun, ihr Polizisten, ihr Henker euer eigenen Frauen und Brüder, erweist ihnen den letzten Dienst, reicht ihnen Brot durch die Waggonfenster. Niemand soll sagen können, die Deutschen gönnen Juden das Brot nicht.

Ein langer Pfiff – du hast deine letzte Reise angetreten, Anka. Gott sei mir gnädig!

Anka, erlaube mir, dich wenigstens in Gedanken weiter zu begleiten. Wir waren zehn lange Jahre immer zusammen. Als ich wegen des Studiums wegfuhr, schickte ich dir sofort alle nötigen Dokumente zu, damit du nachkommen konntest. Du hattest schon einen Reisepaß, aber sie verweigerten dir das Visum. Schade! Vielleicht wären wir jetzt in Frankreich. *Qui le sait?**

Du befindest dich im vierten Waggon hinter der Lokomotive, in dem fast nur Frauen und Kinder untergebracht sind. Im ganzen Waggon finden sich zwei Männer – sollen das eure Beschützer sein? Mit angezogenen Beinen sitzt du auf den Brettern und hältst Aluśka auf dem Arm. Schläft das Kind schon zu so später Stunde? Oder bekommt es keine Luft mehr in dieser schwülen Augustnacht? Haben die menschlichen Ausdünstungen eure Atemluft bereits so verpestet, daß man kein Streichholz anzünden könnte?

Mitten in der Menge der Verurteilten sitzt du allein. Vielleicht ist es dir ein Trost, daß dieses Los nicht nur dich trifft, sondern alle anderen um dich herum? Nein, daran denkst du nicht. Du sitzt da und kannst eine Sache nicht begreifen. Wie ist das bloß möglich? Dein Calinka, der dich zehn Jahre geliebt hat, der dir treu war, der alle deine Gedanken und Wünsche erriet und sie so gerne erfüllte, jetzt

---

* Wer weiß? (franz.)

hat er dich verraten und es zugelassen, daß du den Waggon bestiegst, während er zurückblieb.

Vielleicht ging er nach Hause und legte sich ins saubere Bett, das du gerade frisch bezogen hast, wo der Duft deines Körpers, deines Lieblingsparfums noch im Raum schwebte, während du mit Aluśka auf dem Arm im Dunkel, im Gedränge, ohne Luft zum Atmen ausharren mußt.

Ich weiß, du ballst die Fäuste und beginnst Aluśka zu hassen. Das ist doch s e i n Kind, warum soll ich es hier haben? Schon stehst du auf, schon willst du die Kleine aus dem Fenster werfen.

Anka, Anka, tue es, wirf das Kind heraus, deine Hand soll dabei nicht erzittern!

Vielleicht fällt das Kind unter die Räder des rasenden Zuges, der es zermalmt. Vielleicht gibt es wirklich einen Gott auf dieser Welt, oder gütige Engel, die einen unsichtbaren Teppich ausbreiten, damit ihr nichts passiert. Sie überwältigten die Schwerkraft der Erde, die Newtonschen Gesetze während des Falls und unsere Aluśka fällt leicht zu Boden. Sie schläft abseits der Schienen ein und am Morgen findet sie ein guter Christ. Eingenommen von ihrem engelhaften Aussehen, hebt er sie vom Boden auf, drückt sie an sich, nimmt sie mit nach Hause und behält sie als seine Tochter.

Tue es, Anka, tue es, zögere keine Sekunde! Leider fällst du wieder zurück auf die Bretter, drückst Aluśka an dich, bittest sie um Verzeihung für die Gedanken, für den Haß gegen sie und ihren Vater. Dein Körper wird von einem leisen, nicht getrösteten Weinen erschüttert. Möge es dir Vergessen bringen!

Ihr habt bereits Świder und Jósefów passiert, als du plötzlich Bewegung am Fenster bemerkst. Eure beiden Beschützer, die einzigen Männer im Waggon, haben beschlossen zu fliehen. Es hilft kein Weinen der Frauen, die Angst haben, allein zurückzubleiben, auch die naiven Worte der Solnicka helfen nicht.

– Warum wollt ihr fliehen? Ihr kommt dabei noch um, während wir ankommen, arbeiten und weiterleben werden.

Nein, diese Männer können den Rat fremder Frauen nicht befolgen, sie müssen sich retten, sie wollen leben, ihre Frauen und Kinder wiedersehen. Jurek springt als erster, gefolgt von Berek Kejzman.

Ja, Berek, noch vor der Aktion haben dich die Deutschen zum Tode verurteilt, jetzt setzte man dich in den Waggon, aber du gibst nicht auf, du bist bereit, für dein Leben zu kämpfen.

Anka, Anka, warum machst du es ihnen nicht nach? Einst hast du in einer Knabenmannschaft Fußball gespielt, konntest am besten Fahrradfahren, und jetzt bist du zu dieser Tat nicht in der Lage? Hindert dich das Kind, oder der Haß auf mich? Du denkst: soll ich springen und fliehen, aber wohin soll ich gehen? Soll ich zu Calel zurückkehren?

Zehn Jahre lang, seit du mich kennenlerntest, vertrat ich für dich als Vollwaise den Vater, die Mutter und den Bruder; ich dachte für dich, du tatest nichts ohne mein Wissen und meinen Ratschlag – jetzt bist du unfähig, selbst zu entscheiden. Du sitzt weiter da, drückst das Kind an dich und beneidest Kejzman. Seine Frau hat sich schon vorher gerettet, jetzt wird er sie treffen und sie werden wieder zusammen leben.

Ja, es erscheint dir kein Prophet, der dir von Kejzmans Schicksal und dem der anderen Juden erzählen würde. Heute kenne ich es. Bis vor kurzem habe auch ich ihn beneidet. Ich beneidete ihn darum, daß er mit dir in einem Waggon war, daß er mit seiner Frau zusammen wohnte, daß er Freude an seiner Tochter hatte. Jetzt weiß ich, Kejzman wäre nicht gesprungen, er wäre im Waggon geblieben, hätte er sein weiteres Schicksal gekannt. Und ihr ratlosen Frauen würdet ihn nicht mehr beneiden.

Jetzt seid ihr in Falenica, der Zug steht lange auf dem Bahnhof. Aus allen Waggons hört man nur einen tierischen Schrei.

– Wasser, Wasser, Wasser!

Gibt es einen Menschen, der wenigstens eine Flasche Wasser zu den dürstenden Lippen brächte, wenigstens für die Kinder, die langsam an Durst und Atemnot sterben. Einige mutige Jungen aus dem Ghetto von Falenica bringen im Schutz der Nacht ein paar Flaschen Wasser. Das muß reichen für achttausend durstige Menschen.

Jungs, Jungs, habt keine Angst, euch droht nichts. Morgen um die Zeit werdet ihr in Waggons verladen und um etwas Wasser betteln. Wer wird es euch reichen?

Der Zug fährt weiter. Er ist schon in Warschau.

Das letzte Mal warst du im Januar 1940 in Warschau. Du bist zur

Hypothekenbank gefahren, um die alten Schulden des Kinos zu begleichen. Warum bist du damals überhaupt gefahren? Warum war das nötig? Hättest du damit gerechnet, deinen nächsten Besuch in der Hauptstadt unter diesen Umständen machen zu müssen? Indes fährt der Zug weiter.

Aluśka, Aluśka, lebst du noch, oder bist du schon erstickt? Hast du noch etwas Wasser, Anka, oder trinkt Aluśka bereits deine Tränen? Ich will daran glauben, daß der Transport der Juden aus Otwock Treblinka sofort, am nächsten Tag, am Donnerstag erreichte. Einige behaupten, der Transport aus Falenica, der am Freitag angekommen ist, sei noch vor dem Transport aus Otwock beendet worden. Ich erinnere mich daran, auf jemanden mit Fäusten losgegangen zu sein, als er mir dies sagte. Mit welchem Recht sagte er das? Soll mich außer all dem Schlimmen auch noch die Erkenntnis peinigen, meine Frau hätte sich noch weitere achtundvierzig Stunden in dem verdammten Waggon gequält?

Ich schließe die Augen: die Schreie nach Wasser werden immer schwächer, die Menschen haben keine Kraft mehr, sie werden bewußtlos. Und die Kinder? Die Kinder leben vielleicht nicht mehr. Ich sehe den Zug durch den Bahnhof von Kosów fahren. Ja, in Kosów leben fünfzehn Familien aus Otwock. Was sie jetzt wohl denken? Danken sie Gott für die Rettung? Oder beweinen sie die Bewohner Otwocks? Der Zug passiert Kosów und fährt auf das Nebengleis des Todes, das nach Treblinka führt. Treblinka II ist kein Straflager, das ist der Ort, an dem der böse Genius der germanischen Rasse Triumphe feiert. Das ist ein Friedhof für drei Millionen Juden. Ein Friedhof, wo kein einziger Menschenknochen gefunden wird. Die klugen Deutschen machen daraus Dünger, den dann der polnische Bauer als Prämie für das Getreide erhält, das er an die Deutschen liefert. Ja, ja, ihr Juden, nach Meinung der Deutschen hat eure Arbeit, euer Schweiß, eure schöpferische Energie den polnischen Boden noch nicht ausreichend fruchtbar gemacht. Eure Asche wird es besser tun.

Das Tor geht auf, die Lokomotive schnauft, der Zug bleibt stehen, die Waggontüren gehen auf, die Juden können aussteigen.

Anka, Anka, in welchem Zustand hast du den Waggon verlassen? Mit der kleinen Alusia auf dem Arm? Oder hast du sie im Waggon zurückgelassen, zusammen mit dem Kot und den anderen Leichen? Oder hat Aluśka noch schwach geatmet? Wird mir jemals jemand auf diese Frage antworten?

Die Menschen verlassen die Waggons. Aus voller Brust atmen sie die Luft ein, sie vergessen, am Ort der Hinrichtung angekommen zu sein, sie freuen sich über die Luft, den schönen Augusttag und vielleicht – wer weiß? – haben sie Hoffnung. Rings um sie stehen die Deutschen, gut genährt, in Uniformen, mit Helmen und mit silbernen Schilden auf der Brust und mit Maschinengewehren in der Hand. Das sind Götter, man muß ihnen gehorchen!

Ein älterer Offizier kommt heraus und spricht zu der Menge. Was sagt er? Welche Nachricht gibt er bekannt?

– Leute, habt keine Angst, euch wird nichts Böses geschehen, ihr werdet nach Osten fahren, ihr werdet arbeiten. Jetzt werdet ihr alle baden, weil ihr verlaust seid. Später bekommt ihr zu essen und morgen früh werdet ihr weiterfahren. Frauen mit Kindern sollen an eine Seite gehen, sie werden zuerst baden. Jede soll sich ausziehen, die Sachen müssen an der Seite gerade zusammengelegt werden, damit man sie später wiederfinden kann, Schuhe muß man unbedingt paarweise zusammenbinden. Hier sind die Handtücher. Versammelt euch schnell, die Zeit drängt.

Hast du das alles geglaubt, meine teuerste Anka?

Die Frauen trennen sich von ihren Männern, Vätern, Brüdern. Vor den Augen der Menge müssen sie sich nackt ausziehen. Schämen sie sich, oder ist ihnen bereits alles egal? Sie legen die Kleider zusammen, aber – o Gott! – woher kommen diese Berge von Kleidern? Sind das Kleider anderer Juden? Wenn ja, mit welcher Kleidung sind die anderen Juden arbeiten gefahren? Ach ja, man hat ihnen sicherlich Papierkleider gegeben.

Die Menge der nackten, schweigenden Frauen, meist mit Kindern auf dem Arm, schiebt sich zu einer riesigen Scheune, hier sollen sie baden. Auf ihr steht mit großen Lettern geschrieben:

ALLE JUDEN BADEN SICH UND FAHREN NACH OST

Schweigend gehen ältere Frauen mit hängenden Brüsten hinein und auch junge, große Mädchen, schlank wie Pappeln, die Sonnenstrahlen leuchten auf ihren Körpern. Aber die Deutschen schauen ihnen nicht einmal zu. Die Sonne geht blutig unter, mit ihr der Rest an Hoffnung.

Ach Dichter, du hattest recht!
Glücklich, wen die Kräfte verlassen,
wer beten
oder von jemandem Abschied nehmen kann.[22]

Anka, Anka, mögen deine schönen Augen ein letztes Mal zum Himmel schauen, auf den Sonnenuntergang; schicke mir einen letzten Gruß – den Segen oder den Fluch. Die Sonne wird deinen Blick absorbieren und ihn mit ihren Strahlen mir täglich treu übermitteln.

Alle Frauen sind schon in der Scheune, die Tür schließt automatisch, draußen hört man nur einen großen Schrei – schon ist alles vorbei. Die Klappe geht auf, menschliche Körper werden ausgekippt. Die Scheune ist bereit, neue Menschen zum »Baden« aufzunehmen.

Männer, was macht ihr in der Zwischenzeit? Was machst du Abram Willendorf, als du deine Frau in die Scheune gehen siehst? Weißt du, daß du sie nie wieder sehen wirst und daß du selber in Kürze umkommst?

Die Männer werden auf gleiche Weise hingerichtet. Die Kräftigsten und Gesündesten schickt man nach Treblinka I, um sie nach einem Monat unmenschlicher Arbeit, gleichsam ausgequetscht wie Zitronen, nunmehr unbrauchbar geworden, hinzurichten.

Es fehlt nicht an frischen Menschen, kommen nicht jeden Tag einige Transporte? Ein Teil arbeitet bei den Kleidern, sortiert und verlädt sie in Waggons, ein anderer Teil arbeitet bei den Leichen. Egal was sie tun, jeder von ihnen wird früher oder später umgebracht.

Es wird Abend.

Was ist plötzlich mit den Deutschen los, diesen unerschrockenen Göttern? Die Wachen werfen sich auf die Erde, verstecken sich in Luftschutzräumen. Bolschewistische Flugzeuge überfliegen Treblinka.

Nur zu, ihr mutigen Juden, nutzt die Zeit! Hau ab, Königsberg, hau ab, Rybak! Jetzt oder nie.

Sie fliehen, überspringen Drähte, Zäune.

Sie sind gerettet.

Wo bist du, Königsberg? Wo bist du, Rybak? Ihr seid aus Treblinka geflüchtet, um der Welt Unwahrheiten über das große Deutschland

zu erzählen! Ihr werdet *Greuelpropaganda* verbreiten? Nein, die Deutschen sind wegen der Flüchtlinge zuversichtlich. Sie kommen mit einem Judentransport aus einer anderen Stadt wieder.
– Wo bist du Königsberg? Lebst du noch? Oder bist du schon nach Treblinka zurückgekehrt?
Anka, Aluśka, Rachel und ihr, meine Schwestern und Brüder in Israel. Ich möchte aus der Tiefe meines schmerzerfüllten Herzens das Gebet *El male rachamin*[23] für den Frieden eurer Seelen sprechen. Möge Gott, der Allerhöchste, euren Seelen die verdiente Ruhe schenken. Wir, eure noch lebenden Söhne, Brüder und Ehemänner, werden euch blutig rächen. Amen.

Ma femme bien aimée Annie,
tu seras vengée!
Ma petite fille Athalie,
tu seras vengée!
Les cendres de trois millions hommes,
femmes, enfants, juifs brulés à Treblinka,
vous serez vengés!

20. August. Im Otwocker Ghetto. Wir kehren vom Platz zurück, wir kehren heim. Heim? Brauchen Juden jetzt ein Heim? Ich erinnere mich noch, wie wir gegangen sind: ich, Zygmunt Wolfowicz, sein Bruder Tader sowie Rubin Grynhorn. Wir wohnten in der gleichen Straße, zur gleichen Zeit verloren wir die Familien, und jetzt kehren wir zusammen in die Häuser zurück, instinktiv hielten wir uns einer am anderen fest.

Überkam uns ein Grauen vor dem ausgestorbenen Ghetto? Oder fürchteten wir die Einsamkeit? Nein, wir hatten schlicht Angst, allein vor dem großen und allwissenden Richter zu bleiben, allein vor dem eigenen Gewissen. Alle hatten wir Angst davor, obwohl keiner von uns sich darüber im klaren war.

Wir gingen langsam und sagten nichts. Wir waren immer noch nicht in der Lage zu denken, wir konnten es nicht fassen, daß unsere Frauen, Kinder und Schwestern jetzt in Viehwaggons waren und in Kürze nur noch Asche von ihnen übrigbleiben wird. Wir konnten nicht verstehen, daß wir sie nie mehr wieder sehen und hören werden. Uns war nicht klar, daß wir selber auch zum Tode verurteilt sind. Wir waren noch nicht einmal imstande zu weinen. Wir fühlten nichts. Wir hatten alle panische Angst vor einer Sache: alleine die Wohnung zu betreten.

Schließlich beschlossen wir, alle zusammen in Wolfowiczs Wohnung zu gehen. Ich weiß es noch wie heute: eine gähnend leere Wohnung, an den Wänden die lächelnden Gesichter der Ehefrau und der Kinder; natürlich sind es nur Photographien. Wir wenden die Köpfe ab, wollen nichts sehen. Schweigend setzen wir uns zum Abendessen – was solls, die Natur hat eben ihr Recht. Wir beschmieren das Brot dick mit Butter und trinken stark gesüßten Kakao.

O Gott, ist das eine Orgie? Nein, das ist das letzte Abendmahl der Verurteilten. Ein solches Abendmahl werden wir von jetzt an täglich haben, eines von ihnen wird dann wirklich das letzte sein. Ist es bereits das heutige? Noch nicht, denn die Deutschen haben uns nicht ohne Grund am Leben gelassen. Wir verabreden uns für morgen um vier Uhr früh.

Später kehre ich auf die andere Seite der Gleise zum Haus meiner Eltern zurück. Dort sitzt den ganzen Tag meine Tante im Versteck unter dem Fußboden. Auch sie wartet auf ihre Verurteilung. Wenn es eine vollständige Aussiedlung ist, was wird dann aus ihr? Ich weiß es nicht. So oder so, ich muß dorthin, Brot und Wasser bringen.

Es ist schon nach Mitternacht. Ich gehe an leeren dunklen Häusern vorbei, noch vor vierundzwanzig Stunden brodelte hier das Leben. Obwohl ich auf den Boden achte, stolpere ich dauernd über Leichen, ich weiß nicht und möchte es nicht wissen, ob es Fremde oder Freunde waren. Ich kann nicht auf gespaltene Köpfe und Blutlachen schauen. Endlich bin ich im Haus meiner Eltern, öffne die Klappe zum Keller, meine Tante kommt zum Vorschein. Ich reiche ihr Brot und einen Eimer Wasser, resigniert berichte ich:

– Ganz Otwock wurde abtransportiert, Anka und Aluśka leben vielleicht nicht mehr. Rachel haben sie auch mitgenommen.

Czerna schaut mich benommen an. Im gleichgültigen Ton habe ich sie vom Todesurteil für sie und ihren Sohn informiert, gleichzeitig gab ich den Tod der uns nächsten Personen bekannt. Die Tante weiß, daß sie jetzt nichts sagen und nichts fragen darf. Ihr tut es wohl leid, daß meine Frau umgekommen ist, während sie selber, dank meiner Hilfe, vorläufig gerettet ist.

Die Klappe fällt zu. Ich stehe immer noch da, kann mich nicht von der Stelle bewegen, kann meine Augen nicht von ihr abwenden. Ich sehe Anka, wie sie auf der Kellertreppe steht, nur Kopf und Arme ragen noch heraus, ich höre eine Stimme, eine fremde Stimme, die sagt:

– Anka, Kronenberg sagt, du sollst auf den Platz kommen, dir droht nichts, du wirst freigelassen.

Ist das meine Stimme? Bin ich ein Mörder, der Henker meiner eigenen Frau? Ich oder Kronenberg auch? Oder sind wir vielleicht beide nur Marionetten der Vorsehung, des bösen Schicksals Israels?

Ich kann meine Augen nicht von der Klappe lösen, denke an die Versteckten. O Gott, warum haben sie die Deutschen nicht im Keller gefunden, warum haben sie sie nicht getötet? Warum habe ich Anka nicht wenigstens belogen, daß es passiert ist?

Langsam gehe ich fort. Ich habe beschlossen, nach Hause zu gehen. Vor mir liegt eine gespenstische Wanderung zwischen Leichen. Ich gehe mit halb geschlossenen Augen, den Weg kenne ich doch auswendig, mehrmals täglich bin ich ihn gegangen. Bis heute hat mich immer Ankas lächelndes Gesicht begrüßt und ihre Worte, an unsere Tochter gerichtet:

– Schau, Aluś, Papa kommt, Papa!

Ich öffne die Tür – verflucht! – die Ukrainer haben unsere Wohnung nicht einmal betreten, Anka hätte die ganze Zeit hier ruhig sitzen können. Ach! Es wäre besser, würde ich die Wohnung ausgeplündert, verbrannt, zerstört vorfinden. Wie zum Hohn befindet sie sich im gleichen Zustand, in dem Anka sie verlassen hat. Die Toilettenartikel liegen an ihrem Platz, alles blinkt und wartet auf Menschen, die einen Funken Leben in die toten Gegenstände bringen würden. Aber hier wird es kein Leben mehr geben.

Es ist zwei Uhr nachts. Ich lege mich auf die Couch. Ich habe Angst, mich ins Bett zu legen, denn es ist noch warm. Das Licht lasse ich brennen. Entsteht in meinem Hirn irgendeine Assoziation, ein Vergleich zwischen diesem Zimmer und dem geschlossenen Güterwagen, in dem zweihundert Menschen ihre letzte Reise tun? Nein, ich vergleiche nichts und ich denke an nichts, ich schlafe einfach ein.

Nach zwei Stunden unruhigen Schlummers wecken mich meine Kollegen. Steh auf, Sklave, nimm einen Spaten und vergrabe die Leichen.

Beeile dich, los doch, damit vom deutschen Vandalismus keine Spur mehr übrigbleibt.

Die Körper von über tausend Menschen sind zu vergraben. Zum Glück brauchen wir keine Löcher auszuheben, denn die Juden haben sie rechtzeitig selber vorbereitet. Damals dachten sie zwar, sie richten eine Luftschutzunterkunft ein, später haben Frauen dort Abfälle und Abwässer hineingeschüttet. Jetzt reicht es, die Leichen dorthin zu ziehen, in den Graben zu werfen, bis zum Rand mit Sand aufzufüllen und fertig.

Es ist nicht mal mehr nötig, die Taschen der Leichen zu durchsuchen, das haben bereits die Deutschen getan, sie haben sogar die goldenen Kronen aus den Gebissen entfernt. Man muß auch nicht nach dem jüdischen Ritus verfahren. Man wäscht die Körper nicht, wickelt sie nicht in weiße Laken, legt sie nicht in Kisten, kennzeichnet die Grabstätte nicht, betet kein Gebet für den Seelenfrieden der Verstorbenen. Das alles ist nicht mehr nötig. O Gott, werde ich ewig so naiv bleiben? Hier werden doch keine Menschen bestattet, keine Menschen vergraben, sondern Juden, also wofür die Umstände?

Wir arbeiten schweigend. In einem Graben liegt bereits die Leiche einer unbekannten Frau, wir werfen den Körper meines Kollegen Mulik Noj dazu und obendrauf den des stadtbekannten Diebes Fiołek. Schnell schütten wir Sand auf.

Hinter dem Zaun an der Szkolna-Straße stehen Polen und schauen uns zu. Betrachten sie uns als Totengräber? Vielleicht wollen sie ihr Beileid ausdrücken? Vielleicht wollen sie uns nur verhöhnen? Oder vielleicht wundern sie sich, warum wir es tun, anstatt aus dieser verfluchten Stadt zu fliehen? Wer weiß? Sie sehen die Blutspuren auf der Erde und schweigen. Keiner von ihnen zieht die Kopfbedeckung und bekreuzigt sich, aber wenigstens sagen sie nichts. Der Schrecken der Situation gebietet zu schweigen.

Wie verging dieser Donnerstag? Wieviel Leichen begrub ich? Aß ich etwas an diesem Tag? Ich erinnere mich nicht mehr. Ich mied meine Wohnung, ich wollte mir nicht dessen bewußt werden, daß sich meine Nachbarn, die keine Polizisten waren, in ihren Verstekken aufhalten, ich aber habe meine Frau nicht versteckt. Ich weiß nur noch eine Sache: als wir an Wohnungen vorbeikamen, aus denen Stimmen versteckter Menschen zu hören waren, f l o h e n   w i r   w i e   v o r   A u s s ä t z i g e n . Wir wollten sie nicht zum Kommissariat bringen, also fürchteten wir, ihre Fragen danach, was in der Stadt los sei, zu beantworten. Es kam uns vor, wir würden aus jedem Haus, aus jeder Straße, um jede Ecke von Gendarmen beobachtet. Das war nicht mehr nur Angst, das war bereits eine Psychose.

Meinen Schwager Janek traf ich weder an diesem noch an einem der folgenden Tage. Warum sollte ich ihn auch suchen? Um ihm mitzuteilen, wie die letzten Momente seiner Frau Rachel waren? Oder vielleicht, um ihm zu sagen, sie habe ihn nicht verflucht, obwohl er sie allein gelassen hat und nicht einmal auf den Platz gekommen ist, um sich zu verabschieden, ganz im Gegenteil, sie betete zu Gott, daß zumindest er gerettet werde. Rachel war sicher, Janek sei ins polnische Viertel geflohen, um dort mit seinem arischen Aussehen als Pole leben zu können. Warum darüber reden? Die nächste Nacht, ebenfalls außer Haus verbracht, ging vorüber. Ich war nur dort, um Czerna das Essen zu bringen.

Es wurde Freitag, **der erste Freitag**, an dem der Ehefrau kein Geld mehr für den Bazar gegeben werden mußte. Man ist frei geworden, bar jeglicher Verpflichtung, ja, man wurde ein freier Vogel, aber einer mit gestutzten Flügeln. Dieser Freitag verging wie ein böser Traum.

Samstag, feierlicher Ruhetag. Freut euch, Juden, geht beten und nach dem Mittagessen zum Spaziergang.

An diesem Samstag ist es in Otwock anders. Vielleicht beten die Juden, dann aber beginnen sie, ihre Wohnungen, Keller, Verstecke zu verlassen, sie suchen jüdische Polizisten, damit diese sie zum Kommissariat begleiten. Sie klammern sich an sie.

– Denkt daran – sagen sie – wir stellen uns freiwillig, vergeßt nicht, es den Deutschen zu sagen.

Wir geloben es, denn was sollen wir tun?

Manchmal sagen wir, es mache sowieso keinen Unterschied, sie werden auch so umgebracht. Dann wenden die Juden die Köpfe ab und wollen auf dem Weg nicht mehr mit uns reden. Sie glauben uns nicht, denn sie wollen uns nicht glauben. Richtig, der Mensch braucht Hoffnung, bis zum letzten Augenblick. Von weitem sieht dieser gemeinsame Marsch so aus, als führe der jüdische Polizist seine Brüder in den Tod, in Wirklichkeit bewachen sie ihn. Sie fürchten, er könnte ihnen entwischen, sie alleine lassen in den ausgestorbenen Straßen. Sie erinnern uns dauernd daran, daß sie sich freiwillig gestellt haben.

– Polizisten, vergeßt nicht, es den Deutschen zu sagen.

So vergehen Samstag und Sonntag. Jede Nacht bringe ich der Tante zu essen, von ihr erfahre ich, daß Janek es auch tut. Ich bemühe mich, mit ihr nicht über ihr zukünftiges Schicksal zu reden. Weiterhin bin ich über das Schicksal meiner Eltern im Ungewissen. Überhaupt lebe ich wie im Fieberwahn.

Montag. Ich entschließe mich zu handeln. Ich rufe den Magister an und verabrede mich mit ihm am gewohnten Ort, am Zaun. Als wir uns treffen, redet er nicht von Beileid, er sagt nur, Worte haben keinen Wert mehr, angesichts des riesigen Unglücks. Ich höre nicht mehr, was er sagt. Ich muß etwas anderes erfahren, muß den Kelch des bitteren Leidens austrinken.

Also frage ich:

– Haben Sie einen Platz für Aluśka gefunden?

– Ja — antwortet er — meine kinderlose Schwester hätte sie in Pflege nehmen wollen. Eigentlich sollte ich Ihnen das jetzt nicht sagen.

Er ertappt sich zu spät.

Ich fühle, wie meine Knie weich werden. Durch den Kopf schießt mir ein Gedanke: Mörder, Mörder. Für einen Augenblick verliere ich das Bewußtsein, danach verabschiede ich mich, denn worüber sollten wir noch reden? Ach ja, etwas ist noch geblieben.

– Kommen Sie — bitte ich ihn — morgen um fünf, ich werden Ihnen einen Koffer geben.

In dem Moment lacht der Satan gewiß über mich. Morgen? Schon wieder morgen? Wer weiß, was morgen sein wird? Werde ich immer alles auf später verschieben?

Dienstag. Am Morgen lasse ich meinen Sommermantel bei Zygmunt Wolfowicz. Als ich nach einer Stunde zurückkehre, ist die ganze Wohnung zerstört und ausgeraubt. Das Ghetto ist ständig vom polnischen Mob umzingelt. Die Polen überspringen den Zaun, brechen Türen mit Beilen auf und rauben alles, was sie kriegen können. Manchmal stolpern die Plünderer über getötete Juden, das macht nichts, sie streiten und schlagen sich über noch nicht erkalteten Leichen, entreißen einander Kissen oder Anzüge. Und die jüdische Leiche? Wie Leichen eben, sie liegt ruhig, sagt nichts, stört keinen und wird sicherlich keinem im Traum erscheinen. Die Polen haben doch ein reines Gewissen.

– Wir haben sie doch nicht umgebracht, und wenn wir es nicht nehmen, dann nehmen es die Schwaben*.

Es tut mir nicht leid um den Mantel, auch nicht um das Geld, das er wert war. Doch ohne Mantel kann ich mich im polnischen Viertel nicht mehr blicken lassen, dort muß man sich gut kleiden, um nicht aufzufallen. Der Verlust des Mantels kann unter bestimmten Um-

---

* Polnisches Schimpfwort für die Deutschen.

ständen einem Todesurteil gleichkommen, um in einem anderen Haus nach einem Mantel für mich zu suchen – nein, diese Energie bringe ich nicht auf.

Mit Grynhorn, den ich auf der Straße traf, gehe ich in seine Wohnung, dort treffen wir einen Polen, der bereits alle Wertsachen in einen Sack gepackt hat. Er ist böse und verwundert, mit welchem Recht Grynhorn ihn störe, da es keinen anderen Ausweg gibt, läßt er den Sack stehen und flieht. Wolfowicz hatte nicht so ein Glück. Die Deutschen nahmen seine Familie. Die Polen das ganze Vermögen.

Sagt er das, oder ist es nur sein Mund?

– Wartet nur! Ihr Banditen, ich werde noch euer Ende erleben, genauso wie ich das Ende der Deutschen erleben werde!

Er ruft es den Hyänen, den Schakalen zu, die geduldig den ganzen Tag warten, um selbst die Leichen auszurauben. Endlich geht Wolfowicz weg, aber die Menge ist unzufrieden. Ein Jude hat sie beschimpft, hat ihnen die »Unwahrheit« ins Gesicht geschleudert, man muß die irdische Gerechtigkeit anrufen, damit er bestraft werde.

Und siehe da, zwei deutsche Soldaten kommen heran, einer von ihnen versteht sogar polnisch. Die Menge, durch die »Unverschämtheit« des Juden aufgebracht, wendet sich an sie um Gerechtigkeit: Ein Jude hat gewagt zu sagen, er werde das Ende der Deutschen erleben und das Ende dieser anständigen Leute hier.

– Her mit dem Juden!

Ausgerechnet ich komme gerade heran, alle Arme deuten auf mich.

– Der hier hat es gesagt!

Der Soldat nimmt den Revolver in die Hand.

– Hast du das gesagt oder nicht?

Meine Beschwörungen, ein anderer hätte es gesagt, helfen nicht. Der Deutsche glaubt mir überhaupt nicht, schließlich blitzen seine Augen feindselig auf – gleich schießt er …

Plötzlich meldet sich ein altes Frauchen zu Wort, dieser hier sei es nicht, der da hatte keine Brille und war größer. Andere bestreiten das, die Menge fängt an zu streiten. Der Soldat schießt nicht. Vielleicht hat er das geglaubt, oder vielleicht wollte er mit der vorzeitigen Tötung eines Polizisten die anderen Polizisten nicht verschrecken, deren Dienste noch gebraucht werden. Er läßt mich am Leben, während ich ganz schnell weggehe, da es für mich hier ohnehin nichts mehr zu tun gibt. Ich weiß nicht, ob ich Gott oder der alten Frau, die mich gerettet hat, danken soll, oder soll ich diejenigen verfluchen, die mich wissentlich in den Tod schicken wollten.

Um die verabredete Zeit erscheint der Magister. Ich bitte ihn, in zwei Stunden wiederzukommen, damit ich ihm den Koffer aushändigen kann. Unsere Unterhaltung dauert nicht länger als zehn Minuten, für die Polen jedoch Zeit genug, um das Zimmer der Tante vollständig auszurauben.

In meinem Zimmer bereite ich zwei Koffer vor, in den einen lege ich teure und gute Sachen, um mich elegant anziehen zu können oder um sie bei Bedarf zu verkaufen, in den zweiten kommen praktische Sachen, nützlich für das Leben im Lager. Später soll ich doch ins Lager fahren.

Zwei Stunden vergehen, da erscheint der Magister. Hinter dem Zaun, der das Ghetto vom polnischen Viertel teilt, sehe ich meine alte Hauswirtin, die Frau des Billetverkäufers Głasek aus dem Kino. Ich bitte sie, den Koffer zu nehmen und ihn dem Magister zu übergeben. Dafür biete ich ihr hundert Złoty. Frau Głasek nimmt den Koffer und hat ihn fast übergeben, als plötzlich die am Zaun versammelten Polen merken, daß es kein Diebesgut ist, sondern ein Koffer, der mit Einverständnis seines rechtmäßigen Besitzers, eines Juden, weggeschafft wird. Also gehen sie auf sie los. Meine Wirtin kann gerade eben ins Ghetto zurück fliehen. Ich übernehme den Koffer, verabrede, den Magister morgen anzurufen.

Am Abend brachte ich den Koffer mit den Lagersachen ins Kommissariat. Danach ging ich zu Janeks Wohnung, um seine Hilfe bei der Beschaffung des zweiten Koffers zu erbitten. Ich fürchtete, daß auch meine Wohnung ausgeraubt werden würde. Janek habe ich seit dem Tag der Aktion nicht gesehen. Ich habe ihn nicht gesucht und er mich auch nicht, so sind ein paar Tage vergangen. Ich wußte, daß er am Leben war, denn er brachte, so wie ich, täglich der Tante zu essen.

Ich traf ihn in der Wohnung, wie er sorgfältig rasiert und elegant angezogen, offensichtlich seine Abreise vorbereitete. In eine Tasche legte er Hemd, Schlafanzug, Handtuch und andere Toilettenartikel.

– Was ist los? – fragte ich, überrascht durch diese Vorbereitungen.

– Hör zu, Calel – antwortete er – ich verrate dir ein Geheimnis. Unser Kommandant Kronenberg, sein Stellvertreter Ehrlich sowie einige Polizisten mit ihren Frauen haben einen gedeckten Lastwagen angemietet. Sie beabsichtigen, ins Ghetto von Częstochowa zu fahren.

– Janek, wird es in Częstochowa nicht genau so eine Aktion geben?

– Bist du verrückt? Dort arbeiten neunundneunzig Prozent der Leute in Szops, dort gibt es Fabriken, die Waffen für die Deutschen produzieren, dort ist man sicher.

– Janek, was soll ich denn tun? Wenn Kronenberg wegfährt, erschießen die Deutschen doch sofort alle Polizisten.

– Weißt du was, komm mit mir, vielleicht nehmen sie dich auch mit.

Nach dem Gespräch hatte ich nicht den geringsten Zweifel daran, was zu tun war. Aus dem Ghetto fliehen! Ich war froh, daß der Magister meinen Koffer nicht mitgenommen hat, denn ich hätte mich nicht umziehen können. Ich zog einen eleganten Anzug an, da ich keinen Mantel mehr hatte, schnappte ich mir den Übergangsmantel und eilte zum Kommissariat. Bevor ich ging, streifte ich noch mit einem letzten Blick die ganze Wohnung. Ich wußte, alles hier wird ausgeraubt, aber ich trauerte dem nicht nach. Immer wieder sagte ich mir, ich habe Frau und Kind verloren, weil ich blöde in Otwock gesessen habe, um die Habe zu bewachen. So eine Dummheit wollte ich nie wieder begehen. Ich mußte mich retten, denn schließlich habe ich meine Frau nicht feige verlassen, um ein paar Tage später umgebracht zu werden.

Auf dem Kommissariat traf ich nur jene, die die Flucht planten. Später erschien noch der Polizist Sztajnhard, schnell kam er dahinter, was die Versammelten vorhatten, und fing an, zu wimmern wie ein Kleinkind, um mitgenommen zu werden.

Meine Anwesenheit paßte dem stellvertretenden Kommandanten Ehrlich überhaupt nicht, also versuchte er, mich zum Dienst zu schicken. Entschieden lehnte ich ab, mit der Begründung, auf der anderen Seite der Stadt eingeteilt zu sein und dort bereits den ganzen Tag verbracht zu haben. So ließ er mich in Ruhe. An einen Baum gelehnt wartete ich den Lauf der Dinge ab. Die Nacht war warm und schwül, ich weiß noch, wie mir der Mantel schwer wurde. Die Menschen schlichen durch die Dunkelheit wie Gespenster.

Nach Mitternacht erfuhr ich, daß Kronenberg dagegen war, mich mitzunehmen; wütend erteilte er auch Janek eine Absage. Als er mir das mitteilte, gab mir mein Schwager die Schlüssel zu seiner Wohnung, wo das Vermögen meines Vaters untergebracht war und sagte:

– Lebewohl, ich fahre allein weg.

Er ging weg, und ich blieb allein. Was tun? Sztajnhard wimmerte immer noch und flehte darum, mitgenommen zu werden. Das weckte in mir eine tiefe Abneigung. So darf man sich niemals erniedrigen. Entschlossen ging ich zu Ehrlich, um mit ihm unter vier Augen zu reden und mich zu entschuldigen. Er wehrte ab, mit verächtlichem Ton sagte er, ich könnte vor allen reden. Ich fragte sofort, ob sie zur Abreise bereit waren.

– Ja — sagte Ehrlich ohne zu zögern — wir reisen bald ab.

– Ohne Rücksicht darauf, wie sehr ich euch bitte — fuhr ich fort — werdet ihr mich nicht mitnehmen, sogar über meine Leiche fahren?

– Ja — wiederholte Ehrlich — wir reisen bald ab. Ohne dich!

– Das heißt — sagte ich mit erhobener Stimme — daß das Ziel eure Mittel heiligt?

Wumm! In dem Moment bekam ich einen starken Schlag ins Gesicht. Ich ergriff die Flucht. Mein Kopf dröhnte, ich konnte keinen klaren Gedanken fassen. Ich hatte nur eine *idée fixe:* ich muß noch diese Nacht aus dem Ghetto fliehen, denn morgen werde ich hier erschossen. Meine Brille wurde zerschlagen, ich mußte die zweite bei mir zuhause in der Podmiejska holen. Auf dem Weg suchte ich die väterliche Wohnung auf. Ich sagte Czerna, daß Janek geflohen ist, Kronenberg jeden Augenblick fliehen werde und ich ebenfalls fliehen muß, sie könne nicht mehr mit mir rechnen. Ich ließ die Tante zurück und lief so schnell wie möglich in die Podmiejska. Als eine Droschke an mir vorbeifuhr, erkannte ich Schlicht darin.

Sofort versteckte ich mich in der Dunkelheit, damit er mich nicht erkennen konnte.

Es kam mir dabei nicht mal in den Sinn, daß sich hier eine ausgezeichnete Möglichkeit zur Rache bot. Ich konnte doch Schlicht sagen, daß er eine ganze Gruppe träfe, die ein Auto besteigt, wenn er jetzt zum Kommissariat führe.

In der Wohnung konnte ich die Brille nicht finden, endlich stellte sich heraus, daß sie in meiner Jackentasche war. Völlig überflüssig rannte ich in die Wohnung, um sie zu suchen, während ich sie doch bei mir trug. Nach dem Verlassen des Hauses lief ich lange vor mich hin, nicht wissend, an wen ich mich wenden sollte, wer mich aufnehmen würde und wer mir überhaupt helfen mochte. Plötzlich fiel mir ein, was der Hausmeister am Gymnasium, Franciszek Stańczak, einmal zu meinem Vater sagte. Noch vor der Aktion erklärte er sich gerne bereit, meinem Vater zu helfen und ihn im Schulgebäude zu verstecken, das doch den Sommer über leer steht. Dort wollte ich also hingehen und die Nacht verbringen. Morgens würde ich Franciszek zum Magister schicken. Der würde mir weiterhelfen und mich beraten.

Zu allem entschlossen verließ ich das Ghetto. Da ich Angst hatte, auf der Straße zu gehen, übersprang ich den Stacheldraht und schon bald befand ich mich im Gymnasialgebäude. Ich klopfte ein- und zweimal an der Wohnung der Stańczaks. Endlich öffnete Franciszek.

– Was ist passiert, Herr Perechodnik?

Mit ungeschickten Worten schilderte ich, was passiert ist, und erbat Gastfreundschaft für einen Tag. Als Gegenleistung bot ich dreihundert Złoty. Das Geld legte ich sofort auf den Tisch. Franciszek wollte es aber nicht annehmen. Er bekannte, er habe Angst, sagte, er könne nicht, schließlich erklärte er sich bereit, mich für einen Tag aufzunehmen, verlangte dafür aber Geld und ein Paar Hosen. Ist er verrückt geworden? Woher jetzt Hosen für ihn nehmen?

Ich bat mehrfach, aber es half nichts, er wollte das Geld und die Hosen. Resigniert händigte ich Franciszek den Schlüssel zur Wohnung des Schwagers aus und sagte, er solle am nächsten Morgen selbst hingehen und aus dem Koffer eine Hose nehmen. Dann erst war Franciszek einverstanden. Ich bat ihn noch, am nächsten Tag einen Brief zum Magister ins Büro zu bringen und in Erfahrung zu bringen, ob Kronenberg geflohen ist.

Nach dem langen Feilschen brachte mich Franciszek auf den Dachboden des Gymnasiums, wo ich mich sofort schlafen legte. Das war die erste Nacht seit langem, da ich mich sicher fühlte. Der Tagesanbruch weckte mich, ich stand auf und beobachtete durch ein kleines Fenster das ausgestorbene Ghetto.

Vor allem sah ich die ganze Familie Stańczak schwere Koffer aus der Wohnung des Schwagers schleppen. Resigniert zuckte ich nur mit den Schultern. Jetzt verstand ich das Spiel mit den Hosen, es war aber zu spät. Er hat alles geraubt, der Teufel soll ihn holen.

Für einen Augenblick nur begehrte ich auf, als ich meine Ledertasche sah, in der alle Fotos meiner Frau und des Kindes waren. Der Morgen verging langsam. Um zehn Uhr erschien Franciszek mit meinem Frühstück auf dem Dachboden.

– Leider – erklärte er mit einem falschen Lächeln – wurde die Wohnung Ihres Schwagers vor meiner Ankunft ausgeraubt, aber ich weiß, wer die Sachen nahm, vielleicht gelingt es mir, etwas zurückzubekommen.

Schweigend hörte ich mir das alles an und verriet mit keinem einzigen Wort, daß ich ihn und seine Familie meine Koffer tragen sah. Ich fragte nur, ob er nicht »zufällig« die Tasche meiner Frau mit ihren Fotografien mitgenommen hätte. Es stellt sich heraus, daß er die Fotografien genommen hat, um sie für mich zu verwahren. Er war auch beim Magister, der versprach, in der Mittagspause zu kommen. Mir blieb nichts anderes übrig, als ihm für alle Zeichen der Fürsorge zu danken.

Franciszek teilte mir noch mit, daß er meinen Schwager Janek gesehen hat und daß Kronenberg nicht weggefahren ist. Das konnte ich nicht verstehen. Warum sind sie nicht nach Częstochowa gefahren? Warum hat Janek zugelassen, daß seine Wohnung ausgeraubt wurde? Ich konnte keinen klaren Gedanken fassen. Im Kopf hatte ich nur eines: wird der Magister kommen? Und wenn ja, wird er in der Lage sein, einem Juden zu helfen?

In Gedanken daran machte ich einen Spaziergang durch die Schule, in der ich acht Jahre zugebracht hatte. Die Bänke standen noch am gleichen Ort, also versuchte ich zu erinnern, wer wo gesessen hatte, wie die Professoren vor der Tafel ausgesehen hatten. Schwer zu glauben, daß ich mal ein Mensch wie alle anderen gewesen bin, daß ich das Recht hatte zu leben, Schülerstreiche auszuhecken und mit Freunden zu spielen ... Und jetzt? Jetzt zitterte ich vor dem eigenen Schatten, versteckte mich wie ein Tier, und das noch für mein eigenes Geld. So viele Jahre ging ich aufs Gymnasium, bekam das Abitur und das hat mich achttausend Złoty gekostet. Und heute habe ich für einen ganzen Tag auf dem Dachboden an die zweihunderttausend Złoty bezahlt. Ich wußte nicht, ob ich lachen oder weinen sollte.

Ich schaute mich weiter um, entdeckte die Namen der Mitschüler mit Taschenmessern in die Bänke geritzt. Immer habe ich darüber gelacht, wohlwissend, daß *nomina stultorum scribuntur ubique loquorum**. Jetzt aber mußte ich einsehen, daß von den Juden gar nichts mehr übrigbleiben wird, außer ein paar irgendwo eingeritzter Namen.

Ich floh schnellstens auf den stickigen Dachboden. Lieber wollte ich dort bleiben, als in den Schulräumen umherlaufen.

Am Mittag kam der Magister zu mir nach oben. Er hatte für mich bereits eine Fahrkarte nach Warschau gekauft und brachte auch den landestypischen Hut mit Feder mit. Er riet mir, nach Lublin zu fahren, um sich den dort agierenden Partisanen anzuschließen. Er fragte, ob ich noch Geld hätte und fügte hinzu, er könne, wenn ich wolle, meine Sachen verkaufen und mir die erzielte Summe an meinen künftigen Aufenthaltsort schicken. Sprachs und ging weg.

Ich war unschlüssig. Es ist leicht, einem Juden zu raten, die Brille auszuziehen, nach Lublin zu fahren und sich den Partisanen anzuschließen. Wie sollte man dorthin kommen? Wo und wie sollte man Partisanen finden?

Der Tag ging zu Ende und ich wußte immer noch nicht, was ich tun sollte. Zuletzt beschloß ich, ins Ghetto zurückzukehren, um zu sehen, was dort passiert ist.

Franciszek war sehr zufrieden, daß er mich loswurde. Ich ließ meinen neuen Hut bei ihm zurück, damit er ihn dem Magister zurückbringe. Die erste Person, der ich im Ghetto begegnete, war mein

---

* Die Namen des Narren werden überall geschrieben. (lat.)

Schwager Janek. Er sagte mir, daß meinetwegen niemand nach Częstochowa geflohen ist. Alle hatten Angst vor dem Gendarmen Schlicht, der in jener Nacht mit einer Droschke durchs Ghetto fuhr. Wie sich herausstellte, hatte Kronenberg meine Worte als Ankündigung verstanden, ihre Fluchtpläne an die Deutschen zu verraten. Janek wollte nun auch nicht mehr fliehen Als er sich von mir verabschiedete und davon sprach, allein wegzufahren, sollte es bedeuten, daß er ganz einfach schlafen geht, was er dann auch tat. Als er am nächsten Morgen aufstand, sah er von weitem, wie Franciszek meine Sachen hinaustrug. Er hat ihn nicht daran gehindert, denn er nahm an, dies geschah auf meine Bitte hin. Das ist der reinste Turm zu Babel, den Menschen haben sich der Verstand und die Sprache verwirrt und daraus hat sich eine ganze Kette von Unglücken entwickelt. Ich habe Janek nicht verstanden. Ehrlich hat mich nicht verstanden, meine Wohnung in der Podmiejska wurde ausgeraubt. Ausgeraubt wurde auch – von Franciszek – die Wohnung meines Schwagers. Das konnte auch das Todesurteil für meine Eltern bedeuten. Wovon sollten sie jetzt leben?

Vielleicht habe ich in diesem Augenblick aufgehört, an Gott und die historische Gerechtigkeit zu glauben. Was haben kleine jüdische Kinder verbrochen, daß sie auf so schändliche Weise umkommen mußten. Jetzt frage ich mich, ob ich nicht irgendwann durch irgendwas schuldig wurde, ob ich nicht diesen Turm zu Babel selbst verursacht habe.

Und tatsächlich habe ich gefehlt, obwohl keiner davon weiß, ich niemandem davon erzählt habe und niemand auf der Welt mich verraten kann. Wenn aber diese Memoiren ehrlich sein sollen, muß ich darüber schreiben. Also, am Tag der Aktion gab mir meine Schwester verschiedene Kleinigkeiten für ihren Mann Janek, darunter eine goldene Uhr und tausendfünfhundert Złoty. Ich hatte die Absicht, ihm alles sofort zu übergeben, aber es ergab sich, daß ich ihn ein paar Tage nicht sah.

Als ich Janek endlich traf, überraschte er mich mit der Nachricht von der geplanten Flucht nach Częstochowa. Außer dem Geld von meiner Schwester hatte ich nichts bei mir. Alles Bargeld nahm Anka mit nach Treblinka. Es versteht sich von selbst, daß ich nicht einmal ein paar Złoty von ihr wollte. Wie alle Polizisten wollte ich ihr alles lassen. Es wäre leicht gewesen, eineinhalbtausend Złoty aufzutreiben, sogar das Zehnfache. Man brauchte sich nur zu bükken und die Taschen der Getöteten zu durchsuchen, aber so etwas habe ich weder damals noch später getan.

Als Janek mich mit den Fluchtplänen nach Częstochowa überraschte hat, übergab ich ihm, von einem inneren Impuls getrieben, verschiedene Kleinigkeiten, darunter die goldene Uhr. Ich sagte aber nichts von dem Geld. Da ich mich retten wollte, habe ich es mir einfach angeeignet. Ich beschloß aber, es ihm jetzt zurückzugeben, ohne zu sagen wofür. Tatsächlich hat mich dieses Geld ruiniert. Wenn ich es nicht gehabt hätte, wäre ich nie auf die Idee gekommen nach Częstochowa zu fahren, ich wäre auch nicht zu Franciszek gegangen. Für mein kleines Vergehen habe ich hundertfach Strafe bezahlt, ganz zu schweigen davon, daß mich bis heute ein schlechtes Gewissen quält.

Nach all dem, was ich von Janek erfuhr, sah ich ein, daß ich zunächst das Mißverständnis mit Kronenberg klären mußte. Er glaubte mir oder auch nicht, jedenfalls wurde die Sache ausgeräumt. Das war die erste Etappe meines Aufenthaltes im verwaisten Ghetto nach der Aktion. Sie dauerte eine Woche. In den sieben Tagen lebte ich in Lethargie, unfähig, das Unglück zu begreifen, das mir widerfahren ist. Die einzige spürbare Empfindung war die panische Angst vor dem Tod. Danach ist mir bewußt geworden, daß ich meine Frau nie wiedersehen werde. Mittlerweile haben uns Nachrichten von den Exekutionen in Treblinka erreicht.

Ich verfiel in völlige Apathie. Meine Wohnung in der Podmiejska bewachte ich nicht, also wurde sie vollständig ausgeraubt. Ich wohnte im Gebäude des *Judenrates,* im Zimmer, das mir ein anderer Polizist, der Anwalt Sołowiejczyk, überließ. Ich hörte auf, über meine Rettung nachzudenken, weil ich einsah, daß sie unmöglich war. Das Boot der Vorsehung schaukelte mich auf stürmischen Wellen. Wohin? I welche Richtung? Man wußte es nicht. Mir fehlte die Energie, um das Steuer in eigene Hände zu nehmen. Schließlich hatte kein Jude die Möglichkeit, über sein eigenes Schicksal zu bestimmen. Ein schneller Strom und ein starker Wind schoben alle Juden vornehmlich in eine Richtung: nach Treblinka. Bestenfalls erwartete uns der Tod aus der Hand der Gendarmen.

Ganze Tage lag ich gedankenlos auf dem Bett, nachts ging ich zum Dienst im Kommissariat.

Ich werde mich bemühen zu beschreiben, was in anderen Ghettos passiert ist.

Die Aktion fand in Falenica am Donnerstag, dem 20. August statt. Die Deutschen begannen zur Abwechslung nicht um sieben Uhr morgens, sondern um drei Uhr nachts, als es noch dunkel war. Am gleichen Tag fand auch in Rembertów die Aktion statt, man versammelte dort die jüdische Bevölkerung und trieb sie wie Vieh zu Fuß nach Falenica. Dort wurden alle gemeinsam in die Waggons verladen. Viele Frauen, Kinder und schwächere Männer wurden unterwegs erschossen, weil sie nicht mithalten konnten. Oft stelle ich mir vor, wie das ausgesehen hat, dabei denke ich immer, daß es die glücklichen Juden waren, die eine Kugel bekommen haben.

Und was haben die Deutschen mit der jüdischen Polizei gemacht? Nun, das Selbstverständlichste der Welt, nachdem die Aktion beendet war und die Polizisten die Bevölkerung in die Waggons verladen hatten, wurden eben jene Polizisten auch verladen. Sie hatten die traurige Ehre, von den Deutschen eigenhändig in den Zug getrieben zu werden. Am Leben sind nur jene geblieben, die zufällig an der Schranke Dienst hatten – was mit ihnen später geschah, weiß ich nicht. Ich weiß aber, daß nicht nur sie übriggeblieben sind.

In Falenica existiert bis heute Najwerts Sägewerk. Es wird von den Deutschen kommissarisch geleitet. Dort arbeiten jüdische Arbeiter mit dem Besitzer an der Spitze. Diese Arbeiter wurden nicht abtransportiert, ganz im Gegenteil, man hat ihre Gruppe noch mit Juden verstärkt, die auf dem *Umschlagplatz* selektiert wurden.

Seht nur, Juden, wie die Deutschen Arbeiter und jüdische Fachkräfte ehren! Sei beruhigt, Najwert, seid beruhigt Sägewerksarbeiter! Deutsche Hände werden euch nichts Böses tun. Arbeitet und seid eures Lebens sicher.

Am gleichen Tag wurde die Aktion in unserer Stadt wiederholt. Vielleicht hat sich ein Teil der versteckten Juden selbst gestellt, jedenfalls schickte man unter der Eskorte der polnischen Polizei ein paar Hundert Personen weg, sie wurden zu denen in den Waggons aus Falenica geladen. Die Mütter fuhren mit dem Otwocker Transport, die Kinder einen Tag später mit dem Transport aus Falenica, die Väter zwei Tage später mit dem Transport aus Mińsk ab. Gibt es einen Unterschied? Allen Juden wurde ein *rendez-vous* außerhalb dieser Welt bestimmt. *Treblinka dort wo jeder Id hot sajn ort ...** Das sind die Worte des neuesten jüdischen Liedes.

Am Freitag, dem 21. August fand in Mińsk Mazowiecki die Aktion statt. Ja, in dem Mińsk, wo es so viele Szops gab, wo die Mehrzahl der Juden arbeitete, wo es so einen guten *Kreishauptmann* gab. Er war bei den Juden in ganz Polen bekannt: für ein paar läppische hundert Złoty gab er Bescheinigungen für zwei Personen aus, die zur Benutzung der Eisenbahnen im ganzen Generalgouvernement berechtigten. Dank dieser Passierscheine konnte sich so mancher Jude vor der Warschauer Aktion drücken. Ich erinnere mich noch an ein Gespräch mit Willendorf, etwa drei Wochen vor der Aktion in Mińsk.

– Abram — fragte ich — haben gewöhnliche Juden die Möglichkeit, sich vor einer Aktion zu retten?

– Selbstverständlich, Calel — antwortete er ohne zu zögern — diejenigen, die Geld besitzen, sollten sich in Mińsk einen Passierschein besorgen. Wenn in Otwock die Aktion beginnt, können sie das Ghetto verlassen und mit der Bahn nach Mińsk fahren. Ich denke, daß die jüdische Bevölkerung dort sicher sein wird, denn sie haben einen so guten Kreishauptmann.

Wie naiv klingen heute Willendorfs Ausführungen in meinen Ohren! Und doch dachte und redete so die Mehrheit der »klugen« Juden. Diejenigen, die sich Passierscheine besorgen und nach Mińsk fliehen konnten, wurden auch abtransportiert, nur ein paar Tage später. Diejenigen aber, die vor dem Tag der Aktion nicht fliehen konnten, versuchten ihre Haut zu retten, indem sie den Deutschen ihre Passierscheine zeigten. Die Deutschen respektierten sie und trieben die glücklichen Besitzer der Passierscheine nicht zu den Waggons, sondern ... erschossen sie sofort.

In dieser Woche fanden noch viele Aktionen in verschiedenen Städten des Generalgouvernements statt, danach hörten sie auf. Mein naiver Leser könnte fragen, ob es Zufall war. Ganz und gar nicht! Bei den Deutschen gibt es keine Zufälle. In der ersten Woche

---

* Treblinka, dort, wo jeder Jude seinen Bestimmungsort findet. (jiddisch)

der Aktion konnte die Nachricht davon, daß weder *Judenräte* noch Polizei noch Szops verschont werden, andere Städte nicht erreichen. Ihre Bevölkerung hatte ruhig die Aktion erwartet und dachte so, wie die Bewohner Otwocks vor der Aktion. In dieser Woche erreichten die Nachrichten vom Verlauf der Aktionen eine Stadt nach der anderen. Sie kamen zusammen mit den Ukrainern an.

Selbstverständlich war das zu spät, um irgendwelche Schlüsse zu ziehen. Später, als man bereits im ganzen Generalgouvernement davon wußte, daß ganze Städte in Treblinka verschwanden, setzten die Deutschen die Durchführung der Aktionen für eine Weile aus. Sie ließen es zu, daß sich neue Axiome in jüdischen Hirnen festsetzen konnten. Zum Beispiel solche, daß Częstochowa *kommt nicht in Betracht,* denn dort arbeiten schließlich alle in Waffenfabriken.

Mit einem Wort, eine glückliche Stadt! Das gleiche galt für Kraków. Schließlich werden sie nicht unter den Augen des Gouverneurs und der ausländischen Vertreter Juden morden. O nein! Das ist doch unmöglich.

Gleichermaßen sicher sind Kołbiel oder auch Sobinie. In diesen kleinen Ortschaften, nicht weit von Otwock, sind die Ghettos nicht einmal eingezäunt. Wenn dort Juden zusammen mit Polen leben, müßte man erst ein Ghetto einrichten, wollte man sie abtransportieren. Ja, dorthin kann man sich ruhig begeben.

Diese Überzeugung wurde dadurch untermauert, daß die Deutschen eine größere Gruppe Arrestanten, die im Otwocker Kommissariat versammelt wurde, nicht erschossen, sondern mit Lastwagen nach Kołbiel schickten. Auch in anderen, noch kleineren Ortschaften befahl man den Juden, nach Kołbiel umzusiedeln, es wurde ihnen sogar ermöglicht, ihre ganze bewegliche Habe mitzunehmen. Glückliches Kołbiel! Und Wołomin nicht?

Der Warschauer *Kreishauptmann* kam persönlich nach Otwock und händigte dem Arzt, Dr. Pomper, den die Deutschen nach der Aktion im Lager von Karczew untergebracht haben, einen Passierschein für Wołomin aus. Der Grund war angeblich, daß es im dortigen Ghetto keinen Chirurgen gab.

Wenn die Deutschen die Juden abtransportieren wollten, würde sich doch der *Kreishauptmann* nicht um den Gesundheitszustand der Bevölkerung sorgen. Nicht wahr?

Worum ging es den Deutschen wirklich? Ganz einfach um eine momentane Beruhigung der Ghettos, die man sich für später aufhob, damit sie möglichst viele Juden anzögen, die sich noch in verschiedenen Löchern versteckt hielten. Diese Städte spielten schlicht die Rolle des »Fliegenfängers«.

Bist du vor der Otwocker Aktion geflohen, Jude, bist du vom Waggon des Mińsker Transportes gesprungen, lauf weiter, in Częstochowa fällst du herein und wenn nicht dort, dann in Kraków.

Ich kannte Juden, die sich aus fünf Städten gerettet haben. Es gelang ihnen, sich rechtzeitig zu verstecken oder sogar mehrfach vom Waggon zu springen, letztlich aber trafen sie doch … in Treblinka ein. Das Vorgehen der Deutschen wird mir jetzt klar, aber damals hat kaum jemand verstanden, kaum jemandem ist es bewußt gewesen, daß ein unwiderrufliches Urteil über alle gefallen ist.

Viele reiche Juden aus Otwock retteten sich am Tag der Aktion, weil sie sich in Kellern versteckten. Die meisten hatten Verwandte oder Söhne bei der Polizei, die ihnen in den ersten Tagen das Essen brachten. Später fragten alle, was weiter zu tun wäre. Die gleiche Frage stellten sich auch die Polizisten aus Otwock. Sie dachten darüber nach, ob sie im Ghetto bleiben und später ins Lager fahren oder besser fliehen sollten. Und wenn fliehen, dann wohin und wann? Wird die Gendarmerie eines Tages auch uns umbringen? Während der fünf Wochen in Otwock kannten wir weder Tag noch Stunde.

Die Einschätzung der eigenen Chancen hing für jeden vom Energiepotential, von den finanziellen Möglichkeiten und vornehmlich davon ab, ob die eigene Familie gerettet wurde oder nicht. Ich betone, daß die Schlüsse mehr von der Energie, weniger von der Intelligenz abhingen. Es kam nämlich eine Zeit, da alle gleich dumm aussahen.

Wieviele gerettete Angehörige gab es überhaupt? Fünfundsiebzig Prozent verloren ihre Ehefrauen am ersten Tag der Aktion. Zehn Prozent von ihnen hätten sich vielleicht retten können. Ich denke dabei an Frauen wie meine, gut aussehend, elegant im Umgang und in der Kleidung, mit finanziellen Möglichkeiten und mit polnischen Bekannten. Nur solche hätten als Polinnen im polnischen Stadtviertel bestehen können. Andere waren von vornherein verloren.

Die Mehrzahl derer, die ihre Frauen verloren haben, verlor auch ihre Energie und den Willen zum Leben. Sie hatten nicht den Mut, Selbstmord zu begehen, aber sie ließen sich treiben, kümmerten sich um nichts, ergaben sich in ihr Schicksal. Es gab auch andere, wenn auch wenige, die recht schnell den Verlust ihrer Frauen verschmerzt haben. Mit unerschütterlichem Glauben schauten sie in die Zukunft, bereiteten sich fürs Lager vor, und in der Zwischenzeit »machten« sie Geld, aßen, tranken und versagten sich nichts. Im Allgemeinen waren es Menschen aus niederen gesellschaftlichen Schichten. Man sollte wissen, daß die jüdische Polizei genauso viele Dozenten, Ärzte und Ingenieure in ihren Reihen hatte wie Analphabeten.

Man muß auch über die reden, deren Frauen sich retten konnten. Polizisten aus kaufmännischen Kreisen brachten ihre Frauen noch während der Aktion in Sicherheit, denn sie wußten, daß bei der Selektion niemand mit ihnen rechnen würde. Einem von ihnen, dem Schreiner Kuc, einem ziemlich einfältigen Burschen, gelang das tollste Kunststück. Am Tage der Aktion bewachte er den Schlagbaum an der Wawerska-Straße und brachte dort, ganz einfach, Frau und Sohn im Polizeihäuschen unter. Ukrainer gingen vorbei, SS-Männer gingen vorbei, obwohl sie eine Frau mit Kind sahen, befahlen sie ihr nicht, in die Reihe zu gehen. Sollte man also ein kluger oder gebildeter Mensch sein, oder besser nur ein Quentchen Glück haben?

Polizisten, die in den ersten zwei Wochen ihre Sachen verkauften, verkauften auch fremde Sachen, gruben sie ihr eigenes Geld aus, gruben sie auch durch andere vergrabenes Geld aus, und eines schönen Tages verschwanden sie vom Otwocker Horizont. Ein Teil floh nach Kołbiel, ein Teil nach Kosów. Das war ein Städtchen bei Treblinka, wo die Familien Rykners und der anderen Männer aus Otwock wohnten, die in Treblinka I arbeiteten.

Reiche Polizisten aus besseren Kreisen beabsichtigten, mit ihren Familien nach Częstochowa oder Kraków zu fliehen. Sie mieteten bei deutschen Firmen für kolossale Summen, wirklich hunderttausende Złoty, Lastwagen, die sie dorthin brachten. Auch Kronenberg und Ehrlich hatten anfangs die Absicht, nach Częstochowa zu fahren. Am verabredeten Tag fuhren sie meinetwegen nicht ab, später änderten sie ihre Absicht und blieben in Otwock. Auf diese Weise floh Rynaldo, einer der begabtesten Schieber in den Reihen der Otwocker Polizei, aber auch ein Mensch, der bei der Warschauer Aktion Hunderten das Leben rettete.

Es gelang ihm, weil er über einen Passierschein verfügte, ausgestellt durch die Feldgendarmerie. Er benutzte ihn und fuhr Juden unter dem Vorwand, verschiedene Ermittlungen zu betreiben, aus Warschau heraus. Auf diese Weise rettete er zum Beispiel die Tochter von Sławin, indem er sie den Gendarmen als eine wegen *Rassenschande* Angeklagte vorstellte. Rynaldo war auf seine Art ein Genie, freilich ein Genie in Kriegszeiten.

So wie Rynaldo floh auch die Familie von Ehrlichs Bruder, Familie Cwerner, Klajner, Holcman und Rubin. Einige besaßen, ich habe es selbst gesehen, Freifahrtscheine nach Kraków, für viel Geld vom Warschauer *Kreishauptmann* ausgestellt. Meist jedoch flohen sie auf Lastwagen. Es gab Fälle, daß jemand am Abend in den Wagen stieg, voller Hoffnung auf ein sicheres Leben am neuen Ort und am Morgen, ohne Geld und ohne Sachen, froh sein mußte, wieder in seinem alten Versteck in Otwock zu sein. Die Lastwagenfahrer bestellten *Volksdeutsche,* die unterwegs die Wagen anhielten, die Juden ausraubten und sie aus dem Wagen warfen.

Wenn sich meine Frau hätte retten können, wäre ich wahrscheinlich nach Częstochowa geflohen. Oder hätte ich sie im polnischen Stadtviertel untergebracht? *Qui le sait?* Es gab nämlich eine kleine Gruppe Polizisten, die zusammen mit ihren Frauen diesen richtigen und letztlich einzigen Weg der Rettung wählten. Sie bereiteten Papiere vor, häuften Bargeld an und nahmen Wohnsitz im polnischen Stadtviertel.

Wahr ist auch, daß es Intellektuelle waren, mit gutem arischen Aussehen, die auch andere Möglichkeiten hatten.

Wo seid ihr, Doktoren Feldhof, Kaduszyn, Tinder, Zajnkram? Lebt ihr noch? Ich möchte daran glauben, daß es wenigstens euch gelungen ist, daß wenigstens ihr den Krieg überlebt. Aber warum nur habt ihr, Tinder und Zajnkram, eure Schwägerinnen und die weitläufige Familie nach Częstochowa geschickt? Habt ihr es unwissentlich gemacht oder wolltet ihr zusätzliche Last loswerden … Ich kenne euch, das war Unentschlossenheit, Unsicherheit darüber, welche Lösung die beste sei. Ihr habt es im guten Glauben getan. Möge euch Gott vergeben und euch helfen.

In jener Zeit gab es keinen Polizisten, der aus dem Ghetto geflohen wäre, um sich im polnischen Stadtviertel anzumelden. Die meisten Polen wollten davon nichts hören und diejenigen, die zur Aufnahme bereit waren, blieben unbekannt. An die zehn Polizisten, Fachleute, Schreiner, Schneider meldeten sich bei der Gendarmerie in Rembertów für den Arbeitseinsatz an. Sie meinten, es gäbe keinen sichereren Ort als die Höhle des Löwen. Weil die Zahl der benötigten Arbeiter begrenzt war, stritten sie um die Plätze. Und so schmolz von Tag zu Tag die Zahl der Polizisten. An ihre Stellen traten andere junge Juden, meist Brüder oder Verwandte der Geflüchteten. Sie bekamen deren Armbinden und begannen mit der Arbeit. Der Kommandant der jüdischen Polizei Kronenberg hinderte niemanden an der Flucht, er verlangte lediglich, daß Armbinde und Mütze zurückgelassen werden, es gab keinen Mangel an neuen Kandidaten. All das geschah natürlich ohne Wissen der Gendarmerie. Entgegen Lipszers Spruch »schlief der Verräter« und niemand trug es der Gendarmerie zu. Aber schlief der Verräter wirklich?

Eines Tages benachrichtigte Kuca, die Sekretärin des Gendarmeriekommandanten Schlicht, unseren Kommandanten Kronenberg davon, daß bei ihr ein jüdischer Polizist aufgetaucht sei, der für einen Passierschein nach Warschau die versteckten Polizistenfrauen verraten möchte. Kuca, der Kronenberg drei Jahre lang teure Geschenke auf Kosten des Judenrates geschickt hat, bedankte sich mit dem Hinweis auf den Verrat aus unseren Reihen. Alle fragten sich, wer das getan haben könnte. Ich erfuhr, daß der Verdacht auf mich fiel. Ich war empört, denn ich habe nie aus eigener Initiative mit den Deutschen gesprochen. Bald jedoch klärte sich die Sache auf.

Ich erfuhr, daß Christian Herzig, geblendet vom Trugbild des Passierscheins, der ihm übrigens nichts genützt hätte, seine Kollegen verraten hat. Der Sproß einer der vermögendsten und einflußreichsten jüdischen Familien in Polen, ein ausgebildeter Ingenieur, ledig, ein Mensch, der während der Aktion niemanden verloren hat, seine ganze Familie hat sich rechtzeitig retten können. Er wagte so etwas. Ich weiß noch, wie man ihn zu Kronenberg führte, der ihm befahl, die Mütze auszuziehen und ihn dann fragte, ob er mit Kuca gesprochen habe oder nicht.

– Sagen Sie die Wahrheit, denn Sie stehen bereits so gut wie vor dem Herren.

Herzig stritt vorerst alles ab, später gestand er dann. Er wollte fliehen, aber die anwesenden Polizisten schnappten ihn. Kronenberg schlug als erster zu, später machten andere mit. Es fehlte nicht viel, und sie hätten ihn gelyncht. Ich rührte ihn nicht an, obwohl ich fand, er hätte den schlimmsten Tod verdient. Und ich war nicht der einzige, der so dachte. Am Abend kam dann ein Feldgendarm zum Kommissariat, auf Kronenbergs Befehl wurde Herzig hinausgeführt und sofort erschossen. Vor seinem Tod schrie Herzig:

– Wieso bringt ihr mich um, ich bin doch kein schäbiger Jude, sondern Christ!

Tatsächlich war er ein getaufter Jude, wie seine ganze Familie. Seine Rufe haben ihm nichts geholfen, er lebte wie ein Verräter und starb wie ein elender Verräter.

Aus der ganzen Erzählung könnte man den Eindruck gewinnen, wir hätten keine Angst vor der Gendarmerie, und diese hätte keine Ahnung von den Vorgängen im Ghetto. So war das aber nicht. Wenn es um die Vertretung geflohener Polizisten durch andere Juden ging, mußte Kronenberg so handeln. Andernfalls wäre herausgekommen, daß Polizisten fliehen. Und man hätte ihn dafür bestraft. Da die Deutschen nur die Gesamtzahl der Polizisten kannten, und keine Namenlisten geführt wurden, konnte man mit geringem Risiko neue Leute aufnehmen.

Grundsätzlich herrschte unter uns panische Angst vor jedem uniformierten Deutschen, vor der Losung: *der ferater szlaft nicht.* Man übergab den Gendarmen riesige Geldsummen und Gold, das Polizisten bei Leichen fanden oder von Juden bekamen, die im Angesicht des Todes standen. Das Gold verbrannte die Hände der meisten Polizisten, sie hatten nicht nur Angst es anzufassen, sie hatten auch Angst vor ihren eigenen Schatten.

Dafür gab es auch wirkliche Gründe. Alle paar Tage, meist zweimal die Woche, kam die Gendarmerie aus Rembertów mit Lipszer an der Spitze nach Otwock, und zusammen mit der polnischen Polizei durchsuchte sie Wohnungen. Was geschah mit den Juden, die sie fanden? Ein Teil wurde sofort umgebracht, einige wurden arretiert. Bis zur Exekution wurden sie von jüdischen Polizisten bewacht. Nach einigen Tagen im Versteck, meldete sich ein großer Teil der Juden von selbst. Sie suchten nach jüdischen Polizisten, damit diese sie zum Kommissariat brachten. Die naiven Juden konnten sich nicht vorstellen, daß sie erschossen werden, obwohl sie sich freiwillig stellten.

An solchen Aktionen nahmen auch Polen teil, die einen Passierschein für das Ghetto hatten. Vor allem neu ernannte Aufseher fingen Juden ein und brachten sie zum Kommissariat. Selbstverständlich vergaßen sie nicht, ihnen alles Geld wegzunehmen. Sie durchsuchten die Taschen der Gefangenen, rissen sogar die Mieder der Frauen auf und nörgelten dabei:

– Wo ist euer Geld? Gebt her, denn die Deutschen nehmen es sowieso!

Gibt es einen Menschen, der imstande wäre zu beschreiben, was Juden durchmachen mußten, bevor sie erschossen wurden? Es ist schwer vorstellbar! Einen Teil des Ghettos bewohnten bereits Polen. Frauen räumten in Wohnungen auf, in denen die noch nicht erkalteten Körper der Hausherren lagen. Andere schälten Kartoffeln vor den Häusern.

Die Juden mußten das alles mit ansehen, das war das letzte Bild, das sich ihnen vor dem Tode einprägte. Ihre polnischen Mitbürger begannen ein neues Leben in ihren Wohnungen, beerbten ihr Vermögen, während sie selbst, die schon entstehende neue Welt vor Augen, auf den Tod warteten. Schließlich waren sie Juden – nicht wahr? Sie mußten sich also zu einem bestimmten Zeitpunkt auf den Bauch legen und auf die »erlösende« Kugel warten, die ihren schmerzerfüllten Herzen Ruhe brachte.

Wie verliefen Massenhinrichtungen? Alle paar Tage, wenn im Arrest einige hundert Personen zusammengekommen sind, fuhren zehn Gendarmen in Begleitung der polnischen Polizei heran. Vorher holte man jüdische Arbeiter aus dem Konzentrationslager. Sie bereiteten große Massengräber vor, meist auf dem Platz bei der Reymont-Straße. Dort fanden etwa zweitausend Menschen ihre letzte Ruhestätte. In Otwock wurde auch in der Nähe des Sanatoriums Marpe begraben. Einzelne Gräber befanden sich in ausnahmslos jedem Luftschutzgraben auf dem Gebiet des ehemaligen Ghettos. Wir dürfen nicht vergessen, daß in Otwock an die viertausend Juden erschossen wurden. Ich weiß es, weil ich Augenzeuge bin.

In der Nacht vor der Hinrichtung bewachten wir, jüdische Polizisten, unsere jüdischen Mitbrüder. Wir wußten, daß sie am nächsten Tag erschossen werden, die Verurteilten wußten es auch. Soll ich diese Nächte beschreiben? Ich werde sie auch so nie vergessen. Ich sehe einen kleinen Platz vor dem Gefängnis, mit Maschendraht eingezäunt und dahinter dicht gedrängt auf der Erde einige hundert Personen. Da sitzen Männer, Frauen und Kinder – alles nähere oder weitere Bekannte seit Kindertagen.

Ich schrieb, daß wir sie bewachten, aber das stimmt nicht. Niemand zählte sie, so daß die meisten ruhig nach Kołbiel hätten fliehen können oder wohin sonst ihre Beine sie getragen hätten. Obwohl niemand sie daran gehindert hätte, floh doch kaum jemand. Die Juden waren seelisch wie körperlich gebrochen, vor allem seelisch. Die Mehrzahl hatte den Lebenswillen verloren. Ich habe viele Nächte hinter mir, die ich bei meinen jüdischen Brüdern verbrachte. Ich erlebte sie auf dreifache Weise: als Jude, als Mensch und als Tier, das vom Selbsterhaltungstrieb gelenkt wird. Diese drei Wesen verband die Angst vor dem Tod. Denn auch wir waren nie sicher, daß wir nicht am nächsten Tag erschossen werden. Wir flohen jedoch nicht, warum soll man sich über die übrigen Juden wundern!

Alle verbrachten wir die Nächte weinend. Die Verurteilten weinten, ihre Bewacher weinten. Einige klagten laut, erinnerten Gott an alle ihre guten Taten, sie zeigten auf ihre kleinen Kinder und fragten Gott, ob er seine Gnade für diese Wesen vergessen habe.

Andere zürnten Gott, sie verlachten die Juden, die die ganze Nacht mit dem Tallith[24] bekleidet Psalmen sangen und für die Toten beteten.

In einem Anfall von Wahnsinn spotteten andere über sich selbst. Sie verhöhnten ihre Mühen und Anstrengungen, um besser leben zu können, sich zu bereichern, noch ein Haus in Otwock zu bauen …

Die Ärmeren konnten es sich nicht verzeihen, daß sie sich in den drei Kriegsjahren alles versagt haben, sie aßen nur trockene Kartoffeln, um ja nicht alle Vorräte aufzubrauchen. Jetzt wurden sie sogar noch von irgendjemandem beerbt.

Je weiter die nächtlichen Stunden vorausschritten, umso stärker wurden die Gebete, das Weinen und das wilde, unbändige Gelächter. *Id clamor caelo!** Aber was ist los in diesem Himmel? Gibt es einen Gott? Existiert irgendeine höhere Gerechtigkeit, die diese Welt regiert? Warum schweigt sie? Warum fallen keine Blitze vom Himmel? Warum tut sich die Erde nicht auf, um die Henker und Mörder der Kinder, Frauen und Greise zu verschlingen?

Als die Verurteilten weinten, weinte ich mit ihnen, als sie beteten, betete ich mit ihnen. So wie die anderen Polizisten-Aufseher nahm ich die bekannten Psalmen auf. Manchmal unterbrach ich mittendrin, von einem plötzlichen Gedanken berührt. Warum tue ich das – fragte ich mich selber –, gibt es überhaupt jemanden zum Anbeten?

Manchmal fiel ich in Halbschlaf, und mir kam es so vor, als säße ich im Kino bei einem schrecklichen Tonfilm, der das Blut in den Adern gefrieren läßt.

Als die Schreie lauter wurden, wachte ich auf und schaute mich um. Rings um mich sah ich in der Dunkelheit der Nacht die Schatten weinender Menschen, die ihre eigenen Kinder an sich drückten. Was geschah mit den Kindern in jenen verfluchten Nächten?

Ich sah kein Kind im Alter zwischen zwei und zehn Jahren, das laut geweint hätte. Meist schmiegten sie sich an ihre Eltern, nörgelten nicht, verlangten nicht mal nach Essen. Wurden sie von dem Geist der Resignation oder der Weisheit des Alters ergriffen. Waren es Kinder oder hundertjährige Zwerge?

Ich erinnere mich an ein kleines Mädchen, meiner kleinen Tochter ähnlich. Eingenommen durch ihr Aussehen, vor allem aber durch die Ähnlichkeit mit meiner Aluśka, nahm ich sie von der Mutter zu mir, auf die andere Seite des Zaunes. Ich nahm sie auf den Schoß, drückte sie an mich und so überdauerten wir die Nacht. Als ich hörte, wie die Gendarmerie herankam, verstand ich, daß ich mich von ihr trennen mußte. Mein Schützling – ich kenne nicht einmal ihren Namen – fing dann laut zu weinen an und wollte auf gar keinen Fall

* Es schreit zum Himmel! (lat.)

zurück zur Mutter. Sie spürte, daß sie auf der anderen Seite des Zauns der Tod erwartete. Mit ihren Ärmchen umfaßte sie meinen Hals, mit Gewalt mußte ich sie lösen. Während ich sie der Mutter übergab, fühlte ich mich so, als würde ich dieses Kind eigenhändig umbringen.

Ihre Stimme höre ich heute noch.

Die Gendarmerie erschien für gewöhnlich gegen acht Uhr. In der Zeit zwischen Sonnenaufgang und ihrer Ankunft verschwand die Mehrheit der Polizisten unter irgendeinem Vorwand. Es war besser, dann nicht in der Nähe der Verurteilten zu sein. Und wenn den Gendarmen irgend etwas nicht gefällt und sie auch die Polizisten erschießen? Vor Ort blieben nur die, die mußten – also diejenigen, die Arrestdienst hatten.

Die Ankunft der Gendarmen bedeutet noch nicht den Beginn der Hinrichtung. Vorher fand noch eine Razzia statt. Die Deutschen, assistiert von polnischer Polizei, durchsuchten jedesmal andere Wohnungen. Immer wieder fielen Schüsse.

Oh, wir alle wissen, daß in Märchen und in Büchern für brave Kinder etwas über Schüsse in die Luft steht, oder davon, daß man einen verwundeten Feind nicht töten, einen Todkranken nicht erschießen darf. Ein einzelner Schuß bedeutet den Tod eines Menschen, eine Salve – den Tod von zehn Menschen, ein nachfolgender einzelner Schuß zeigt an, daß sie jemandem den Fangschuß gaben. Das kam aber selten vor, die Henker hatten zu viel Erfahrung, um aus einem oder zwei Metern Entfernung nicht zu treffen.

Ich hörte die Schüsse, während ich vor dem Arrest stand. Ich durfte nicht weinen – sie könnten es bemerken. Nach jedem Schuß stellte ich mir die Frage, ob sie Tante Góralska und ihren Sohn Mulik geschnappt haben, ob gerade dieser Schuß das Band ihres Lebens zerschnitt. Ich tröstete mich damit, daß man sie vielleicht nicht findet. Es ist zum Verrücktwerden!

Für uns, die Aufseher, die Helfer der Henker unserer Brüder, begann die Hölle. In der Nacht versuchten die Juden nicht zu fliehen, obwohl sie genau wußten, was ihnen der Morgen bringen wird. Von Zeit zu Zeit nur huschte ein Schatten vor den Augen, das waren vereinzelte Flüchtlinge, die durch Löcher in der Umzäunung schlüpften. Gewöhnlich waren es nicht mehr als fünf, vielleicht zehn. Mit dem Beginn der Morgendämmerung, als es im ganzen Ghetto von Gendarmerie nur so wimmelte, bekamen die Verurteilten neue Kräfte. Alle wollten fliehen. Gewiß war das aus psychologischer Sicht eine völlig verständliche Erscheinung, wir aber hatten eine andere, eine eigene Sicht. Was sollten wir denn tun, wir, die Opfer der eigenen Niedertracht? Sollten wir die Fluchtversuche gestatten? Sie waren von vornherein zum Scheitern verurteilt, und für uns bedeuteten sie das Todesurteil.

Ich weiß genau, daß es eine einfache Entschuldigung gibt. Ich könnte sagen, daß ich nicht alleine im Dienst war, denn zum Arrestdienst waren mindestens drei Polizisten eingeteilt. Das wäre aber nichts als eine Entschuldigung, ich aber wollte diese Memoiren schreiben, nicht um mich zu entschuldigen, sondern um von der Wahrheit Zeugnis abzulegen. Deshalb schreibe ich auch nichts darüber, daß es tatsächlich jüdische Polizisten gab, die erstaunlicherweise den übrigen Juden gegenüber feindlich gesonnen waren.

Ich weiß nicht, wie die Polizisten eingestellt waren, denen es gelang, ihre Frauen zu retten.

Ihnen brannte der Boden unter den Füßen, sie dachten nur an Flucht. Die übrigen bildeten zwei Gruppen. Die einen, deren Herzen durch die Leiden veredelt wurden, hatten Mitleid mit allen Juden und halfen allen selbstlos. Die anderen, durch Leiden verbittert, suchten und fanden Trost im fremden Unglück. Ich erinnere mich an den Anwalt Sołowiejczyk, der, ansonsten ein anständiger Mensch, mit den weinenden Juden kein Fünkchen Mitleid besaß.

– Unsere Frauen — sagte er zu ihnen — mußten sterben, warum ihr nicht?

Meine Einwände halfen nicht.

– Die anderen Juden — sagte ich wiederholt — sind nicht schuld daran, daß Sie Ihre eigene Frau auf den Platz brachten.

Er antwortete mir nie, sondern drohte den Verurteilten um so lauter.

Als ich einmal Dienst hatte, befanden sich im Arrest etwa zehn Personen, über diese Zahl wurde Gendarm Schlicht informiert. In den frühen Morgenstunden bat ich einen der Arbeiter, einen gewissen Karczewski, er möge sie bewachen und ging selbst frühstücken.

Die Verurteilten erbaten bei ihm etwas zu trinken, also ging er Wasser holen und ließ den Arrest offen. Die alte Krochmalnik benutzte diese Gelegenheit zur Flucht. Als Karczewski das bemerkte, löste er Alarm aus. Ich kam sofort angerannt, Sołowiejczyk auch. Diese Flucht hat uns nicht sonderlich aufgeregt. Sie ist geflohen? Schicksal, wohl bekomm's. So Gott will, wird es keinen Ärger geben. Eine halbe Stunde später tauchten zwei polnische Bewacher mit der Krochmalnik in ihrer Mitte auf. Sie schnappten sie an der Ghettogrenze und taten ihre »patriotische Pflicht«. Als Sołowiejczyk die Krochmalnik bemerkte, stürzte er sich auf sie und schlug sie fluchend immer wieder ins Gesicht. Damals gingen mir die Augen auf und die Wahrheit blendete mich fast. Armes Judenvolk! Du wurdest dazu verurteilt, durch deine Feinde, die Deutschen, durch deine Freunde, die Polen, durch deine entarteten jüdischen Söhne und Brüder vernichtet zu werden.

Die schlimmste Stunde nahte, wenn ich zusammen mit den Kollegen dem Rettungswillen der anderen Juden entgegenwirken mußte. Schlimmer konnte es nicht mehr werden, ich fühlte, wie mein Herz in Stücke gerissen wurde. Deshalb begrüßte ich mit großer Erleichterung die Ankunft des ersten Gendarmen. Endlich hatten wenigstens meine Qualen ein Ende.

Eine andere Sache war es, daß der erste Gendarm gar nicht kam, um das Urteil zu vollstrecken. Er entfernte sich von der Razzia, nicht weil ihm sein Gewissen das Töten unschuldiger Menschen verbieten würde, sondern weil ein einträgliches Geschäft winkte. Geld, das bei den Leichen gefunden wurde, ging in den allgemeinen Fonds, wollte sich aber so ein Herr bereichern, erschien er vor dem Arrest und verkündete den Verurteilten:

– *Alles Geld, Geld mysen zi awegeben azynt werd ir derszosyn.**
Das magische Wort *derszosyn,* als würden sie in einer Stunde nicht sowieso umgebracht werden.

Magisch, weil alle zu ihm eilten, um ihr ganzes Geld abzugeben, sie sagten, sie seien bereit, achtzehn Stunden am Tag zu arbeiten, damit sie nur nicht umgebracht werden. Sie sagen zu ihm: *Unser Gott,* vielleicht hatten sie auch recht, denn er verfügte über ihr Leben. Der Gendarm hörte sich das alles an, drängte zur Eile, schaute sich besorgt um, ob ihn seine Kollegen nicht bemerkt haben und verschwand schnell.

* Eigentlich: Alles Geld müssen Sie abgeben, sonst werden Sie erschossen.

Eine Viertelstunde später erschien der Zweite, dann der Dritte und die Tragikomödie ging weiter, bis die Razzia zu Ende war. Als alle Gendarmen im Kommissariat versammelt waren, war klar, daß sie in Kürze die Juden zu ihrer Ruhestätte führen werden – selbstverständlich zu der ewigen. Ich war nach Kräften bemüht, bei den Hinrichtungen nicht dabei zu sein. Meist gelang es mir, weil ich die ganze Nacht Dienst hatte und morgens entlassen wurde. Dennoch habe ich gesehen, wie so eine Hinrichtung vor sich ging; sie waren alle einander ähnlich. Vom frühen Morgen gruben jüdische Arbeiter aus dem Konzentrationslager ein Massengrab. Vor der Grube ließen sie etwas Sand liegen. Es entstand ein Erdwall, an den zehn Juden herangingen. Die Menschen legten sich bäuchlings auf die Erde, so daß der Nacken deutlich höher lag als der Kopf. Zehn Gendarmen, die bis dahin mit dem Rücken nach vorn standen, drehten sich auf den Befehl eines von ihnen um, zielten – und eine Salve fiel. Wenn sie nicht auf den Nacken zielten, sondern auf den Kopf, dann kam es vor, daß wir Stücke verspritzter Hirne in einer Entfernung bis zu zwanzig Schritten fanden. Wer sich noch bewegte, wurde mit einzelnen Schüssen fertig gemacht.

Nach jeder Salve gingen die an der Seite stehenden jüdischen Arbeiter zu den Getöteten, durchsuchten die Taschen und warfen schnell die noch warmen Leichen in den Graben. Der Platz wurde frei, die nächsten Zehn konnten kommen. Das Ganze fand vor den Augen der nächsten Zehnergruppen von Verurteilten statt und vor den Augen der jüdischen Arbeiter. Nicht einer von ihnen warf danach eigenhändig den erkaltenden Leichnam seiner Frau, seiner Mutter oder der Kinder in die Grube. Keiner hat jemals zu erkennen gegeben, daß er den Leichnam seiner Nächsten fand. Alle bewegten sich während der Hinrichtung wie aufgezogene Automaten. Das Grauen der Situation und die panische Angst machen aus ihnen teilnahmslose Automaten.

Die Behauptung der medizinischen Welt, das Herz sei eine Kammer aus zartem Gewebe, das dem Leidensdruck oder der Aufregung manchmal nicht standhält und zerplatzt, kommt mir wie ein Märchen vor. Heutzutage würde ich den Konstrukteuren von Jagdflugzeugen empfehlen, diese aus Herzgewebe zu bauen; es zerplatzt bestimmt nicht und ist zäher als Stahl. Derweil ging eine Zehnergruppe Juden nach der anderen in den Tod. Sie gingen teilnahmslos, langsam, aneinander geschmiegt, Frauen an ihre Männer gelehnt, die älteren Kinder den Rockschoß der Mutter haltend, die kleineren Kinder auf dem Arm der Eltern.

Jeder Zoll des Bodens war mit Tränen benetzt, Tränen des Schmerzes, Tränen der Angst, Tränen der Resignation, aber niemals Tränen der Auflehnung.

Die Deutschen standen ruhig da, fächerten sich Luft mit den Helmen zu, sie waren verschwitzt – die Tage waren warm und schwül. Sie führten ihre »Arbeit« automatisch aus. Ziel! Feuer! Ziel! Feuer! Was macht es für einen Unterschied, ob es der Kopf eines Greises, eines Mannes oder eines kleinen Kindes ist. Ziel! Feuer! Ziel! Feuer! Jede Kugel bringt Erlösung und Freiheit. Für das große Deutschland, fürs *Vaterland*! Ach, wieviele verfluchte Juden gibt es denn noch? Sie vermehren sich wie Ungeziefer, das man vollständig ausrotten muß, um die uralte europäische Kultur zu retten.

Jede Kugel erlaubt, munter in den Besitz jüdischen Goldes zu kommen, das dann den Kindern ein Leben im Luxus ermöglicht. Ziel! Feuer! Ziel! Feuer! ...

Wie reagierten die Juden im letzten Augenblick ihres Lebens? Sie blickten auf einen schönen Augusttag im Kurort Otwock. Vor dem Kommissariat, nicht weit vom Arrest entfernt, stand eine Gruppe Polen. Unter ihnen der städtische Arzt, Dr. Mierosławski (interessant, warum er herkam, etwa um den »ordnungsgemäßen« Tod der Opfer festzustellen?). Anwesend waren auch Verwalter und Beamtinnen der Kriminalpolizei, gekleidet in luftige Kleider mit weißen Hüten, mit großen Umhängetaschen über den Schultern. Das war der letzte Modeschrei, sogenannte Berlinerinnen. Lächelnde, fröhliche Gesichter. Ein lautes Gespräch fand statt, man flirtete im guten Ton – vergessen wir nicht, daß wir uns unter der Intelligenz befinden. Die Polen waren mit dem schönen Wetter zufrieden, sie waren ausgeschlafen, hatten gute Laune und waren bereit, den Menschen alles zu vergeben, sie nahmen den Juden nicht mal ihr Weinen vor dem Tode übel.

Und wie reagierten die Verurteilten in den letzten Augenblicken ihres Lebens. Die Juden hatten einen schlechteren Charakter als die Polen. Wenn sie durch den Maschendraht in ihre Gesichter schau-

119

ten, hatten sie wahrscheinlich ein viel zu böses Lächeln. Sie wollen es nicht sehen, wandten den Kopf ab.

Da bemerkten sie in der Ferne, hinter dem Schlagbaum, die neugierigen Gesichter der Polen, die keinen Zutritt zum Ghetto hatten, aber gerne sehen wollten, wie die Juden in den Tod geführt wurden. Die Verurteilten wandten erneut die Köpfe ab. Sie sahen dann ihre Wohnungen, die von anderen Polen besetzt wurden, sie sahen Polinnen, die vor den Häusern Kartoffeln schälten, sie sahen neue häusliche Feuerstellen, die auf den Ruinen ihrer Habe entstanden. Sie lenkten den Blick zum Himmel. Dort sahen sie wenigstens nichts. Wenn es einen Gott gibt, der schweigt, dann sollen ihn wenigstens ihre Flüche erreichen.

– Du hast uns unter den Völkern auserwählt, du hast uns geheiligt.[25]
– Was kann mir der Mensch antun, wenn Gott bei mir ist.[26]
– In jeder Generation trachtet man uns nach dem Leben, aber Gott, geheiligt werde sein Name, rettet uns aus der Hand des Feindes.[27]
So beteten Generationen von Juden seit Anbeginn der Welt. Mit welch bitterer Ironie mußten sich viele Verurteilte an ihre eigenen Gebete erinnern ...

Die Juden drängelten am Tor, sie wollten so schnell wie möglich zum Ort der Hinrichtung, jede Minute war kostbar. Schneller! Schneller! Sie liefen fast, warfen sich auf die Erde, mochte sie die erlösende Kugel treffen, das schmerzerfüllte Herz beruhigen.

Für die einen ist der Tod die Erlösung. Andere zögerten, wollten als letzte hinausgehen. Die einen, weil sie noch beten wollten, die anderen, weil sie immer noch hofften, auf ein Wunder warteten. Auf keinen Fall wollten sie durch das Tor in der Umzäunung des Arrestes. Selbst im letzten Augenblick gingen sie auf die Toilette, man mußte sie dort mit Gewalt herausholen. Die polnische Polizei richtete ihre Gewehre auf sie.

– Gehst du? Sonst wirst du erschossen!
Nach dem Vorbild der Deutschen lernten sie, mit dem sofortigen Tod zu drohen. Jede Weile hörte ich die Stimmen:

– Gib das Geld her, sonst – *werst du derszosen*.
– Mit dem Bauch auf die Erde legen, sonst *werst du derszosen*.
Wenn du schon liegst, dann in Ordnung. Ziel! Schuß! Ziel! Schuß!
Es gab keinen Juden, der vor dem Tod seine Henker verflucht hätte.

Alle waren sie passiv, resigniert, ohne Hoffnung, und das Schlimmste, alle waren sie beherrscht von dem einen Gedanken – man möge sie vor der Erschießung nicht auch noch quälen.

Ich erinnere noch den Tod der Mokotowska und ihrer Schwägerin, zwei hübscher, junger Frauen, wie aus Milch und Blut. Die Gendarmen fanden sie im Keller, raubten ihr Gold und scheuchten sie zum Arrest. Einer der jüdischen Polizisten ging mit ihnen zurück zu dem Keller, um die dort verborgenen Dollars zu holen. Ein polnischer Polizist entdeckte sie und nahm ihnen alles weg. Am Vortag der Hinrichtung saßen die beiden Frauen völlig ruhig vor dem Kommissariat und unterhielten sich mit dem Polizisten, wo sie doch alle alte Bekannte waren. Die Familie Mokotowski zählte zu den reichsten und bekanntesten in Otwock. Ich blieb bei ihnen stehen, hörte mir die Geschichten der letzten Tage an und fragte dann, warum sie nicht in die Welt fliehen, nach Kołbiel oder wohin die Füße tragen – hier werden sie doch umgebracht.

– Äh, wo … — antworten sie — wir haben kein Geld, haben nur Sommerkleider an, überall wo wir hingehen, kommt auch die Gendarmerie. Wir werden uns im Kommissariat verstecken.

Am nächsten Tag, als die Hinrichtung zu Ende ging, überquerte ich die Reymont-Straße und sah die beiden Frauen. Sie hielten sich bei den Händen und marschierten eilig zum Hinrichtungsplatz.

– Mädchen — fragte ich mit zitternder Stimme — ihr auch?

– Ja — antworteten sie — Kronenberg befahl uns, das Kommissariat zu verlassen.

Sie gingen immer schneller. Auf den letzten fünfzig Metern fingen sie zu laufen an. Sie liefen zu dem Erdwall, küßten sich flüchtig und warfen sich auf die Erde, einander immer noch bei den Händen haltend. Ziel! Schuß! Die Hirne spritzten, die Hände schlossen sich in der letzten Verkrampfung. Da sie nicht zu trennen waren, warfen die Arbeiter beide Körper zusammen in die Grube. Niemals war ich auf Hinrichtungen neugierig, aber diesmal blieb ich stehen und sah zu, wie sie zum Erdwall liefen. Ich konnte einfach nicht begreifen, warum sie sich so beeilten, den Tod zu treffen.

Ich kann mich auch gut an den Tod einer unbekannten Frau erinnern. Auf das Kommissariat kam ich gegen vier Uhr, um diese Zeit war die Hinrichtung längst vorbei.

Überraschend hielt mich irgend ein Gendarm an und befahl mir, eine Frau auf den Platz zu bringen. Da hilft nichts, ich führte sie hin. Im Geiste verfluchte ich meine Unvorsichtigkeit, aber was sollte ich tun? Wir gingen und gingen, aber wir kamen nicht ans Ziel. Die Frau blieb dauernd stehen, versprach mit Tausende Złoty, wenn ich sie nur laufen ließe. Sie bat, flehte, beschwor mich und schließlich begann sie, mich zu verfluchen.

Ich rechtfertigte mich, daß ich sie auch ohne Geld laufen ließe, aber wir waren doch von der polnischen Polizei umringt und wurden von Gendarmen beobachtet. Ich fragte, warum sie in der Nacht nicht geflohen ist. Die Frau wurde hysterisch, versuchte sich loszureißen, fluchte, schrie, daß ich für ihren Tod Verantwortung trüge. Wenn ich gekonnt hätte, wäre ich vor ihren Flüchen geflohen. Ein polnischer Polizist erschien, nahm sie am Arm und drohte mit dem Karabiner. Sie wurde weich, bat darum, Wasser lassen zu dürfen, und entleerte mitten auf der Straße ihre Blase. Der polnische Polizist brachte sie dann mit Gewalt zum Platz. Im letzten Augenblick brach sie zusammen und fiel bäuchlings auf die Erde.

Mein Glück war, daß ich ihren Namen nicht kenne. Aber was habe ich davon? Bis heute höre ich ihre Verwünschungen. Habe ich sie verdient oder nicht? Mein Gewissen bejaht es.

Wie war in jener Zeit das Verhältnis Kronenbergs zu den Juden? Vor der Aktion hatte er eine unbegrenzte Macht, die er aber nicht ausnutzte, da er wohl im Sinn hatte, nach dem Krieg hinter die Ladentheke seines Kurzwarenladens zurückzukehren. Jetzt aber, als er merkte, daß es keine Juden in Otwock geben wird, nahm er keine Rücksicht mehr.

Und so trauerte er nicht um seinen Vater, den er am Tag der Aktion verlor. Wer sollte um einen achtzigjährigen Greis trauern? Er rührte nicht nur keinen Finger, um ihn zu retten, er ging nicht mal auf den Platz, um sich von ihm zu verabschieden. In den ersten Tagen der Aktion fürchtete er noch um seine Haut, plante verschiedene Fluchtmöglichkeiten. Später verging ein Tag nach dem anderen, und die Gendarmerie behandelte ihn immer besser. Was wunder, denn er zahlte reichlich mit Gold, das er bei den Juden fand. Er beruhigte sich völlig, seine Frau Tola bewegte sich unbefangen zwischen Gendarmen. Sie ließ es sich sogar nicht nehmen, vor allen

Polizisten damit zu prahlen, der Kommandant der Gendarmerie habe zu ihr gesagt:

– *Gutmorgen, Frau Kronenberg.*

Das alles hatte einen guten Einfluß auf Kronenbergs Befinden, und es nährte seine Gewißheit, ihm allein werde nichts geschehen. Ich weiß noch, als man die zum Tode Verurteilten abführte, saß Kronenberg seelenruhig mit dem Bleistift in der Hand und notierte die nachfolgenden Zehnergruppen.

Damals hat er sicher aufgehört zu glauben, daß er Jude sei. Weder das Weinen noch die Klagerufe seiner Mitbrüder fanden einen Widerhall in seinem Herzen. Was verband ihn mit diesen Juden? Nur seine Frau Tola klagte laut bei Tag und Nacht.

– Meine arme Nell, mein teuerstes Töchterchen!

Auf dem Weg zum Tode hörten die Juden ihr Wehklagen und knirschten mit den Zähnen in ohnmächtiger Wut. Die jüdischen Polizisten wandten die Köpfe ab, als sie Tola sahen, damit sie den Ausdruck von Hass in ihren Augen nicht sehen konnte. Sie verbissen sich Flüche, und schwiegen. Wann immer eine Gruppe von Polizisten zusammenkam, meist am Abend, um ihre Frauen zu beweinen, erschien auch Tola und rief.

– Meine arme Nell, sie haben sie umgebracht!

Kurz darauf ging sie weg und rief erneut ganz laut:

– Püppchen, Püppchen! Wo bist du, unfolgsamer Bengel? Komm zu deiner Mutter!

Ihre Rufe wurden immer lauter, man hörte sie im Arrest und sogar im polnischen Stadtviertel.

So mancher Pole blieb stehen und wunderte sich, wer da gerufen wird im ausgestorbenen Ghetto.

– Ach so — winkte er nach einer Weile ab — das ist die Kronenbergsche Hure, die ihren Hund zum Abendessen ruft.

Den Verlust ihrer Foxterrierhündin Nell verglich die Frau unseres Kommandanten mit dem Verlust unserer Kinder und das Schlimmste war, daß wir uns das anhören und schweigen mußten. Die größte Kunst auf dieser elenden Welt ist es zu schweigen, während das Herz blutet und die Fäuste sich ballen.

Die Hinrichtungen fanden zweimal wöchentlich während vier Wochen statt. Ich könnte noch viel darüber schreiben, aber ich möchte dieses Thema beenden – darüber zu schreiben macht mich krank. Ich werde also nur noch fünf Begebenheiten erwähnen, die sich am stärksten in mein Gedächtnis geprägt haben.

Erste Episode. Während einer der letzten Massenhinrichtungen führte man Mokotowski zum Sterben. Um ihn herum wieselte der Polizist Noj, er umsprang ihn von allen Seiten und drängte:

– Zieh die Jacke aus, wofür brauchst du jetzt eine Jacke? Gib sie mir!

Mokotowski ging aufrecht und antwortete darauf mit keinem Wort. Noj umkreiste ihn, wie besessen, zog ihn am Ärmel, aber es half nicht. Und so zog ein Jude wegen eines anderen Juden beleidigt von dannen, weil jener es vorzog, mit der Jacke bekleidet begraben zu werden anstatt sie abzugeben.

Mates Noj, wie rechtfertigst du dich vor deinem Gewissen? Ich weiß, du wirst sagen, daß es für den Anderen keinen Unterschied machte, du aber das Geld brauchtest, um Frau und Kind zu retten. Gleichwohl wünsche ich dir, daß die »Segnungen« in Erfüllung gehen, die dir Mokotowski im Geiste vor seinem Tod zugedacht hat, sofern deine Frau mit dem Kind in Sicherheit ist.

Zweite Episode. Ein anderes Mal brachte man einen deutschen Juden zum Kommissariat, einen Bekannten des Gendarmen Schlicht aus alten Zeiten in Berlin. Wir waren sicher, daß er nicht umgebracht wird, weil Schlicht ihn begrüßt hat und über längere Zeit mit ihm sprach wie mit einem alten Bekannten. Dann brachte er ihn aber persönlich um, zusammen mit einigen anderen Personen. Nach der Hinrichtung rief er laut und fröhlich zu Kronenberg:

– *Kronenberg, dem Berliner cheben*. Bestattet ihn zuoberst, erweist ihm die Ehre, denn er ist mein Freud!

O wie gut, die Deutschen zum Freunde zu haben!!!

Dritte Episode, die Geschichte mit den Töchtern Wajdenfelds, eines umgetauften Juden. Sie wurden als Katholikinnen geboren, obwohl sie rassisch von Juden abstammten. Sie wohnten die ganze Zeit im polnischen Stadtviertel, eine von ihnen war mit einem Polen verheiratet, hatte ein kleines Kind und war schwanger. Gendarm Schlicht holte sie persönlich ab und brachte sie ins Ghetto. Wir waren hundertprozentig überzeugt, daß sie »erledigt« werden. Derweil gab es einen Aufschrei unter den Polen, der Priester intervenierte, der Magistrat intervenierte, so daß die Gendarmerie sie nicht umbrachte. Man schickte sie in ein anderes Ghetto, nach Wołomin. Selbstverständlich sind sie von dort geflohen.

Außer wegen dieser einen Frau gab es von seiten der Polen noch nicht einmal den Versuch zu protestieren. Damals verstand ich, daß die Ermordung der Juden, wenn nicht mit der Zustimmung, so zumindest mit dem allgemeinen *désintéressement* der polnischen Meinung stattfand.

Vielleicht hat man deshalb Treblinka zum Ort der Vernichtung selbst für französische, belgische oder holländische Juden gewählt. Offensichtlich haben die »klimatischen« Bedingungen es den Deutschen nicht erlaubt, in dortigen Gebieten Vernichtungsstätten zu errichten.

Die vierte Episode war die Hinrichtung einer achtzehnköpfigen Gruppe von Juden beiderlei Geschlechts. Sie sind aus dem Ghetto geflohen, und da sie nirgendwo unterkommen konnten, saßen sie auf dem Feld nicht weit von Karczew. Unter ihnen war der alte Bratt mit seiner schwangeren Tochter.

Die junge Frau hat, wohl unter dem Einfluß der Emotionen, zu gebären begonnen. Der alte Vater nahm das Kind an und legte die Leibesfrucht aufs Gras. Einige Stunden später ging ein Gendarm an der Wiese vorbei, bemerkte die Gruppe der Juden und befahl ihnen, sich auf die Erde zu legen. Ein Schuß fiel, der zweite, der dritte und plötzlich verweigerte das Gewehr den Gehorsam. Dem Deutschen gingen die Kugeln aus. Er schickte also einen kleinen polnischen Jungen zum Kommissariat nach Karczew mit dem Auftrag, ihm Munition zu bringen. Er selbst setzte sich hin und wartete, völlig wehrlos, denn, wie ich schon sagte, er hatte keine Patrone mehr bei sich. Was machten da die Juden? Warfen sie sich auf ihn, um den Tod ihrer Nächsten zu rächen? Oder ergriffen sie vielleicht die Flucht ... Sie lagen weiterhin mit dem Gesicht zur Erde und warteten, warteten über eine halbe Stunde auf die Lieferung der Kugeln – der offensichtlich erlösenden Kugeln. Endlich kam ein polnischer Polizist mit der Munition. Der Gendarm erschoß die restlichen Juden, tötete die Mutter, tötete das wenige Stunden alte Neugeborene. Die jüdischen Arbeiter aus dem Lager bestatteten die Ermordeten, nicht einer bestattete seine Frau, nicht einer seinen Bruder. Gibt es einen

Unterschied? Jetzt liegen dort in Karczew, nahe dem kleinen Hügel neben der Mühle, achtzehn Juden begraben. Dieses unsichtbare Grab bleibt für alle Zeiten ein Zeugnis deutschen Vandalismus' oder auch ein Zeugnis jüdischer Feigheit? Vielleicht auch ein Zeugnis für den Fatalismus unserer Zeit – uns werden Bilder beschert, die auch die größte Phantasie nicht ausmalen könnte.

Fünfte Episode. Zum Schluß beschreibe ich noch den Tod eines Juden, dem es gegeben war, in diesen tragischen Augusttagen in Unkenntnis seines Schicksals zu sterben. Es war Frajbergier, der Besitzer einer großen Liegenschaft in der Nähe der Mickiewicz-Straße in Otwock, ein älterer Mann, der an Magenkrebs litt. Am Tage der Aktion hat ihn ein Ukrainer in der Wohnung gelassen, als er sich ausweisen konnte, daß er der Vater eines Polizisten war. Nach der Aktion brachte ihn sein Sohn Michał, Ingenieur der Radiotechnik und mein guter Freund, im jüdischen Marpe-Krankenhaus unter, wo man anfangs die Kranken in Ruhe ließ.

Nach zwei Wochen wurden alle Patienten zum Arrest gebracht, um sie nach ein paar Tagen zu erschießen. Michał bereitete mit mir zusammen ein Medikament für den Vater vor, danach begaben wir uns zum Arrest, wo der alte Frajbergier auf einer Trage lag.

– Vater — begann Michał — ich habe mit Dr. Mierosławski gesprochen. Er ist damit einverstanden, dich in das städtische Sanatorium aufzunehmen, wo du während des ganzen Krieges bleiben kannst. Du mußt ihm nur die Hälfte der Villa übertragen.

– Ich bin einverstanden, Michał — sagte der Alte — ich danke dir …

– Dann trink das Medikament, das dir der Doktor gab — ordnete der Sohn an — Du wirst einschlafen, und in der Nacht verlegen sie dich ins Sanatorium. Calel wird mir helfen.

Der Alte schaute uns mit dankbaren Augen an und voll guter Gedanken trank er … eine große Dosis Veronal. Er schlief ein und schlief vierundzwanzig Stunden. Dann hörte sein Herz automatisch zu schlagen auf. Wir bestatteten ihn bei der Villa des Kommissariats in einem separaten Grab. Michał, Michał, deine Hand hat nicht einmal gezittert, als du deinen leiblichen Vater vergiftet hast. Wirst du selber auch einen so leichten Tod haben, oder wirst du genauso umkommen wie die anderen Juden, durch eine Kugel oder durch das Gas, während des »Badens« in Treblinka.

Das Ghetto wurde von Tag zu Tag leerer. Es gab keine Versteckten mehr. Es gab auch keine Wohnungen mehr zum Ausrauben. Alles wurde von der deutschen Gendarmerie weggebracht, von der polnischen Polizei gestohlen oder vom Otwocker Mob geraubt. Es nahte der Termin unserer Abreise ins Lager. Vorerst muß ich noch die Geschichte meiner Eltern beschreiben, dann die meiner Tante und zuletzt meine eigene. Später werde ich noch auf das Verhältnis der Polen zu den Juden in jener Zeit eingehen und darauf, was im Warschauer Ghetto in der Zwischenzeit passiert ist. Damit werde ich dieses verfluchte Kapitel meines Lebens abschließen – die Geschichte des jüdischen Polizisten in deutschen Diensten und beginne ein neues Kapitel: die Geschichte des jüdischen Arbeiters in einem deutschen Lager.

Am neunzehnten August in der Nacht floh mein Vater zusammen mit der Mutter ins polnische Viertel zu einem ihm bekannten Gerichtsbeamten. Dort verbrachte er die Nacht, am nächsten Morgen lief er ins Ghetto, um zu sehen, was dort los war. In der Wohnung traf er mich gerade nicht an, meine Schwester Rachel schickte ihn schnell fort. Selbstverständlich dachte sie noch nicht mal daran, daß auch sie, obwohl Polizistenfrau, gefährdet war.

Kaum war der Vater im polnischen Viertel zurück, da fielen auch schon von allen Seiten Schüsse. Als er die Wohnung erreichte, wo Mutter versteckt war, fand er sie auf dem Haushof. Nach dem ersten Schuß im Ghetto wiesen ihr die Gastgeber die Tür. Mein Vater und meine Mutter hatten nun keinen anderen Ausweg, als sich unweit des Ghettos im Gras zu verstecken. Von dort sahen sie, wie sich die Gendarmerie bewegte, wie man Juden einfing, die ins polnische Viertel flüchten wollten. Sie waren Zeugen, als der polnische Mob Jagd auf Juden machte, um sie dann – nachdem sie ausgeraubt worden sind – den Gendarmen zu übergeben. Die Eltern hatten Glück, ein »Bekannter« blieb an ihnen hängen, ließ sich aber beknien, nahm tausend Złoty und verriet sie nicht an die Gendarmerie. Sie hatten auch eine höllische Angst, als ein kleiner Hund bei den Sträuchern stehenblieb, in denen sie sich versteckten, und laut zu bellen anfing. Bis heute verstehe ich nicht, wie sie unentdeckt bleiben konnten.

Sie verbrachten so einen ganzen Tag und waren nicht sicher, was mit ihren Kindern und den anderen Bewohnern des Ghettos geschehen ist. Am Abend baten sie bei ihrem ehemaligen Dienstmädchen Małgosia, gegen Bezahlung in der Scheune übernachten zu dürfen. Am frühen Morgen zogen sie weiter.

Sie wollten leben, also mußten sie Orte suchen, wo sie sich verstecken könnten. Aber wo?

Von der Macht der Gewohnheit getrieben, begaben sie sich zu ihrer Villa in der Kościelna-Straße. Sie rechneten mit ihren alten Mietern, den Polen. Fast ein Vierteljahrhundert lebten sie zusammen unter einem Dach, so nahmen sie an, mit Obdach rechnen zu können. Als sie die Villa erreichten, brachte Vater die Mutter im Treppenhaus beim Dachboden unter, er selbst begann eine gespenstische Wanderung von Mieter zu Mieter. Diese hatten aber Angst, ihn auch nur über die Schwelle treten zu lassen.

– Fliehen Sie, Herr Perechodnik — sagte der erste — denn sie bringen uns um.

Mit diesen Worten, in hundertfacher Variation, begrüßten ihn alle Freunde und die Vorkriegsmieter. Der entmutigte Vater klopfte endlich bei Fräulein Dąbrowska an, einer Mieterin, die erst im Jahre 1940 einzog, also kurz vor der Entstehung des Ghettos. Es gab daher kaum eine Beziehung zwischen ihr und meinen Eltern. Aber, o Wunder, Dąbrowska war einverstanden und wollte sogar von einer Bezahlung nichts wissen. Sie entschloß sich aber dazu, ihr Zimmer mit Küche zu verlassen, denn sie hatte Angst, zusammen mit ihnen zu wohnen. Sie hoffte, es würde im Falle einer Razzia so aussehen, als hätte mein Vater als ehemaliger Hausherr die Schlüssel bei sich gehabt und ihre Wohnung, in ihrer Abwesenheit, widerrechtlich besetzt. Die Mieterin kaufte noch einen Brotvorrat für sie und verließ die Wohnung, ohne auf Danksagungen zu warten.

Meine Eltern dankten Gott dafür, daß er ihnen eingab, dieses Haus zu bauen, und daß sie es solide bauten; die Wände waren dick, sie ließen keine Laute durch. Sie konnten ruhig schlafen. Abends erschien Fräulein Dąbrowska, die immer Brot brachte. Es quälte sie nur die Sorge, was im Ghetto geschah.

Eines Abends entschloß sich mein Vater zu einem Abstecher ins Ghetto. Er fand mich im Kommissariat. Weil man dort nicht in Ruhe reden konnte, gingen wir schnellstens in seine alte Wohnung.

Dort erfuhr ich, wo sich meine Eltern versteckten und was mit ihnen in den letzten Tagen geschehen war. Im Gegenzug erzählte ich Vater vom tragischen Schicksal unserer Familie. Ich erwähnte auch, auf welche Weise der Hausmeister Franciszek seine Sachen aus Janeks und Rachels Wohnung raubte. Vater hörte mir zu und unterdrückte seine Wut nur mit Mühe.

– Wie konntest du deine Frau nur auf den Platz bringen — rief er aus — du weißt es doch längst, daß man den Deutschen nicht trauen kann.

Ich gewann den Eindruck, daß der Vorfall mit den Sachen, die ich nicht bewachte, die größere Wut in ihm hervorrief. Als energischer Mensch kam er jedoch schnell über das Gewesene hinweg und ging zur Tagesordnung über.

– Calel — erklärte er — man muß den Rest der Sachen, die Anzüge, die Decken und Kissen bewachen. Ein lebender Mensch muß etwas zum Leben haben, braucht etwas, worauf er sich schlafen legen kann.

Ich machte große Augen: gerade erst erfuhr er vom Tod seiner Tochter, der Schwiegertochter und der Enkelin und schon redete er von Kissen. Ist er eine Bestie oder ein Mensch? Sein Bettzeug bewachen, als wäre das ganze Ghetto nicht mit Kissen voll. Was soll das? Wer denkt an das zukünftige Leben? Ich antwortete nicht, sondern überreichte ihm ein paar Hemden und begleitete ihn zur Ghettogrenze. Dieser erste Besuch hinterließ bei mir keine Freude. Meine Eltern konnten sich retten, das ist wahr, aber das Unbehagen überdeckte die Gefühle des Sohnes. Es blieb lediglich ein Pflichtgefühl für sie übrig.

Ich mußte für sie aber die Sachen vorbereiten, damit sie sich umziehen und eventuell etwas verkaufen konnten. Ich holte also meinen Koffer vom Kommissariat ab, den ich am Abend meiner unglücklichen Eskapade zum Gymnasium dorthin gebracht hatte, und trug ihn in mein Zimmer im *Judenrat*. Ich nahm auch die zwei Rucksäcke aus dem Keller, wo sie meine Frau vor ihrem Gang zum Platz hineingestellt hat. Die Rucksäcke hat sie im Keller verstaut, sie selbst aber?

In der Wohnung des Vaters fand ich noch einige Kleinigkeiten und seinen Anzug. Ich trug alles zu mir und begann zu packen. Einen

Koffer für Vater, einen für Mutter, einen für mich und einen weiteren mit den Sachen meiner Frau. Diese nahm ich aus ihrem Rucksack heraus.

Fast jeden Abend kam Vater ins Ghetto gelaufen, wo ich ihn bereits erwartete. Mit meinem Schulkameraden Niki Zemel, der nah am Ghetto wohnte, vereinbarte ich, die Koffer vorübergehend bei ihm zu deponieren. Mit Janeks Hilfe lieferte ich sie ab, das heißt, wir warfen sie über den Ghettozaun. Danach war ich schnell wieder in der Wohnung.

Eines Abends erschien mein Vater im Ghetto, in Begleitung eines jungen Veterinärmediziners, Stasiek X., der mein älterer Schulkollege war. Ich begrüßte ihn herzlich, wunderte mich aber. Ich weiß noch, daß er und sein Bruder Stefan, ein Absolvent der Landwirtschaftlichen Akademie, vor dem Krieg als Antisemiten bekannt waren. Beide brachen den Umgang mit jüdischen Kollegen ab. Woher also der Kontakt zum alten Perechodnik?

Es ist wahr, mein Vater unterhielt vor dem Krieg eine rege Beziehung zu seinem verstorbenen Vater, dem Kirchenorganisten in Otwock. Ich wußte aber weiterhin nicht, wie ich mich bei dem Gespräch verhalten sollte. Es ging so aus, daß Stasiek die Koffer meines Vaters zu sich nahm. Meine blieben bei Niki Zemel.

Ein paar Tage später erschien mein Vater in Begleitung meiner Mutter. Er war völlig aus dem Gleichgewicht. Es stellte sich heraus, daß meiner Mutter die Nerven durchgegangen waren. Sie konnte nicht länger unter Verschluß ausharren, sie hatte Angst, laut zu reden oder gar zu atmen. So sprang sie, ohne Vater zu fragen, hinter ihm aus der Wohnung, schlug die Tür zu und lief ins Ghetto. Sie erklärte mir, sie wolle lieber im Keller sitzen, dafür aber mit Juden zusammen.

– Mit Juden kann man höchstens zusammen sterben — antwortete ich kühl — aber zusammen leben kann man nicht.

Ich konnte ihre Antwort nicht mehr hören, denn die Klappe zum Keller schlug hinter der Mutter zu.

Mein Vater hingegen verspürte nicht die geringste Absicht, sich im Keller zu verstecken. Er erklärte, daß er leben möchte und wisse, daß ihn unter Juden höchstens die Kugel erwartet. Er entschied sich sofort dafür, nach Warschau zu fahren. Vielleicht gelingt es ihm. Er sieht nicht schlecht aus, ein angegrauter Dunkelhaariger, mit grauen Augen und Stupsnase. Leider hinkte seine polnische Aussprache etwas. Er meinte aber, daß er zurechtkäme. Beim Hinausgehen sagte er noch, daß er sich bemühen werde, Mutter irgendwo unterzubringen.

Die letzte Nacht im Ghetto verbrachte er versteckt bei mir im *Judenrat*. Ich gab ihm die Hälfte meines Geldes und eine Tasche mit Wäsche. Am Morgen verschwand er unbemerkt. Den Tag verbrachte er versteckt im Garten der Eltern von Stasiek X. Am Abend kauften sie ihm eine Fahrkarte, er stieg in den Elektrozug und fuhr nach Warschau, auf der Suche nach Glück. Vielleicht würden ihn die zahlreichen Bekannten aufnehmen und ihn auf Dauer unterbringen?

Die erste Nacht verbrachte er beim ehemaligen Referenten Possart. Als er aber am nächsten Abend wiederkam, verweigerten sie ihm die Übernachtung, ihr Dienstmädchen nahm ihm die Bettlaken und das Nachthemd weg.

Einige weitere Nächte verbrachte er in verschiedenen Kellern. Er traf auf der Straße Fräulein Kasperowicz aus Otwock, die ihn empfing, und vielleicht hätte er bei ihr längere Zeit bleiben können, wäre da nicht ihr Bruder gewesen. Der siebzigjährige Vorsitzende Kasperowicz, der vor dem Krieg eine große Rolle im öffentlichen Leben spielte, ebenfalls ein alter Bekannter meines Vaters, riet seiner Schwester davon ab, einen Juden aufzunehmen. Mein Vater versuchte ihn zu überzeugen, jedoch vergebens. Der alte Kasperowicz erklärte, daß man ohne polnische *Kennkarte* nicht wohnen könne. Er versprach sogar, eine zu besorgen und nahm hundert Złoty für die anfänglichen Kosten. Danach sagte das Dienstmädchen immer, wenn mein Vater kam:

– Der Herr Vorsitzende ist nicht zu Hause.

Wohl oder übel suchte Vater weiter, bis es ihm gelang, bei einer alten Frau, einer Droschenkutscherin, eine Wohnung zu mieten. Er blieb dort einige Tage, aber dann vernahm er einen Streit unter den Nachbarn und hörte Rufe.

– Die Alte hält einen Juden aus dem Ghetto!

Danach ging er nicht mehr in die Wohnung zurück. Er wandte sich an einen weiteren alten Bekannten, einen gewissen Michalski,

Eigentümer von zwei Häusern und einer Wäscherei in Warschau. Dieser nahm ihn bestens auf.

– Wir helfen Ihnen gerne – bekam er zu hören – unser Neffe wohnt in einem großen einsamen Haus in Żuków, Sie fahren dorthin und verbringen dort den ganzen Krieg.

Sie verabredeten, daß mein Vater dem Neffen nach dem Krieg ein Grundstück überschreibt. Der vorsichtige Michalski prüfte selbstverständlich, ob Vater der tatsächliche Inhaber der Hypothek sei.

Vater schickte mir bereits aus Żuków einen ausführlichen Brief. Michalski hatte ihn persönlich dorthin gebracht. Wenn ich nicht alles unwissentlich verdorben hätte, würde Vater dort wahrscheinlich den ganzen Krieg verbringen. Es kam aber ganz anders. Als ich die stattliche Erscheinung Michalskis, den ich schon vor dem Krieg kannte, in Otwock sah, hatte ich sofort Vertrauen zu ihm. Ich wußte, daß er sehr reich war, und hielt ihn für einen ehrlichen Menschen, so daß ich ihn ohne zu zögern bat, die Koffer für meinen Vater mitzunehmen. Ich wußte, daß meine Chancen schlecht standen, den Krieg zu überleben, wir wußten schließlich nicht, ob wir hier in Otwock nicht eines Tages erschossen werden. Also wollte ich meinen Vater absichern. Michalski willigte gnädig ein, nahm den Koffer, den die Schwester des Magisters gepackt hatte, und noch einen Wintermantel meines Vaters, danach ging er weg.

Einige Tage später überbrachte der Neffe Michalskis einen weiteren Brief meines Vaters aus Żuków. Das Gesicht des Jungen war nicht vertrauenserweckend, aber ich gab ihm weitere Sachen für meinen Vater. Sogar meine eigene Bettdecke gab ich ihm, so froh war ich, daß wenigstens mein Vater Glück gehabt hatte.

Heute denke ich, daß die beiden Michalskis erst den Inhalt des Koffers besahen und dann folgerten, daß es nicht lohnt, einen Juden zu halten. Am besten wäre es, die Sachen untereinander aufzuteilen und dem Vater die Tür zu weisen. Ganz sicher ist es so gewesen, jedenfalls erzählte der junge Michalski meinem Vater nach seiner Ankunft in Żuków »das Märchen von der Gendarmerie«.

Zum Verlassen der Wohnung gezwungen, begab sich mein Vater ins Ghetto nach Parczew. (Dort hat die Aktion auch am neunzehnten August stattgefunden, man beließ aber die Versteckten vorläufig in Freiheit.) Von dort brachte mir eine Polin den dritten Brief meines

Vaters, in dem er bat, ich möge ihm die Winterschuhe und einen Pullover schicken. Ich verstand soviel, daß die Sachen bei Michalski verloren gegangen waren und die Gendarmerie sie an sich genommen hatte. Man sagt, was soll's, und ich bereitete das nächste Paket: Schuhe, Pullover, Hemden, Bettlaken. Diese Sachen erreichten Vater aber nicht. Er bekam ein weiteres Märchen zu hören, von den Deutschen, die alles im Zug wegnahmen, weil sie erkannt hätten, daß es jüdische Sachen seien.

In der Zwischenzeit besuchte mich der junge Michalski ein zweites Mal, nicht wissend, daß mein Vater mich über alles in Kenntnis gesetzt hatte.

Er unterrichtete mich davon, daß mein Vater gezwungen sei, die Wohnung für ein paar Tage zu verlassen, er (Michalski) aber weiterhin bereit sei, ihn aufzunehmen. Er verlangte dafür die Summe von dreißigtausend Złoty. Er sagte nichts darüber, daß er sich die Sachen angeeignet hatte, aber ich verstand nun, daß er auch das Geld für sich behalten wollte. Als Michalski merkte, daß ich ihm eine so große Summe nicht geben wollte, verlangte er, ihn dafür zu bezahlen, daß er Vater nach Żuków geleitet hat. Mit Mühe hielt ich mich zurück, um ihm nicht auf den Kopf zuzusagen, er sei nichts weiter als ein gewöhnlicher Dieb und Schieber.

Da ich Angst hatte, er könnte Vater in Parczew schaden, versprach ich, ihm das Geld in ein paar Tagen zu geben. Ich wußte, daß wir in wenigen Tagen wegfahren und ich ihn nie wiedersehen werde.

Wie alle Polizisten wohnte ich immer noch im Gebäude des *Judenrates*. Michał Frajbergier teilte mit mir ein Zimmer. Mein Schwager Janek wollte anfangs nicht bei uns wohnen. Vielleicht wollte er mit niemandem verbunden sein, vielleicht wollte er seinen Fluchtweg freihalten, vielleicht dachte er, daß ich ihm zur Last fallen werde. Es wurde anders, als Rynaldo ihm vor seiner Flucht die Jacke stahl. (Überhaupt wurde immerzu ein Polizist durch einen anderen bestohlen.)

Als er endlich mit uns zusammen wohnte, verband uns drei eine echte Freundschaft. Wir bildeten ein Dreigespann, das intellektuell zusammenpaßte. Vorher war mein Verhältnis zu Janek korrekt, aber recht kühl. Wir sagten einander nicht zu. Er hatte den goldenen Charakter eines Kartenspielers, war verschwenderisch, schonte weder eigenes noch von der Familie geliehenes Geld. Bei alledem war er sehr gut und einfühlsam im Umgang. Er war arbeitsam, obwohl er keine Eigeninitiative besaß. Vor allem aber wollte er keine Rechenschaft darüber ablegen, wo und wofür er Geld ausgab.

– Ich habe es ausgegeben — so seine Worte.

Darunter mußte man verstehen:

– Ich habe es verspielt, verjubelt, verfressen oder auch verloren.

Bei ihm war alles möglich.

Mit diesem goldenen Charakter war er bei allen beliebt, nur nicht bei meinem Vater, dessen ganzes Leben und ganze Erziehung einem einzigen lauten Protest gegen solch ein Verhalten gleichkam. Mein Charakter ähnelte dem meines Vaters: ich mochte das Geld. Fremdes Geld lockte mich nie, in dieser Beziehung war ich überaus ehrlich, aber von meinem Geld verschenkte ich nichts. Ich liebte es, auf Heller und Pfennig abzurechnen, denn ich nahm an, daß gute und genaue Rechnungen gute Freunde auszeichnen.

Ich war auch kleinlich – wieder so ein typischer Zug meines Vaters. Als wir Kinder waren, war es leichter, Vater zur Ausgabe mehrerer hundert Złoty zu überreden, als von ihm einige Złoty zu bekommen. Die Leiden nach der Aktion veränderten mich und machten einen neuen Menschen aus mir. Ich entsinne mich noch einer für mich sehr nachteiligen Episode, die aber charakteristisch für meine alte Mentalität ist. Als ich einmal morgens Dienst im Arrest hatte, überreichte mir ein Bekannter meines Vaters zirka zweihundert Dollarnoten. Die Gendarmerie trieb sich überall herum, deshalb hatte ich Angst, die Banknoten bei mir zu behalten. Ich versteckte sie in einem der Zimmer im Kommissariat. Ich hätte sie auch Janek geben können, aber ich traute ihm nicht. Sie waren noch nicht gezählt, außerdem wäre er dann Teilhaber. Gott strafte mich zu recht: einer der Polizisten fand das Geld und nahm es mit.

Aus heutiger Sicht konnte ich die Sache auf zweierlei Weise betrachten: als Zeichen der Strafe Gottes oder als Zeichen der mir wohlwollenden Vorsehung. Ich konnte mich nämlich davon überzeugen, daß, je reicher ein Polizist war, er um so schneller zugrunde ging. Das Geld eröffnete nur scheinbar gute Möglichkeiten, sich zu retten. Meist wurde die Flucht mit dem Auto nach Częstochowa oder Kraków gewählt. Dort erwartete einen aber nicht das Leben, sondern der Tod. Vielleicht wäre es mit mir genauso gekommen. Da ich aber kein flüssiges Bargeld besaß und durch die beim Magister deponierten Sachen gebunden war, mußte ich in der näheren Umgebung unterkommen. Anderseits könnte ich das Geld – gerade jetzt, als ich diese Worte schreibe – sehr gut gebrauchen, dann stünde nicht das Gespenst des Hungertodes vor mir.

Jedenfalls datiert mit diesem Ereignis eine völlige Änderung meines Charakters. Während der ersten Tage der Aktion war ich noch gierig nach Geld und Sachen. Nach der Geschichte mit den Dollars vollzog sich ein Wandel in mir.

Einige Tage später ereignete sich eine typische Episode, nach der ich mich selbst nicht mehr wiedererkannte. Wir standen beim Arrest, als eine Frau mir und meinem Kollegen einen Brillanten, etwa drei Karat groß, gab. Der Kollege wollte mir einreden, es sei ein falscher. Ich war damit einverstanden, daß er ihn zu einem Sachverständigen bringt, unter der Bedingung, daß ich ihn bekäme, wenn er falsch wäre.

Der Kollege ging selbst zum Sachverständigen, danach erklärte er, der Brillant sei eine Imitation. Er bat mich, ihn ihm zu überlassen, denn er wollte seiner Freundin ein Geschenk machen.

Ich war einverstanden. Glaubte ich ihm? Keineswegs! Ich hatte ganz einfach keine Lust zu kämpfen und keine Lust, mich ums Geld zu kümmern. Der Kollege nahm den Brillanten und floh kurz darauf aus Otwock. Obwohl ich seine weitere Geschichte nicht genau kenne, bin ich doch zutiefst davon überzeugt, daß er im Warschauer Ghetto umkam. Der Brillant brachte ihm wahrscheinlich kein Glück. Ich aber lebe, zwar von dünner Suppe und Schwarzbrot, aber ich lebe.

Von Tag zu Tag interessierte mich das alltägliche Leben weniger, ich verfiel in immer größere Apathie. Kaum versah ich mich, da übernahm schon Janek das Ruder unseres Lebens. Er führte die gemeinsame Kasse, kaufte das Essen, erledigte überhaupt alles. Ich lag ganze Tage im Bett und betrachtete gedankenlos den Himmel. Nachts ging ich hinaus, um den im Keller Versteckten Essen zu bringen und um Dienst im Kommissariat zu tun. Tagsüber wollte ich keinen Dienst haben, denn mein Herz hielt dem Anblick der gemordeten Juden nicht stand, ich konnte auch die Scharen von Polen nicht sehen, die wie Geier das Ghetto umringten.

In dieser Zeit konnten wir noch straflos, unter dem Vorwand von Einkäufen, uns im polnischen Viertel bewegen. Ich nutzte diese Möglichkeit. Ich verspürte keinen Schmerz mehr beim Anblick unserer Häuser, als ich durch die Gardinen sichere und ruhige häusliche Verhältnisse sah. Ich hörte auf, den Häusern, Vermögen und Sachen nachzutrauern, ich wollte nur noch, daß meine Nächsten wieder bei mir wären.

Eines Tages sah ich im polnischen Viertel ein Mädchen, das einen Kinderwagen mit einem etwa zweijährigen Kind schob. Die Beine gaben unter mir nach. Ich erkannte den Spazierwagen meiner kleinen Tochter. Ich sah das Kind an, ein kleines unschuldiges Kind, und ich verspürte den unwiderstehlichen Wunsch, es mit den eigenen Händen zu erdrosseln. Es ging nicht in meinen Kopf, daß ein arisches Kind das Recht hat, im geraubten Wagen zu fahren, und meine Aluśka, weil sie von jüdischen Eltern stammt, nicht nur kein Recht hat, in ihrem Spazierwagen zu fahren, sondern überhaupt kein Recht zu leben.

Dieses Bild verfolgte mich lange, deshalb mied ich seit dieser Zeit nach Möglichkeit das polnische Viertel.

Ich konnte es aber nicht vermeiden, mich im Ghetto zu bewegen, wofür man starke Nerven brauchte. Leere Straßen, leere Wohnungen, eingeschlagene Scheiben, offen stehende Türen, nachlässig mit Sand zugeschüttete Schutzgräben, aus denen hier und da von Hunden abgenagte oder von Vögeln bepickte Menschenknochen ragten. Auf den Straßen in alle Richtungen fliegende Federn, alte Lebensmittelkarten, Fotografien und Personalausweise. In den Wohnungen blieben nur alte, heilige jüdische Bücher. Außer ihnen wurde alles zur gesuchten Ware: zerbrochene Stühle, die schlimmsten Lumpen, zerplatzte Töpfe, sogar Bügel. Jede Sache fand ihren Liebhaber unter den Polen, die Tag und Nacht ihre Beute wegtrugen. Später, als es nichts mehr zu rauben gab, fing man an, auch die alten hebräischen Bücher wegzunehmen, wahrscheinlich für die Altpapiersammlung. Die *Tefillin*[28] hingegen wurden von Gamaschenmachern für ihre Produktion verwendet.

Die Zahl der Polizisten wurde von Tag zu Tag kleiner, einer nach dem anderen floh. Der bekannte Radiotechniker Grandowski floh auch, aber er kam nach einigen Tagen zurück. Es stellte sich heraus, daß er nach Kosów fuhr, wo er von Rykner Näheres über das Ende des Otwocker Transportes erfuhr und auch darüber, daß Rykner Kronenberg gewarnt hat. Diese Nachrichten machten Grandowski geisteskrank. Er konnte den Gedanken nicht ertragen, daß er selbst, auf Befehl des Kommandanten der *Ghetto-Polizei*, seine Frau und seine Tochter aus dem Keller geführt hatte. Er wollte nicht länger leben, da er sich für ihren Tod verantwortlich hielt. Er wandte sich an Schlicht mit der Bitte, ihn umzubringen. Selbstverständlich winkte der Deutsche ab. Sie töten gerne diejenigen, die leben wollen, aber nicht die, die um den Tod bitten. Grandowski versuchte vergeblich, sich mit Veronal zu vergiften, um danach in einem Anfall von Wahnsinn selbst nach Treblinka fahren zu wollen. Er kam nur bis Małkinia, wo er von Gendarmen erkannt und erschossen wurde. Endlich fand sein schmerzerfülltes Herz Ruhe.

Mein Schwager Janek hielt sich gerne außerhalb des Ghettos auf. Er besuchte oft seine Kollegen Stasiek und Stefan X. Er erzählte mir wahre Wunder, wie er dort empfangen werde und besonders darüber, wie herzlich ihre Mutter zu ihm sei. Ich denke, daß sich in ihnen eine große Metamorphose vollzog, weil sie das alles selbstlos taten. Ich überzeugte mich selbst davon und fing an, dorthin zu gehen. Zum ersten Mal spürte ich die mütterliche Herzlichkeit einer älteren Frau, die meine Tragödie verstand, mein Leiden lindern und mir nach Möglichkeit helfen wollte. Ich nutzte die Gelegenheit und verlagerte meine Koffer vom Ghetto zu Stefan.

Nach einiger Zeit nahm sie der Magister auf meine Bitte hin mit nach Warschau. Denn ich nahm an, daß es leichter wäre, mit Warschau als mit Otwock in Kontakt zu bleiben, wenn ich von hier wegfahren müßte.

Die ganze Zeit über saß meine Mutter im Keller versteckt, zusammen mit Tante Czerna, ihrem Sohn und noch einigen anderen Juden.

Ich brachte ihnen regelmäßig zu essen. Ständig lebte ich aber mit der Angst, die Gendarmerie würde sie doch noch aufspüren. Es gelang mir nicht, einen geeigneten Ort zu finden, wo ich sie hätte unterbringen können. Ich schlug Czerna vor, sie solle eine Reise nach

Słomin wagen, zu ihrem Mann, der höchstwahrscheinlich noch am Leben sei. Sie lehnte ab. Dann schlug ich vor, sie möge den Jungen vergiften und selbst nach Warschau fahren, wo sie als Polin Wohnsitz nehmen und eine Arbeit finden könnte. Czerna hatte nämlich ein erstklassiges arisches Aussehen. Sie lehnte auch das ab.

Zuletzt riet ich ihr, zu ihrer polnischen Bekannten, Fräulein Lusia zu gehen.

Schließlich ging Czerna zu Fräulein Lusia, dem sie grenzenlos vertraute.

Sie brachte bei ihr viele ihrer Sachen unter. Vor der Aktion versicherte Fräulein Lusia, daß Czerna immer auf sie zählen könne, daß sie immer helfen, sie immer verstecken werde und bereit sei, mehr für sie zu tun als für eine leibliche Schwester. Als Czerna mit Sohn Mulik in ihrer Wohnung erschien, erklärte Fräulein Lusia, daß sie bei ihr wegen der nahen Nachbarschaft zu Schlicht nicht wohnen könne. Sie versprach aber, weiterhin zu helfen. Die Tante hinterließ Geld für den Einkauf von Lebensmitteln und kehrte mit dem Jungen ins Ghetto zurück. Einige Tage später wurde ihr Versteck von den neuen polnischen Hausmeistern entdeckt. Sie durchsuchten und sie stahlen alles, zogen sogar die Eheringe von den Fingern. Gott sei Dank verständigten sie die Gendarmerie nicht. Ich wußte aber, daß die Situation hoffnungslos geworden war. Ihr Schicksal war besiegelt. Ich wollte ihrem Tod nicht beiwohnen, besonders nicht Czernas, der ich sehr verbunden war. Wir haben früher zusammen gewohnt und sie hat sich stets um Aluśka gekümmert. Ich besaß nicht Frajbergiers Energie, um ihnen einen süßen Tod zu bescheren, mit vergiftetem Kaffee. Im übrigen mag ich es prinzipiell nicht, jemanden zu betrügen, besonders mir nahestehende Menschen. Ich fragte also ganz simpel, was sie wollten. Sie hatten zur Auswahl einen ruhigen Tod mit Luminal und eine menschenwürdige Erdbestattung oder die Ausreise nach Kołbiel mit der Perspektive auf einen unvermeidbaren Abtransport nach Treblinka. Von Luminal wollten sie nichts hören. Meine Mutter wählte Kołbiel, Czerna ebenfalls, sie bat aber um das Gift, das sie im äußersten Falle zu nehmen gedachte. Janek fiel die Aufgabe zu, im polnischen Viertel ehrliche Führer zu finden. Am Ende fand er zwei Burschen, die dafür zweitausend Złoty nahmen.

Am Tag davor beschloß auch Kestenberg, der Inhaber der Wohnung, in der meine Eltern vorher waren, den Keller zu verlassen und nach Kołbiel aufzubrechen. Ich gab ihm Brot für den Weg, er verabschiedete sich und ging.

Selbstverständlich erteilte er mir keine Aufträge, denn nicht umsonst war er ein frommer Jude mit rotem Bart. Er glaubte tief daran, daß er zu seiner Behausung zurückkehren wird und selbst … aber das wird später erklärt.

Am nächsten Tag brachen meine Mutter und Czerna mit Mulik auf. Wir gaben ihnen Geld, Rucksäcke mit Sachen und sie gingen ohne Abschied hinaus in die dunkle Nacht. Ich kann mich noch sehr gut an den Abend erinnern. Ich ging zum Kommissariat, um Kronenberg darum zu bitten, mich vom Nachtdienst freizustellen. Ich sagte zu ihm, daß ich meine Mutter nach Kołbiel abfertigen muß. Frau Kronenberg hörte das und fing laut zu lachen an.

– Was? Sie schicken Ihre Mutter nach Kołbiel — fragte sie — und sie denkt vielleicht, daß sie noch leben wird?

Sie lachte immer lauter. Ich schwieg, denn was sollte ich antworten. Eigentlich hätte man dem Weib aufs Maul hauen und weggehen müssen. Ihre Worte und ihr Gelächter hat bestimmt der Teufel gehört, der bestimmt mitlachte.

Er schlug sich auf die Schenkel vor Lachen:

– Ha, ha, ha, die Kronenberg denkt, daß sie mich bei den Hörnern hält. Sie hat keine Angst vor dem Tod und ist auch noch sicher, daß sie als Einzige den Krieg überleben wird. Ich werde ihr eine Nummer vorführen, die des Teufels würdig ist. Vor dem Tod wird sie das Bild der lebenden alten Perechodnik sehen.

Die Reise verlief recht ruhig. Unterwegs blieben sie an einem *Volksdeutschen* hängen, er nahm ihnen an die tausend Złoty ab und ging weiter. Das war eine Kleinigkeit, wenn man bedenkt, daß zwischen Otwock und Kołbiel Bauern bei Tag und Nacht auf Juden lauerten, um sie des Geldes und der Sachen zu berauben. Kestenberg zogen sie sogar die Schuhe aus. Anderen Juden erging es nicht besser.

Als ich und Janek die Nachricht von der glücklichen Ankunft der Unseren in Kołbiel erhielten, entstand sofort ein neues Problem: wie sollte man ihnen Geld zuschicken? Janek schickte zweihundert

Złoty durch den Sohn unseres örtlichen Schusters Hieronim. Dieser brachte eine Quittung. Also schickte Janek weitere zweihundert Złoty, wofür er ebenfalls eine Bestätigung erhielt, allerdings nur für einhundertfünfzig Złoty. Später stellte sich heraus, daß der erste Zettel gefälscht war und daß von vierhundert Złoty nur einhundertfünfzig die Empfänger erreichten. Wahrscheinlich hätte Hieronim auch diese Summe nicht übergeben, wenn er uns nicht zu einem noch größeren Handel hätte verlocken wollen. Ich muß wohl nicht erwähnen, daß er für jede Dienstleistung extra bezahlt wurde.

Mittlerweile nahte der endgültige Termin für die Abreise ins Lager. Wir sollten nach Piekiełko fahren, einer Ortschaft nahe Legionów. Ein Teil der Polizisten reiste bereits ab und besetzte leitende Positionen im Lager. Der Rest blieb vorläufig in Otwock.

Als wir sahen, wie die Dinge standen, beschlossen wir mit Janek, tausend Złoty und einen Koffer mit den wertvollsten Sachen nach Kołbiel zu schicken. Wir machten uns auf die Suche nach einem ehrlichen Bekannten, dem man so etwas anvertrauen konnte. Für diesen Dienst waren wir bereit, zweihundert Złoty und ein schönes Geschenk zu geben. Der Reihe nach sagten alle ab; ein ehrlicher Mensch sagte ab, der Dieb sagte zu. Schließlich nahm sich dessen ein Bekannter des Schwagers, ein gewisser Pernach, an. Janek bürgte für seine Ehrlichkeit, ich glaubte es, weil ich es mußte. Wir gaben ihm tausend Złoty, bei Michalski holten wir den Koffer mit den Sachen ab, die mein Vater noch vor der Aktion dort untergebracht hat. Wir beließen jedoch Mutters Sealpelzkragen und Vaters Otterpelz bei ihm, für alle Fälle, falls die Eltern dort auftauchen sollten .

Wir gaben Pernach den Koffer, zusammen mit einem Brief, der die Auflistung aller mitgeschickter Sachen enthielt.

Pernach fuhr nach Kołbiel. Er brachte einen Brief mit, in dem Mutter und Tante bestätigten, die Sachen und tausend »Küßchen« erhalten zu haben. Ich war voller Bewunderung für Pernach – so ein anständiger Mensch. Janek gab ihm zweihundert Złoty, ein neues Halstuch und verkaufte ihm zwei Paar Schuhe zu dreihundertfünfundsiebzig Złoty. Damals waren sie mindestens dreimal so viel wert, heute ist ihr Wert um das Zehnfache gestiegen.

Wir waren beide sehr zufrieden, endlich einen ehrlichen Menschen gefunden zu haben. Janek quälte nur der Gedanke, ob Pernach der Mutter auch die neue Ledertasche und die Handschuhe gab, die er im Brief zu erwähnen vergaß. Ich tröstete ihn mit der Behauptung, er tat es gewiß, denn er hätte doch alles nehmen können, warum sollte ihn also eine blöde Tasche verlocken. Pernach händigte die Tasche mit den Handschuhen aber nicht aus, mehr noch – er packte die Sachen um und ließ den Koffer – selbstverständlich – nicht bei Mutter in Kołbiel. Eine andere Sache ist es, daß Janek zu schreiben vergaß, die Sachen befänden sich im Koffer; denn das war selbstverständlich. Ich persönlich bin Pernach sehr dankbar dafür, daß er Mutter das Geld und die Sachen übergab. Ich bin kein Rechtsanwalt und weiß nicht, unter welchen Paragraphen der Vorfall mit der Tasche und dem Koffer fällt. Wenn also ein Rechtsanwalt, der das Leben nicht kennt und nur nach den Buchstaben des Gesetzes urteilt, Pernach trotzdem für einen Dieb hält – ist das nicht meine Schuld.

Klarer war die Sache mit dem Schulhausmeister Franciszek. Alle lachten mich aus, nachdem ich zu ihm geflohen bin. Wie sich herausstellte, ließ er am Tag der Aktion die Frau des Polizisten Noj mit der kleinen Tochter nicht herein, obwohl das vorher verabredet war. Selbstverständlich nahm er auch alle Sachen an sich, die bei ihm untergebracht wurden. (Nojs Frau konnte sich nur deshalb retten, weil sie ein unbekannter Priester in seiner Wohnung versteckte.) Das gleiche veranstaltete er auch mit den Sachen des Laden- und Manufakturbesitzers Pironicz. Ich habe den Eindruck, daß der alte Franciszek nach dem Krieg wenig Neigung verspüren wird, weiterhin Hausmeister des Gymnasiums zu bleiben. Er ist jetzt bereits reicher als so mancher Lehrer.

Eines Tages hielt er mich an und warf mir vor, ich würde seinen guten Namen in Otwock entehren, indem ich allen erzähle, er hätte meine Sachen genommen. Er erklärte, daß doch alles zu meiner Verfügung stünde – nach dem Krieg selbstverständlich. Ich antwortete nicht, winkte nur mit der Hand ab und ging weg.

Janek schlug vor, zusammen mit einem polnischen Vertreter Franciszeks Wohnung zu durchsuchen, ihm die geraubten Sachen wegzunehmen und mit dem Durchsuchenden zu teilen. Ich lehnte mit Rücksicht auf den Magister entschieden ab. Würde man die

Sache an die große Glocke hängen, könnte herauskommen, daß mich der Magister im Gymnasium besucht hat, und das brächte ihm womöglich eine Menge Unannehmlichkeiten ein.

Den Magister selbst sah ich ziemlich oft, ich machte ihn sogar mit Janek bekannt. Einmal ging ich zu ihm ins Büro; auf den Fluren liefen die Beamten unbeschwert herum, durchs Fenster sah man recht gut das mir gehörende Kino Oase. Die Beamten befragten mich mit großer Neugier nach dem Verlauf der Aktion. Bei einem Gespräch mit einem Juden fühlten sie sich sicher, wie Nero im römischen Circus: *Ave caesar, morituri te salutant.*[*]

In meinem Zimmer befand sich eine prachtvolle Bibliothek reich an Büchern mit luxuriösen Einbänden. Der Besitzer kam in Treblinka um. Ich wollte sie dem Magister schenken, aber sie gehörten mir weder *de iure* noch moralisch; an diesen Büchern haftete menschliches Blut. Soll man sie denn einem Menschen mit sauberen Händen schenken? Ich fragte jedoch den Magister, ob er sie annehmen würde. Er lehnte ab – er mochte solche Erinnerungen aus dem Ghetto nicht haben.

Nicht jeder war so empfindlich. Ein anderer Pole, Beamter im *Arbeitsamt,* kam zu mir mit der Frage, ob ich es ihm gestatte, die Bücher zu nehmen.

– Wo man sie doch nicht essen kann — er lachte wie über einen gelungenen Witz.

Selbstverständlich hatte ich nichts dagegen, aber ich erwartete, daß er die Bücher einpackt und schnellstens verschwindet. Aber nein, er hatte Zeit, schaute jedes Buch an, begehrte mit mir über den Autor und den Inhalt zu diskutieren. Ich wollte ihn nicht verletzen, aber am liebsten hätte ich ihn vor die Tür gesetzt. Stand mir der Sinn danach, seinen philosophischen Weisheiten zu lauschen? Vier lange Stunden ertrug ich seine Anwesenheit, wie die schlimmsten Torturen, dann ging er endlich.

Ich würde ihn gerne nochmal treffen und mit ihm abrechnen. In seinem Verständnis hat er mir nicht das Geringste angetan, ganz im Gegenteil – er erkannte in mir einen gebildeten Menschen und

---

[*] Eigentlich: »Ave imperator …«: Heil, Imperator, die sterben werden, grüßen dich. (lat.)

wollte mit mir über ein so wichtiges Thema wie die Literatur diskutieren. Was macht es schon, wenn auf der Straße Schüsse fallen? Es werden ja nur Juden umgebracht. Im Leben eines kultivierten Menschen sind doch Kultur und Poesie das Wichtigste.

Mittlerweile existierte unser Ghetto offiziell nicht mehr. Die letzten »Einwohner« mußten selbst alle Spuren jüdischer Anwesenheit wegräumen. Uns wurde befohlen, die Schlagbäume zu demontieren. Wir erinnerten uns an Gespräche aus den Zeiten, als das Ghetto entstand. Man sprach darüber, wie es nach dem Krieg aussehen wird: die Schlagbäume werden entfernt, die Juden werden auf den Straßen tanzen und die wiedergewonnene Freiheit feiern. Ein Ende des Ghettos wie heute hat niemand erwartet. Die Zeiten der Propheten sind unwiederbringlich vorbei.

Auf dem Gebiet des ehemaligen Ghettos liefen ruhig Polen herum. Es gab nichts mehr zu rauben, also kamen sie, um zu kaufen. Sie waren bereit, alles zu kaufen, Hauptsache es war billig. Wenn sie einen jüdischen Polizisten sahen, der einen vernünftigen Anzug trug, wollten sie ihm den mit Gewalt vom Leib reißen.

– Was nützt er Ihnen — fragten sie — im Lager bekommen sie doch einen Papieranzug, und für den hier bezahlen wir Ihnen.

Ich persönlich habe keine Transaktion getätigt. Ich war einfach nicht imstande, Sachen zu verkaufen, deren Besitzer auf so tragische Weise zugrunde gegangen sind. Janek dagegen war ein Spezialist für solche Angelegenheiten, er hatte Geduld und regte sich nie auf. Ich erinnere mich noch daran, wie er den Wintermantel meiner Frau verkaufte. Während der ganzen Transaktion dachte ich, ich werde wahnsinnig. Als die Händlerin den Mantel anfaßte, mußte ich an mich halten, um sie nicht zu schlagen. Ich empfand es, als beleidigte man das Andenken meiner Frau, als beginge man ein Sakrileg.

Der Mantel ging für fünfhundert Złoty weg, und ich war an diesem Tag nicht imstande, irgendetwas zu essen.

Janek wandte sich auch an Fräulein Lusia, sie möge die vierhundert Złoty und die Sachen von Tante Czerna herausgeben. Er erfuhr, daß das Geld im Besitz einer Freundin von Fräulein Lusia sei. Dafür habe man Speck für den Weiterverkauf angeschafft. Gegenwärtig falle der Preis dafür, also müsse man zuwarten. Außerdem sollte

Lusia alles selbst der Tante bringen. Janek bekam lediglich einen verschwindenden Teil der Sachen und hundert Złoty. Den Rest sollte Lusia der Tante persönlich zurückgeben. Sie begann sogar einen Brief nach Kołbiel zu schreiben: »... ich komme Sie bald abholen, nur schicken Sie vorläufig weder Janek noch Calel zu mir.« Sie wäre gewiß gekommen, hätte man vorher nicht die Juden von Kołbiel nach Treblinka gebracht.

Offensichtlich war es Fräulein Lusia bestimmt, von meiner Tante eine Gratisaussteuer zu bekommen. Als ich sie nach sechs Wochen vom Tod der Tante benachrichtigte, fing die Ärmste zu weinen an. Krokodilstränen sind geflossen. Nun, sie war eine durchschnittlich moralische Person ... aber mit dem Tick, einen anständigen Menschen zu mimen.

In den letzten Tagen vor der Abreise erlebten wir eine kleine Sensation. Unter dem Zimmer, das meine Eltern bewohnten, fand man vergrabene Waren im Werte mehrerer Millionen Złoty. Der Wohnungseigentümer Kestenberg vergrub diese Sachen und spielte während des Krieges den Armen. Er spielte nicht nur, er lebte tatsächlich schlimmer als ein Armer. Weder er noch seine kranke Frau aßen etwas Besseres als Brot und Kartoffeln. Er floh nach Kołbiel, wo er weiterhin Hunger litt, während die Deutschen die Stapel seiner Waren schleppten und schleppten. Die Kunde davon erreichte das Lager, aber keinem tat der verelendete Kestenberg leid. Die Menschen fragten nur, wen er betrügen wollte, Gott oder Teufel, die anderen oder sich selbst? Kestenbergs Glück war, daß ihn die schnelle Aktion vor dem Hungertod bewahrte.

Schließlich gilt, wer zu Lebzeiten kein Mensch war, dem wird auch nach dem Tod der Mensch nicht helfen. Den traurigen Ruhm überlasse ich ihm gerne – den hat er sich wohl verdient.

Inzwischen wurden zwanzig Polizisten zum Zofiówka-Krankenhaus abkommandiert, wo zwei SS-Männer residierten. Sie hatten keine schwere Arbeit, trotzdem wollte ich dort nicht hin. Ich wollte lieber keinen direkten Kontakt mit den Deutschen und entschied mich, mit dem Rest der Polizisten nach Piekiełko zu wechseln.

Mein Schwager Janek ließ sich noch vor der Abreise die Zähne plombieren. Unsere ehemalige Mieterin, Dr. Lidia Wolańska, empfing ihn sehr gut und verlangte kein Geld für die Behandlung. Ich

144

ging nicht zur Zahnärztin, denn es kam mit nicht normal vor, sich die Zähne plombieren zu lassen, wenn man das Stigma des Todes trägt.

Vor der Abreise besuchte ich noch den Gerichtsvollzieher Alchimowicz, bei dem ich Sachen in Verwahrung hatte. Ich war etwas verwundert, daß er mich kühl empfing und daß seine Frau nicht einmal zu mir kam. Aber ich ging dann zur Tagesordnung über und bat ihn, wenn ich mich binnen dreier Monate nicht melde, möge er alles zum Magister bringen. Auf diese Weise machte ich ihn zu meinem Testamentsvollstrecker, wovon niemand etwas wußte. Ich lieferte den Beweis für meinen bedingungslosen Glauben an seine Ehrlichkeit – und wie sich später herausstellte – auch den Beweis meiner Blödheit.

Am gleichen Tag händigte ich dem Magister dreieinhalbtausend Złoty zur Verwahrung aus. Ich schrieb auch einen Brief an Mutter und Vater.

Am nächsten Tag, dem jüdischen *Versöhnungstag*, holte uns ein Lastwagen ab. Der Polizeikommandant Kronenberg, sein Stellvertreter Ehrlich, die Brüder Gurewicz, von denen einer Präsident des *Judenrates,* der andere Kommandant der Feuerwehr war, und ihre Frauen kamen ins Lager nach Wilanów. Kronenberg wurde zum Kommandanten der Lager in Wilanów, Karczew, Piekiełko und Saska Kępa ernannt. Ich weiß noch, wie wir gepackt haben. Kronenberg nahm ein Sofa, einen Schrank, neue Sachen und auch den Hund Papuś mit. Speziell deswegen hat er Inspektor Frank um Erlaubnis gebeten.

– Was täten die Deutschen nicht für meinen Mann, für meinen Ben? Alles, worum er sie bittet.

So prahlte Frau Kronenberg vor uns, also erhielt er auch die Erlaubnis. Für Kronenberg war das die Abreise in den Sommerurlaub. Die Mehrheit der Polizisten trat eine Reise ohne Wiederkehr an. Wir verließen Otwock am Versöhnungstag, genau fünf Wochen nach der Aktion. Ich weiß noch, wie wir die Kościelna-Straße entlangfuhren. Vor unseren Häusern standen Polen, die neuen Besitzer unserer Geschäfte, sie lächelten, waren zufrieden … Ich war sicher, daß ich niemals zurückkommen werde, daß ich mein heimatliches Otwock zum letzten Mal sah. Was habe ich damals empfunden?

Die Hölle der ohnmächtigen Auflehnung, zugleich auch die eigene Untätigkeit. Ich fuhr doch freiwillig, niemand zwang mich, niemand bewachte mich. Ich hätte vom Wagen springen und in Otwock bleiben können. Ich dachte an die Zukunft und was sie mir bringen würde. Arbeit und Leben oder Arbeit und Tod? Ich fühlte, daß sie eher den Tod bringt, aber die Mehrheit war anderer Ansicht. Denn Lipszer sagte persönlich zu uns:

– Ihr werdet während des Krieges arbeiten und nach dem Krieg entlassen.

Ich möchte noch die Einstellung der Polen zu den Juden und überhaupt zu der Aktion der Judenvernichtung charakterisieren. Die unteren Schichten der städtischen Bevölkerung und die Bauern verstanden sofort, woher der Wind wehte. Sie begriffen es als Chance, sich zu bereichern, die einzige in Jahrhunderten. Man durfte straflos rauben, stehlen, Menschen töten, so daß viele unter dem Motto »jetzt oder nie« an die Arbeit gingen. Sie erhoben die Hände gen Himmel, um für die Gnade zu danken, daß sie solche Zeiten erleben dürfen … Sie hielten sich für unschuldig, denn nur die Deutschen seien verantwortlich.

In jeder Stadt, in der die Aktion stattfand, wurde das Ghetto vom Mob umzingelt, der an der formellen Jagd auf Juden teilnahm. Einer Jagd nach allen Regeln der Jagdkunst – also auch mit Treibern.

Wie viele Juden kamen durch ihre Hände um? Unzählige! Die Treiber nahmen den Juden bestenfalls das Geld ab und verzichteten auf die Auslieferung an den Polizeiposten. Das war auch so gleichbedeutend mit dem Todesurteil. Was sollte denn der Jude ohne Geld machen? Er konnte selber zum Gendarmen gehen und um eine Kugel bitten. Ich sah es selbst und hörte aus dem Munde der Polen von solchen Fällen.

Unser Hausmeister, Jan Dąbrowski, fing eine Menge Juden ein und lieferte sie an die Gendarmerie aus, nachdem er sie ausgeraubt hat. Die namenlose Masse ging gründlich vor. Die Schaffner in der Bahn haben einander verständigt, wenn sie einen Juden entdeckten: »ich habe den Vogel gefangen«. Der Vogel mußte natürlich »gerupft« werden.

Das erfuhr ich von anderen, ich selbst war Zeuge, als ein Schaffner die Ausweise von »zweifelhaft« aussehenden Frauen kontrollierte. In neunundneunzig Prozent der Fälle riskierte der Schaffner eine Blamage.

– Was? Sie halten mich für eine Jüdin? — bekam er zu hören — Interessant, ob Sie Juden von Amts wegen oder zu privaten Zwecken suchen?

Im hundertsten Falle mußte aber die entdeckte Jüdin mit Zinsen für alle vorangegangenen Bloßstellungen bezahlen. In Warschau entstand sogar ein ganz neuer Beruf: Judenspürhund. Man sollte aber nicht mit dem Stein nach den Leuten werfen, weil sie in deutschen Diensten arbeiteten. Letztlich war es nur der Mob, eine andere Sache ist es, daß in Polen die Hälfte der Bevölkerung zur Unterschicht gehört.

Merkwürdig – während wir Juden nicht im Traum daran dachten, daß der Befehl zur Judenvernichtung alle Juden betrifft, verstanden die Polen sofort, daß kein Jude den Krieg überleben wird.

Überhaupt sind Dinge passiert, die das größte Genie nicht beschreiben könnte, Tragödien, die sich kein Mensch hätte träumen lassen, und trotzdem war alles nicht interessant genug, als daß es zum Gesprächsthema geworden wäre. Der Magister, der täglich mit der Elektrischen nach Warschau fuhr, erzählte mir, er habe auch während der heißesten Zeiten der Aktion nicht gehört, daß man über Juden gesprochen, oder jemand Mitleid mit ihnen gezeigt hätte.

Mit einem Wort – kein interessantes Thema für Gespräche in der Öffentlichkeit, aber um so interessanter für Gespräche innerhalb der Familie. Denn es kam vor, daß ein Pole einen Juden zum Freund hatte, der bei ihm seine Sachen verwahrte. Fuhr dieser dann brav nach Treblinka, war die Sache erledigt. Das Vermögen vergrößerte sich, das Gewissen war rein – *tout va très bien**.

Schlimmer war es, wenn der Jude aufdringlich wurde, leben wollte und seine Sachen verlangte. Dann gab es ein Gesprächsthema. Lohnt es sich zurückzugeben? Wo der Jude doch den Krieg nicht überleben wird, kann er sich nach dem Krieg nicht erkenntlich zeigen. Er wird auch nicht vor Gericht klagen können, keinen Schatten auf den makellosen Namen werfen. Zurückgeben wäre doch eine

---

* Alles bestens. (franz.)

Sünde. Wir geben zurück und andere kommen und nehmen es weg. Deshalb waren achtzig Prozent, auch und gerade der Intelligenz, zur Rückgabe nicht bereit:

– Die Gendarmerie nahm es weg, kommen Sie nicht mehr zu uns.

Es gab auch solche, die die Rückgabe von tausend Złoty verlangten, die sie wegen der jüdischen Sachen den Deutschen zahlen mußten, um sich freizukaufen.

Gewöhnlich war nach ein paar Monaten alles in Ordnung, der Jude ging zugrunde.

Ich möchte nicht behaupten, es hätte keine Polen gegeben, die den Juden gerne halfen, einige sogar völlig uneigennützig. Der beste Beweis dafür ist die Tatsache, daß ich noch lebe; wenn man mir alle Sachen genommen hätte, gäbe es mich nicht mehr auf dieser Welt.

Ich könnte noch an die hundert Jahre von den Sachen leben, die man mir wegnahm, aber das ist nur ein kleiner Unterschied, es handelt sich nur um zwei dumme Nullen.

Interessant sind Veränderungen in der Mentalität vieler Polen, in ihrem neuen Verhältnis zu den Juden. Ich kenne einen Polen, unseren ehemaligen Mieter, der sich für einen hundertprozentigen Patrioten und einen anständigen Menschen hält. Er ist in der Tat anständig. Man kann ihm ohne Vorbehalt vertrauen. Er ist mit Sicherheit der einzige Mieter in ganz Polen, der im Jahre 1943 seinem jüdischen Hauswirt Miete zahlt. Dieser Mensch brachte es fertig, in einem Gespräch mit meinem Vater folgendes zu sagen:

– So viele Jahre habe ich mit diesem Juden Geschäfte gemacht und denken Sie nur, er brachte mir nichts zur Verwahrung. Sie nahmen ihn nach Treblinka – und was hatte er nun davon?! Wenn er mir wenigstens seine Ware überlassen hätte, wo wir uns doch so viele Jahre gekannt haben.

Ein schöner Nachruf, nicht wahr?

Lassen wir lieber die materiellen Belange, das sind schmutzige Angelegenheiten, es ziemt sich nicht, darüber zu reden: »*pecunia olet*«*. Für gewöhnlich dachte man darüber so nach: woher nahmen die Juden das Vermögen? War es nicht aus dem polnischen Boden? Die Zeit ist gekommen, den Polen die Schulden zurückzuzahlen? Es ist also alles in Ordnung.

* Geld stinkt. (lat.)

Nun möchte ich zwei typische Begebenheiten beschreiben.

Frau Alchimowicz gehörte vor dem Krieg der gesellschaftlichen Elite an, sie von hoher Geburt, ihr Mann in gehobener Stellung. Am Kriegsbeginn zog sie in mein Haus und konnte stundenlang mit meiner Frau diskutieren: »Liebe Frau Perechodnik, bald werden die Deutschen zu unser aller Freude fliehen. Dann werden unsere Qualen ein Ende haben. Wie gut wird es nach dem Krieg in Polen. Wissen Sie«, fuhr sie fort, »ich habe Beziehungen zu englischen Kreisen, nach dem Krieg bekomme ich eine Stellung in der Polnischen Bank. Selbstverständlich werde ich während des Krieges Englisch lernen.« Wir hielten sie für eine herausragende Patriotin, Demokratin und einen Menschen mit edlem Herzen. Deshalb war ich auch sehr verwundert, als Frau Alchimowicz nach der Aktion noch nicht mal an mich herantrat, um zu fragen, was mit ihrer »lieben Frau Perechodnik« passiert ist. Die Erklärung dafür kam erst im Herbst. Dr. Lidia Wolańska sagte mir, ihre Nachbarin, Frau Alchimowicz hätte im Gespräch erklärt:

– Der einzige und unvergeßliche Gefallen, den die Deutschen Polen erwiesen, ist die Tatsache, daß sie es von Juden gesäubert haben.

Mehr noch, Frau Wolańska sagte dies ohne Empörung. Sie wiederholte nur, was sie hörte und fügte noch hinzu, was sie selber dachte:

– Herr Perechodnik — begründete sie — so viele Polen werden nach Auschwitz gebracht, Tausende von Menschen werden zu Zwangsarbeit nach Preußen verschickt, den Juden ist bisher aber nichts geschehen, sie brachten keine Opfer. Ist das gerecht? Die Deutschen taten also recht daran, als sie die Juden aus Warschau abtransportierten. Schade nur, daß sie die Juden aus Otwock abtransportieren, denn das waren doch alles Bekannte …

So opferte also Frau Doktor, Mutter zweier kleiner Kinder, reinen Gewissens dreieinhalb Millionen Männer, Frauen und Kinder, als Äquivalent für die Verluste und Opfer der Polen, die in Preußen arbeiten mußten. Man muß noch hinzufügen, daß sie keine Antisemitin war; sie drückte nur die Meinung ihrer Umgebung aus, die sie sich zu eigen machte. Ihr gutes Herz hatte einzig mit den Juden aus Otwock Erbarmen.

Interessant ist die Reaktion der Vorkriegsantisemiten. Die bereits erwähnten Brüder Stasiek und Stefan X. überraschten mich mit ihrer Handlungsweise. Sie stammten aus katholischem Milieu. Mit Juden pflegten sie keinen gesellschaftlichen Umgang, bekämpften ihn sogar mit Mitteln, die ihrem Glauben nicht widersprachen. Für sie war der Jude ein reicher Mann, der die Arbeit der Polen ausbeutet, also war er ein zu bekämpfender Gegner.

Die Zeiten änderten sich, der gemeinsame Feind beherrschte Polen, und obwohl er die Polen gegen Juden aufhetzte, verloren die Einstellungen aus der Vorkriegszeit an Bedeutung. Der Deutsche hat damit begonnen, die Juden auszurotten. Wie standen die Brüder X. dazu? Freute es sie? Nicht im geringsten. Der Deutsche, ihr ewiger Feind, tötete ihre Mitbürger, tötete Männer, Frontsoldaten, die ihr Blut bei der Verteidigung Polens vergossen hatten. Er tötete Kinder, die in Zukunft den Wiederaufbau des durch den Krieg zerstörten Polen betreiben sollten. Die menschenfreundlichen Herzen der Brüder X. lehnten sich gegen die Judenvernichtung auf. Die Brüder retteten nach Möglichkeit Bekannte und Unbekannte.

Ich verneige mein Haupt vor ihnen. Da sie vor dem Krieg Antisemiten waren, muß ihr Verhalten besonders hoch gewertet werden. In diesen schweren und undankbaren Zeiten handelten sie wie wahre Bekenner Christi und aufrechte polnische Patrioten.

Man sollte aber nicht meinen, daß sich alle Vorkriegsantisemiten so verhielten. Die überwiegende Mehrheit fand jetzt das richtige Betätigungsfeld. Menschen wie die Brüder X. gehen in der Menge unter. Und wie war der Standpunkt der *Polnischen Unabhängigkeitspartei*[29]? Drei Monate nach dem Beginn der Aktion in Warschau, im Oktober 1942, erschien im *»Biuletyn Informacyjny«*[30], dem Wochenblatt der nationalen Streitkräfte, ein Artikel über die Aussiedlung der Juden.

Man unterstrich den deutschen Vandalismus, bemitleidete die jüdische Tragödie, um in der Konklusion zu folgendem Schluß zu gelangen: Der besten jüdischen Schicht, die vor dem Krieg nicht parasitär auf einem fremden Organismus leben wollte und nach Palästina emigrierte, sei es bestimmt zu leben; der Rest des Volkes gehe zurecht zugrunde.

Die polnischen Streitkräfte vertraten den antisemitischen Standpunkt der Vorkriegszeit und hatten nicht die Absicht, die Juden zu verteidigen. Wenn in der Untergrundzeitung wenigstens ein Kommuniqué folgenden Inhalts erschienen wäre: »Mit dem Urteil des Sondergerichts wurde Funktionär X der *blauen Polizei*[31] zum Tode verurteilt, weil er Juden festgenommen und an die Deutschen ausgeliefert hat. Das Urteil wurde dann und dann, am Ort so und so vollstreckt«, wäre die Situation anders. Verschiedene polnische Polizisten und private Spürhunde würden automatisch das schändliche, aber einträgliche Prozedere bleiben lassen. Leider sind weder ähnliche Meldungen erschienen noch haben die Streitkräfte versucht, junge und fähige Juden anzuwerben, um die Partisanenverbände zu verstärken. Erst im Dezember nahm die *Polnische Arbeiterpartei*[32] mit dem Warschauer Ghetto Kontakt auf, um gegen Bezahlung Waffen zu liefern. Es war jedoch zu spät, als daß sich die Juden hätten retten oder den Deutschen ernstere Verluste zufügen können. Die letzten jüdischen Mohikaner konnten jedoch dank dieser Hilfe mit der Waffe in der Hand ehrenvoll untergehen.

Es fällt mir schwer, über die Polen zu schreiben. Was jetzt geschieht, ist die größte Enttäuschung meines Lebens. Sechsundzwanzig Jahre lebte ich unter den Polen, nahm die Kultur an und verehrte die polnische Literatur, ich liebte Polen, betrachtete es als meine zweite Heimat, und erst im letzten Jahr lernte ich das wahre Gesicht der Polen kennen.

Gerne werde ich über edelmütiges Verhalten der Polen Juden gegenüber schreiben, aber ich kann über die Gemeinheit derer nicht schweigen, die aus Habgier oder durch blinden Haß geleitet hunderttausende von Menschenleben geopfert haben.

Man muß der Wahrheit ins Gesicht sehen.

Die Juden kamen vor allem deswegen um, weil sie nicht rechtzeitig erkannt haben, wie weit deutsche Grausamkeit und deutscher Vandalismus gehen können. Sie waren aber über die Gemeinheit einiger Polen sehr gut im Bild, sie wußten, was vor ihnen die Tore des polnischen Stadtviertels verschließt und sie dazu zwingt, im Ghetto auf das nahe und unausweichliche Todesurteil zu warten.

Ich bin keineswegs verblendet, ich meine nicht, daß es die Pflicht eines jeden Polen wäre, unter Lebensgefahr jeden Juden zu verstecken. Ich meine aber, daß es die Pflicht der polnischen Gesellschaft wäre, den Juden Bewegungsfreiheit im polnischen Stadtviertel zu gewähren. Die polnische Gesellschaft müßte alle, die Juden nachspüren, scharf verurteilen.

Es ist wahr, die Polen haben mir, dem Vater, der Mutter geholfen – sie haben tausenden anderer Juden geholfen. Ich möchte nicht undankbar sein, deshalb ändere ich mein Vorgehen. Von nun an werde ich nicht mehr von den Polen und von ihrem Verhältnis zu den Juden reden, sondern über Herrn X., Y. oder Z. schreiben. Bei jeder guten und jeder niederträchtigen Tat werde ich den jeweiligen Menschen benennen. Wenn man an die Bösen denkt, darf man nicht auf die Allgemeinheit schließen. Ist die Statistik der guten und der bösen Taten von Bedeutung? Nein, das ist nicht wichtig! Gott der Allerhöchste hat in dieser Sache Stellung bezogen. Im Alten Testament steht geschrieben, wenn in einer Stadt zehn Gerechte zu finden sind, so werde diese Stadt nicht zerstört. Wahrscheinlich finden sich diese zehn Gerechten in Warschau ebenso wie in jeder anderen Stadt.

Die polnische Bevölkerung kann also nachts ruhig schlafen, denn ihr droht nichts. Diejenigen, die geraubt haben, besitzen jetzt etwas, und sie werden es behalten.

Auf der Fahrt zum Lager durchqueren wir Warschau. Was ist aus dem Ghetto geworden, das einst siebenhunderttausend Einwohner zählte? Wie haben sich die Deutschen zu helfen gewußt? Aus Erzählungen von Augenzeugen weiß ich, wie das passiert ist. Über den Beginn der Aktion in Warschau habe ich bereits geschrieben. Sie wurde fortgeführt unter dem Motto: Betrug und Tempo. Das heißt, die Leute sollten sich sicher wähnen, daß sie nicht in Frage kommen. Das Arbeitstempo sollte das Nachdenken verhindern.

Zuerst schickte man einen Teil der Menschen vorläufig nach Treblinka oder ins Straflager nach Lublin[66]. Einige von ihnen durften Briefe zu ihren Familien nach Warschau schreiben. Mehrere solcher Briefe machten in Windeseile im ganzen Ghetto ihre Runde und beruhigten die Bevölkerung, da niemand die Absicht hegte, Juden zu morden, man wollte lediglich Nichtsnutze zu produktiver Arbeit zwingen.

Man erklärte sich das so, daß diejenigen nicht abtransportiert werden, die in Szops arbeiten – gibt es für die Deutschen einen Unterschied, wo die Juden arbeiten? So war denn jeder um Arbeit bemüht und hütete sorgsam die Bescheinigung mit der Unterschrift eines SS-Würdenträgers.

Die häufigen Umzüge, die Gründungen neuer Szops, die Bemühungen um Arbeit, die tägliche Menschenjagd, die Blockaden einzelner Häuser und ganzer Straßenzüge, die persönlichen und die gemeinschaftlichen Tragödien – all das verursachte solch einen Wirrwarr, daß alle wie in einem Alptraum lebten und agierten. Je länger die Aktion dauerte, umso kleiner wurde die Zahl der Menschen, die keine »waschechten« Papiere besaßen.

Ein Teil von ihnen arbeitete im polnischen Viertel in sogenannten *Niederlassungen*[33]. Sie gingen am Morgen weg und kamen am Abend mit einer Eskorte zurück. Als Blockaden durchgeführt wurden, mußten alle vor die Häuser kommen und ihre Papiere zeigen. Die Familien der Arbeitenden kamen ganz ruhig heraus, man prüfte ihre Dokumente, ließ sie in Reihen antreten und schickte sie zum *Umschlagplatz,* von dort weiter in die Waggons. Als die Männer von der Arbeit zurückkehrten, trafen sie niemanden mehr zu Hause an.

Später fanden Selektionen in den Szops statt, dieses Mal unter dem Vorwand, es müsse geprüft werden, ob der Bestand an Menschen mit den Listen übereinstimme. Die Arbeiter versteckten sich nicht. Sie wurden in Reihen aufgestellt, sechs rechts, sechs links. Die einen wurden zurück an die Arbeit geschickt, die anderen kamen direkt in die Waggons. Zur Arbeit kehrten meist Krüppel und physisch Unterentwickelte zurück. Je mehr ihnen jemand ins Auge fiel, je hübscher eine Frau war, umso schneller wanderte sie in den Waggon. Bei den Selektionen gingen die Deutschen gezielt vor, so ließen sie z. B. die Ehemänner frei und verschickten die Ehefrauen. Es halfen keine Bitten, daß er oder sie zusammen verschickt werden wollten. Die sadistischen Künste der Deutschen lassen sich nur schwer aufzählen, aber man kann sich auf sie verlassen.

Vor einiger Zeit schon trafen Nachrichten von Aussiedlungen in anderen Städten ein. Die Menschen erfuhren mit Erstaunen, daß ganze Ghettos mit Arbeitern aus den Szops, Beamten des *Judenrates* und der Polizei abtransportiert wurden. Schloß jemand daraus, daß auch Warschau eine vollständige Aussiedlung drohte? Mitnichten. Die Deutschen lancierten nämlich das Gerücht, daß drei Ghettos mit Warschau an der Spitze bestehen bleiben werden. Man glaubte sehr gerne daran. Vielleicht taten ihnen auch die übrigen Juden leid, aber die Warschauer Juden hatten genügend eigene Tragödien und wenn sie Glückspilze waren, dann reichte ihnen der Blick auf das Unglück der anderen.

Man erließ den Befehl, jeder jüdische Polizist müsse täglich fünf »Köpfe« zum *Umschlagplatz* bringen.

– Jungs — brüllte der Vizekommandant der Polizei, der Anwalt Lejkin[34] — heute ist der letzte Tag der Aussiedlung. Wenn ihr eure Frauen und Kinder retten wollt, muß jeder von euch heute fünf Juden abliefern.

Am nächsten Tag beim Appell die gleiche Rede und so fort an jedem Tag. Es gibt keine Entschuldigung für die jüdischen Polizisten aus Warschau. Sie können sich nicht mit der Erklärung verteidigen, sie handelten in geistiger Umnachtung. So hätte man vielleicht an einem Tag, aber nicht drei Monate lang handeln können. Ihre Herzen wurden zu Stein, alle menschlichen Regungen wurden ihnen fremd. Sie fingen Menschen ein und raubten, wo es ging. Eigenhändig holten sie Säuglinge, die die Mütter in Wohnungen zurückließen, weil sie nicht in die Verstecke mitgenommen werden konnten, und lieferten die Winzlinge bei den Ukrainern ab. Wen wundert es, daß die Juden ihre Polizei mehr als die Deutschen und die Ukrainer haßten. Nichts ist schlimmer, als einen Bruder gegen den anderen aufzuhetzen.

Es gab eine verschwindende Handvoll Juden, die erkannt hatte, daß man legal nicht leben konnte. Der eherne Brief mit der Unterschrift des »*SD*«[35] bedeutete für sie: S u c h e   D e c k u n g ! Sie waren es, die mit ihren Familien bis zur letzten Ghettoauflösung überdauerten. Es waren jedoch nur wenige.

Unmittelbar vor dem Versöhnungstag gab man die folgende Verlautbarung bekannt.

– Alle Juden müssen sich in dem Block der Häuser zwischen der und der Straße aufstellen. Das sind die Grenzen des neuen Ghettos. Dort wird es neue Szops geben und die Juden werden dort bleiben. Wer sich nicht stellt und in der alten Wohnung bleibt, wird erschossen.

Die ganze Bevölkerung, achtzigtausend Personen, stellte sich im später so genannten *Kessel* auf. Dort erwartete sie, statt Heim und Arbeit, eine erneute Selektion. Die Zahl der Arbeiter wurde in jedem Szop nahezu halbiert, die Arbeiter einiger Szops wurden *in corpore* aufgestellt und zum *Umschlagplatz* abkommandiert. Ich besitze kein Talent, um das zu beschreiben, was sich im Kessel abgespielt hat, obwohl ich es aus Erzählungen von Augenzeugen kenne. Achtzigtausend Männer, Frauen und Kinder eingepfercht zwischen ein paar Häusern, ganze Tage und Nächte auf der Erde sitzend. Immer wieder kracht eine Salve in die resignierte Menge. Die Ukrainer feuerten aus reiner Freude am Töten. Sie schossen auch, damit die Juden nicht aus ihrer Erstarrung erwachten und mit Taten reagierten. Immer wieder fiel eine Serie von Schüssen in der dunklen Nacht, immer wieder hörte man anhaltende Schmerzensschreie. Es stöhnten die Verletzten, denen man nicht den Rest gab. Kinder klagten bei ihren Müttern ein Stück Brot ein, abgehärmt und hungrig schmiegten sie sich an den mütterlichen Schoß, um dort Schutz und Sicherheit zu suchen.

Der deutsche Satan allein kennt die Regeln, nach denen die Selektion vorgenommen wird. In die Waggons geht die erste oder die letzte Reihe. Es kommt vor, daß die Mütter freigelassen werden, und die kleinen, verlassenen Kinder in den Waggon wandern. Heroische Aufopferung geht einher mit gemeinen Taten. So verschieden kann es auf dieser Welt zugehen; auf der einen Seite der Mauer die reinste Hölle, auf der anderen – für freie Menschen, nicht für Juden – ein wunderschöner Augusttag.

In diesem Kessel mußte sich auch die jüdische Polizei mit Frauen und Kindern aufstellen.

– Jungs — sagte Lejkin zu ihnen — wollt ihr eure Frauen und Kinder retten, dann führt die letzte Blockade durch, ich garantiere, daß euren Familien kein Haar gekrümmt wird.

Die Jungs gingen weg und in der Zwischenzeit wurden ihre Frauen und Kinder in die Waggons verladen. Die Hälfte dieser Knechte der Deutschen ebenfalls. Wurde der Abtransport der Polizisten für ihre Kollegen zum warnenden *memento*? Keineswegs. Ein jeder Jude bekam eine Psychose, jeder hielt sich für etwas Besseres, jeder meinte, gerade er werde nicht ausgesiedelt.

Danach wurde das Ghetto verkleinert. Die am Leben Gebliebenen arbeiteten in Szops. Jeder Szop war eingezäunt. Zwischen sechs Uhr früh und fünf Uhr abends durfte man die Straßen nicht betreten. Den Verbliebenen kam es vor, als hätten sie sich vor einer geschichtlichen Katastrophe gerettet.

In der Stadt macht die Nachricht die Runde, daß alle Abtransportierten in Treblinka ermordet wurden. Die Menschen beweinen ihre Familien, ihre Kinder. Im Unglück der anderen suchten sie Trost für ihre schmerzerfüllten Herzen.

Dennoch wollte jeder leben, wollte den Krieg überdauern, wollte mit eigenen Augen das Ende der verhaßten Deutschen sehen, wollte selbst Hand anlegen bei der großen Straf- und Racheaktion für den deutschen Vandalismus – folglich lebten alle weiter. Geld war kein Problem im Ghetto. Die Juden ernährten sich gut. Sie fühlten sich, wie ein vom Typhus Genesener: geschwächt, aber zugleich sicher, daß ihn die gleiche Krankheit nicht nochmal befallen wird. Warschau war sicher – glücklich, wer dort bleiben konnte.

Mittlerweile trafen im August und September 1942 regelmäßig Judentransporte aus Belgien, Holland und Frankreich in Treblinka ein. Es zeigte sich, daß solche Aktionen wie das Schießen auf Wehrlose und das Einpferchen in Viehwaggons, die bei uns gerne praktiziert wurden, in Belgien oder Frankreich undenkbar waren. Offensichtlich herrschten dort andere »klimatische« Bedingungen. Vielleicht ließ der Charakter der dortigen Deutschen ein so barbarisches Vorgehen nicht zu? Vielleicht fürchteten die Deutschen empörte Stimmen der Belgier und Franzosen, die ihre Verachtung für den deutschen Vandalismus laut kundtäten und ihren jüdischen Mitbürgern tatkräftig geholfen hätten?

Jedenfalls wandten die Deutschen dort eine andere Taktik an. Es entstand eine Bank, die Landparzellen an Juden in östlichen Teilen Polens verkaufte.

– Juden, ihr werdet dort auf eigenem Acker arbeiten, es wird euch an gar nichts fehlen.

Die Juden hatten keinen anderen Ausweg, sie kauften die Grundstücke und bestiegen Pullmannwaggons. Sie nahmen großes Gepäck mit, ja – sogar Grammophone, die während der Fahrt spielten. Sie sorgten sich nicht, denn sie fuhren nach Osten, um auf dem Akker zu arbeiten oder in die Industriestadt Treblinka.

Als die Züge Stationen in der Nähe Warschaus passierten, wo Juden in den sogenannten Niederlassungen arbeiteten, kam es zu Gesprächen.

– Wohin? — wurde gefragt.

– In die Industriestadt Treblinka — antworteten sie aus dem Zug.

Die polnischen Juden machten ein Handzeichen, das den Verlust des Kopfes bedeuten sollte, die belgischen Juden lachten darüber. Sie glaubten den Blöden nicht, die ihnen Angst machen wollten ...

Der Zug rollte weiter auf die Industriestadt Treblinka zu. Und es war tatsächlich eine Industriestadt, dort wurde Dünger ... aus den Knochen lebendiger Menschen hergestellt.

———

Nach der Beschreibung fremder Schicksale komme ich auf mein eigenes zurück. Wir kamen in Piekiełko an: ein großer, leerer Platz, eingezäunt mit Stacheldraht, zwei Baracken. In der kleineren befand sich die Wachstube der jüdischen Polizei, das Lebensmittelmagazin und das Zimmer des Kommandanten. Die größere war für die Häftlinge bestimmt. Auf dem Hof befand sich ein Brunnen und etwas weiter ein großer, mit Brettern eingezäunter Graben, der als Abort diente.

Auf dem Hof bewegten sich in Lumpen gehüllte Arbeiter. Auf dem Stacheldraht hingen auf der Hofseite nasse Hemden, Unterhosen und andere Kleider, wie Fahnen. Im Umkreis von einem Kilometer sah man keine anderen Gebäude, nur direkt am Lager standen drei kleine Hütten, die von Polen bewohnt wurden.

Als der Wagen auf dem Hof anhielt, sprangen wir schnell ab und warfen unsere Koffer auf den Boden. Der Fahrer hatte es eilig, er mußte noch Kronenberg nach Wilanów bringen. Dieser hielt eine Abschiedsrede.

– Jungs! — sagte er zu uns — denkt daran, daß uns ein gemeinsames Schicksal verbindet. Wir können zwar nicht alle Generäle werden, ein Teil muß mit der Schippe arbeiten, aber das macht nichts. Ihr seid jung, gesund, es ist schön – ihr werdet gebräunt, wir werden den Krieg überleben. Alle. Wir sind Otwock verbunden, so daß wir dorthin zurückkehren und einen neuen jüdischen Iszuw* gründen werden.

Und die Jungs, wie Jungs eben sind, riefen:

– Hurra, hoch lebe unser Kommandant!

Sie warfen ihn hoch. Ich stand abseits, denn ich war skeptisch gegenüber diesen Worten und der Person, die da sprach. Ich sah schwarz für unsere Zukunft.

Unser Kommandant wurde Landsberg, Vizekommandant wurde Kreisler, der Schwager Ehrlichs. Beide haben sie ihre Ehefrauen retten können, die auch bei uns im Lager weilten. Wir ehemalige Polizisten waren etwa vierzig. Für den aktiven Dienst wurden zwölf ausgewählt. Das waren skrupellose Menschen, mit versteinerten Herzen und starken Händen. Aus dem nächstgelegenen Ghetto in Legionów kamen über dreihundertfünfzig Arbeiter. Dort hatte die Aktion noch nicht stattgefunden. Die Arbeiter waren deshalb guter Dinge. Sie arbeiteten im Lager, der Rest wurde in der örtlichen Kaserne beschäftigt. Dem Vorsitzenden ihres *Judenrates* wurde auch versichert:

– Legionów kommt nicht in Betracht.

Ich fragte sie, warum sie so abgerissen waren, warum sie keine Decken hatten. Sie antworteten, daß es jetzt noch warm sei, darum wäre es schade, die guten Sachen mit ins Lager zu nehmen, es sei besser, sie zu Hause in Legionów zu haben. Ich redete ihnen zu, ihre Wohnungen aufzulösen, ihre Habe ins Lager mitzunehmen und ihre Familien auf gut Glück ins polnische Viertel zu schicken. Man fertigte mich mit spöttischem Gelächter ab.

– Ganz im Gegenteil — sagten die Arbeiter zu mir — wir beabsichtigen gerade, ins Ghetto zurückzukehren. Sollen wir etwa hier arbeiten und hungern, während im Ghetto die Reichen weiterhin die großen Geschäfte machen? Niemals! Mit unserem Vorsitzenden rechnen wir nach dem Krieg dafür ab, daß er uns hierher geschickt hat und sich selber mit seiner ganzen Sippe im Ghetto breitmacht.

– Vorläufig — erklärte mir jemand im Vertrauen — bemühen wir uns um Stellvertreter ...

* Siedlung (hebr.).

158

Angesichts solcher *verba dicta* blieb mir nichts weiter übrig, als darauf zu verzichten, irgendwelche Ratschläge zu erteilen.

Täglich um fünf Uhr früh gingen wir zur Arbeit – ein neuer Deich an der Weichsel in der Nähe von Żerań sollte aufgeschüttet werden. Anfangs arbeiteten wir in zwei Schichten, später, als die Tage kürzer wurden, nur noch in einer, von acht Uhr früh bis zur Dämmerung. Wir gingen im Dunkel weg und kamen im Dunkel zurück. Wir hatten für nichts mehr Zeit, mit dem Waschen und Rasieren mußten wir bis zum Sonntag warten.

Die Arbeit war schwer und verlangte viel Kraft und Übung. Man mußte Sand in spezielle Waggons schütten, diese schieben und später entladen. Es fiel mir schwer, mich an diese Bedingungen zu gewöhnen. Zum Glück nahmen mir Schwager Janek und mein Kollege aus Otwock Michał Frajbergier von Zeit zu Zeit Arbeit ab. Später lernte ich zu markieren, bemühte mich um eine leichtere Arbeit und überhaupt – da ich davon ausging, daß jede ausgegrabene Schaufel Sand eine Sünde sei – drückte ich mich, wo ich nur konnte.

Die Arbeiten führte die Firma Contractor aus, die Aufsicht lag in polnischen Händen. Wir hatten polnische Ingenieure, Techniker und Vorarbeiter. Der Vorarbeiter, dem wir direkt unterstanden, der schlesische Bauer Grudek, war kein schlechter Mensch. Er machte viel Lärm, brüllte viel, fluchte oft, aber trieb uns nicht sehr zur Arbeit an. Schlimmer war es, wenn uns der Techniker Nowak beaufsichtigte. Dieser trieb uns mit der Rute zur Arbeit, wie Vieh, er brüllte und äffte uns nach:

– *Ny, ny, ny.*

Ich nehme an, daß er zu Hause seine Frau schon aus Gewohnheit antreiben mußte:

– Ny, beweg' dich schneller!

Später, als ich mich daran gewöhnt hatte, fiel mir die Arbeit leichter, aber es war schwierig für mich, dauernd den Nacken zu beugen vor denen, die uns dirigierten. Ich war es nicht gewohnt, mit der Knute zur Arbeit angetrieben zu werden, und die Aufseher waren Polen. Sie drohten oft damit, die Gendarmerie zu verständigen, wenn wir die Arbeitsleistung nicht steigerten.

Bei der Arbeit und auch danach hielt ich mit Janek und Michał zusammen, wir führten sogar eine gemeinsame Kasse. Wir ernährten uns ganz gut. Das Essen im Lager war nicht das schlechteste, und weil wir einen gesegneten Appetit hatten, kauften wir Nahrungsmittel in den Häusern der Umgebung zu.

Mejer, der Eigentümer eines dieser Häuser, verdiente sich an den Polizisten eine goldene Nase. Wir hatten jedoch volles Vertrauen zu ihm, er erledigte für uns viele Sachen in Warschau. Nach der Arbeit spielten wir Karten. Ich mit Michał ganz bescheiden nur zum Vergnügen, der Hasardeur Janek spielte bis spät in der Nacht Siebzehn und vier. Ich fragte ihn gar nicht nach dem Ergebnis. Da ich Janek kenne, wußte ich, daß er imstande war, nicht nur sein, sondern auch mein letztes Hemd zu verspielen.

– Wie das Leben so spielt — sagte er oft zu mir — als Rachel lebte, hatte ich ein Ekzem im Gesicht und verlor ständig beim Kartenspiel. Jetzt, wo sie nicht mehr da ist, ist das Ekzem verschwunden und ich gewinne. Die Ärmste konnte es kaum erwarten, daß ich das Ekzem loswerde.

Das Leben im Lager wäre erträglich, wären da nicht zwei Übel:

1) die Läuse, die uns fürchterlich befielen und die wir gar nicht wieder loswurden. Häufige Waschungen und Wäschewechsel halfen überhaupt nicht. Die Arbeiter waren furchtbar verlaust, also waren wir es auch.

2) die Stellung des Kommandanten Landsberg und der aktiven Polizei.

Die Polizisten aus Otwock haben bereits vergessen, wie es noch vor kurzem war, sie haben wieder zu glauben begonnen, daß sie »bessere, privilegierte Juden« seien. Mit den Knüppeln, die ihnen ausgehändigt wurden, schlugen sie auf Arbeiter ein, denn »Disziplin muß sein«. Sie verlängerten die Exerzierstunde, als wäre es die wichtigste Sache im Leben eines Juden. Es machte nichts, daß die Arbeiter nach der Arbeit müde waren, oder den freien Sonntag für sich nutzen wollten.

– Rechts ausrichten! Links ausrichten! Achtung! Rührt euch! Herr Kommandant, melde gehorsamst ...

und so dauerte das Militärspiel viele Stunden. Eines Tages wird die Gendarmerie vor diese Militärmarionetten mit ihrem Kommandanten erscheinen und das Spiel mit dem Befehl, sich auf den Boden zu legen, beenden.

Nur uns, ihre ehemaligen Kollegen, wagten sie nicht mit Exerzieren zu quälen oder gar zu schlagen. Sie bemühten sich aber, uns zu schikanieren, wo immer es nur ging. Janek und Michał waren besonders betroffen, da sie als aufsässig galten.

In den Beziehungen der Juden untereinander dominierte der Neid. Man nahm es Kronenberg, Ehrlich, Landsberg und Kreisler übel, daß sie ihre Frauen retten konnten. Man forderte Posten, die es einem erlaubten, nicht zu arbeiten und sich erstklassig zu ernähren; man beneidete diejenigen, die nach Częstochowa geflohen waren, die viel Geld hatten, die bereits den Typhus überstanden hatten, die ein gutes, arisches Aussehen hatten und die polnische Freunde hatten. Einer beneidete den anderen um das, was er selbst nicht hatte. Aber niemand merkte, daß uns alle das gleiche Los erwartete. Der Tod. Niemand glaubte daran.

Die Arbeiter schauten mit Stolz auf das Ergebnis ihrer Arbeit – ein prächtiger neuer Deich. Ihre Selbstsicherheit wuchs, je größer er wurde. Sie fühlten sich immer unentbehrlicher, jeder von ihnen schüttete schließlich neunzehn Kubikmeter Sand auf. Und das alles für läppische zweihundert Gramm Brot und einen Teller Suppe.

Eines Tages schlug die Nachricht ein, daß in Kołbiel die Aktion stattgefunden hat. Also auch an einem Ort, den man bisher für den sichersten hielt. Die Juden in Kołbiel haben jedoch die Aktion erwartet. Am Samstag rechneten sie damit, daß sie am Montag stattfinden würde, indessen begann die Aktion schon am Sonntag um vier Uhr früh.

Was tut die Gendarmerie nicht alles für das große Deutschland – sie ist sogar bereit, am frühen Morgen und auch am Sonntag aufzustehen.

In Kołbiel, so wie überall, hatten die Deutschen keine besondere Arbeit. Die ansässigen Juden betrachteten die Synagoge als eine Art Lager, sie verbrachten dort die Nächte und verließen sie nur, um zu arbeiten. Also reichte es aus, sie aus der Synagoge zu treiben, auf dem Platz aufzustellen und nach Pilawa zu scheuchen, um sie dort in die Waggons zu verladen.

Einige ehemalige Polizisten, die von Otwock nach Kołbiel geflohen sind, gelangten auch in die Waggons. Ich war sicher, daß meine Mutter und meine Tante ebenfalls umgekommen sind, aber es regte mich nicht sonderlich auf. Seit längerer Zeit war ich davon überzeugt, daß Kołbiel von der Aussiedlung nicht verschont bleibt, deshalb war ich auf ihren Tod vorbereitet.

Überhaupt war ich nach dem Verlust der zwei teuersten Wesen, meiner Frau und meines Kindes, völlig unempfindlich gegen alles. Kein Tod, auch mein eigener, könnte mich aus dem Gleichgewicht bringen. Das soll nicht heißen, ich wünschte anderen den Tod, denn ich war der Meinung »*sauve qui peut*«*. Ich fühlte, daß meine Tränen ausgetrocknet sind; wenn ich noch weinen kann, dann nur bei der Erinnerung an die Lichtgestalt meiner Frau und das Engelsbild meiner kleinen Tochter.

Am gleichen Tag, dem zweiten Tag des Laubhüttenfestes, traf im Lager der Vorsitzende des *Judenrates* aus Legionów ein und hielt uns eine große Rede.

– Arbeiter — sagte er — ihr jammert, daß ihr arm seid und euch nicht von der Arbeit im Lager freikaufen könnt. Ihr werft mir vor, daß alle reichen Männer im Ghetto geblieben sind, wo sie weiterhin gute Geschäfte machen. Ihr habt Unrecht! Mit eurer Arbeit rettet ihr die Stadt vor der Aussiedlung. Die Stadt wiederum zahlt für die Lebensmittel, die ihr hier erhaltet. Der Judenrat von Legionów denkt an euch und kümmert sich um eure Bedürfnisse, von morgen an wird die tägliche Ration vergrößert. Ihr müßt aber weiterhin selbstlos arbeiten, eurem Kommandanten gehorchen, dann wird euch und euren Familien im Ghetto nichts Böses widerfahren.

Die Arbeiter hörten der Rede ruhig zu, danach fingen sie an, über die schlechte Behandlung im Lager zu klagen und fragten, warum gerade sie, als Väter vieler Nachkommen, ins Lager geschickt wurden und wovon ihre Kinder im Ghetto leben werden. All das hörte ich mit großem Erstaunen. Solche Reden konnte man in den Anfangsjahren des Krieges halten, aber doch nicht im Oktober 1942, als fast alle Ghettos auf polnischem Boden liquidiert waren

---

* Rette sich, wer kann. (franz.)

und ihre Einwohner in Treblinka verbrannt worden sind. Aber die Arbeiter schienen dem Vorsitzenden zu glauben. Obwohl sie das jüngste Beispiel aus Otwock vor Augen hatten, zogen sie es vor, sich etwas vorzumachen und sich selbst zu belügen. Idiotenbande. Ich wollte sogar dem Vorsitzenden raten, mit seiner Frau und der ganzen Familie ins Lager umzuziehen, aber ich schwieg lieber. Ich fürchtete, gesteinigt zu werden. Als früher einer der Arbeiter unbedacht den Vorsitzenden beleidigte, bekam er, auf Befehl des Lagerkommandanten Landsberg, sofort zwanzig Hiebe.

Einige Tage später erreichte uns die Nachricht von der vollständigen Aussiedlung Częstochowas. Man transportierte angeblich zweiunddreißigtausend Leute ab. Alle, die dorthin aus Otwock geflohen sind – Rynaldo, Klajner, die Familie Ehrlichs und viele andere – sind umgekommen.

Gerade damals, nachdem ich diese Nachricht vernommen habe, begann sich in meinem Kopf die Wahrheit über die Methode der Deutschen zusammenzusetzen; seit langem schon sammelte ich einzelne Glieder und als ich sie dann zu einer logischen Kette verband, entstand ein grauenvolles Bild, an das ich selbst kaum glauben konnte. Meine Folgerungen teile ich anderen Kollegen mit, aber keiner wollte mir zuhören. Sie lachten mich sogar aus; denn sie waren keine Juden, sondern Arbeiter, die kostenlos für die Deutschen arbeiteten, und wer entledigt sich eines unbezahlten Arbeiters? Tatsächlich, eine Idiotenbande!

Am letzten Tag des Laubhüttenfestes, dem fröhlichsten Festtag für die Juden, fand am frühen Morgen die Aktion in Legionów statt. Die Stadt wurde davon nicht überrascht, denn um Mitternacht verständigte die polnische Polizei das Ghetto von der bevorstehenden Aussiedlung. Viele Menschen flohen. Sie orientierten sich in die Richtung unseres Lagers, wo ihre Ehemänner, Brüder und Söhne waren.

Die jüdischen Polizisten flohen nicht, sie dachten an das Los der Otwocker Polizei, über die noch die Fama ging, sie habe nach der Aktion dickes Geld gemacht. Auch die Arbeiter aus der Kaserne meinten, ihnen drohte nichts. Zu Unrecht.

Der Sekretär des *Judenrates* und auch der Kommandant der jüdischen Polizei, obwohl dieser so manches einträgliche Geschäft mit der Gendarmerie abschloß, wurden von Lipszer persönlich umgebracht. Alle übrigen Juden wurden nach Radzymin getrieben und in die Waggons verladen. An diesem Tag fand auch hier die Aktion statt. Auch die jüdische Polizei kam in die Waggons, lediglich zwölf Polizisten – mit dem Vorsitzenden des *Judenrates* an der Spitze – kauften sich mit drei Kilogramm Gold frei. Tatsache ist, daß sie nach einigen Tagen von der Gendarmerie mit einem Lastwagen in unbekannter Richtung abtransportiert wurden. Das Gerücht ging um, sie seien ins Warschauer Ghetto geschickt worden, ich nehme aber an, daß sie ganz einfach erschossen wurden. Ich bedaure die Polizisten aus Legionów nicht im geringsten, sie haben zwar nichts verbrochen, halfen den Deutschen bei der Aktion nicht, aber sie haben ihr Schicksal verdient. Sie wollten nach der Aktion nur deshalb in Legionów bleiben, um das jüdische Vermögen zu beerben, erst dann waren sie bereit, ins Lager zu gehen.

In unserem Lager hörte man Weinen und Wehklagen. Die Arbeiter beweinten ihre Familien. Plötzlich bemerkten sie, wie abgerissen sie waren, fast nackt und ohne Geld – wo doch der Winter vor der Tür stand. Unterdessen erschienen immer neue Flüchtlinge aus Legionów vor unserem Stacheldraht, sie baten um heißen Kaffee oder um einen Teller Suppe. Männer, die bis dahin bezahlten, um nicht ins Lager zu gehen, baten nun darum, aufgenommen zu werden. Die Nächte verbrachten sie im Wald, bei Tagesanbruch kamen sie an den Stacheldraht zurück. Die Arbeiter teilten ihre Portionen mit ihnen, die Polizei aber verscheuchte sie mit Knüppeln.

– Die Gendarmerie kommt — brüllten sie — euretwegen bringen sie uns um. Fort vom Stacheldraht, verschwindet hier!

Am nächsten Tag traf der Stellvertreter des Arbeitsinspekteurs Frank ein und erlaubte, alle Männer, die in der Nähe des Lagers streunten, in die Liste der Arbeiter aufzunehmen. Etwa zwanzig kamen zusammen. Die Freude war riesig. Und der Rest?

Wenn wir am frühen Morgen zur Arbeit gingen, sahen wir überall die ausgemergelten Gesichter der Juden, der Jüdinnen, der kleinen Kinder, auch schwangere Frauen waren dabei. Es ist hart, eine Oktobernacht im Wald zu verbringen. Mir fiel es schwer, auf den Tod meiner Brüder zu schauen, mir ständig die Frage zu stellen, wie lange sie noch zu leben hätten. Einen Tag, zwei, oder eine Woche?

Nach der Rückkehr von der Arbeit begann ich, mit diesen Juden zu reden. Ich riet den Müttern kleiner Mädchen nach Warschau zu fahren und ihre Töchter auszusetzen. Vielleicht würden sie als Ausgesetzte in Waisenhäusern überleben. Ich riet jedem, sich vom Lager zu entfernen, sein Glück im Dorf, unter Bauern zu versuchen. Ich versicherte ihnen, daß sie hier die Gendarmerie auf der Stelle umbringen würde.

Niemand hörte auf mich. Die Menschen besaßen noch genug Energie, um zu vegetieren, aber viel zu wenig, um aktiv um ihr Leben zu kämpfen. Eigentlich schreibe ich Unsinn; aktiv um ihr Leben kämpfen, ja, schon – aber auf welche Weise? Eine Mutter kehrte mit ihrer kleinen Tochter zum Lager zurück. Nicht nur ihr wurde der Mantel weggenommen, sondern ihrer kleinen Tochter auch.

Eines Abends fand eine Razzia statt. Wir waren sicher, daß es darum ging, alle außerhalb des Lagers einzufangen, um sie umzubringen. Aber wir irrten uns; die Razzia wurde von der polnischen Polizei auf eigene Rechnung durchgeführt. Sie nahm den Juden alles Geld und die Wertsachen ab, lieferte sie aber nicht an die Gendarmerie aus.

Was für »anständige Leute«!

Ungefähr eine Woche nach der Aktion in Legionów führte die Gendarmerie eine Menschenjagd rund um das Lager durch und fing alle Juden ein. Zwanzig Flüchtlinge, die früher in die Liste der Arbeiter aufgenommen wurden, holte man aus den Reihen heraus. Die Eingefangenen, etwa achtzig an der Zahl, ließen die Gendarmen vor dem Gebäude der jüdischen Polizei zurück und fuhren davon.

Wir hatten Angst, nach Beendigung der Arbeit ins Lager zurückzukehren. Ein Teil war dafür, das Ende der Exekution abzuwarten. Die Mehrheit war aber der Meinung, man sollte zurückkehren, aber in geraden Reihen marschieren, um sich deutlich von den Eingefangenen zu unterscheiden. So taten wir es dann auch.

Die Ungewißheit unseres Schicksals, die Angst vor dem drohenden Tod brachten uns in eine Grabesstimmung. Gegen meinen Willen fiel mir ein Gedicht von Słowacki[36] ein, das ich leicht abwandle:

Wie das kleine Kind, das den Weggang der Mutter beweint,
Bin auch ich den Tränen nah,
Wenn ich die Sonne schaue, die mir über den Wellen
Die letzten Strahlen schickt …
Obwohl ich weiß, daß es morgen eine neue Morgenröte gibt,
Bin ich doch traurig, o Herr!

Die Gendarmerie war noch nicht zurück. Neben der Baracke saßen Juden und Jüdinnen mit Kindern auf der Erde, einige von ihnen hielten Säuglinge auf dem Arm. Ein alter, bärtiger Jude trug noch aus Gewohnheit die weiße Binde mit dem Stern auf dem Ärmel. Alle warteten weinend auf die Kugeln. Unter den Festgesetzten befand sich die Ehefrau des Vorsitzenden des *Judenrates*. Früher wurde sie von ganz Legionów beneidet: um den Reichtum, die Beziehungen zur Gendarmerie und auch darum, daß sie bestimmt den Krieg überleben wird. Jetzt aber saß »Frau Vorsitzende« auf der Erde und beneidete die Jüdinnen, die in unserer Küche arbeiteten. Diese Judenweiber bewegten sich völlig sicher im Lager, während sie auf den Tod wartete, den ihr Deutsche zufügen werden, mit denen sie persönlich bekannt war. Wie oft waren sie bei ihr daheim zu Gast. Fürwahr, die Fügung des Schicksals ist unergründlich.

Am Abend trafen zehn Gendarmen ein, alle so betrunken, daß sie kaum stehen konnten. Im Lager entstand Bewegung, die jüdische Polizei bewegte sich, wie im Sud.

– Schneller — riefen sie — zehn Leute mit Schaufeln. Bewegt euch schneller, Hurensöhne, an die Schaufeln und hebt einen Graben hinter dem Lager aus.

Die Polizisten trieben die Arbeiter mit Knüppeln an, weil die Gendarmen warteten und ungeduldig wurden. Die Arbeiter fürchteten die Knüppel, sie fürchten die Gendarmerie, also nahmen sie die Schaufeln und hoben eine Grube für ihre Frauen, Brüder und Kinder aus.

Dann war die Grube fertig. Sie führten die Juden hinter das Lager und befahlen ihnen dort, sich zu entkleiden. Es ist Krieg, die Fabriken arbeiten nicht, man darf nichts verschwenden. Also zogen sich die Männer, zogen sich die Frauen aus. Sie legten sich auf die Erde. Die Deutschen begannen mit der Exekution. Sie waren zu betrunken, um mit Gewehren Serien abzuschießen, so bedienten sie sich ihrer Revolver, die mit Schrot geladen waren.

Die Schüsse waren leise, sie verletzten die Opfer oft, töteten aber nicht sofort. Zum Spaß töteten die Gendarmen auch einen Arbeiter, der die Leichen in die Grube warf, einem anderen feuerten sie eine Kugel ins Gesäß.

Zum Schluß ließen sie die Grube zuschütten, daß noch Stöhnen zu hören war, ging sie nichts an.

Sie prüften nur nach, ob die Erde gradlinig aufgeschüttet wurde, sammelten die Kriegsbeute ein und fuhren weg.

Bei der Exekution war ich nicht anwesend, es gefiel mir nicht, meine Brüder zu bewachen. Ich lag auf meinem Lager. Durch das kleine Fenster sah ich, wie die Gendarmen die Juden abführten, ich sah den stellvertretenden Kommandanten des Lagers Kreisler mit einem Knüppel in der Hand. Ich dachte darüber nach, ob auch seine Überreste hier im Lager verbleiben werden, ich hörte die Schüsse, dann das Stöhnen der Verletzten und ... ich schlief seelenruhig ein. Als ich erwachte, waren die Gendarmen nicht mehr da.

Bis heute stelle ich mir die Frage, wie ich in so einem Moment einschlafen konnte. Beweist es ein versteinertes Herz oder einen schlechten Charakter? Oder beweist es vielleicht die Ungeheuerlichkeit der heutigen Zeit? Verflucht seien die Deutschen, daß sie uns so weit gebracht haben.

———

In Legionów lebte einst ein junges Mädchen namens Genia. Sie wohnte mit ihrer älteren Schwester Sonia zusammen. Ihr Vater arbeitete im Lager. Vor der Aktion vergoß sie oft Tränen deswegen, daß sie sich nicht zur Arbeit in der Kaserne hat einschreiben können. Sie war zu arm, um den *Judenrat* zu bezahlen, also blieb ihr nichts anderes übrig, als die Tochter des Vorsitzenden und andere reiche Fräulein zu beneiden, die in der Kaserne gearbeitet haben. In der Nacht vor der Aktion flohen sie aus dem Ghetto, da sie keine deutsche Bescheinigung besaßen. Unterwegs trennten sie sich. Genia irrte ein paar Tage durch die Dörfer, schließlich wagte sie es und stieg in die Bahn nach Piekiełko. Der Schaffner erkannte sie sofort als Jüdin. Genia gab ihm zehn Złoty und – in Erwartung seiner Entscheidung – schaute ihm unruhig in die Augen.

Es kommt verschieden auf dieser Welt: der Schaffner ließ sich nicht vom jüdischen Geld verlocken, stahl aber – wohl aus Gewohnheit – deutsches Eigentum. Er gab nämlich neun Złoty zwanzig Groschen heraus und gab Genia eine »falsche« Fahrkarte. Danach fing er ein Gespräch an. Da Genia einen für heute völlig ungewöhnlichen Menschen vor sich sah, faßte sie Vertrauen und gab zu, wer sie war. Sie sagte auch, sie fahre vorerst zum Vater ins Lager nach Piekieł- ko, beabsichtige aber, zu einer polnischen Bekannten nach War- schau zu fahren.

Der Schaffner, offensichtlich ein guter Mensch, schlug vor, am nächsten Tag zum Lager zu kommen und Genia zu ihrer polnischen Bekannten, Frau J. nach Warschau zu bringen. Er sagte auch, daß er in seiner Wohnung in Falenica eine Jüdin, Frau Irka, verstecke. Er fand sie auf einem Feld nach der Aktion in Otwock. Gegenwärtig helfe sie seiner Frau bei der Hausarbeit und betreue die Kinder. So gingen sie auseinander.

Genia maß diesem Gespräch keine Bedeutung bei, aber am näch- sten Tag … kam der Schaffner und wollte Genia mitnehmen. Sie zögerte keinen Moment, mehr als eine Kugel konnte sie nicht be- kommen. Als sie Warschau erreichten, nahte die Polizeistunde. Wegen der späten Stunde nahm der Schaffner Genia mit zu seiner Bekannten. Sie fuhren mit einer Droschke, nach einer Weile hielten sie vor einem Geschäft, Genia bezahlte, obwohl sie mit dem Schlimmsten rechnete. Es zeigte sich aber, daß in dem Geschäft eine Wohnung eingerichtet war: ein sauberes Zimmer mit einem Schrank, einem Tisch, einem Bett, einer Couch, hinten abgeteilt – eine kleine Küche.

– Hela — sagt der Schaffner — gib uns schnell etwas zu essen,
    diese Frau wird hier übernachten, morgen werde ich sie abholen.

Die verschlafene Hela ging zügig an die Arbeit. Sie fragte nichts, es reichte, daß ihr geliebter Wacław zu ihr kam. Selbstverständlich merkte sie, daß ihr eine Jüdin gegenüberstand. Sie setzten sich und aßen zu dritt und weil es spät war, gingen sie schnell schlafen.

Genia schlief ruhig, der Alptraum der Gendarmerie verschwand, der Alptraum des Todes verschwand.

Am frühen Morgen ging Hela zur Arbeit, zusammen mit ihrem Geliebten, und Genia blieb allein im Zimmer zurück. Beim Weggehen verschlossen sie die Tür mit einem Vorhängeschloß.

Frau Hela arbeitete seit über zwei Jahren in der Küche einer Behörde. Ihr Mann ist an der Front gefallen, den Sohn hat sie zur Familie aufs Land geschickt. Sie führte ein geregeltes Leben. Sie stand um fünf Uhr früh auf, ging zur Arbeit, wo sie bis vier Uhr arbeitete, manchmal sogar bis sechs. Nach der Arbeit kam sie nach Hause. Ein paar Mal in der Woche besuchte sie ihr Geliebter Wacław. Manchmal fuhr sie nach Falenica in seine Wohnung. Wacławs Ehefrau ist ihre Freundin und selbstverständlich ahnt sie nichts von Helas Verhältnis zu ihrem Mann. Außer diesen unterhält Frau Hela keine anderen gesellschaftlichen Kontakte, sie liebt ihren Wacio und vertraut ihm blind, auch überläßt sie ihm das Denken, denn er ist gleichermaßen gescheit wie gutaussehend.

Wacław kam recht oft zu Frau Hela. Jedesmal wollte er Genia zu Frau J. begleiten, aber es klappte irgendwie nicht. Entweder hatte er Dienst bei der Bahn oder hatte in der Stadt zu tun, ein anderes Mal war er mit anderer Arbeit beschäftigt – auf diese Weise blieb Genia bei Frau Hela.

Genia verbrachte die Tage allein. Sie hat aufgehört sich zu wundern, daß Wacław sie nicht zu Frau J. brachte. Frau Hela gab ihr jeden Abend eine Kanne voll Suppe, an Brot fehlte es auch nicht. Genia dankte Gott, sie dankte im Stillen den guten Menschen, sie konnte nur nicht begreifen, warum gerade sie so selbstlos unterhalten wurde. Sie verdankte es ihnen, nicht wie die anderen Jüdinnen beim Lager campieren zu müssen. Sie vermutete sogar, da sie sich vor der Aktion hat retten können, daß sie auch gewiß den Krieg überleben würde.

All das erfuhren wir in Piekiełko von Wacław persönlich. Als der Polizist Śrut aus Legionów davon hörte, entschloß er sich, dort seine Frau und ihre Freundin, die Frau des Vorsitzenden des *Judenrates*, unterzubringen. Sie befanden sich vorübergehend bei einem Bekannten von Śrut, dem Vorsteher der polnischen Polizei Urbaś.

Auf Śruts Bitte nahm Urbaś Kontakt mit Wacław auf, gewann sein Vertrauen und organisierte ein *locum* für zwei Frauen bei Frau

Hela. Ihre Bleibe sollte aber bezahlt werden – zweihundert Złoty im Monat.

Nach einer gewissen Zeit sollte sich Śrut ihnen anschließen. Wer weiß, vielleicht wäre er auf Dauer bei Frau Hela geblieben, vielleicht hätte er sein Leben gerettet, wenn Landsberg nicht interveniert hätte.

Unser Kommandant rief Śrut zu sich und »bat« darum, ihm seine hohen Stiefel zu überlassen. Er erklärte, wenn Śrut in Holzschuhen fliehen wolle, so habe er nichts dagegen. Das machte seine Flucht zunichte.

Da Śruts Frau die Ankunft ihres Ehemannes nicht erwarten konnte und auch nicht daran gewöhnt war zu hungern (Frau Hela kaufte sehr unregelmäßig Essen für sie), entschloß sie sich, zu Urbaś zurückzukehren und später ins Ghetto zu gehen. Sie wollten auch Genia überreden, aber sie sagte ab, da sie keine Bekannten in Warschau hatte.

———

Unterdessen verstrichen die Tage im Lager monoton. Weil das Geld allmählich zur Neige ging, entschloß ich mich, nach Otwock zu fahren. Wegen meines Aussehens hatte ich Angst, den Polen zu mimen, also beabsichtigte ich, in meiner Polizeimütze mit der gelben Armbinde und der Blechmarke zu fahren. Ich hoffte, alle würden denken, ich hätte einen Passierschein in der Tasche. Ich unterrichtete Landsberg von meinem Vorhaben. Er wollte davon nichts hören, und erlaubte mir nicht, das Lager zu verlassen. Was sollte ich tun? Eines Tages, als wir morgens zur Arbeit gingen, drehten alle nach rechts ab, ich aber nach links, zur Bahn. Ich beschloß, zuerst nach Karczew ins Lager zu fahren, um herauszufinden, ob ich mich in Otwock blicken lassen konnte.

Ich gab dem Schaffner zehn Złoty, niemand hielt mich unterwegs an, nur die Passagiere schauten mich an, als wäre ich eine Erscheinung aus dem Jenseits. Die erste Person, die ich vor dem Lager traf, war mein guter Bekannter, Bäcker und Fahrradmechaniker in einer Person, Szmul Kołkowicz.

– Szmul — fragte ich — was hört man, wo ist die Familie?

170

– Schlecht, Bruder, schlecht — antwortete er — wie du weißt, sind wir alle aus Otwock geflohen. In Falenica hat man meine Frau und die Tochter in den Waggon genommen. Zwei verbliebene Kinder habe ich bei einem Bauern in einem Dorf unweit von Sobień untergebracht. Als in Sobień die Aktion begann, lieferte der Bauer die Kinder an die Gendarmerie aus. Mich selbst haben die Brüder Kwiatkowski am Stadtrand von Otwock vollständig ausgeraubt. Ich blieb allein, aber ich komme zurecht. Ich habe eine gefälschte Kennkarte, ließ mir einen Schnauzbart stehen, gehe über die Dörfer und verdiene irgendwie. Du kannst beruhigt sein, Calel — beendet Kołkowicz seine Erzählung — mich kriegt die Gendarmerie nicht lebend in die Hände. Wenn ich schon daran glauben muß, dann lege ich vorher so manchen Hurensohn um. Ich warte nicht auf die Kugel, so wie die, die hinter dem Lager liegen.

Als er dies sagte, nahm er aus der rechten Tasche einen schönen siebenschüssigen Revolver, einen »Belgier« heraus. Ich schaute auf Szmul mit Bewunderung und Neid.

Er kommt nicht um, und wenn doch – dann stirbt er ehrenhaft und in »guter« Gesellschaft.

– Szmul — wandte ich mich an ihn — kannst du mir auch ein Schießeisen besorgen?

Er stimmte ohne Zögern zu, wir verabredeten den Preis, und ich verabschiedete mich von ihm. Ich ging zum Telefon, rief den Magister an und bat ihn, mir am kommenden Sonntag fünfhundert Złoty nach Piekiełko zu bringen. Als Nächstes rief ich Niesenszal an, den Kommandanten der jüdischen Polizei, die im Otwocker Zofiówka-Krankenhaus stationiert war. Ich erfuhr, daß die jüdische Polizei nur mit einem Tagespassierschein unterwegs sein durfte. Diesen stellte der *SS*-Mann aus. Weil aber nur der Gendarm Schlicht die Passierscheine kontrollierte, könnte ich es riskieren, wenn ich wollte.

In der Bahn nach Otwock fiel dem Schaffner ein, daß seit 1940 für alle Juden ein Entlausungszeugnis verpflichtend sei. Ich gab ihm fünf Złoty und dank der kleinen Summe verwandelte ich mich in einen sauberen, entlausten und legalen Passagier. In Otwock ging ich direkt aufs Zofiówka zu, mied aber die Hauptstraßen. Ich segnete die Polizeimütze, dank der mich weder polnische Strolche noch polnische Polizisten belästigten.

Unterwegs beschloß ich, die Brüder X. zu besuchen. Sie waren über meinen Besuch hoch erfreut, mit geheimnisvollen Mienen führten sie mich zum letzten Zimmer. Dort sah ich einen älteren Herren mit großem grauem Schnurrbart und mit einer schwarzen Jacke gekleidet. Ich machte große Augen … Ja, das war mein Vater. Er hat sich in der Zwischenzeit bis zur Unkenntlichkeit verändert, hat stark abgenommen und dadurch ein erstklassiges arisches Aussehen bekommen. Er konnte sich in Parczew während der zweiten Aktion retten, auf die dritte wollte er nicht waren und fuhr nach Otwock. In Łuków fiel er während einer Razzia auf Juden beinahe der Gendarmerie in die Hände. Einen Tag vor mir war er bei den Herrschaften X. angekommen, und als ich eintrat, wollte er sich gerade zu Fuß auf den Weg nach Kołbiel machen. Es stellte sich auch heraus, daß meine Mutter lebte und im Lager beim Straßenbau arbeitet. Sie schrieb einen Brief an die Brüder X., sie mögen mich benachrichtigen, daß sie völlig ohne Geld sei und Hunger leide. Zu dieser Zeit tauchte mein Vater auf, einen Tag später kam ich an. Zweifelsohne lenkte uns eine unsichtbare Kraft.

Ohne Zeit zu verlieren überreichte ich Vater ein paar Hundert Złoty, ich zog auch meine warmen langen Unterhosen aus, die mein Vater sofort anzog. Wir verabredeten noch, daß Vater in einigen Tagen nach Piekiełko kommen sollte und verließen dann die Gastwohnung. Mein Vater hat sich so verändert, daß er sich ohne Furcht auf den Straßen Otwocks bewegte.

Im Zofiówka wurde ich von meinen Kollegen gut aufgenommen. Ihnen ging es hier prächtig. Sie leisteten einen achtstündigen Aufsichtsdienst, außerdem standen ihnen alle zivilisatorischen Bequemlichkeiten zur Verfügung. Sie verfügten über schöne Zimmer mit Zentralheizung und über Betten mit sauberer Bettwäsche, sie hatten kleine Küchen mit Kochplatten und sogar eine Bibliothek. Mit den Deutschen hatten sie keinerlei Kontakt außer mit einem Fotografen, der den ganzen Tag die zwei *SS*-Männer in allen möglichen Posen ablichtete.

Anfangs hatte ich vor, sofort nach Piekiełko zurückzukehren, aber die Wanne und das saubere Bett waren die Versuchung zu bleiben.

Ich verbrachte dort die Nacht und den folgenden Tag. Am Abend nahm ich Abschied von ihnen, mit einem schmerzenden Herzen und voller Neid begab ich mich auf den Rückweg. Unterwegs traf ich den städtischen Architekten, den Ingenieur Szpatkowski. Im Gespräch mit ihm erfuhr ich, daß ihm angetragen wurde, mit Hilfe jüdischer Arbeiter einen Hühnerstall für den Kreishauptmann im Gut Otwock Wielki zu bauen. Szpatkowski schlug mir vor, Landsberg und mich aus dem Lager zu holen, und wollte mir sogar die Aufsicht über die Arbeiten übertragen. Ich dankte ihm herzlich und verabschiedete mich.

In Piekiełko hat sich während meiner Abwesenheit viel getan. Am Abend traf Lipszer in Begleitung eines weiteren Gendarmen im Lager ein. Sie fingen zehn Juden ein, die in der Nähe der Drähte herumirrten und erschossen sie. Als sie bereits begraben waren, befahl Lipszer allen Arbeitern, sich in eine Reihe zu stellen und hielt ihnen eine kurze Rede.

– Das ganze Geld, das ihr besitzt — befahl er — Gold, Devisen müßt ihr mir sofort aushändigen. Die Arbeiter dürfen zwanzig Złoty behalten, ehemalige Polizisten aus Otwock dürfen fünfzig Złoty besitzen. Den Kommandanten des Lagers sowie die Polizisten im Aktivdienst betrifft diese Anordnung nicht.

Es wurde bereits dunkel, deshalb gruben jene, die hinten standen, mit den Füßen kleine Vertiefungen, warfen ihr Geld hinein und deckten es mit Sand zu. Dies gelang nur wenigen. Die Übrigen gaben alles ab, was sie besaßen, obwohl sie sahen, daß Lipszer keine Leibesvisitation durchführte. Die Angst vor ihm reichte aus. Das Geld wurde in die Mützen geworfen, die die Gendarmen in Händen hielten. Wenn in die Mütze ein »Górale«, das heißt eine Fünfhundertnote fiel, verschwand er umgehend in der Tasche. Kleingeld blieb in der Mütze, anscheinend ging es in den allgemeinen Verteiler.

Die reicheren Kollegen brachten ihre Koffer – damit sie niemand klaut – in Landsbergs Zimmer unter. Und tatsächlich waren dort die Koffer vor dem Diebstahl durch andere Arbeiter sicher, aber nicht vor Landsbergs Habgier. Er hat sie sich alle angeeignet.

Während der Durchsuchung eines Koffers bemerkte Lipszer die Fotografie einer schönen, jungen Frau. Zwischen ihm und Józek

Kaufmann, dem Besitzer des Koffers, entstand folgender Dialog:

– Wer ist diese Frau?

– Meine Frau, Herr Leutnant.

– Wo ist sie derzeit?

– Sie wurde während der Aktion mit dem Waggon weggebracht.

– Wohin?

– Ich weiß nicht, Herr Leutnant.

– Hast du noch keinen Brief von ihr bekommen?

– Nein, Herr Leutnant.

– Dann sei beruhigt, bald bekommst du einen.

Der alte Sadist lachte, wie über einen guten Scherz, während er im Geiste sicher ausrechnete, wann er Kaufmann ins Jenseits befördern würde, damit dieser seine Frau treffen könne.

Janek und Michał kostete Lipszers Besuch lediglich 50 Złoty, die aber nicht an Lipszer, sondern an einen armen Kollegen gingen, dem alles genommen wurde, was er besessen hatte.

Darüber hinaus kostete es sie eine große Nervenanspannung. Janek hatte Angst, daß ich zurückkomme und Lipszer in die Hände falle. Und tatsächlich bekäme ich einen heißen Empfang – zur Begrüßung gäbe es eine Kugel für mich. Es war wohl nicht die Faulheit, sondern ein guter Riecher, der mich an dem Abend im Zofiówka bleiben ließ. Andere kam Lipszers Besuch sehr teuer zu stehen. Sie hatten doppelte Kosten: das, was sie Lipszer freiwillig gaben, und was ihnen gestohlen wurde, denn kaum einer fand sein vergrabenes Geld wieder. Meist wurde es von anderen Arbeitern »abgestaubt«.

Da ich keine Ahnung davon hatte, was sich während meiner zweitägigen Abwesenheit getan hat, eilte ich bester Laune von der Bahn ins Lager. Und ich hatte wirklich Gründe, gut gelaunt zu sein: die unerwartete Ankunft meines Vaters in Otwock, der glückliche Zufall, daß wir uns trafen, die Nachrichten von Mutter, die Perspektive, nach Otwock zu fahren und die glücklich verlaufene Fahrt mit der Bahn. All das versetzte mich in beste Laune.

Gleich nach meiner Rückkehr wurde ich zum Lagerkommandanten gerufen. Vorsorglich ließ ich meine Polizeimütze und die Armbinde bei Janek und ging dann zu Landsberg. Dieser befahl mit, ohne meine Erklärung anzuhören, die Polizeimütze und die Armbinde niederzulegen und hinter den Stacheldraht zu verschwinden. Nicht einmal im Traum dachte ich daran, so einen Befehl auszuführen. Ich dachte, wenn ich schon das Lager verlassen muß, dann könnte ich nach Karczew oder Wilanów fahren, wo sie mich mit offenen Armen empfangen würden. Dafür brauchte ich aber die Mütze.

Ich konnte noch nichtmal Janek und Michał alles erzählen, als die aktive Polizei erschien, um den Befehl auszuführen. Ich weigerte mich entschieden. Beinahe wäre es zu einer Schlägerei gekommen, hätte nicht ein Polizeikollege eingegriffen.

– Hör zu, Calel — sagte er — du kennst Florek, ich bin ein Mistkerl, aber ich bin auch ein Freund, gib die Mütze her und bleib im Lager.

Es hatte keinen Sinn zu streiten. Ich gab die Polizeimütze ab, am nächsten Tag ging ich mit der Zivilistenmütze zur Arbeit.

Ungefähr zu dieser Zeit besuchte ein Mädchen aus Otwock unser Lager, Tusia Zolberż. Sie rettete sich während der Aktion, wohnte im polnischen Viertel, aber ihr fehlte es an Geld. Alle Kollegen veranstalteten eine Sammlung, jeder gab fünf oder zehn Złoty. Auch Janek gab für uns etwas dazu, hinterher gab er ihr heimlich noch zweihundert Złoty. Diese Summe erhielt er seinerzeit von einem Verwandten des Fräulein Zolberż vor dessen Tod, im Arrest, und nun gab er es ihr zurück.

Selbstverständlich wußte niemand außer mir davon. Ich muß wohl nicht erwähnen, daß ich verlegen war, wie ein kleiner Junge, als Janek mir alles erklärte. Mir fiel die Sache mit Rachels Geld ein und als ich mich mit Janek verglich, mußte ich beschämt konstatieren, daß er mir moralisch überlegen war. Ich beschloß, das Geld, das mir meine Schwester gab, bei der nächsten Gelegenheit zurückzugeben, aber es läßt sich nicht verheimlichen, daß ich es mir, wenn auch nur vorübergehend, angeeignet habe.

Ebenfalls während dieser Tage erreichte uns die Nachricht, daß die Gendarmerie aus Rembertów mit Lipszer an der Spitze fünfzig jüdische Fachleute liquidierte, die bei ihnen beschäftigt waren. Eines Morgens befahl man ihnen allen, einen Lastwagen zu besteigen, der sie aus der Stadt brachte. Die Mehrheit ahnte nicht, daß sie in den Tod gefahren wurden. Die Schneider meinten, daß sie augenblicklich sicher seien, da sie die Uniformen der Gendarmen noch nicht fertig genäht haben. Ähnlich dachten die Schreiner, die ihre

Arbeiten auch noch nicht beendet hatten. Nur zwei Juden – geleitet von der Klugheit oder der Stimme des Herzens, man weiß es nicht – sprangen in einer Kurve vom Wagen ab. Zuerst versteckten sie sich, später fuhren sie nach Piekiełko.

Die Nachricht davon bedrückte uns sehr, aber schon bald fand die Mehrheit eine »rationale« Erklärung: diese Juden mußten die Gendarmen betrogen, irgendetwas angestellt haben, sonst hätte man sie nicht umgebracht. Uns betraf es folglich nicht, denn wir arbeiteten ehrlich, der Deich wuchs von Tag zu Tag. Es war schwer, sie zu überzeugen, aber es wundert mich nicht. Wenn sie zu dem Schluß gekommen wären, daß auch sie umgebracht werden, hätten sie als Konsequenz sofort das Lager verlassen und in die Welt, in den sicheren Tod gehen müssen. Die Illusion gab ihnen Ruhe.

Ich selbst war der Meinung, daß man das Lager verlassen mußte. Ich schlug auch den Kollegen vor, für das Geld, das wir täglich für Kuchen und Leckereien ausgaben, einige Granaten und Revolver anzuschaffen. Die Waffen ermöglichten uns die Flucht, wenn wir in Bedrängnis kämen.

– Es reicht eine Granate – erklärte ich – die zwischen die unvorbereiteten Gendarmen geworfen wird, und die Mehrzahl kann fliehen.

Aber niemand wollte darüber reden oder auch nur davon hören. Die Angst bewirkte aber doch einiges. Diejenigen, die sich in Piekiełko unsicher fühlten, beschlossen, ins Warschauer Ghetto zu flüchten. Die Aktion war dort bereits abgeschlossen und sollte sich, laut dem unverbesserlichen jüdischen Optimismus, nicht wiederholen.

In jeder Nacht floh mindestens ein Arbeiter aus dem Lager. Meist taten es diejenigen, deren Familien in Warschau wohnten oder deren Familien sich in der Nähe des Lagers aufhielten. Für gewöhnlich begaben sie sich ins Warschauer Ghetto, was relativ leicht war. Es reichte, an Juden heranzutreten, die im polnischen Teil in den Niederlassungen tätig waren, ihnen ein paar Złoty zu geben und sich unter sie zu mischen.

Man flüchtete auch nach Nowy Dwór, der nächsten Stadt auf dem Gebiet des Dritten Reiches. Es herrschte die Überzeugung, daß in Deutschland selbst keine Juden ermordet werden.

Der Lagerkommandant Landsberg machte für jede Flucht die aktive Polizei, dann die Verwandten der Flüchtlinge und ihre Nachbarn in den Übernachtungsräumen verantwortlich, mit einem Wort – er führte die kollektive Verantwortung ein.

Als nächstes griff er zu Präventivmaßnahmen. Es reichte nun, jemanden der Fluchtabsicht zu beschuldigen. Gleich danach wurden dem Betreffenden die Schuhe und die Kleidung ausgezogen, das Geld konfisziert. Der Pechvogel erhielt Holzschuhe und Papierkleider. In einem solchen Aufzug war es nicht möglich, den Polen zu mimen.

Ich kann mich des Eindrucks nicht erwehren, daß Landsberg im Grunde seines Herzens sehr froh über diese Fluchten war. Unter dem Vorwand der gewissenhaften Pflichterfüllung betrieb er schlichten Raub. Das konfiszierte Geld behielt er für sich. Er hatte Frau und Kind bei Polen untergebracht, das kostete doch, und woher das Geld nehmen, wenn nicht von den Juden? Sein elastisches Gewissen erlaubte es ihm, die anderen zum Hungertod zu verurteilen oder zumindest ihre Rettung zu verhindern.

Es kam auch Schlimmeres vor. Eines Tages hörte ich durchdringende Schreie aus der Polizeistation. Die Polizisten fingen auf Befehl Landsbergs den Sohn eines Flüchtigen ein. Um an die Adresse des Vaters zu kommen, hängten sie das Kind kopfüber auf und droschen unbarmherzig mit Knüppeln auf es ein. Der gemarterte Junge schrie fürchterlich, verriet aber trotz großer Schmerzen die Adresse nicht. Blaugeschlagen und halbtot ließen sie ihn laufen.

Und überhaupt hatte Landsberg die klassische Moral der Hottentotten. Seine Frau, die in der Auflistung mitgezählt wurde, brachte er einige Male im polnischen Viertel unter. Meist schlugen die Versuche fehl, so daß seine Frau ins Lager zurückkehrte. Darüber wußten nur sehr wenige bescheid, denn der Zutritt zum Zimmer des Kommandanten war strengstens verboten. Was dem Herrn erlaubt ist ...

Als einer der ersten Flüchtlinge, ein gewisser Róża, dem es gelungen war, sich im polnischen Viertel einzurichten, im Lager erschien, um seine Sachen zu holen, begrüßte ihn Landsberg mit einem Schlägehagel und mit Geschrei.

– Und du Hurensohn — brüllte er — bist aus dem Lager abgehauen und wagst es, dich hier blicken zu lassen.

Der Junge verschwand, ohne seine Sachen zu verlangen.

Ganz anders verhielt sich der Kommandant des Lagers in Karczew, Wolf Kołkowicz.

– Meine Kinder — pflegte er zu den Arbeitern zu sagen — wollt ihr fliehen? – Bitte sehr, aber unter einer Bedingung. Ich bitte euch um eines: kommt vorher und verabschiedet euch von mir.

Die ganze Zeit redete ich inständig auf Janek ein, er möge auch in den polnischen Teil fliehen. Ich erklärte ihm, daß er das entsprechende Aussehen habe und erstklassig polnisch spreche.

Ich sagte, dort habe er eine fünfzigprozentige Chance zu überleben, im Lager aber oder gar im Warschauer Ghetto hatte er noch nichtmal einen Prozent. Er wollte nicht.

Ich verstand ihn nicht. Früher ist er oft zum Schmuggeln als Pole ins Warschauer Ghetto gefahren. Er hat sein Leben riskiert für einen Gewinn von hundert Złoty, und jetzt, wo es um die Lebensrettung ging, hatte er Angst. Er meinte, er hätte keine Energie, um für sein Leben zu kämpfen, wenn Rachel noch lebte, wäre es etwas anderes. Er wollte lieber unter Juden bleiben, solange es ging. Es war ihm egal, ob er gerettet werde oder umkomme. Ich konnte ihn gerade dazu bewegen, seinen kleinen Koffer mit Sachen zu packen, die beim Magister in Warschau verwahrt werden sollten.

Und sich um eine legale Kennkarte zu bemühen.

Am Samstag besuchte uns der Magister.

Wie verabredet suchte er die Wohnung von Mejer auf, der uns dann aus dem Lager herbeirief. Noch bevor wir eintrafen, entwickelte sich ein interessantes Gespräch zwischen Mejer und dem Magister.

– Aus welchem Ghetto sind Sie gekommen?

– Sie irren sich, ich bin Pole.

– Ja, ja, wir kennen solche Polen — lachte Mejer laut — aber vor mir müssen Sie keine Angst haben, weil Sie Jude sind.

Tatsächlich sah der Magister äußerlich einem Juden ähnlich, deshalb beließen wir Mejer in dem Glauben, er könne untrüglich Juden von Polen unterscheiden.

Der Magister brachte uns das Geld und versprach, für Janek eine echte polnische *Kennkarte* zu besorgen. Er nahm auch Janeks Koffer mit und fuhr weg. Michał Frajbergier konnte gar nicht aufhören sich zu wundern, daß ein Pole zu uns kam und uns Geld brachte.

Denn die Juden, die ihre Sachen und ihr Geld bei ihren polnischen Freunden deponiert hatten, verloren in der Regel alles.

Einige Tage später traf mein Vater ein. Mejer hielt ihn für einen Arier und wollte ihn erst gar nicht einlassen. Er konnte nicht glauben, daß er ein Jude war und dazu noch mein Vater. So wenig ähnelte ich ihm. Wir aßen zu Abend bei Mejer und die Nacht verbrachte Vater bei mir in der Baracke. Irgendwie konnte Landsberg nicht umhin, meinen Vater ins Lager zu lassen, obwohl er innerlich bestimmt vor Wut schnaubte. Er war noch böse, daß ich ihn nicht um die Rückgabe der Mütze bat und dieser Bitte nicht mit einer größeren Summe Nachdruck verlieh. Ich aber wußte, daß ich jeden Moment von Ingenieur Szpakowski gerufen werden konnte, um den Hühnerstall in Otwock zu bauen, und dann würde mir der Kommandant – ob er wollte oder nicht – die Mütze zurückgeben müssen. In der Nacht erzählte mir Vater genau, wie es ihm ergangen ist und was meine Mutter nach der Aktion in Kołbiel durchgemacht hat.

Die Aktion überraschte Mutter in der Wohnung, in der sie sich mit Tante Czerna Góralska und ihrem Sohn Mulik aufhielt. Der Eigentümer der Wohnung floh, wie auch die Mehrheit der Einwohner von Kołbiel, in die Synagoge. Von dort aus wanderten sie direkt in die Waggons. Die Eigentümerin und meine Mutter versteckten sich in einem kleinen Verließ unter dem Dielenboden. Czerna, berichtete meine Mutter, ging nicht in den Schutzraum, sie sagte, sie wolle sich nicht länger quälen, und begab sich mit ihrem Sohn zum Platz. Zwischen den Zeilen lese ich aber etwas anderes. Mutter erzählte, daß der Schutzraum sehr klein war, so klein, daß sie fast erstickten, als sie drei Tage lang darin lagen. Die Personen, die bereits drin waren, wollten wohl niemandem mehr Schutz gewähren. Ich denke mir auch, daß Mutter – und die Eigentümerin auch – die Rucksäcke mit ihren Sachen mit in den Schutzraum nahmen. Eigentlich bin ich mir dessen sicher, denn Mutter erzählte mir später, daß ihr alles im Wald geraubt wurde.

Es ist also klar, daß alle Sachen mit im Schutzraum waren. Wie immer es kam – für die Sachen fand sich ein Platz, für meine Tante – fehlte er bereits.

Czerna hatte einen sehr edlen Charakter, ganz ähnlich dem Charakter meiner Frau. Ich weiß, daß sie zu stolz war, um zu bleiben, wo sie unerwünscht war; sie ging lieber in den Tod, als andere zu inkommodieren. Tatsache ist auch, daß sie meiner Mutter eine goldene Uhr gab, bevor sie ging. Es wird für mich ein ewiges Geheimnis bleiben, ob Czerna freiwillig zum Waggon ging oder ob für sie im Schutzraum kein Platz mehr übrig war.

Es verfolgt mich das Bild des weinenden Mulik, der seine Mutter bittet, sich zu verstecken und das Bild der Tante, die ihm antwortet:

– Mulik, komm auf den Platz, denn du siehst, es gibt für uns keinen
   Platz …

Vielleicht trügt mich die Phantasie. Vielleicht wollte Czerna gehen und ich tue der Mutter Unrecht mit solchen Gedanken. Ich könnte sie auch selber fragen, aber die Wahrheit erfahre ich bestimmt nicht. Es bleibt mir nichts anderes übrig, als mich von meinem Gefühl und meiner Menschenkenntnis leiten zu lassen.

Meine Mutter und ihre Gastgeberin lagen also ganze drei Tage in ihrem Versteck , dann erst nahmen sie ihre Rucksäcke und gingen in den Wald hinter Kołbiel. Dort verbrachten sie auch ein paar Tage, ohne etwas zu essen.

Immer wieder wurden sie von Bauern genau kontrolliert, sie nahmen ihnen Geld und Sachen ab. Sogar die Hirtenjungen kamen zu ihnen und riefen:

– *Jude!* Gebt das Geld her, sonst holen wir die Deutschen.

Schließlich hatte meine Mutter nichts mehr zum Abgeben, und resigniert beschloß sie, nach Kołbiel zurückzukehren, um so zugrundezugehen wie die anderen Juden. Ich kann mir vorstellen, was sie durchmachte, ehe sie dort ankam.

Aber in Kołbiel erwartete sie keine Kugel, sondern eine Überraschung. Die am Leben gebliebenen Juden wurden von den Deutschen nicht erschossen, sondern erneut in der Synagoge kaserniert und zu Straßenarbeiten getrieben. Der befehlshabende Deutsche war ein älterer Mann, der Frauen nicht eigenhändig umbringen wollte, da er wußte, daß sie früher oder später durch andere Hände umkommen werden.

Das Leben im Lager wäre nicht schlecht gewesen, wenn meine Mutter nur Geld für Lebensmittel gehabt hätte. Sie schrieb also einen Brief an die Brüder X., daraufhin fuhr mein Vater zu ihr. Er ließ ihr Geld da, versicherte ihr, er werde sich darum kümmern, sie irgendwie aus dem Lager zu holen und kehrte, erneut zu Fuß, nach Otwock zurück. Ich bewunderte seine Energie, ganz ungewöhnlich für einen Menschen seines Alters. Zudem hatte er schon immer Plattfüße, jetzt unternahm er solche Fußmärsche, als wäre nichts dabei.

Die Nacht verbrachte er im Treppenhaus, da er die Geduld der Herrschaften X. nicht über Gebühr strapazieren wollte, und fuhr am nächsten Tag nach Piekiełko. Er verbrachte ein paar Tage in der Nähe des Lagers; tagsüber fuhr er nach Warschau, um irgendein *locum* zu suchen, für die Nacht kehrte er zum Lager zurück. Er verbrachte die Zeit geschäftig, knüpfte verschiedene Beziehungen an und besorgte sich eine gefälschte *Kennkarte*. *Kennkarten* beschaffte er auch für Bekannte, kaufte Gold in Kołbiel auf und verkaufte es in Warschau. Das dauerte insgesamt vier Wochen. Endlich bekam er, dank Mejer, eine Wohnung auf Dauer bei dessen Verwandten in Warschau. Er lebte dort sehr gut, sogar das Frühstück wurde ihm ans Bett gebracht. Während eines seiner Aufenthalte in Piekiełko traf er in der Nähe des Lagers die bereits erwähnte Frau Hela mit ihrem ständigen Begleiter Wacław. Sie wollten gerade einen Polizisten aufsuchen, einen Bekannten ihres Schützlings Genia, um für sie materielle Hilfe zu organisieren.

Mein Vater teilt Menschen nicht in Bekannte und Unbekannte, alle sind für ihn Bekannte, sofern er mit ihnen reden kann. Er fing ein Gespräch mit ihnen an. Es stellte sich heraus, daß Wacław ein Schulkollege meines Bruders war. Ein Wort ergab das andere und Vater organisierte die Unterbringung der Mutter in der Warschauer Wohnung, wo sich bereits eine Jüdin versteckte. Nach kurzem Handel einigten sie sich auf fünfhundertfünfzig Złoty monatlich.

Weil Vater keine Wahl hatte, dachte er darüber nicht nach, ob das Versteck gut war oder schlecht; schließlich konnte es nicht schlimmer sein als das Lager. Er fürchtete auch nicht, daß sie meine Mutter ausrauben würden, denn sie hatte nichts mehr bei sich. Also beschloß er, sie schnell nach Warschau zu bringen.

Weil es die Zeit um Allerseelen war, lieh er bei Frau X. eine Trauerbekleidung mit Schleier aus. So verkleidet erreichten sie zu Fuß Celestynów, von dort fuhren sie mit dem Zug nach Warschau. Als der Zug losfuhr, bekreuzigte sich meine Mutter, dies sah ein junger Pole, der ihr seinen Platz überließ. Sie kamen glücklich in Warschau an und gingen dann direkt zu Frau Hela. Seit dem vierten November 1942 wohnte meine Mutter bei ihr in der Laden-Wohnung.

Ungefähr zur gleichen Zeit kam Inspektor Frank ins Lager, um mich und Landsberg nach Karczew zu bringen. Ich war gerade bei der Arbeit, die an diesem Tag für mich besonders schwer gewesen ist. Wir schütteten Sand in Loren, die zwei Meter über uns standen. Als sie zum Deich gelaufen kamen, um mich über die Abreise zu benachrichtigen, warf ich die Schaufel zu Boden, lief schnell zum Lager und war in fünfzehn Minuten fertig – selbstverständlich war die Mütze für mich bereits zurechtgelegt. Ich verabschiedete mich von Janek, gab meinem Vater von weitem ein Zeichen, daß ich nach Otwock fahre und stieg ins Auto ein. Landsberg sollte am nächsten Tag mit der Bahn kommen.

Wir fuhren zuerst nach Warschau zur Długa-Straße, wo sich die Magazine der *Wasserwirtschaft* befanden, der wir unterstellt waren. Es ist schwer zu beschreiben, was in mir vorging, als ich am hellichten Tage über die Hauptstraßen Warschaus fuhr. Verkehr auf den Straßen, die Auslagen der Geschäfte, lächelnde Gesichter eleganter Passanten, Frauen, Kinder, alles das machte auf mich Verurteilten einen deprimierenden Eindruck. Ich wußte, daß diese schöne Welt nicht für mich erschaffen war. Würde ich das Auto verlassen, so hätte der erstbeste Polizist das Recht, mich totzuschlagen wie einen tollwütigen Hund. Ich könnte noch ganze Bände damit füllen, was ich damals empfunden habe, wie schmerzerfüllt mein Herz auf die mich umgebende, wunderschöne Welt reagiert hat.

Vor dem Sitz der *Wasserwirtschaft* sprach ich mit den dort tätigen Juden aus dem Warschauer Ghetto. Obwohl sie mich nicht kannten, nahmen sie mich freundlich auf und boten mir sogar ein Mittagessen an. Ich erfuhr, was sich im Warschauer Ghetto tat und wir fuhren weiter.

Der Wagen hielt auch in Wilanów. Ich hatte Gelegenheit, Kronenberg zu begrüßen und mußte mir von seiner Frau anhören, daß dem Foxterrier der Luftwechsel bekommen ist. Ich verglich den heruntergekommenen Anblick der Arbeiter mit dem glänzenden Fell des Hundes, verabschiedete mich, und wir fuhren nach Karczew. Für die Zeit des Hühnerstallbaues wurde ich nach Karczew eingeteilt, wo ich auch nächtigen sollte. Vorerst aber sollte ich den Abbruch eines Hauses in Otwock beaufsichtigen. Ich rechnete mir aus, daß die Arbeit über drei Monate dauern wird und meinte – in meiner Naivität –, daß in dieser Zeit meinem Leben keine Gefahr drohe. Die Arbeiter aus Karczew, besonders die Polizisten, konnten sich in Otwock frei bewegen. Es reichte zu sagen, man arbeite beim Abbruch. Weil mich der Aufenthalt in Karczew nicht verlockte, nahm ich schon am ersten Abend meinen Koffer unter den Arm und marschierte nach Otwock. Den Koffer ließ ich bei Stefan X. und übernachtete im Zofiówka.

Am nächsten Morgen begann ich die Arbeit, also die Aufsicht über fünf Arbeiter, die ein Haus an der Kupiecka-Straße abbrachen. Ich erkannte weder die Straße noch irgendeine andere Stelle wieder. Fast alle jüdischen Häuser wurden zum Abbruch an Polen verkauft. Auf dem ganzen Ghettogebiet hörte man den Lärm einstürzender Wände, zwischen den Ruinen brannten Lagerfeuer, an denen sich die Arbeiter wärmten. Ganze Straßenzüge sind verschwunden. An Stellen, wo noch unlängst das Leben pulsierte, wo Menschen feierten, weinten, arbeiteten und sich ausruhten – blieb jetzt außer Ruinen nichts übrig.

Die Juden gingen zugrunde, die jüdischen Häuser gingen zugrunde, das ganze Land versank in einem Grab.

Für die wenigen überlebenden Juden war das ein fürchterlicher Anblick. Jeder erinnerte sich, wo er selbst oder seine Familie gewohnt hat. Unter den Arbeitern war einer, der mit eigenen Händen das Haus abbrechen mußte, das schon sein Urgroßvater erbaut hatte, und das noch weitere hundert Jahre hätte stehen können. Neben uns brachen Polen ein Haus ab. Sie trugen Arme voll heiliger hebräischer Bücher heraus und warfen sie ins Feuer. Sie brannten nicht besonders gut, sie glimmten, aber man sparte Brennmaterial und man konnte sich über die Juden lustig machen, die gegenüber arbeiteten.

Nach einer gewissen Zeit war mein Herz abgehärtet gegen alle diese Bilder. Schlimmer wog, daß mich die Arbeit an Zeiten erinnerte, als ich Eigentümer eines Holzgeschäftes war, tagelang Bretter sortierte und sie mit Pferdewagen zu verschiedenen Baustellen schickte. Jetzt vergaß ich manchmal, in welcher Welt ich lebte; zeitweise kam es mir vor, als kehrte ich abends vom Geschäft nach Hause zurück. Einmal passierte es sogar, daß ich, in Gedanken versunken, in mein Kino ging, so als wohnte ich dort immer noch. Ich kam erst im Treppenhaus wieder zu mir und fing bitterlich zu weinen an.

Eigentlich hätte ich für die Nacht nach Karczew zurückkehren müssen, aber meist übernachtete ich im Zofiówka. Ich genoß dort den Komfort, den ich früher gewohnt war und durch den ich mich wie ein neuer Mensch fühlte. Ich frühstückte auf der Baustelle, zu Mittag aß ich bei meiner ehemaligen Wirtin Głasek an der Podmiejska-Straße, in meiner ehemaligen Wohnung. Im Zimmer standen noch meine Möbel. Alles erinnerte mich an meine Frau und mein Kind und die Zeit, die ich jetzt, nach der Katastrophe, als die glücklichste meines Lebens idealisierte.

Es war wirklich eine glückliche Zeit. Ich war mit meiner Frau und meiner kleinen Tochter zusammen, die mit ihren kleinen Ärmchen meinen Hals umfing, im Zimmer war es sauber und gemütlich. Was fehlte mir damals? Nach jedem Besuch bei Frau Głasek schwor ich mir, nie wieder in meine ehemalige Wohnung zurückzukehren. Ich litt fürchterliche Qualen, aber jedes Mal zog mich irgendeine Kraft in die alten Räume. Damals habe ich erst die Psyche der frühen Christen verstanden, die ihre Körper mit Fasten und Geißeln quälten. Etwas ähnliches erlebte ich auch, denn ich wußte, daß ich leiden würde, wie ein Verdammter. Trotzdem drängte mich irgendeine Kraft in dieses Zimmer. Man brauchte dort nur die Augen zu schließen, um ein wenig zu träumen.

Gerechterweise muß ich hinzufügen, daß mich Frau Głasek sehr gut aufgenommen hat, ich mußte sie darum bitten, das Geld für den Mittagstisch anzunehmen. Einmal schlug sie sogar vor, ich könnte mich bei ihr waschen, was ich mit Vergnügen tat. Sie wiederholte immer wieder, daß meine Möbel unangetastet und stets zu meiner Verfügung bleiben. Sie verstand, daß ich litt, sie wußte, was es heißt, obdachlos, ohne Familie und ohne Recht auf Leben zu sein. Sie war zwar eine einfache Frau, hatte aber ein besseres Herz als so manche Dame.

Von Zeit zu Zeit besuchte ich Stefan X., manchmal traf ich dort meinen Vater, meist mied ich aber dieses Haus, um nicht den Verdacht zu erregen, der Besitzer unterhalte Kontakte zu Juden.

Als ich Zahnschmerzen bekam, ging ich zu Frau Lidia Wolańska. Sie freute sich immer sehr über meine Besuche. Sie nahm mich sehr freundlich auf, plombierte meine Zähne kostenlos und lud mich jedesmal zum Mittag- oder Abendessen ein. Schlecht fühlte sich während meiner Besuche nur ihre Helferin, die Tochter des Schulhausmeisters Franciszek Stańczak. Sie knöpfte ihren weißen Kittel gründlich bis oben hin zu, wenn sie mich sah, damit ich den Pullover oder das Kleid meiner Frau nicht bemerke, das sie gerade trug.

Ich tat so, als bemerkte ich es nicht, aber die Zahnärztin fragte sie immer herausfordernd, warum sie sich so hochgeschlossen in den Kittel hüllte oder »bewunderte« in meiner Gegenwart einen ihrer Pullover. Sie fragte Fräulein Stańczak böse, ob sie diesen selbst gemacht oder gekauft hätte. Das Mädchen wurde sehr rot, aber im Stillen lachte sie uns bestimmt aus.

– Ihr macht Witze über mich — sagte sie zu sich selbst — aber ich weiß, daß ich schön angezogen bin. Wer würde sich darüber aufregen, daß diese Sachen Juden geraubt wurden. Die Besitzer stehen nicht aus dem Grab auf und die, die leben, müssen schweigen.

Ich bin Frau Lidia sehr dankbar, daß sie mich so freundlich empfing, aber ich komme um ein paar Tatsachen nicht umhin, die über ihren Charakter Auskunft geben.

– Trinken Sie, Herr Calel, gestatten Sie noch ein Gläschen — ermunterte sie mich — denn ich muß mit Ihnen gut auskommen, Ihr Vater ist schon alt, er wird es nicht mehr lange machen, nach dem Krieg werden Sie dann Hauswirt. Also muß ich mit Ihnen gut auskommen.

Wie es mir bereits zur Gewohnheit geworden ist, hörte ich mir schweigend an, wie sie leichten Herzens meinen lebenden und lebenshungrigen Vater begrub. Ich erinnerte mich daran, wie sie seinerzeit mit Vater einen Streit um den Mietzins hatte, und hörte weiter zu.

– Sehen Sie — Herr Calel — Ihre Schwester Rachel kam um, weil sie einen Meineid vor Gericht gegen mich schwor. Die gerechte Strafe Gottes hat sie getroffen.

Da machte ich große Augen und ich spürte, wie mich der kalte Schweiß überkam. Endlich wußte ich nun, warum meine Schwester zugrunde ging: nämlich dafür, daß sie Zeuge der gegnerischen Partei war in einer Sache um zehn oder zwanzig Złoty Miete monatlich. O Frau Doktor, konntest du wirklich nichts für deine Worte, merktest du als intelligente Frau nicht, wie du mir einen Dolch in das ohnehin wunde Herz stießest. Ich hörte mir auch das schweigend an.

Überhaupt habe ich damals den Genuß der Selbstkasteiung kennengelernt, als ich mit den Töchtern von Frau Lidia spielte und ihre jüngste meiner Alusia sehr ähnlich war als ich täglich durch unsere Villa ging.

Ich fand Gefallen an dem Druck ums Herz, als ich die Häuser und ihre Bewohner sah, die hinter ihren Mauern in Sicherheit lebten. Es fällt mir schwer, meine Gefühle zu definieren, als ich über die Ruinen meines Lebens ging. Mir fehlt die richtige Perspektive und die nötige Einstellung, um meine damaligen Gefühle einer strengen Selbstanalyse zu unterziehen.

Am zweiten Samstag meines Aufenthaltes in Otwock sehnte ich mich plötzlich nach Janek und Michał, also fuhr ich ohne lang zu überlegen mit der Bahn nach Piekiełko. Unterwegs warf mich ein Schaffner aus dem Zug, aber ein anderer ließ mich für zwanzig Złoty in den Waggon. Im Lager freuten sich alle über meine Ankunft. Weil auch mein Vater angekommen ist, beabsichtige ich, zu ihm hinter den Stacheldraht zu gehen. Zum Glück warnte mich Janek, daß ein Auto in unsere Richtung fuhr. Vater floh auf eine Seite, wir sprangen in die Baracke. Wir saßen noch nicht richtig, als wir einen Schuß hörten. Wir waren sicher, daß sie Vater erwischt und auf der Stelle umgelegt haben.

Später stellte sich heraus, daß Lipszer bei seiner Ankunft eine Jüdin mit einem Revolverschuß getötet hat.

Sie bemerkten auch Vater, aber es gelang ihm zu fliehen, obwohl ihn ein Gendarm verfolgte. Das machte die Deutschen wütend.

Lipszer (in Begleitung Landsbergs, der jeden Sonntag legal nach Piekiełko kam) besuchte unsere Baracke. Im spöttischen Ton fragte er, ob wir nicht froren, worauf Landsberg antwortete, daß es erträglich wäre. Danach fragte Lipszer, wie es unseren Familien ginge.

Meinte er unsere Familien, die nach Treblinka gebracht wurden oder vielleicht eher die Läuse, die uns befielen? Anschließend befahl er, hinter dem Lager ein Grab für die gerade erschossene Jüdin auszuheben. Er verlangte, es sollte größer werden, was die Arbeiter auch glattweg ausführten. Dann ließ er drei ehemalige Polizisten aus der Baracke rufen: Gutner, Kramarz und Felner. Als sie vor ihm standen, fragte er, was sie in dem Moment taten, als er heranfuhr. Alle waren sie in Mejers Häuschen vor dem Lager, sie bemerkten das Auto, konnten aber nicht so schnell fliehen, um von Lipszer nicht gesehen zu werden. Es halfen keine Erklärungen. Ein kurzer Befehl fiel:

– Umleigen!

Alle drei wurden hinter das Lager geführt und mußten sich ins Grab zu legen, wo sie umgebracht werden sollten. Gutner Majer war einer unser besten Kollegen, ein Mensch mit einem Ausnahmecharakter, ich bin sicher, hätte er eine Waffe bei sich, er würde nicht zögern, zuerst auf Lipszer zu schießen. Weil er aber unbewaffnet war und ohne Gegenwehr nicht umkommen wollte, wählte er die Flucht. Kramarz folgte ihm. Einzig Felner, ein junger schmächtiger Bursche, setzte sich resigniert auf die Erde.

Lipszer erfaßte die Situation schnell, befahl Landsberg und den Arbeitern, Kramarz zu verfolgen und drohte, sie würden erschossen, wenn sie ihn nicht bekämen. Er selbst nahm mit einem zweiten Gendarmen die Verfolgung Gutners auf. Gewehrschüsse fielen, einer nach dem anderen. Bald gelang es ihnen, Gutner zu verletzen. Der Gendarm brachte ihn zurück und wollte ihn erneut dazu zwingen, sich in die Grube zu legen. Gutner nahm seine letzten Kräfte zusammen und wollte noch einmal fliehen. Diesmal traf ihn die Kugel richtig, und er fiel tot zu Boden. Sein Bruder Biume beobachtete seinen Kampf von weitem, aber er konnte nicht helfen.

So kam Majer Gutner um, der Stärkste der Starken, der Beste der Guten. Er sagte früher oft zu mir, wenn er wüßte, wo die Partisanen wären, würde er sich gerne bei ihnen melden. Leider war es ihm nicht gegeben, den Heldentod zu sterben – jedenfalls kam er nicht wie ein Feigling um.

Inzwischen jagte Landsberg hinter Kramarz her. Als Kramarz spürte, daß seine Kräfte für die Flucht nicht ausreichen würden, blieb er stehen und schlug vor, daß sie beide ins Warschauer Ghetto fliehen. Landsberg wollte davon nichts hören und führte den Entflohenen zu Lipszer. Dieser nahm einen Gummiknüppel und fing an, auf Kramarz einzuschlagen. Er schlug ihn, wo immer er konnte. Schließlich warf er den fast Bewußtlosen in die Grube und erschoß ihn. Vor seinem Tod konnte der Unglückliche noch auf hebräisch ausrufen:

– Höre Israel, der Herr, unser Gott, der Herr ist einzig.[37]

Es blieb noch Felner, der wie bewußtlos am Rande der Grube saß. Lipszer taxierte ihn mit seinem sadistischen Blick.

– *Du blajbst* – warf er kurz ein – wenn die da nicht abgehauen wären, hätte ich sie auch nicht umgebracht.

Tatsächlich rettete die Flucht zweier mutiger Leute fürs erste das Leben eines Feiglings. Lipszer befahl, Gutner die hohen Stiefel auszuziehen und nahm sie selbstverständlich mit ins Auto.

Was aber machte unser Kommandant? Lipszer war kaum weg, als Landsberg in der Baracke erschien, um die Sachen der Getöteten zu »beerben«, damit sie niemanden verlockten. Schließlich standen sie, vor Gott und vor den Menschen, nur ihm, dem mittelbaren Mörder, zu.

Nach Otwock kehrte ich mit dem festen Vorsatz zurück, Piekiełko nie wiederzusehen. Im Lager herrschte großes Durcheinander, man rechnete damit, daß am ersten Dezember seine vollständige Auflösung erfolgen werde. Immer mehr Arbeiter flohen nach Warschau, immer mehr Polizisten fuhren nach Otwock, um dort ein Versteck für sich zu finden. Janek traf auch ein. Er wollte ein paar Dinge erledigen. Die Nacht verbrachte er im Zofiówka, mit der Absicht, am nächsten Tag ins Lager zurückzukehren. Aber Janek, wie Janek eben war, setzte sich am Abend zum Kartenspiel und spielte bis vier Uhr früh. Da er keine Lust verspürte, um sechs Uhr aufzustehen und nach Piekiełko zu fahren, blieb er noch einen Tag.

Am Abend die gleiche Prozedur, er spielte wieder bis vier Uhr und er blieb wieder.

Am nächsten Tag das gleiche Spiel. Mittlerweile war ich sicher, daß er nicht mehr nach Piekiełko zurückkehren würde. Bis er dann in der vierten Nacht auf die Idee kam, bis sechs Uhr durchzuspielen, um dann direkt zur Bahn zu gehen.

Mit dem Kommandanten des Zofiówka, Niesenszal, verabredete Janek, daß er für Geld aufgenommen wird. Es wurde davon geredet, Piekiełko werde aufgelöst.

So kam Janek dann einige Tage später mit seinen Habseligkeiten und ließ sich im Zofiówka auf Dauer nieder Der Kommandant des Zofiówka willigte ein, ihn für Geld aufzunehmen.

Im Zofiówka traf ich Berek Kejzman, der mir erzählte, wie er von dem Waggon sprang, in dem auch meine Frau war und wie er glücklich nach Falenica gelangte. Am nächsten Tag wurde er bei der Aktion in Falenica wieder geschnappt, aber es fügte sich günstig für ihn, denn man nahm ihn zur Arbeit in Najwerts Sägewerk. Er flüchtete sofort aus dem Sägewerk und wollte jetzt ins Warschauer Ghetto, wo seine Frau mit dem Kind untergekommen war. Sie haben sich ebenfalls vor der Aktion in Otwock, in Kołbiel und in Wołomin retten können – bis sie endlich im Warschauer Ghetto Unterschlupf fanden.

Mitte November erschien in der Zeitung eine amtliche Verlautbarung über die Bildung neuer Ghettos in Warschau, Katuszyn, Sobolew, Parczew, Rembertów, Kosów und noch einigen anderen Ortschaften zum ersten Dezember. Denjenigen, die sich nach diesem Datum außerhalb der Ghettos befänden, wurde der Tod angedroht. Diesmal war die Mehrheit der Juden sicher, daß sie in den neu entstehenden Ghettos der Tod erwartet. Trotzdem gingen sie recht zahlreich dorthin, weil sie dachten, daß sie dort ruhig den Winter verbringen würden und mit dem Einzug des Frühlings nach einem sicheren Versteck Ausschau halten könnten. Allerdings fehlte es auch diesmal nicht an Naiven, die behaupteten, die neuen Ghettos seien unter dem Druck der öffentlichen Meinung oder zu Propagandazwecken eingerichtet worden.

Ich war zu diesen Ghettos negativ eingestellt.

Ich wußte, daß es eine Falle war, aber ich hatte nicht die Fähigkeit, rechtzeitig zu fliehen. Janek aber meinte, daß jeder unter den eigenen Leuten verlebte Tag ein gewonnener Tag sei. Er war überzeugt davon, daß er vor der Aktion abhauen oder vom Waggon springen kann.

Je fünfzig Leute sollten den Winter über in Karczew und in Piekiełko bleiben. In Karczew zahlten die Reichen dem Kommandanten zweitausend Złoty pro Kopf für den Verbleib im Lager, in Piekiełko war es umgekehrt, die Reichen fuhren weg ins Warschauer Ghetto, im Lager blieben die Hungerleider. Mit Neid im Herzen schaute Landsberg auf den Karczewer Lagerkommandanten Kołkowicz, der dicke Tausender kassierte, während ihm niemand auch nur einen Hunderter angeboten hatte.

Mittlerweile habe ich mit Landsberg den Abriß in Otwock beendet, und wir begannen, den Hühnerstall für den *Kreishauptmann* zu bauen. Täglich wanderte ich an die zehn Kilometer vom Zofiówka bis nach Otwock-Wielki und abends wieder zurück. Ich aß viel, wenn auch unregelmäßig, körperlich fühlte ich mich gut.

Erst im letzten Moment erfuhr ich, daß der Kreishauptmann keine Genehmigung erhielt, jüdische Arbeiter einzusetzen. Ich verabschiedete Landsberg schnellstens und begab mich zum Zofiówka, wo für mich ein Platz reserviert war. Selbstverständlich gab es das nicht für schöne Augen, ich war bereit – und tat es auch –, eine größere Summe zu geben, um dort einen ruhigen Winter zu verbringen. Es gelang mir, auch einen Platz für Janek zu besorgen.

Während meines Aufenthaltes in Otwock sah ich den Magister häufiger. Dank seiner Bekannten hatte er sogar die Möglichkeit, eine echte *Kennkarte* für Janek zu bekommen. Wir besuchten ihn am dreißigsten November im Büro, dort erhielten wir die Papiere, die Janek unterschreiben und bei der städtischen Verwaltung in Warschau abgeben sollte.

Am nächsten Morgen wurde das Gebäude des Zofiówka von Gendarmen und polnischer Polizei umstellt, man gab uns fünfzehn Minuten für die Vorbereitung zur Abreise.

Ich entschied sofort, daß ich nirgends hinfahren werde. Erstens wollte ich nicht ins Warschauer Ghetto kommen; zweitens hatte ich Janeks illegale arische Papiere bei mir und fürchtete, daß diese gefunden würden. Ohne mich von Janek zu verabschieden – ich ahnte nicht, daß ich ihn nie mehr im Leben wiedersehen werde – ging ich hinunter und flüchtete in den Wald unter dem Risiko, eine Kugel in den Rücken zu bekommen. Von dort ging ich nach Świder, zu einem Hausmeister, den ich kannte, bei dem ich den ganzen Tag verbrachte. Am Abend begab ich mich nach Otwock und gelangte unbemerkt zu Stefans Wohnung. Dieser bot mir selbstlos sein Zimmer an, bis mein Vater etwas für mich fände.

So ging die nächste Etappe meines Lebens zu Ende. Ich hörte auf, ein Arbeiter in deutschen Diensten zu sein. Ich hatte kein Recht mehr, mich in der Stadt zu bewegen, ich wußte, daß mir die Kugel nicht erspart bleibt, wenn ich als Jude erkannt werden sollte. Ich versuchte, Szmul Kołkowicz zu finden, aber ohne Erfolg. Ich erfuhr lediglich, daß er einige Metzger mit Waffen versorgte, die aber später aufgegriffen und erschossen wurden. Das gab viel Ärger, so daß Kołkowicz Angst hatte, sich in Karczew sehen zu lassen. Über das weitere Schicksal Kołkowiczs werde ich noch zu gegebener Zeit berichten.

Im November besuchte ich auch Franciszek Stańczak, der mir einen Teil der für mich wertvollsten, für ihn aber völlig wertlosen Sachen zurückgab: die Fotografien meiner Frau und des Kindes. Den Rest versprach er nach dem Krieg zurückzugeben.

Ich möchte nun auf das Verhältnis meines Vaters zu mir und meinem Schwager Janek näher eingehen. Die Einstellung meines Vaters zu Janek war sowohl vor als auch nach der Hochzeit mit meiner Schwester ausgesprochen negativ. Nach Rachels tragischem Tod behandelte Vater Janek sehr kühl, was ihn aber nicht daran hinderte, seine materielle Hilfe in Anspruch zu nehmen. Ich bewunderte Janek für sein Verhalten. Nach der Rückkehr meines Vaters aus Parczew, half er ihm, sich in der neuen Wohnung einzurichten, er organisierte für meine Mutter die Ausreise nach Kołbiel und schickte ihr von Zeit zu Zeit Geld. Was mich betrifft, so bemühte ich mich, korrekt zu sein, obwohl meine Gefühle als Sohn sehr abgestumpft sind. Für mehr reichte es einfach nicht, es ist schwierig von einem kalten Herzen zu verlangen, es sollte sich plötzlich erwärmen.

Ehrlich gesagt fühlte ich mich überhaupt nicht imstande, irgendjemanden zu lieben, aber ich war der Meinung, daß ich die Pflicht gegenüber meinen Eltern erfüllen mußte: mit ihnen das Geld oder die Sachen zu teilen und ihnen zu helfen. Als Vater Mutter ausstattete, gab ich die Decke, das Kissen und Bettzeug für sie mit. Als er sich selber einrichtete, gab ich ihm eine ähnliche Aussteuer.

Ich muß hinzufügen, daß mein Vater von einem Einrichtungswahn befallen wurde. Er hatte sehr gute Wohnbedingungen, man bediente ihn, nutzte ihn finanziell nicht aus, mit einem Wort – er traf auf gute Menschen und wußte es auch zu nutzen. Als er bei mir irgendeine bessere Sache sah: ein Hemd oder Schlafanzug aus Seide, wollte er sie gleich haben. Ich versagte ihm nichts, gab ihm sogar meine Armbanduhr Marke Longines, denn ich fand, daß sie bei ihm sicherer sei.

Mehrfach bat ich Vater, er möge sich um ein Versteck für mich bemühen, aber er hatte keine Zeit zum Suchen. Er war ständig mit seinen Geschäften in Kołbiel und Piekiełko beschäftigt. Obwohl er wußte, daß ich jeden Tag umkommen oder ohne Dach über dem Kopf bleiben konnte, wollte er mir weder seine noch Mutters Adresse verraten. Anfangs dachte ich, das sei Zufall, später aber gelangte ich zu der Überzeugung, daß es tiefere Gründe hatte. Endlich sagte er mir, wo er wohnte, nannte aber weder die Nummer der Wohnung noch den Namen der Gastgeber. Die Herrschaften X. waren über sein Vorgehen verwundert und hielten Vater für einen schrecklichen Egoisten.

Ende November kam Vater zu den Brüdern X. und behauptete erzürnt, er hätte meinetwegen seine Wohnung verloren. Es stellte sich heraus, daß ihn die »Geheimpolizei« holen wollte, als er in seinem Zimmer war. Sie nannte seinen Gastgebern seinen angenommenen Namen. Er konnte gerade noch durch ein Fenster im Souterrain fliehen.

– Ich habe dir nicht die Polizei geschickt — antwortete ich ruhig — ich kenne nichtmal die Nummer deiner Wohnung. Wahrscheinlich war das überhaupt keine Polizei, sondern Spürhunde, die dir die Gastgeber auf den Hals schickten.

Mein Vater wollte davon gar nichts hören.

Natürlich hatte er Angst, in die Wohnung zurückzukehren. Ein paar Tage später schnappten ihn die gleichen »Polizisten« auf der Straße, sie knöpften ihm vierhundert Złoty ab, die er bei sich hatte und sagten, daß er seine *Kennkarte* zurückbekomme, wenn er ihnen noch tausend Złoty brächte. Ob er wollte oder nicht, brachte er ihnen am nächsten Tag die verlangte Summe. Er erhielt die *Kennkarte* zurück. Zusammen mit dem Angebot für ein einträgliches Geschäft. Man schlug ihm vor, daß er reiche Juden aufspüren und in ihre Hände ausliefern sollte. Vater entzog sich aber diesem so »guten Geschäft«, indem er erklärte, keine Warschauer Juden zu kennen.

Der Wohnungsinhaber nahm ihm fast alle Sachen weg und gab nur einige zerrissene Hemden zurück. Ich bin sicher, daß es ein abgekartetes Spiel war zwischen Mejer aus Piekiełko, der ihm die Wohnung besorgte, dem Wohnungsinhaber und den Spürhunden. Mein Vater brachte sich selbst in Schwierigkeiten, als er den schönen Worten auf den Leim ging. Er holte viele Sachen von uns, die er dann in seiner neuen Wohnung (Kawęczyńska 6/28) unterbrachte. Die Gastgeber merkten, daß es sich nicht lohnt, einen Juden zu unterhalten, wenn man ihm alles sofort wegnehmen kann.

Nach dieser Geschichte war mein Vater um eine Erfahrung reicher – man darf nicht mit all seinen Sachen in der gleichen Wohnung bleiben. Er wurde theoretisch reicher, in der Praxis aber um einige schöne Tausender ärmer.

Weil er keine andere Wohnung hatte, verabredete er mit Wacław, daß wir zu dritt bei Frau Hela Wohnsitz nehmen: Mutter, Vater und ich, für eineinhalbtausend Złoty monatlich.

Mir gefiel es gar nicht, zusammen mit ihnen zu sein, aber Stefan betrachtete es als seine Pflicht, mich nur so lange aufzunehmen, bis ich eine andere Bleibe gefunden habe. Geld konnte ihn nicht verlocken.

Also entwickelte ich den Plan, ihn vor eine ausweglose Situation zu stellen. Ich wollte sagen, daß er mein Leben retten muß, weil ich nichts habe, wohin ich gehen könne, und wollte es mit dem Versprechen untermauern, ihm nach dem Krieg einen Teil der Villa zu überschreiben. Mein Vater wollte davon nichts hören. Er wollte nicht nur den Krieg überleben, sondern auch sein Vermögen bewahren.

Wohl oder übel verließ ich Stefans Wohnung und dankte ihm für die Woche herzlicher und kostenloser Aufnahme. Ich hatte keine Hoffnung, ihn jemals wiederzusehen.

Am Abend begaben wir uns mit dem Vater zu Fuß nach Świder, um dort in den Zug nach Warschau zu steigen. Unterwegs gingen wir sicherheitshalber getrennt. Mein Vater, der gewöhnlich sehr schnell war, ging als erster und bald verlor ich ihn aus den Augen. Als ich unweit der Station war, kam der Zug bereits und blieb am Bahnsteig stehen.

Ich kletterte schnell auf den hohen Bahnsteig. Später erfuhr ich, daß der Eingang von der anderen Seite war. Ich war bereit zum Einsteigen. Der Schaffner zögerte noch einige Sekunden, da er auf mich wartete.

In dieser Zeit schaute ich mich ratlos um. Vater war nicht zu sehen. Vielleicht sprang er in ein anderes Abteil, vielleicht blieb er irgendwo? Was tun?

Die Adresse meiner Mutter kannte ich selbstverständlich nicht, also wohin? Wo sollte ich aussteigen? Wohin gehen? Einige Sekunden stand ich unentschlossen, der Schaffner wurde böse, die Tür schloß automatisch und der Zug fuhr ab.

Ich schaute mich am Bahnsteig um, ging in der Dunkelheit auf die Suche. Vater war nicht zu sehen. Was soll's, überlegte ich, was soll ich jetzt tun? Zurück zu Stefan? Blamage. Wahrscheinlich glaubt er mir nicht, daß ich Vater unterwegs verloren habe. Vermutlich hält er es für einen Vorwand, um bei ihm bleiben zu können. Ich beschloß, mit dem nächsten Zug nach Warschau zum Magister zu fahren. Irgendwie komme ich schon hin und Vater kann mich dort auffinden.

Ich setzte mich auf den Bahnsteig und wartete.

In dieser Zeit hat mein Vater bereits die Fahrkarte kaufen können und wartete schon vor der Abfahrt des Zuges beim Eingang des Bahnsteiges auf mich. Da er mich nicht sehen konnte, ließ er den Zug passieren und ging mir dann entgegen. Er nahm an, daß mir unterwegs etwas zugestoßen ist. Er kam noch nicht einmal auf die Idee, daß ich von der verbotenen Seite auf den Bahnsteig geklettert bin. Er legte die Hälfte des Weges zurück und da er mich nicht sah, kehrte er um. Nach über einer Stunde erkannten wir uns auf dem dunklen Bahnsteig. Die Fahrt mit dem nächsten Zug verlief gut, erst auf dem Ostbahnhof erfuhr ich Mutters Adresse.

In Warschau schlug mein Herz wie wild vor Angst. In der Straßenbahn fürchtete ich, jeden Moment als Jude erkannt zu werden. Ich

kam aber glücklich an und trat am sechsten Dezember 1942 ohne
Koffer über die Schwelle zur Wohnung von Frau Hela, wo ich bis
heute bin.

Mein Aufenthalt bei Frau Hela. 6.12.42 - 19.8.43

Der erste Eindruck war sehr nett. Als ich hereinkam, wurde gerade in der Mitte des Zimmers ein eisernes Öfchen aufgestellt, und nach einer Weile waren alle von der Wärme gerötet. Ich begrüßte zuerst meine Mutter, die ich seit der Aktion in Otwock nicht mehr gesehen hatte. Es fiel mir damals nicht auf, daß sie meinen Blick mied. Dann begrüßte ich Frau Hela und wurde mit Genia bekannt gemacht. Wacław war auch anwesend. Wir aßen zusammen zu Abend, und ich ging schlafen.

Als wir am nächsten Morgen allein im Zimmer zurückblieben, konnte ich den Wert unseres Verstecks abschätzen. Es gab eine Giebelwand, was bedeutet, daß dort das nächste Haus anschloß und man auf dieser Seite nichts hören konnte. Die hintere Wand grenzte an den Hausflur und an Vorratskammern. Dort hätten Nachbarn eventuell hören können, was sich im Zimmer abspielt. Sie könnten aber annehmen, es sei unsere Wirtin. Später stellte sich heraus, daß von dieser Seite keine Gefahr drohte. Die Nachbarn waren immer betrunken. Die zweite Seitenwand grenzte an ein Kohlenlager. Dort drangen keine Geräusche durch. Die Vorderwand ging auf die Straße hinaus. Der Raum war früher ein Verkaufsladen gewesen, deshalb mußte man das Schaufenster und die Glastür mit Läden verschließen. Die Läden vor der Tür waren aus Holz und hatten im oberen Teil längliche Öffnungen, dies waren die einzigen Lichtquellen. Deshalb war es in dem Zimmer kaum dämmerig, und das auch nicht den ganzen Tag. Wir hörten ausgezeichnet, was sich auf der Straße tat, nach Außen war jedoch nicht zu hören, was sich in der Wohnung abspielte. Offenbar breiteten sich unsere Geräusche über die Straße aus, wo sie vom Straßenlärm neutralisiert wurden. Die einzigen Vorrichtungen waren der Kochherd und der Wasserhahn. Es gab keinen Keller, so daß man sich im Notfall nicht verstecken konnte, wie sich später herausstellen sollte, brauchten wir das auch gar nicht. Ein Vorteil der Wohnung war der direkte Zugang zur Straße, deshalb konnte der Hausmeister nicht kontrollieren, wer ein- und ausging. Unsere Wirtin öffnete die Tür ganz weit, wenn sie von der Arbeit heimkam, damit jeder auf der Straße sehen konnte, was im Zimmer vor sich ging. In dieser Zeit saßen wir hinter dem Schrank. Dort versteckten wir uns auch, wenn Frau Hela

Besuch vom Hausmeister oder einer Freundin bekam. Niemand ist je dahintergekommen. Glücklicherweise gab es gegenüber kein Haus, sondern ein großes Holzlager, wo den ganzen Tag eine elektrische Säge, eine sogenannte *Kreissäge*, arbeitete.

Ein Nachteil der Wohnung war die fehlende Toilette, man mußte einen Eimer benutzen, der unter dem Abfluß versteckt war. Frau Hela leerte ihn einmal wöchentlich. Das gehörte nicht zu den angenehmsten Dingen, aber es half nichts.

Frau Hela war tagsüber nicht da, so waren wir frei, konnten uns waschen oder Wäsche waschen, es gab nicht die bedrückende Atmosphäre der gegenseitigen Einengung.

Hinter dem Schrank stand das Bett, das ich mit Vater teilte, meine Mutter schlief im Zimmer auf der Couch, Genia schlief auf einem Kissen, das neben das Öfchen auf den Boden gelegt wurde.

Mein Vater ging zwei Mal in der Woche in die Stadt. Er verließ die Wohnung um sechs mit Frau Hela und kehrte abends um sieben zurück. Auch kaufte er das Essen für uns ein. Er nahm mit Michalski Kontakt auf, der alle Schuld auf seinen Neffen schob. Mein Vater glaubte ihm, weil er nicht anders konnte. Zum einen mußte er zu irgendwem Kontakt halten. Zweitens wußte er nicht, wo er bleiben sollte, wenn er den ganzen Tag ausging, also hielt er sich in Michalskis Geschäft auf und trieb mit ihm ein wenig Handel.

Eines nur machte uns Angst: die »ganze Stadt« wußte davon, daß Genia hier versteckt war. Piekiełko wußte es und auch die aus Legionów stammenden Juden im Warschauer Ghetto. Wir rechneten damit, daß uns andere Juden die Tür einrennen, wenn es in Warschau »heiß« würde.

Später zeigte sich, daß diese Art zu denken unsere Naivität unter Beweis stellte. Es fiel uns nicht ein, daß es in Warschau so »heiß« werden könnte, daß alle Juden regelrecht verbrennen werden. Ein anderer Vorteil der Wohnung bestand darin, daß wir durch das kleine Fenster nur den Himmel sehen konnten, klar oder bewölkt, aber immer nur den Himmel. Wir sahen kein Straßenleben, keine spielenden kleinen Kinder und keine Frauen beim Spaziergang. Unser späteres Leben sollte zeigten, daß diese Kleinigkeit anscheined den besten Einfluß auf unser Wohlbefinden hatte. Wir sahen keine fremden Kinder, also hatten wir auch unsere Kinder nicht ständig vor Augen. So war unser Schmerz auf jeden Fall geringer. Das Versteck war gut, das bewies die Tatsache, daß Genia hier bereits zehn Monate weilte. Es war auch nicht besonders teuer.

Den Charakter unser Gastgeber und ihr Verhältnis zu uns werde ich noch beschreiben. Nach einigen Tagen stellten wir ein Bett hinter den Schrank, dort schlief ich, zusammen mit Vater. Meine Mutter schlief auf der Couch, Genia nächtigte weiterhin auf ihrem Kinderkissen auf dem Boden, neben dem eisernen Öfchen.

Nach einer Woche machte ich mich auf den Weg zum Magister, um meinen Vater vorzustellen. Ich kündigte an, daß ich von da an keinen persönlichen Kontakt mehr mit ihm halten würde. Ich bat ihn darum, die Freundlichkeit, mit der er mich bisher bedacht hat, auf meinen Vater zu übertragen, der berechtigt sei, über meine Sachen zu verfügen. Eine Ausnahme bildete brauner Stoff für einen Damenwintermantel, dazu braunes Futter, den ich zu Janeks Verfügung zurückließ. Mein Vater war deswegen wütend auf mich, aber ich hatte nicht die Absicht, ihm zu erzählen, daß ich damit eine Last von mir warf, die mein Gewissen drei Monate lang bedrückt hatte. Den weißen Hochzeitsstaat meiner Frau, der aus einem Seidenkleid, einem Mantel, Schuhen, Handtasche und Handschuhen bestand, sah ich als Geschenk für die Schwester des Magisters vor. Ich hatte den Eindruck, daß ich das Andenken meiner Frau keineswegs schädigte, als ich diesen wunderschönen Staat einer fremden Person vermachte. Sie war seinerzeit bereit, unsere kleine Tochter zu sich zu nehmen, also war sie die einzige Person, die das moralische Recht hatte, diesen wunderschönen Staat zu tragen.

Ich wollte auch unsere Adresse für Janek hinterlassen, aber mein Vater war entschieden dagegen. Also ließ ich nur Janeks arische Papiere beim Magister.

Obwohl uns der Magister überaus herzlich empfing, verließ ich ihn moralisch gebrochen. Während unserer Anwesenheit spielte im anderen Zimmer jemand Klavier. Die schönen Klaviertöne zerrütteten meine Nerven. Das bemerkte sogar die Schwester des Magisters. Beim Hinausbegleiten entschuldigte sie sich dafür, daß das Klavier gespielt hat. Sie sagte, sie verstünde gut, wie das auf uns gewirkt haben muß. Sie verabschiedete uns mit guten Wünschen, Gott möge uns weiterhin beschützen. Es waren aber nicht die schönen Töne, die mich aus dem Gleichgewicht brachten. Was mich verstörte, war das Bild des Hauses, an dessen Wände der Krieg schlug, aber durch die er nicht hindurch dringen konnte. Hier könnte heute meine kleine Tochter sein, aufgrund meiner Trägheit und Leichtsinnigkeit ist sie es aber nicht. Wenn es mir bestimmt ist zu leben, dann nur, um ewig zu büßen, daß sie, der Rettung so nah, durch meine Schuld umkommen mußte und mit ihr auch meine Frau. Bis heute verfolgt mich das Bild meiner kleinen Tochter, erzogen in der edlen familiären Atmosphäre, wie sie im Hause des Magisters herrscht.

Eine andere Sache ließ mir ebenfalls keine Ruhe und erinnerte mich ständig an meine Schuld. Meine englischen Anzüge und mein Wintermantel konnten gerettet werden. Mein Vater war mir böse, daß ich nur so wenige Sachen habe retten können, aber ich nahm mir übel, daß ich überhaupt etwas gerettet habe. Wenn mir vor der Aktion diese Sachen nicht leid getan hätten, hätte ich für den Verkaufserlös Anka eine *Kennkarte* kaufen und sie vor dem *Umschlagplatz* retten können. Schließlich verkaufte Vater die Anzüge und den Mantel an einen Freund des Magisters, Doktor R., für fünftausend Złoty. Ich atmete auf, als diese Sachen verkauft waren, so sehr habe ich sie gehaßt.

Unser monatliches Budget in der Wohnung von Frau Hela betrug dreitausend Złoty. Wir besaßen zehntausend in bar, dazu noch das Geld vom Verkauf meiner Sachen. Wir hätten auch langsam die anderen Sachen verkaufen können, die noch beim Magister geblieben sind. Wir rechneten aus, daß, wenn es gut geht, alles für ein Jahr reichen würde. Es mußten also die restlichen Sachen aus Otwock nach Warschau gebracht werden.

Bei Dr. Mierosławski, einem Freund des Magisters, befand sich der Pelzkragen meiner Mutter und der Otterpelz meines Vaters, beim Gerichtsvollzieher Alchimowicz meine und Vaters Kleinigkeiten aus Pelz, bei den Brüdern X. mein kleiner Koffer und bei Frau Głasek war noch mein Rucksack mit den Utensilien aus dem Lager.

Weil Vater nur in der Winterzeit nach Otwock reisen konnte, wenn die Abende lang und dunkel waren, wollte er alles auf einmal nach Warschau bringen.

Den Doktor hat mein Vater bestimmt zehnmal besucht. Anfangs bekam er zur Antwort, ein anderer Jude, Dr. Kokoszko, der dort auch seine Sachen in Verwahrung hatte, habe sie aus Versehen mitgenommen. Mein Vater erklärte immer wieder, dieser eine Otterpelz bedeute für unsere ganze Familie die Möglichkeit, mindestens einen Monat zu leben. Mierosławski antwortete, er habe seinen Otter für zweitausend verkauft – als wenn das von Bedeutung wäre, bestimmt war es Vaters Otter –, dann winkte er ab. Er legte Vater nahe, ihn nicht mehr aufzusuchen, denn sein Haus würde von der Polizei observiert. Schließlich gab er, nach vielen Bitten, den Pelzkragen meiner Mutter zurück.

– Doktor Mierosławski — sprach ich ihn im Geiste an — du zählst zur Spitze der gesellschaftlichen Hierarchie in Otwock, aber was unterscheidet dich moralisch vom Hausmeister Franciszek. In Wirklichkeit habe ich für den mehr Respekt. Er hat wenigstens seinen Kopf riskiert und raubte Sachen im Wert von vierhunderttausend Złoty.

Du aber, großer Herr, städtischer Arzt, unser langjähriger Nachbar, der Vater meiner Klassenkameradin, hast dich von einer Sache verführen lassen, die dreitausend Złoty wert ist und die in dein Haus gebracht und dir anvertraut wurde.

Etwas anders ging es mit Alchimowicz. Dieser gab meinem Vater meine Kleinigkeiten aus Pelz mit der Geste des großen Herren zurück, der sich nicht fremde Sachen aneignet. Er ließ meinen Vater zwar nicht über die Schwelle seiner Wohnung, empfing ihn im dunklen Flur, gab aber die Sachen, eingewickelt in einem Kissenbezug, genauso zurück, wie ich sie ihm seinerzeit übergeben hatte. Zu Hause stellte sich heraus, daß alles in Ordnung war, bis auf eine Ausnahme. Das teuerste Objekt fehlte, mein Innenfutter aus Fehwerk. Ich riet Vater, Alchimowicz nichts davon zu sagen, denn dieser große Herr hätte sich beleidigt fühlen können und würde nicht mehr mit ihm reden wollen, doch es mußte noch Vaters Pelzfutter abgeholt werden, es half nichts. Als Vater Alchimowicz bat, er möge seine Sachen zurückgeben, stritt er nicht ab, daß er einen Pelz besitze, sagte aber, daß er ihn erst im Frühjahr zurückgäbe, denn im Winter trüge ihn noch seine Frau. Und überhaupt habe er hier »keine Aufbewahrung«. Ich bin sicher, er wußte ganz genau, daß mein Vater im Frühjahr eine Reise nach Otwock nicht wagen könnte. Ich machte große Augen, als ich das hörte.

Es fiel mir nicht schwer zu verstehen, was mit einem Menschen passiert ist, der seinerzeit Sachen im Werte von hunderttausend Złoty in Verwahrung hatte und jetzt auf einige Tausend teure Sachen gierig war. Wie kann dieser Mensch meinem Vater sagen, er habe »keine Aufbewahrung«, wenn alle Möbel in seiner Wohnung entweder mir oder meinem Vater gehörten. Ich füge hinzu, daß er seinerzeit darum gebeten hat, sie bei ihm in Verwahrung zu geben.

Konnten zwei Jahre einen erwachsenen Menschen, einen Hauptmann der polnischen Streitkräfte, derart verändern? Ich hielt mich immer für einen guten Menschenkenner, und nun noch eine Enttäuschung. Offensichtlich reagiert die menschliche Seele anders auf lebende Menschen als auf lebende Leichen. Dann wird offenbar dafür gebetet, daß sich die lebende Leiche in eine richtige verwandelt und aufhört, »anständige Leute« zu belästigen.

Nur mit den Brüdern X. gab es keine Enttäuschung. Janek besuchte sie in dieser Zeit. Er nahm aus meinem Koffer einige nützliche Dinge, wie Bettlaken, Bettbezug, Hemd, Unterwäsche und holte seinen Koffer bei Frau Magister ab. Diesen Koffer holte seinerzeit der Magister ab und brachte ihn auf Janeks Bitte in seiner Wohnung unter.

Vater holte die übrigen Sachen ab, nahm auch meinen Rucksack mit, band alles zusammen und ging zum Bahnhof. Leider hatte der Zug über eine Stunde Verspätung. Vater saß die ganze Zeit da und wunderte sich, daß niemand ihn, als bekannten Otwocker Bürger wiedererkannte. Sogar mein ehemaliger Schulkollege, der lange Zeit in unserer Villa gewohnt hat, erkannte Vater nicht wieder. Warschau erreichte er nach der Polizeistunde. Als er bereits in unserer Straße war, hielten ihn zwei deutsche Soldaten an. Das war keine nächtliche *Streife,* sondern zwei raubende Soldaten, die etwas Geld abkassieren wollten. Sie kontrollierten Vaters *Kennkarte,* winkten aber ab, als sie den Passierschein für die Nacht sahen, den die Bahn Passagieren verspäteter Züge ausstellte: das sei *Dreck.* Sie durchwühlten alle seine Sachen und durchsuchten ihn gründlich. Bei der Gelegenheit stahlen sie ihm dreihundert Złoty und ein paar neue Handschuhe aus Rentierleder.

So ging diese Geschichte glücklich aus. Erstens – führten sie ihn nicht auf das Kommissariat ab, zweitens – erkannten sie nicht, daß sie einen Juden vor sich hatten, drittens – bemerkten sie Vaters goldene Uhr nicht, und viertens – nahmen sie nicht alle Sachen weg. So ist die jüdische Natur, was immer auch passiert, sie dankt Gott, daß es nicht schlimmer kam. Vater hat aber viel Angst ausstehen müssen.

In dieser Zeit verließ Janek das Warschauer Ghetto für einige Tage. Er löste seine Sachen in Otwock auf, reichte in der Städtischen Verwaltung das Gesuch für eine *Kennkarte* ein und verbrachte die Nacht beim Magister, wo er die Segnungen der Badewanne genoß. Wahrscheinlich nahm er sich ein Zimmer irgendwo in Praga. Mit uns konnte er aber keinen Kontakt aufnehmen, denn Vater machte aus unserer Adresse ein großes Geheimnis. Ich füge noch hinzu, daß er mehr Glück hatte als wir; alle seine Sachen waren bei den Brüdern X., und ihnen konnte man vertrauen.

Weil man das Ghetto leicht verlassen konnte, kehrte er vorläufig dorthin zurück, zu seinen Kollegen, zu dieser ganzen jüdischen Umgebung, die ein *milieu favorable** für das normale Leben bildete. Mein Vater meinte, daß die Karten Janek ins Ghetto lockten, ich vermute aber, daß ihn die fehlende Wärme bei uns abstieß.

Vater nutzte eine bestimmte Gelegenheit, um von Janek Abstand zu nehmen, obwohl Janek nach der Aktion soviel Gutes für ihn und Mutter getan hat.

Unsere Tage zogen sich schrecklich hin. Um zwei Uhr nachmittags ging ich zu Bett und blieb darin bis um neun Uhr morgens. Die meiste Zeit dachte ich nur über ein Thema nach: wie leicht hätte sich meine Frau mit dem Kind retten können. Ich legte im Kopf tausenderlei Kombinationen zurecht, eine besser als die andere. Das Nachdenken erfüllte mich mit fürchterlichem Leid und mit Schuldgefühlen. Es gibt nichts Schlimmeres für einen Menschen, als sich seinen quälenden Gedanken zu überlassen. Obwohl ich in dem Zimmer nicht alleine war, konnte ich meine Sorgen mit niemandem teilen.

Genia häkelte die ganze Zeit; sie war ein gutes Mädchen, aber es fehlte ihr an Bildung. Sie hatte ihren eigenen Kopf, um im Leben

* Günstige Umgebung (franz.).

202

zurechtzukommen, aber nicht genügend Verstand für Gespräche, Diskussionen, für das Verstehen anderer Menschen.

Meine Mutter mied mich ganz deutlich, sie hatte sogar Angst, mir in die Augen zu sehen. Ich konnte das überhaupt nicht verstehen. Zwischen uns gab es zwar nie besonders warme Gefühle, aber ... Später klärte sich die Sache auf. Weil meine Mutter an Schlaflosigkeit litt, empfahl ich ihr, für die Nacht ein Veronal zu nehmen. Vor Schreck sprang sie hoch, ob ich sie immer noch vergiften wollte? An die Situation nach der Aktion erinnert, konnte sie es nicht vergessen, daß ich ihr Gift angeboten habe. Die Befürchtung, durch den eigenen Sohn vergiftet zu werden, schlug in eine Manie um. Man konnte es ihr nicht ausreden.

Früher hat sie ihre Ängste ihrem Mann mitgeteilt, was das Mißtrauen mir gegenüber noch steigerte. Deshalb wollte er mir seine Adresse nicht nennen. Ich war zu stolz, um sie überzeugen zu wollen, daß ich immer in guter Absicht gehandelt habe.

Ich dachte, wenn ich in ihrem Alter befürchten müßte, mein Sohn schickte mir die Gendarmerie, würde ich nicht mehr ums Leben kämpfen. Bis heute, wo ich diese Worte schreibe, kenne ich Vaters Adresse nicht, obwohl ich hier mit meiner Mutter zusammen bin.

Ich weiß nicht, ob jemand das alles glauben wird, so makaber ist es. Letztlich zeigte aber das Jahr des Herren 1942, daß hier in diesem Jammertal alles möglich ist.

Mütter vergifteten eigenhändig kleine Kinder, damit ihr Weinen den Deutschen ihr Versteck nicht verriet. Söhne vergifteten ihre Eltern, wenn sie sie nicht mehr retten konnten. Wenn dies alles möglich geworden ist, kann man sich auch nicht wundern, daß meine Eltern Angst hatten, ich wolle sie vergiften.

Die Wahnvorstellung, ich könnte nicht ertragen, daß sie leben und meine Nächsten, Frau und Tochter, umgekommen sind, beherrschte sie.

Alles, was ich für meine Eltern getan habe, zählte nun nicht mehr. Obwohl ich meine Mutter gerettet habe, indem ich sie nach Kołbiel schickte, ihr Geld übersandte, Vater Sachen gab und ihnen jetzt mein ganzes Vermögen zur Verfügung stellte – was meine Möglichkeiten zu überleben begrenzt, falls der Krieg länger dauern sollte – all das hatte für sie nicht die geringste Bedeutung.

Seinerzeit haben sie für mich große materielle Opfer in Kauf genommen, ich habe es mit gleicher Münze beglichen. Sie nahmen es als etwas völlig Natürliches, daß ich mein Geld mit ihnen teile. Aber sie konnten es weder vergessen, noch verzeihen, daß ich meiner Mutter in einer ausweglosen Situation Gift angeboten hatte.

Noch größer als die Kluft zwischen mir und meiner Mutter war die Kluft zu meinem Vater. Es ging mir nicht mehr darum, daß er Angst hatte, mir seine Adresse zu verraten. Jegliche Verständigung zwischen uns wurde unmöglich: wegen seiner Einstellung zur jüdischen Tragödie im allgemeinen und der unserer Familie im besonderen.

Ich konnte nicht hören, daß ein erwachsener normaler Mensch, dazu auch noch ein Jude, behauptete, daß die Ermordung des jüdischen Volkes aufgrund der Sünden der Juden gegen Gott erfolgte, daß diese ganze Katastrophe mit dem Willen Gottes übereinstimmte und daß sie von jüdischen Propheten vorhergesagt wurde. Vater wiederholte oft, ein Jeder sollte alles tun, um sich zu retten, aber man sollte diejenigen nicht bedauern, die umgekommen sind.

Wenn es aber um den Kern der Sache geht, dann meine ich, daß er mir weniger vergeben konnte, auf seine Sachen nicht aufgepaßt als meine Frau auf den Platz gebracht zu haben. Er zählte dauernd auf, was er verloren und welchen Wert das Verlorene in bar gehabt hatte. Die verlorene Familie erwähnte er kein einziges Mal.

Sein zweites Lieblingsthema waren Überlegungen, wie sich jüdische Polizisten nach der Aktion bereichern konnten. Ständig erwähnte er die Namen der Polizisten und die Summen, die sie verdient hatten. Mir aber warf er vor, daß ich nicht genügend Verstand besaß, um auch nur darauf aufzupassen, was mir anvertraut wurde. Seinen Monologen nach zu urteilen, war ich sicher: wäre mein Vater ein Polizist, würde er seine Sachen bereits abgesichert haben, noch bevor die Waggons mit seiner Frau und seinem Kind Otwock verlassen hätten.

Im Zimmer war es nur dann still, wenn wir überhaupt nicht gesprochen haben. Wann immer irgendein Gespräch begann, schweifte es auf Themen ab, die im Streit enden mußten. Das heißeste Thema bot die Frage nach Gottes Gerechtigkeit. Ich lästerte ganz offen. Oft fragte ich Vater spöttisch, was er als frommer Jude verbrochen habe, daß Gott ihm das Leben rette und ihn gleichzeitig mit der Geschwüreplage beschenke. Ich vermutete, daß Gott wahrscheinlich die Deutschen mit den Juden verwechselt habe.

Um ehrlich zu sein war es anders. Am Anfang bekamen wir alle die Krätze, die wahrscheinlich Genia vom Lager eingeschleppt hat. Nach einem Monat besorgte mein Vater Medikamente, und alle wurden geheilt. Dann aber traf Vater, Mutter und Genia die nächste Plage. Es bildeten sich bei ihnen faustgroße Geschwüre. Mir fehlte nichts. Mein Vater kaufte den ganzen Vorrat an *Hansaplast* einiger Apotheken auf, aber sie wurden erst im April 1943 geheilt.

Wenn ich meinen Vater so scharf kritisiere, habe ich nicht im geringsten vor, ihm Treu und Glauben abzusprechen. Er ist kein schlechter Mensch, ganz im Gegenteil – er ist hilfsbereit, selbstlos und gut zu Menschen. Er zeichnet sich durch Energie und Ehrlichkeit aus. Sich selbst versagte er alles, es gab nichts, was ihm für die Familie, für uns Kinder oder für die Mutter zu teuer gewesen wäre. Aber es gab seine Bindung an materielle Werte, seine Habgier und anderseits den fanatischen Glauben an Gott und den Gehorsam gegenüber den jüdischen Dogmen sowie den furchtbaren Egoismus und den Willen, nur sein eigenes Leben zu retten – all das verdarb den Charakter dieses Menschen.

Jetzt, als wir im Versteck lebten, sah ich ein, daß der Mensch viele Dinge zum Leben braucht, aber als absolut überflüssig – in unserer Situation – erwiesen sich Kissen und Bettdecken. Als mir das klar wurde, fielen mir Worte meines Vaters ein. Er sah mich das erste Mal nach der Aktion und gab mir auf, die Kissen zu bewachen. Ich verstand, worum es ihm ging, aber ich verurteilte ihn für diese Worte und war zufrieden mit mir, daß ich fast gar nichts bewahrt habe.

Während ein Tag nach dem anderen mit lauen Überlegungen und Streitereien verging, war Janek immer noch im Ghetto. Eines Tages entschloß er sich aber, es zu verlassen. Ich weiß nicht, ob der Termin zur Übernahme der *Kennkarte* im Magistrat nahte oder ob diese Eskapade ein anderes Ziel hatte, jedenfalls wollte er sich zusammen mit den Arbeitern von der Niederlassung ins polnische Viertel begeben.

Leider hielt ihn die Wache an. Grundsätzlich hätten ihn die Gendarmen nach einer gewissen Zeit freilassen müssen, diesmal aber schickten sie alle Gefangenen zum *Umschlagplatz*. Er verbrachte dort einige Tage, ohne etwas zu essen oder zu trinken.

In der Zwischenzeit begann in Warschau eine neue Aktion. Sie dauerte etwa dreißig Tage. Erneut wurde in jedem Szop eine Selektion durchgeführt, man holte vor allem die Juden heraus, die aus der Provinz und aus den Lagern nach Warschau gekommen sind. Sie waren leichte Opfer, denn sie kannten das Terrain nicht, hatten auch keine Verstecke, wo sie hätten untertauchen können. An die Zehntausend Menschen wurden in Waggons verladen mit der Zielbestimmung: Industriestadt Treblinka.

Leider geriet auch Janek in den Waggon, ebenso Michał Frajbergier und viele ehemalige Polizisten aus Otwock auch; es waren die Reichsten, die, die mein Vater so beneidete. Im Waggon traf Janek einen Kollegen aus Piekiełko, der ihn zur Flucht überreden wollte. Janek lehnte ab, der andere versuchte es und es gelang ihm. Er sprang aus dem Waggonfenster, war mächtig zerschlagen, aber fürs erste gerettet. Warum Janek nicht in seine Fußstapfen trat, weiß ich nicht. Vielleicht haben ihn die Tage, die er auf dem Umschlag verbracht hatte, körperlich und seelisch gebrochen? Vielleicht wünschte er sich, mit seiner Frau zusammen zu sein, sehnte sich nach der ewigen Ruhe im Grab? Kurzum, der starke, energische Janek, mit gutem Aussehen und offiziellen polnischen Papieren in der Tasche, fuhr nach Treblinka.

Auf diese Weise verlor ich um den zwanzigsten Januar 1943 Janek und Michał – meine zwei besten Freunde – und ich fühlte, daß ich allein auf der Welt war. Ich fühlte mich schuldig. Ich hätte nicht auf Vater hören und ihm unsere Adresse beim Magister hinterlassen sollen. Ich wußte, daß er dort auftauchen würde. Vielleicht hätte Janek das Ghetto früher verlassen und wäre zu uns gekommen. *Qui le sait?*

Nach dieser Aktion herrschte wieder Ruhe in Warschau, aber ich war nicht ruhig. Ich kam zu dem Schluß, daß kein Jude klug genug sein kann, um die deutschen Pläne zu erraten. Vor der Januar-Aktion in Warschau waren alle sicher, daß im Winter den Juden nichts drohe.

Wir erfuhren das alles von Kronenberg, der mit seiner Frau und den

Brüdern Gurewicz in Wilanów geblieben war, um die Kartoffelmiete zu bewachen. Mein Vater hatte Kontakt zu ihnen, weil er recht oft nach Wilanów oder Piekiełko zum Handeln fuhr. Er kaufte und verkaufte Gold und Kleidung.

Mein Vater kam bestens zurecht. Er bildete sich ein, er habe ein erstklassiges arisches Aussehen und spräche phantastisch Polnisch, er glaubte, keiner könne ihn von einem Polen unterscheiden, mehr noch, er glaubte, er sei ein richtiger Pole.

Daher ist es gar nicht verwunderlich, daß er sich immer forscher auf den Straßen bewegte, er betrat Geschäfte, kaufte und verkaufte. Er knüpfte viele neue Bekanntschaften, und es wäre keinem in den Sinn gekommen, daß er Jude sei. Er freundete sich sogar mit einem alten Schuster an aus der Straße, in der wir wohnten. Bei ihm ließ er die gekauften Sachen, bei ihm saß er abends, wenn er auf die Ankunft von Frau Hela wartete. Das hatte alles einen guten Einfluß auf sein Wohlbefinden und seine Selbstsicherheit. Er trug sich sogar im Lesesaal ein und lieh zweimal wöchentlich Bücher für mich aus. Seine Auswahl war nicht immer gut, aber es war wenigstens eine Abwechslung meiner monotonen Lebensweise. Nach einer gewissen Zeit gelangte Vater zu der Überzeugung, es sei dumm, im abgeschlossenen Versteck zu sitzen, wenn er doch »offiziell« in Freiheit leben könnte. Unter seinem angenommenen Namen meldete er sich legal in Otwock an, zahlte die Kurtaxe für zwei Monate und bekam sogar in seine falsche *Kennkarte* eine Bestätigung, daß er in Otwock wohnt. Für meine Mutter besorgte er eine polnische Urkunde und erledigte – dank der Vermittlung einer ihm bekannten Beamtin auf dem Amt – ihre Anmeldung.

Er unternahm das alles, um zum Frühjahr das Versteck zu verlassen und auf Dauer irgendwo auf einem Dorf Wohnsitz zu nehmen, legal angemeldet aufgrund der bescheinigten Abmeldung in Otwock. Er wollte Mutter mitnehmen und versuchte, mich zur Abreise zu überreden, aber ich sagte entschieden ab.

Alle seine Pläne entstanden aus der Befürchtung heraus, das Geld könnte zum Überleben des Krieges nicht ausreichen. Ich bin Fatalist geworden und sorgte mich nicht sonderlich darum, was später wird. Ich dachte, daß sich Vater schlimmstenfalls mit einem seiner Mieter wird in Verbindung setzen müssen, um für einen Spottpreis einen Teil der Villa abzutreten. Ich hätte die ganze Villa hergegeben, wenn man mir dafür das Überleben des Krieges garantierte, meinem Vater fiel nichtmal im Traum ein, auch nur einen Teil abzugeben.

Er wollte nicht nur leben, er war auch hundertprozentig davon überzeugt, daß er überleben wird. Nach dem Krieg wollte er sein Vermögen im unangetasteten Zustand haben. Tag und Nacht dachte er darüber nach, wie man Geld sparen und woher neues beschaffen könnte.

Er zwang mich, Franciszek Stańczak einen Brief zu schreiben, um ihm vorzuschlagen, daß wir für die Rückgabe eines Teils der durch ihn geraubten Sachen auf den Rest verzichten. Franciszek reagierte nicht, obwohl ich damit drohte, weitere Briefe zu schreiben, dann aber an bedeutendere Bürger Otwocks und mit der Bitte um Intervention. Und wenn das nicht fruchten sollte, auch an die Gendarmerie. Ich nehme an, daß er alle Sachen versteckt oder verkauft hatte und über uns im Stillen lachte. Ich schrieb noch einen Brief an den Pfarrer, er möge bei der Osterbeichte Einfluß auf Franciszek nehmen – danach unterließ ich jegliche Aktivität. Wenn einer von uns den Krieg überleben sollte, daran glaubte ich, so würde er mit Franciszek abrechnen, wenn es sein müßte auch mit Hilfe polnischer Gerichte.

Ein ganz anderer Mensch war Frau Hela. Auch sie war geldgierig, aber es verband sich bei ihr mit einer angeborenen Ehrlichkeit. Sie nahm sehr gerne Geld von uns an, doch sie war zu ehrlich, um uns alles sofort wegzunehmen und uns dann auf die Straße zu setzen. Durch Erfahrung klug geworden, bewahrten wir fast gar nichts im Zimmer auf, später stellte sich heraus, daß diese Vorsicht überflüssig gewesen ist.

Frau Hela war eine gradlinige Frau aus dem Volk, bei der das Wort mehr zählte als Geld. Aber es hinderte sie nicht im geringsten daran, sich für einen Złoty hängen zu lassen. Sie war glücklich, wenn es ihr gelang, mit der Straßenbahn schwarz zu fahren. Ihre beiden Charaktereigenschaften: Habgier und Ehrlichkeit paßten uns im Grunde genommen sehr, was nicht heißen soll, daß uns alles bei ihr gefiel.

Frau Hela war vor allem sehr nervös, grob im Umgang und besaß einen angeborenen Sadismus. Eine so nervöse Frau habe ich in meinem Leben noch nicht gesehen. Wenn sie irgendetwas nicht finden konnte oder wenn Genia die Häkelarbeit nicht rechtzeitig fertig hatte, flog alles durchs Zimmer. Genia konnte nicht besonders gut häkeln, also spielten sich oft schier infernalische Szenen ab. Man sollte nicht meinen, daß sie ihre sadistischen Neigungen einzig an Genia ausließ. Sie war glücklich, wenn sie Vater für fünf Uhr abends kommen ließ und selbst erst nach der Polizeistunde erschien. An so manchem Winterabend drückte sich der mit vielen Paketen bepackte Vater auf der Straße herum. Er war nie sicher, ob Frau Hela diese Nacht in Falencia verbringen würde, während er allein und ohne Bleibe auf der Straße ausharren müßte.

Sie war auch glücklich, mehrtägige Eskapaden nach Falencia machen zu können. Wir blieben dann eingeschlossen, ohne Kohlen, ohne Brot, aber mit vollem Eimer. Wenn sie von so einem mehrtägigen Ausflug zurückkehrte, entstand zwischen uns folgender Dialog:

– Frau Hela, zwei Tage haben wir nichts gekocht und nichts gegessen. Sie haben uns ohne Brot und ohne Kohlen zurückgelassen.

– Das ist gut, das freut mich, dann geht man auch weniger auf den Eimer.

Einmal während ihrer dreitägigen Abwesenheit, als wir keine Kohlen und kein Brot mehr hatten, aßen wir ihren Kohl roh auf. Als sie spät abends zurückkam, konnte sie zwar noch Kohlen kaufen, aber es gab kein Brot mehr. Wir meldeten ihr gleich, daß wir ihren Kohl aufgegessen hatten, und baten sie darum, am nächsten Tag früher zurückzukommen und unbedingt Brot für uns zu kaufen, denn wir hätten seit einigen Tagen nichts gegessen. Frau Hela versprach feierlich und kam am nächsten Tag um ... zehn Uhr abends. Selbstverständlich war keine Rede mehr vom Brotkaufen, aber dafür wurde der aufgegessene Kohl zur Sprache gebracht.

– Sie hätten den Kohl nicht nehmen dürfen — rügte sie uns. Morgen kommt Wacław und was soll ich ihm zu essen geben? Daß die »Unmenschen«, im Käfig eingeschlossen, ein paar Tage nichts zu essen hatten, daran dachte sie nicht. Sie schikanierte uns auf alle erdenkliche Weise, kleinlich und gewöhnlich, so war nunmal ihre Natur.

Unbezahlbar war es aber, daß wir unabhängig davon, was in der Stadt los war, ohne Rücksicht auf verschiedene Gerüchte über Blockaden ganzer Stadtviertel, die dazu dienen sollten, Juden aufzuspüren, nie zu hören bekamen, daß sie Angst hat, uns zu verstecken, daß wir sowieso zum Tode verurteilt sind und warum sie unseretwegen zugrunde gehen soll.

Dafür hat sie uns aber tagtäglich das Leben schwer gemacht, auf eine gewöhnliche, handfeste Weise, nicht so raffiniert, wie es an ihrer Stelle so manche große Dame gemacht hätte.

Es ist auch wahr, daß sie uns in den ersten Tagen nur deshalb versteckte, weil Wacław es so wollte. Anfangs widersetzte sie sich, erinnerte ihn ständig daran, daß seine Wohnung schön und sauber war, während sie dauernd Unordnung und ein kleines Ghetto hatte.

Nach einer gewissen Zeit beruhigte sie sich, gewöhnte sich an uns und, das Wichtigste, im Umgang mit uns und mit ihrem Wacław wurde sie irgendwie zartfühlender. Vor allem hörte sie auf, häßliche Worte zu benutzen. Mein Vater verkaufte ihr zwei schöne Röcke und einen Rollkragenpullover meiner Frau, also fing sie an, sich schöner zu kleiden.

Wir zahlten ihr Miete, also besaß sie Geld, sie hatte den geliebten Mann um sich, besaß unseren Respekt und genoß die Wertschätzung der Leute, sie blühte in ihrer zweiten Jugend geradezu auf. Im zweiten Monat versuchte sie, die Miete anzuheben, aber die Sache versandete irgendwie.

Ein ganz anderer Menschentyp war Wacław. Seine wichtigsten Charaktereigenschaften waren Feinfühligkeit und Güte. Er war gut, im nüchternen, aber auch im völlig betrunkenen Zustand.

Vor dem Krieg gehörte er der PPS[38] an und blieb linken Ideen treu. Seine Ansichten über den Krieg waren denen der meisten Polen diametral entgegengesetzt. Während andere den Krieg als probates Mittel ansahen, sich zu bereichern, Gold aufzukaufen, sich elegant zu kleiden und sogar aus dem Leid anderer Leute Kapital zu schlagen, dachte er nicht so. Vielleicht meinte er, daß die Deutschen sich die Polen vornehmen würden, wenn sie mit der Vernichtung der Juden fertig wären? Also sorgte er sich um gar nichts, das ganze verdiente Geld gab er für gutes Essen und für Wodka aus. Er trank, war aber nie betrunken. Hatte er getrunken, glich seine Seele einem offenen Blatt – rein, edelmütig, ohne eine Spur von Heuchelei oder Hinterlist.

Sieben Monate lang habe ich aus seinem Munde keinen einzigen Fluch gehört, er war immer fröhlich, hilfsbereit, höflich und lächelte. Als Schaffner bei der Bahn hatte er große Verdienstmöglichkeiten. Wieviele Juden fuhren doch Zug! Aber er suchte solche »Vögel« nicht. Wenn er ihnen begegnete, versuchte er – ungebeten –, ihnen das Tor zur Freiheit aufzumachen. Er tat es, wie ich mich überzeugen konnte, völlig selbstlos. Sein Motto hieß: Wenn ich den Juden schon nicht helfen kann, dann werde ich ihnen auf keinen Fall schaden. Als er Genia von Piekiełko zu sich brachte, hat er zu ihr gesagt, er würde, wenn er könnte, alle Frauen und Kinder, die am Lager campieren, mitnehmen. Gerade dieser Edelmut und diese Offenheit, die heutzutage so selten anzutreffen sind, ließen ihn in Genias Augen verdächtig erscheinen. Später merkte sie, daß sie pures Gold vor sich hatte.

Vor Genia versteckte er Frau Irka. Als im März die Nachbarn merkten, daß er eine Jüdin versteckt, brachte er sie mit blutendem Herzen ins Warschauer Ghetto. Wegen seiner Fürsprache versteckte Frau Hela Genia kostenlos. Wacław war ein Kind des polnischen Volkes – ein aufrichtiges, einfaches und edelmütiges Kind, das aus dem polnischen Boden seine besten Bestandteile herauszog. Wir mochten Wacław sehr, er war die höchste Instanz, unter deren Schutz wir uns begaben, wenn es Konflikte mit Hela gab. So eindeutig unser Verhältnis zu Wacław war, so kompliziert war es zu Hela. Aber eine Tatsache konnte nicht in Frage gestellt werden: indem sie uns versteckte, rettete sie uns das Leben. Weil man menschliches Leben nicht mit Gold aufwiegen kann, waren wir – obwohl wir viel Miete zahlten – nicht annähernd quitt. Ihr gebührt unsere lebenslange Dankbarkeit, Liebe und Verbundenheit. Hat sie das von uns bekommen? Eine schwierige Frage.

Meine Eltern maßen alles mit Geld. Sie versteckte sie, sie bezahlten – also war alles in Ordnung. Hatten sie etwa noch Schulden bei dieser Sadistin? Das empfanden sie keineswegs. Es ist wahr, ein lebender Mensch kann nicht dauernd daran denken, daß ihm das Leben gerettet wird. Unser Alltag bestand aus den ständigen sadistischen

Schikanen, die Frau Hela an uns ausließ, das konnte nicht übersehen werden.

Aber meine Eltern behandelten unsere Wirtin übertrieben schlecht. Sie dachten wohl, sie wohnten im »alten Haus«, wo der Schutz der Mieter verbindlich war: zahlte der Mieter, konnte man ihn nicht auf die Straße setzen; wohnte man schon lange dort, hatte der Wirt kein Recht, die Wohnung zu kündigen. Die Mieter durften ausziehen, wann sie wollten, der Eigentümer konnte nichts ohne ihren Willen tun.

Mein Vater führte seit dem März Frau Hela gegenüber eine Politik, als hätte er die Absicht, uns alle von hier wegzubringen. Beim Bezahlen des vergangenen Monats verkündete er jedesmal, dies sei das letzte Mal. Natürlich dachte er nicht im Traum daran, uns wegzubringen, abgesehen davon, daß dieses *locum* billig und bequem war, hatten wir nichts, wohin wir hätten gehen können. Meinem Vater ging es lediglich darum, Frau Hela mit dem Verlust des einträglichen Verdienstes zu drohen. Im April ließ er mich dauernd wegen Trauerbekleidung, die meine Mutter zur sofortigen Ausreise benötigte, nach Otwock Briefe schreiben. Das waren sogenannte jüdische Hyperspekulationen.

Meine Mutter sagte mir schließlich, sie habe nicht die geringste Lust umzuziehen. Sie wollte lieber in einer Wohnung als auf der Straße oder auf offenem Feld umgebracht werden. Das war schon moralische Schikane, über die ich genauso aufgebracht war wie über Vaters Spekulationen. Ich warnte Vater. Trotzdem unterließ er es nicht, mit dem Umzug zu drohen, so sicher war er seiner Kenntnis der Welt und der Menschen. Über die Konsequenzen seines Vorgehens werde ich später berichten.

Mir fiel es sehr schwer, den Anblick Frau Helas in Ankas Kleidern zu ertragen. Ich litt schreckliche Qualen, mein Herz blutete – nur der Verstand sagte, daß sie das moralische Recht hatte, diese Sachen zu tragen. Frau Hela bekam von uns den Spitznamen »unsere Herrin«, und so nannten wir sie in Gesprächen unter uns.

Eines Tages brachte Vater die Nachricht, mein achtzehnjähriger Cousin Aron sei als einziger aus seiner Familie in Warschau übriggeblieben. Aron traf Kronenberg und sagte zu ihm, er wolle mit uns Kontakt aufnehmen. Das freute mich sehr, und ich wollte ihn möglichst schnell bei uns haben. Ich war der Meinung, daß jeder Tag im Ghetto der letzte sein konnte. Mein Vater freute sich auch, aber aus anderen Gründen. Er erfuhr von Kronenberg, daß Aron viel Geld hatte, also wollte er das Angenehme mit dem Nützlichen verbinden: dem Cousin das Leben retten und unsere Kasse aufbessern.

Eine lange Korrespondenz zwischen Aron und uns begann. Mein Vater brachte die Briefe zur Tłomackie-Straße, wo Juden in einer Niederlassung arbeiteten. Einige Tage später holte er die Antwort ab, die er dann nach Hause brachte. Ich schrieb inzwischen einen neuen Brief, der den gleichen Weg nahm.

Nach den ersten Briefen wurde mein Vater sehr kühl, denn es stellte sich heraus, daß Aron gar nicht so viel Geld hatte. Es bestand die Gefahr, daß er unterhalten werden mußte. Die Korrespondenz hielt dennoch an. Ich versuchte Aron davon zu überzeugen, das Ghetto zusammen mit den Juden von der Niederlassung zu verlassen. Er sollte mit meinem Vater persönlich sprechen und dann schnellstens zu uns kommen.

Ich schlug ihm vor, mit uns im Versteck zu wohnen oder – wegen seines erstklassigen arischen Aussehens – bei polnischen Bekannten meines Vaters Wohnsitz zu nehmen. Man hätte für ihn legal eine Anmeldung und auch Arbeit beschaffen können. Alles das blieb ohne Erfolg.

Um Arons Verhalten zu verstehen, muß man die Situation im Warschauer Ghetto in der Zeit zwischen Januar und April kennen. Den Juden ging es im Ghetto sehr gut, es fehlte an nichts, sie hatten Geld wie Heu und genug zu essen. Es waren nur noch an die acht Prozent der früheren Bevölkerung übrig geblieben, was Wunder also, daß sie massenhaft Sachen zu verkaufen hatten. Mit neuen Aktionen rechneten sie nicht, weil alle Szops in Betrieb waren und andauernd millionenschwere Aufträge zu militärischen Zwecken erhielten. Ganze Waggonladungen Blech kamen im Ghetto an, wo sie zur Ausrüstung der Soldaten verarbeitet wurden.

Ein gutes Leben und die Hoffnung auf Zukunft erfüllten mit Zuversicht, so daß sich niemand zum Verlassen des Ghettos genötigt fühlte. Aron glaubte nicht an die Möglichkeit, sich über längere Zeit im polnischen Viertel verstecken zu können. Es gab viele Erzählungen – ich weiß nicht, ob wahr oder falsch – über Polen, die Juden versteckten. Anderseits sind es diese Legenden wert, genannt zu werden:

Der Pole lädt seinen jüdischen Kollegen ein, dieser möge sich mit seiner Frau in dessen Wohnung einquartieren. Er sichert ihm jeglichen Komfort und Sicherheit zu, darüber hinaus ist er Parteimitglied und würde für ihn seinen Kopf riskieren, wenn es nötig wäre. Der Jude verläßt das Ghetto, begibt sich zu seinem Bekannten und atmet auf: er wird sich vor der geschichtlichen Katastrophe retten und den Krieg überleben. Es vergehen einige Tage, die ersten ruhigen seit langem. Der Wirt unterbricht die Idylle:

– Mein Bruder — sagt er zu dem Juden — ich würde meinen Kopf für Sie riskieren, aber meine Frau … Sie verstehen: sie hat von einer gescheckten Kuh geträumt. Sie wissen, was das heißt: der sichere Tod.

Der Jude schickt nach Wodka, Vorspeisen und Käsekuchen, er bemüht sich, den Aberglauben auszureden, schließlich kapituliert der Wirt.

– Ich bin Parteimitglied — erklärt er — für Sie tue ich alles, bleiben Sie.

Ein paar ruhige Tage vergehen, dann fängt der Wirt wieder an.

– Es steht schlecht — sagt er ernst — meine Frau hat von einem Vogel mit durchschossenem Kopf geträumt. Sicherer Tod. Ich bin Parteimitglied, aber was soll man mit einer kranken Frau tun?

Wieder kommen Wodka und die teuersten Vorspeisen auf den Tisch, dann gibt es Ruhe für die nächsten Tage. Nicht für lange.

– Meine Gnädige ist nervös geworden — kommt die Meldung wie von der Front — sie ist krank vor Angst. Aber es gibt die Gelegenheit, bei Franbolegi ein halbes Kilo Schokolade zu kaufen und das zu einem Spottpreis, für läppische vierhundert Złoty. Kaufen Sie es für sie, vielleicht wird sie sich beruhigen.

Die Schokolade beruhigt nicht nur, sie ermuntert auch die Wirtin.

– Meine Liebe, leihen Sie mir bitte Ihren Mantel aus — kommt nach einigen Tagen der Vorschlag — ich werde in der Stadt für Sie einkaufen gehen. Das paßt doch nicht, größere Einkäufe im abgetragenen Mantel zu machen.

– Bitte sehr — kann da nur die Antwort heißen — nehmen Sie ihn vorläufig.

Es reicht nicht für lange.

– Meine Liebe, die Leute auf der Straße werden schon auf mich aufmerksam. Ich trage einen eleganten Mantel, aber abgetragene Handschuhe und einen alten Hut dazu. Ich kann nicht mehr ausgehen, um Essen für Sie zu kaufen.

Unschwer zu verstehen, worum es geht.

– Aber ich bitte Sie, Sie können doch meine Handschuhe und meinen Hut anziehen.

Selbstverständlich ereilt auch die Schuhe und die übrige Garderobe das gleiche Los. Die Wirtin hat keine Skrupel und drückt es deutlich aus.

– Meine Liebe, Sie brauchen doch jetzt faktisch gar nichts. Sie müssen etwas zu essen haben und den Nachttopf bei der Hand und können ruhig das Ende des Krieges abwarten.

Und tatsächlich, die gnädige Frau unterhält die Juden in ihrem Zimmer, sie versorgt sie mit Essen und mit dem Nachttopf, bei Gelegenheit nimmt sie ihnen die restliche Garderobe und das Geld weg. Und wenn sie alles weggenommen hat …

– Schnell, schnell — platzt der Wirt in die Wohnung herein — ziehen Sie sich an, gleich kommt hier die Gendarmerie.

Er wirft ihnen seine alten Lumpen hin, den abgetragenen Mantel, die zerrissene Jacke und bringt sie schnellstens ins Ghetto.

Der Ungläubige wird sagen:

– Was ist das für ein Märchen? Alles das kann sein, ich reihe es aber bei den Märchen ein.

Wie auch immer es in Wirklichkeit gewesen ist, von zwanzig Juden, die das Ghetto verließen, kamen nach einer gewissen Zeit achtzehn zurück und meist hatten sie nichts mehr.

So befiel die Juden eine neue Psychose. Um sich vor der Aktion zu verstecken, bauten alle Schutzräume und Bunker. Unterirdische Wohnungen entstanden, mit genügend Wasservorräten und Nahrungsmittel für längere Zeit. Es gab dort Toiletten, handbetriebene kleine Brunnen, Radio, sogar Telefon. Die Bunker wurden oft unter den Ruinen zerstörter Gebäude gebaut.

Die Eingänge zu diesen Bunkern führten von weiter entfernten Häusern her, so daß man auf keinen Fall die Versteckten aufspüren konnte. Mit mathematischer Genauigkeit und mit medizinischem Sachverstand haben sie berechnet, welcher Lebensmittelvorrat für ein Jahr nötig ist. Sie trugen das alles zusammen, auch Medikamente, nahmen den Arzt mit und mauerten sich ein. Die Bauarbeiter gingen mit ihnen hinunter.

Niemand wußte davon, und wahrscheinlich sitzt ein Großteil von ihnen noch dort, hört Radio und wartet auf das Ende des Krieges.

Durch die bisherigen Erfahrungen belehrt, hatte die Mehrzahl der Juden keine Angst vor einer neuen Aktion. Jeder glaubte an sein Versteck, jeder glaubte, sich rechtzeitig verstecken zu können.

Außerdem waren sich alle einig, daß die Auflösung des Ghettos nicht endgültig sei und es immer neue Selektionen geben werde. Jeder meinte also, daß er der Letzte sein werde. Ins polnische Viertel könne man gehen, wenn es wirklich keine andere Wahl mehr gäbe.

Es gab jedoch im Warschauer Ghetto Menschen, die anders dachten. Ihr Motto hieß: Wenn schon untergehen, dann ehrenvoll, mit der Waffe in der Hand und in »guter Gesellschaft«. Wir werden zusammen mit unseren Feinden sterben.

Es entstand der Jüdische Militärverband, der mit der Jüdischen Arbeiterpartei[39] kooperierte. Diese Parteien arbeiteten mit der Polnischen Arbeiterpartei zusammen, die sie für Geld mit Waffen versorgte. Die so beschafften Revolver und sogar Maschinengewehre sollten es den Juden erlauben, im Falle einer Aktion Widerstand zu leisten und die Ehre des jüdischen Volkes zu retten.

Inzwischen hat die jüdische Partei fast alle jüdischen Mitarbeiter der Gestapo »erledigt«.

Nach dem Urteil des Sondergerichts wurden für allzu eifrige Mitarbeit mit den Deutschen erschossen: der Kommandant der jüdischen Polizei Oberst Szeryński[40], der Vizekommandant Anwalt Lejkin sowie viele Funktionäre der jüdischen Polizei. Das Urteil wurde den Verurteilten verkündet, danach wurden sie erschossen, der Urteilstext wurde am Tor ausgehängt.

Die Angst packte die verschiedenen Knechte der Deutschen, die Angst packte selbst die Deutschen, die nun Angst hatten, einzeln im Ghetto herumzulaufen.

Jetzt kann man verstehen, warum Aron das Ghetto nicht verlassen wollte, um sich in einem abgeschlossenen Zimmer zu verstecken. Er hatte ein gutes Versteck, verdiente Geld und war dort wahrscheinlich mit einem Mädchen verbunden. Vielleicht wußte er auch selbst nicht, was er wollte.

Es ist interessant, daß im Ghetto neue Paare im Nu zusammenfanden.

– Du hast die Frau verloren, ich den Mann — sagte die Jüdin zum Juden — laß uns zusammensein, solange wir noch leben.

Das Leben im Ghetto war sehr intensiv. Jeder wollte die Zeit am besten nutzen, wohlwissend, daß er nicht mehr lange hat, um sich daran zu erfreuen.

Im vorletzten Brief schrieb ich an Aron, wenn er vorläufig das Ghetto noch nicht verlassen möchte, würde ich ihm die Adresse von Leuten im polnischen Viertel geben, mit deren Hilfe er eventuell mit meinem Vater Kontakt aufnehmen könnte. Ich riet ihm entschieden zum Verlassen des Ghettos. Einen Teil der Antwort gebe ich wörtlich wieder:

Ich beabsichtige aber, bis zuletzt zu bleiben, deshalb schicke ich Euch ein Bild, damit Euer Bekannter mich erkennt, wenn ich mich im letzten Augenblick bei ihm melde. Dieses Bild benutzte ich auch für die Anfertigung der polnischen Kennkarte. Wenn Ihr mich aber mitnehmen könntet, bin ich entschlossen, mit Euch zu fahren. Einstweilen grüße ich Euch und verabschiede mich.

Daraufhin schickte ich ihm noch einen letzten Brief. Ich gab ihm darin eine behelfsmäßige Adresse im polnischen Viertel an und schrieb, daß mein Vater bei seinem Bekannten eine Stelle für ihn habe. Auf diesen Brief bekamen wir keine Antwort mehr.

Noch am Samstag, dem siebzehnten April, war mein Vater in der Niederlassung, er sprach mit Berek Kejzman und bat ihn, Aron davon zu verständigen, daß er ihn in zwei Tagen im polnischen Viertel erwarte. Am Montag, dem neunzehnten April – das war der Vorabend des Passahfestes – ging mein Vater, um Aron abzuholen. In der Niederlassung gab es keine Juden mehr, das ganze Ghetto war von SS-Männern und Ukrainern umzingelt, Schüsse waren zu hören.

Die Deutschen begannen mit der endgültigen Liquidierung des Ghettos in Warschau. So wie die meisten Aktionen in anderen Städten begann auch diese an einem jüdischen Feiertag. Die Juden rechneten, wie immer, mit gar nichts. Viele der Jüdinnen, die ein ständiges Versteck im polnischen Viertel hatten, kamen gerade mit ihren Kindern ins Ghetto, um die Feiertage mit ihren Ehemännern zu verbringen.

Diesmal erwartete die Deutschen aber eine Überraschung. Die Juden eröffneten das Feuer aus Maschinengewehren. Weil am ersten Tag viele Deutsche fielen, änderten diese die Taktik. Sie zogen sich zurück, zerstörten mit dem Feuer leichter Geschütze die Mauern, bombardierten mit Flugzeugen einige Häuser und begannen, Schritt für Schritt vorrückend, das Ghetto von Juden zu säubern.

Die Deutschen wußten, daß die meisten Juden gut versteckt waren und man sie nicht finden konnte, ohne die Häuser zu zerstören und zu verbrennen. Sie zündeten Haus für Haus an, um die Versteckten lebend zu verbrennen. Die Gebäude stürzten zusammen und begruben grausam verbrannte Juden. Einigen gelang es, herauszuspringen und sich den Deutschen zu ergeben. Sie wurden auf den *Umschlagplatz* gebracht und von dort nicht mehr nach Treblinka sondern nach Poniatów und Trawnik im Kreis Lublin geschickt. Dort waren zwei große »Arbeitslager« entstanden, aus denen täglich Gruppen ausgewählt und, wie das Gerücht besagte, zum Verbrennen geschickt wurden. Die letzte Aktion wurde ohne Mitarbeit des *Judenrates* und der jüdischen Polizei durchgeführt. Die Vertreter dieser Institutionen wurden nun behandelt wie die anderen Juden auch.

Am dreiundzwanzigsten April wurde der Vorsitzende des *Judenrates*, Ingenieur Lichtenbaum, auf den *Umschlagplatz* gebracht. Er ist es gewesen, der nach Czerniakóẃs Selbstmord den Aufruf an die jüdische Bevölkerung unterschrieben hatte, sie solle sich freiwillig für die Abreise nach Osten stellen, und in dem zugesichert wurde, daß nicht mehr als zehn Prozent der Bevölkerung ausgesiedelt werden.

Zusammen mit ihm wurden auch führende Vertreter des *Judenrates*: Ingenieur Szereszewski, der Anwalt Wielikowski und Ingenieur Sztolcman dorthin gebracht.

Bis zum letzten Augenblick haben diese klugen, intelligenten und gebildeten Menschen nicht damit gerechnet, daß sie das Schicksal aller anderen Juden teilen würden. Jetzt wurden sie einfach in eine Reihe gestellt und auf der Stelle erschossen. Sie starben den verdienten Tod als Verräter des jüdischen Volkes.

Die Aktion in Warschau kam sehr langsam voran, ein Teil der Juden kämpfte entschlossen. Von früh bis spät hörte man Maschinengewehrschüsse und den Donner des Dynamits, mit dem Häuser gesprengt wurden. Der ganze Himmel war rot, die Häuser brannten und mit ihnen lebende Menschen – Männer, Frauen und Kinder. Alles verwandelte sich langsam in Glut und Asche.

———

Während wir bei Frau Hela sicher untergebracht waren, nahm uns diese ganze Aktion furchtbar mit. Vor meinem geistigen Auge sah ich brennende Menschen. Ich sah, wie die anderen in Viehwaggons verladen wurden und wie Maschinengewehre Tausende von Wehrlosen umbrachten. Die Warschauer Aktion konnte man nicht für einen Augenblick vergessen. Der Dynamitdonner erinnerte daran, daß ein weiteres Haus angezündet wurde und immer mehr Menschen bei lebendigem Leibe verbrannten. Durch das Loch in den Fensterläden sahen wir, wie Polen stundenlang auf Dächern standen, um dieses ungewöhnliche Schauspiel zu verfolgen.

Wie ich schon erwähnt habe, war alles, was sich auf der Straße tat, in unserem Zimmer bestens zu hören. Die kleinsten Begebenheiten im politischen Leben, Lebensmittelpreise, Diskussionen zu jedem beliebigen Thema – alles das erreichte unsere Ohren. Trotzdem konnten wir während der zwei Monate dauernden Aktion nicht hören, daß irgendjemand Mitleid mit den Juden gehabt hätte. Nur der Witzbold Jurek parodierte auf der Straße, auf unserer Treppe sitzend, den Stil deutscher Verlautbarungen, verhöhnte dabei auch die Juden:

– Das Hauptkommando der Jüdischen Streitkräfte gibt am 23. April bekannt: Die schweren Kämpfe dauern an. Wir haben den Feind zurückgeschlagen und haben ihm schwere personelle Verluste zugefügt. Unsere Verluste: sechs Tote, dreizehn Verletzte.

Wir haben die Franciszkańska-Straße, ohne Störungen durch den Feind, planmäßig evakuiert. Die Kämpfe toben weiter auf der Nalewkowska-Front.

Nicht nur Jurek verhöhnte die Juden, die ganze Stadt machte den jüdischen Widerstand lächerlich. Es gab kein Lied zur Ehre der gefallenen Juden, dafür hörte ich aber dauernd kleine Jungs, wie sie an unserer Treppe sangen:

– … fährt ein Transport mit Gendarmen
   Juden auf sie mit Granaten
   Axt und Hacke, Schnaps und Hopp
   der Deutsche bekam eins auf den Kopp'.

Während der Kämpfe war auch Szmul Kołkowicz im Ghetto. Er kämpfte, bis er mit der ganzen Gruppe den Deutschen in die Hände fiel. Im letzten Augenblick vor der Exekution gelang es ihm, zu fliehen und sich auf irgendeinem Dachboden zu verstecken. Er floh dann, von einem Dach aufs andere springend, ins polnische Viertel.

Vor dem Hintergrund des brennenden Ghettos und der brennenden Menschen erschien mir das Verhalten meines Vaters äußerst deplaziert.

Es war die Zeit des achttägigen Paasahfestes. Mein Vater konnte zwar keine Matzen kaufen, aber es gelang ihm, Meerrettich zu bekommen. Speisen mit Meerrettich werden am ersten Passahfeiertag gegessen, als Erinnerung an den Aufenthalt der Juden in Ägypten. Vater spielte Passah, meiner Meinung nach. An den acht Feiertagen aß er ausschließlich Kartoffeln.

Aber es war kein Fasten, kein Flehen zu Gott, er möge Erbarmen haben mit den unglücklichen, unschuldig zugrunde gehenden Menschen. Mein Vater handelte aus Gewohnheit, weil er – im Rahmen seiner Möglichkeiten – an den jüdischen Traditionen festhalten wollte.

Wie es schien, gab es daran nichts Böses, aber es regte mich fürchterlich auf. Die Zeiten sind vorbei, wo ich mit Mickiewicz[41] sagen würde:

> Aber zerstört der Vergangenheit Altäre nicht
> Denn es lodert darauf ein geheiligtes Licht
> Und ihr schuldet ihnen Respekt.

Damals wie heute schreibe ich die Schuld an unserem Unglück zu gleichen Teilen dem deutschen Sadismus und der jüdischen Religion und Tradition zu. Sie trennten uns wie eine chinesische Mauer von den anderen Völkern und geboten uns die Beschneidung, was es den Deutschen ermöglichte, alle Juden herauszufinden und umzubringen.

Um den vierundzwanzigsten April riet ich Vater, er sollte nach Wilanów fahren, um zu sehen, was mit Kronenberg los war. Mein Vater fuhr hin und traf ihn dort an. Auf die Frage, warum er nicht fliehen würde, ob er keine Angst habe, daß sie auch ihn erschießen, antwortete Kronenberg mit einem langen Referat.

Es stellte sich heraus, daß er erstens nicht der Meinung war, ausgerechnet er werde bei dieser Aktion verschickt. Er rechnete nämlich damit, daß die Deutschen sie vergessen werden, diese vier Juden, die hier vor Ort blieben, die Kartoffeln bewachten und niemanden störten. Außerdem hatte er kein Vertrauen zu den Polen und fand, daß sie, wo immer er auch ginge, ihm das Geld wegnehmen und ihn der Gendarmerie ausliefern würden.

– Ich weiß — so Kronenberg weiter — wenn ich die nächste Woche überlebe, dann überlebe ich wahrscheinlich auch den Krieg. Wenn sie aber jetzt kommen, um mich umzubringen, werde ich noch nicht mal zucken. Wo ich doch den Tod meines Sohnes gesehen habe, den die polnische Partei auf den Straßen Warschaus umgebracht hat, dann kann ich auch selber ohne Angst und Trauer zugrundegehen. Ich glaube aber nicht, daß mir das droht. Wir haben bereits Frühling, es wird intensive Arbeiten in den Lagern geben …

Es stellte sich auch heraus, daß unlängst Lipszer das Lager in Piekiełko besucht hat, er rügte die Juden, sie kochten schlechten Kaffee, tat aber niemandem etwas. Auf all dem baute Kronenberg seine Gewißheit auf.

Mein Vater hörte sich das alles an, verabschiedete sich und hinterließ die Nachricht, er selbst werde in diesen Tagen auf ein Dorf fahren, die Mutter aber ließe er mit mir in der Stadt zurück. Sie nahmen Abschied, um einander nie mehr wiederzusehen.

Und tatsächlich fuhr mein Vater am achtundzwanzigsten April aufs Dorf. Er wollte uns nicht sagen, wohin. Kein Zureden half. Er wollte wohl sicher sein, daß niemand sein neues Versteck verraten konnte. Er kündigte nur an, daß er in sechs Wochen wiederkäme, nahm die Abmeldebescheinigung aus Otwock sowie ein kleines Päckchen mit und ging.

Von Aron gab es kein Lebenszeichen; entweder wurde er in seinem Versteck lebendig verbrannt oder abtransportiert. Er hatte alle Chancen, gerettet zu werden, und ist doch zugrunde gegangen. Ihm ist zum Verhängnis geworden, was auch meine kleine Tochter umbrachte, es war einen Tag zu spät.

Auch »unsere Herrin« bedauerte seinen sehr wahrscheinlichen Tod. Deshalb beschloß sie, einem weiteren Juden das Leben zu retten und gleichzeitig einen neuen Mieter zu finden. Wacław war damit auch sehr einverstanden.

Eines Tages traf Wacław auf der Straße einen Ghettoflüchtling, Szmul Kołkowicz. Sie kannten sich schon lange, in guten Zeiten hatten sie zusammen Fußball gespielt. Kołkowicz erzählte ihm, daß er gerade noch aus dem brennenden Ghetto fliehen konnte und keine Bleibe hatte. Wacław nahm ihn selbstlos für ein paar Tage zu sich. Kołkowicz erzählte ihm seine Geschichte, aber diesmal zürnte er dem Bauern nicht für das Verbrechen an seinen kleinen Kindern. Ganz im Gegenteil, er sagte sogar, es war vielleicht so besser, daß sie damals in den Waggon gegangen sind.

Ist er denn so gleichgültig geworden? Überhaupt nicht! Als er mit eigenen Augen die Vernichtung des ganzen polnischen Judentums sah, als er sich von der Aussichtslosigkeit des Kampfes überzeugt hatte, resignierte er. Er ergab sich, als er sah, daß er seine Kinder nicht retten konnte – sie wären noch bei lebendigem Leibe im Ghetto verbrannt.

Ungefähr zu dieser Zeit, es war Anfang Mai, schlug wie der Blitz aus heiterem Himmel bei uns die Nachricht ein, Wacław sollte zu Zwangsarbeiten nach Deutschland gehen. Als ausgebildeter Metallarbeiter bekam er vom *Arbeitsamt* die Einberufung und den Gestellungsbefehl für eine Rüstungsfabrik. Zugleich erhielt er auch die Kündigung seiner Stelle bei der Bahn. Das war für ihn und auch für uns eine Katastrophe. Für ihn, weil er wegfahren und seine Familie ohne Unterhalt zurücklassen mußte; für uns, weil uns klar war, daß ohne ihn »unsere Herrin« uns nicht länger verstecken würde. Ich muß hier nicht mehr daran erinnern, daß wir ihm aufrichtig

verbunden waren und seine Sorgen auch unsere Sorgen waren. Die Bemühungen um seine »Befreiung« dauerten einige Tage, gaben aber zu keiner besonderen Hoffnung Anlaß. Nach dem einen Blitz schlug der nächste ein. Am fünften Mai gegen Abend umzingelte die Gendarmerie das Lager in Piekiełko. Man befahl den Arbeitern und dem Kommandanten, einen Graben auszuheben und sich auszuziehen, danach wurden alle erschossen. Trotz des deutschen Kugelhagels, gelang als einzigem dem Lagerkommandanten Landsberg die Flucht. Er fand zeitweise Schutz in einem nahen Dorf, später raffte er sich auf und fuhr nach Otwock, wo seine Frau mit dem Sohn untergebracht war. Bis heute habe ich Nachrichten über ihn, wegen des Kindes freut es mich für sie, aber ich erinnere mich an den Tod von Kramarz, den Landsberg erwischte und den Deutschen persönlich auslieferte. Ich denke an den Tod der Arbeiter zurück, denen Landsberg das Geld raubte und damit ihre Rettung unmöglich machte. Wenn ich all das bedenke, komme ich zu dem Schluß, daß es keine höhere Gerechtigkeit auf der Welt gibt. Kochanowski schrieb in seinem Schmerz:
»wen jemals die Güte des bösen Zufalls bewahrt hat«[42], ich gehe weiter und schreibe: »wen jemals die Bösartigkeit des guten Zufalls bewahrt hat«.
Später stellte sich heraus, daß sich auch andere retten konnten, insgesamt neun Personen, unter ihnen Genias Vater, der Lagerarzt und der stellvertretende Lagerkommandant Kreisler. Zwei Monate lang versteckten sie sich in einem nahgelegenen Dorf, leider hat sie dann Anfang Juli die Gendarmerie aufgestöbert und erschossen. Diese Nachricht brachte uns mein Vater.
Am gleichen Tag erschien Lipszer bei Kronenberg in Wilanów. Nun schlug auch die letzte Stunde für Kronenberg. Ich habe keine genauen Informationen, wie die Exekution abgelaufen ist. Ich weiß nur, daß sich Kronenberg nicht von seiner Frau losreißen konnte, so sehr haben beide geweint. Lange Zeit war Kronenberg stolz auf seine Verdienste für die Deutschen. Genauso lange ist auch Frau Kronenberg auf ihren Mann stolz gewesen. Und jetzt warteten sie wie die Lämmer auf den Tod aus den Händen des gleichen Gendarmen, der so oft ihre Begrüßung erwiderte:
– *Gutmorgen, Frau Kronenberg.*

Kronenberg hat mal zu meinem Vater gesagt: »Bei dieser Aktion denken sie nicht an mich.« Er hat den Rat nicht befolgt, ins polnische Viertel zu wechseln. Jetzt im Augenblick des Todes muß er es bedauert haben. Der Satan erinnerte gewiß die Kronenberg im letzten Moment ihres Lebens daran, daß die alte Perechodnik noch lebt, während sie, die Priviligierte, zugrunde geht.

Sie wurden zusammen mit den Gurewiczs erschossen und an gleicher Stelle begraben.

Das Gold, das Ziel ihres Lebens, um das sie so zitterten, fand Lipszer und nahm es an sich.

Ihren »Sohn«, den schönen Foxterrier Pupuś, übernahm die Gendarmerie. Ich bedauerte sie überhaupt nicht. Ihrem Egoismus haben sie eine ganze Stadt geopfert, der Tod tausender Menschen hat sie nicht bewegt. Wenn ich etwas bedauere, dann nur, daß die Juden aus Otwock beim Sterben nicht wußten, daß die Kronenbergs ihr Schicksal teilen werden. Vielleicht wäre ihnen der Tod leichter gefallen? *Qui le sait?*

Das Lager in Saska Kępa, in dem sich Ehrlich mit seiner Frau aufhielt, ist genauso liquidiert worden. Die Nachricht über das Massaker in Piekiełko erreichte blitzschnell das Lager in Karczew und das Sägewerk in Falenica. Der Kommandant in Karczew redete sich ein, er sei ein besserer Jude, weil er die Ehre hatte, persönlich mit dem Kreishauptmann zu sprechen. Er löste sofort das Lager auf und gab die Parole aus: *sauve qui peut*. Die Arbeiter liefen in alle möglichen Richtungen. Wieviele leben noch, wieviele gingen bereits zugrunde? Niemand kann darauf antworten. Man weiß nur, daß sie alles, was in ihrer Macht stand, getan haben, um sich zu retten.

Ganz anders reagierten die Juden im Sägewerk von Falenica, deren Kommandant Najwert war. Die Arbeiter aus dem Sägewerk, hervorragende Fachleute, wußten, wenn sie umgebracht werden, bleibt das Sägewerk stehen. Wer hätte das Sägewerk besser leiten können, als sein langjähriger Besitzer Najwert? Schließlich hatte die deutsche Verwaltung vielfach versichert, sie seien unersetzlich. Deshalb blieben sie ruhig da, bis am siebten Mai die Gendarmerie zum Sägewerk gefahren kam und alle auf der Stelle erschoß. Najwert selbst hat bis zum letzten Augenblick nicht geglaubt, daß er – so ein Fachmann, so unersetzlich – umgebracht wird ... Das Sägewerk existiert weiterhin, auch ohne Juden.

Vor dem Hintergrund des brennenden Warschauer Ghettos habe ich mit eigenen Augen den Untergang des polnischen Judentums gesehen. Ich habe den Tod all derer gesehen, die ich seinerzeit so sehr beneidete. Ich habe die Aussichtslosigkeit des Kampfes eingesehen und begriffen, daß auch ich früher oder später gezwungen werde, das Los der Juden zu teilen. Ich habe dann gedacht, daß in diesem Fall niemand übrigbleiben wird, um das Los meiner Frau zu beweinen und ihr ein ehrendes Andenken zu bewahren; daß niemand mehr Nachkommenden ihr Leiden wird berichten können; daß vielleicht niemand Rache fordern wird für ihr unschuldiges Leben, für den Tod von Millionen Juden.

Damals – genau am siebten Mai – beschloß ich, meine Geschichte aufzuschreiben. Vielleicht bleibt sie erhalten und wird in Zukunft den Juden übermittelt, als getreues Abbild dieser tragischen Zeiten. Vielleicht wird sie die demokratischen Staaten dazu bewegen, alle Deutschen schonungslos auszurotten und den unschuldigen Tod von Millionen jüdischer Kinder und Frauen zu rächen.

Inzwischen herrschte in unserer Wohnung eine wahre Grabesstimmung. Unsere Herrin wurde schier verrückt bei dem Gedanken, daß ihr Wacław zu Arbeiten abtransportiert werden könnte; Genia beweinte den Tod ihres Vaters im Lager Piekiełko; alle zusammen waren wir wie gelähmt durch den jüngsten Akt des deutschen Vandalismus und bedrückt durch die Ungewißheit des morgigen Tages. Wir atmeten auf, als einer dieser Alpträume verschwand: Wacław gelang es, die Formalitäten im *Arbeitsamt* glücklich zu erledigen und seine Stellung als Schaffner zu behalten.

Während dieser ganzen Zeit war Kołkowicz in einer Kammer in Wacławs Haus eingeschlossen, wo ihn die Frau unseres Wohltäters betreute. Als er sich nach einer gewissen Zeit beruhigt hatte, dankte er ihnen und begann ein Leben auf eigene Faust. Am Tag fuhr er nach Warschau, für die Nacht kehrte er mit der Bahn nach Jósefów oder Świder zurück, wo er in Wäldern übernachtete. Er sah gut aus, nur seine angeborene Schlampigkeit verriet ihn ein wenig. Da er in Wäldern nächtigte, fiel es ihm schwer, sich sauber zu halten. Ich weiß aber, daß er von Zeit zu Zeit in Wacławs Wohnung auftauchte, um eine Nacht auszuschlafen, Wacław Frau wusch sein Hemd, und er lebte weiter wie ein Vagabund.

Kołkowicz suchte kein Versteck, er wollte nicht eingeschlossen sein, scheinbar gefiel ihm das Vagabundenleben. Er fürchtete auch keinen Reinfall, schließlich hatte er seinen treuen Belgier bei sich und war sicher, daß ihn wenigstens der Revolver im letzten Moment nicht im Stich lassen würde. Er fürchtete die polnische Polizei auf der Strecke Otwock-Warschau nicht; hatte er seinerzeit reichlich Brot an sie verteilt und ihre Fahrräder repariert. Er war nur vor Gendarmen auf der Hut, aber auch hier war er sicher, daß er schlimmstenfalls zuerst schießen und dann fliehen würde.

Am zwölften Mai brannte das kleine Warschauer Ghetto. Vom frühen Morgen bis in den späten Abend hörte man den Dynamitdonner von den Sprengungen jüdischer Häuser. Der ganze Himmel war blutrot, der glühende Schein des Feuers, in dem Menschen lebend verbrannten, leuchtete von allen Seiten. Und sogar an diesem höllischen Tag hörten wir nicht, daß jemand Mitleid mit den Juden hätte.

Als eines Nachts dauernd Gewehrschüsse zu hören waren, vernahmen wir so etwas wie das Geräusch fallender Bomben. In diesem Augenblick gab die Sirene Luftalarm. Die Russen bombardierten Warschau. Sie hatten ein hervorragend sichtbares Ziel, weil das Ghetto immer noch brannte und es beinahe taghell war. Bevor wir in der Lage waren, uns klar zu machen, daß dieser Angriff die Bombardierung unseres Hauses und vielleicht auch unseren Tod nach sich ziehen konnte, stand unsere Herrin schon fertig angezogen mit einem Bündel in der Hand. Wir verharrten tatenlos, zogen uns nichtmal an, wofür denn auch? Wohin sollten wir schon gehen?

Erst als eine Bombe das Haus gegenüber traf, unsere Läden abriß und dabei auch alle Scheiben einschlug, entschlossen wir uns zum Anziehen. Die Türen standen offen, der Hausmeister kam herein und dann noch ein anderer Bekannter Frau Helas. Als sie die aufgerissenen Fensterläden sahen, fragten sie, ob ihr nichts passiert sei.

Zum Glück war es im Zimmer dunkel, wir waren hinter dem Schrank versteckt und Frau Hela sprach mit ihnen ganz ruhig, so daß niemand unsere Anwesenheit bemerkte.

Endlich wurde Entwarnung gegeben und wir legten uns schlafen.

Vor dem Einschlafen dachten wir noch daran, wie wenig Wert hier das Leben eines Juden hat und wie stark es von den Umständen abhängig ist. Wenn Frau Hela an diesem Tag in Falenica geschlafen hätte, würden wir wahrscheinlich nicht mehr leben oder hätten keine Bleibe mehr.

Am frühen Morgen schloß unsere Wirtin irgendwie die Läden und ging zur Arbeit, während wir ans Aufräumen gingen. Das Zimmer lag voller Glasscherben und war von einer dicken Rußschicht bedeckt. Den halben Tag lang arbeiteten wir daran und brachten den Raum halbwegs in Ordnung. Die ganze Zeit über hörten wir Diskussionen über den Luftangriff, die von der Straße zu uns drangen. Wir erfuhren das Ausmaß der Schäden und vernahmen die Klagen über die Strategie, Bomben auf die Zivilbevölkerung abzuwerfen. Damals habe ich verstanden, daß die Polen Juden offenbar nicht zur Zivilbevölkerung zählten, wahrscheinlich wurden sie überhaupt nicht als Menschen betrachtet. So wie verschiedene Pflanzenschädlinge bekämpft werden mußten, so mußten auch die Juden bekämpft werden, und man durfte kein Mitleid mit ihnen haben.

An diesem Tag war ich sehr verbittert wegen Vater, weil er wegfuhr, ohne uns seine Adresse zu lassen. Wenn unser Haus bombardiert worden wäre, und wir für ein paar Tage Asyl gefunden hätten, wäre es unmöglich gewesen, ihn zu benachrichtigen. Wir hätten ihm nicht mitteilen können, wo wir sind und daß er herkommen soll, um für uns eine andere Bleibe zu finden.

Am Abend gab meine Mutter eine Probe ihres Egoismus und ihres Willens, um jeden Preis zu überleben. Am dreizehnten Mai fuhren viele Polen zu den Ortschaften rund um Warschau, weil sie mit weiteren Luftangriffen rechneten. Frau Hela entschloß sich ebenfalls, die Nacht in Falenica zu verbringen; am Abend kam sie mit Wacław, um ihre Sachen zu holen. Meine Mutter bat fast auf Knien und mit Tränen in den Augen, sie mögen sie mitnehmen. Sie war bereit, alles zu tun, um nur nicht weiteren Luftangriffen ausgesetzt zu sein. Sie bat nur für sich und vergaß dabei, daß mir das Gleiche drohen könnte. Mir kam es noch nicht mal in den Sinn wegzufahren, obwohl ich den Tod fürchtete.

Als Jude fürchtete ich den Tod durch eine Revolverkugel, als

Mensch hatte ich keine Angst vor dem Tod durch höhere Gewalt. Alles das erfüllte mich für längere Zeit mit Unbehagen.

Erst die Nachricht von der Besetzung von Tunis brachte mich auf bessere Gedanken und ließ mich an die Zukunft glauben; ich kam endlich zu der Überzeugung, daß die Dinge schneller als erwartet in Gang kommen würden.

Eine Zeitlang lebten wir mit dem Schicksal Seweryn Buchalters, Sohn des Besitzers einer größeren Immobilie in Otwock. Als Seweryn bei uns auftauchte, hat er uns seine Geschichte genau erzählt.

Es gelang ihm, die Aktion in Warschau zu überleben. Er selbst arbeitete in einer Niederlassung, seine Frau mit dem fünfjährigen Sohn und seine Eltern ließ er zu Hause zurück. Sie hatten eine Bescheinigung, sie seien unantastbar, weil er für die Deutschen arbeite. Als er am achten August abends nach Hause kam, traf er außer dem Dienstmädchen niemanden mehr an. Im Vertrauen auf die Macht der Bescheinigung, stellte sich seine Familie bei der Blockade des Hauses in die Reihe und wanderte direkt in den Waggon. Das Dienstmädchen hatte keine Bescheinigung, also ging es nicht hinunter, sondern versteckte sich irgendwo und blieb vorläufig am Leben.

Er wurde dann mehrfach aufgegriffen und auf den Umschlagplatz gestellt, aber jedesmal wurde er zu örtlichen Arbeiten selektiert. Seine ältere Schwester kam mit dem Sohn und ihrer ganzen Familie nach Treblinka, ihr Mann wurde wiederum in eine Niederlassung nach Lublin geschickt und dort verbrannt. Seine zweite Schwester Mela arbeitete in einem Szop, dank dieser Tätigkeit überstand sie zusammen mit ihrem älteren Sohn alle Selektionen und Blockaden. Ihr jüngerer Sohn ging im »Kessel« verloren und kam in den Waggon. Ihr Mann war bereits am Anfang des Krieges in Rußland gefallen.

Am dreiundzwanzigsten April wurde im Warschauer Ghetto das Haus angezündet, in dem Buchalter mit seiner Schwester Mela und ihrem dreizehnjährigen Sohn versteckt waren. Als das Haus einzustürzen begann, sprangen sie aus ihrem Versteck und rannten schnell in Richtung der Deutschen. Sie fanden, daß es besser ist, sofort erschossen zu werden, als lebendig zu verbrennen. Die Deutschen brachten sie aber nicht um, sondern führten sie zum *Um-*

schlagplatz, wo sie drei Tage ohne etwas zu essen und zu trinken verbrachten.

Auf dem Weg zum *Umschlagplatz* gingen sie am brennenden jüdischen Krankenhaus in der Gęsia-Straße vorbei. Sie sahen in den Fenstern lebende Fackeln, brennende Menschen, die vergeblich die Menschen und Gott um Hilfe anriefen. Buchhalter sah seinen Bekannten aus Otwock, Stasiek Broder, der im Januar von den Deutschen sechs Kugeln erhalten hatte und immer noch lebte. Der eiserne Organismus hielt den Kugeln stand, zerschmolz aber im Höllenfeuer. Das Krankenhaus brannte länger als einen Tag, alle Kranken wurden lebend verbrannt. Ihre Schreie waren durchdringend, aber die Zeiten sind vorbei, da man durch das Leid der Mitmenschen erschüttert wurde. Am fünfundzwanzigsten April, am Samstagabend, wurde Buchalter mit seiner Familie in den Waggon verladen, und der Zug fuhr in der Nacht durch Otwock in Richtung Lublin. Davor haben ihnen die Deutschen alles geraubt, Buchalter gelang es nur, einige Golddollars zu bewahren, die er im Schuh versteckte. Seine Schwester konnte einen großen Brillanten retten, den sie später für fünfunddreißigtausend Złoty verkaufte.

Im Waggon war es dunkel, man konnte das Weinen der körperlich und seelisch gebrochenen Menschen hören. Unbeschreibliche Szenen spielten sich ab, die man nicht verstehen kann, die man aber erlebt haben muß, um die ganze Tragödie des polnischen Judentums nachzuempfinden.

In einer Ecke saß ein Ehepaar von drei Söhnen umringt.

– Meine Kinder — sagte der Vater zu ihnen — ich habe alles getan, um euch zu retten. Vergangenes Jahr um diese Zeit sind wir aus Lublin geflohen. Wir haben alle Blockaden in Warschau überlebt, viele Wochen haben wir in Kellern versteckt gesessen. Heute sind wir noch zusammen, morgen werden wir es vielleicht nicht mehr sein. Verzeiht mir, Kinder. Der Vater hat euch als Juden geboren, seinetwegen leidet ihr, aber ihr sollt wissen, daß euer Vater alles getan hat, um euch zu retten.

In einer anderen Ecke saß eine elegante Frau mit einem fünfjährigen Jungen, schön wie ein Engel.

– Mein Söhnchen — sagte sie — dein Vater war ein glücklicher Mensch; er ist als einer der ersten umgekommen. Ich bin nicht in seine Fußstapfen getreten, ich habe gedacht, daß es mir gelingt, wenigstens dich zu retten. Ich habe dich in Kellern und in Höhlen versteckt, aber immer habe ich dich sauber gehalten, ich habe dich umsorgt, habe dir immer alles gegeben. Jetzt, mein Söhnchen, fahren wir, um deinen Vater zu treffen. Verzeih mir, daß ich dich nicht am Leben halten konnte. Vielleicht wird es uns in der anderen Welt besser ergehen.

Von allen Seiten hörte man Weinen und alle Eltern begannen, ihre Kinder um Verzeihung zu bitten, weil sie sie nicht retten konnten, weil sie sie überhaupt zur Welt gebracht hatten, weil sie durch ihre Schuld Juden waren.

Aber nicht alle bedauerten, als Juden geboren zu sein. Ein Teil war stolz darauf, »geheiligt der Name des Herren«, zu Ehren des göttlichen Namens zugrunde zu gehen. Eine Gruppe von zehn Menschen betete laut die Passahgebete. Sie machten sich klein vor Gott, nahmen kein Brot in den Mund, obwohl sie seit einigen Tagen nichts gegessen haben. Mit Resignation, aber auch mit Stolz, warteten sie auf den Tod. Mit Verbitterung wurde die Frage gestellt:

– *Reb Id**, wo ist euer Gott, warum läßt er zu, daß ihr zugrunde geht?

Die Antwort kam sofort:

– Herr, es möge mir vorkommen, als sei ich fünfundneunzig Jahre alt, damit ich denken kann, da ich bald sowieso sterben muß, ist es vielleicht besser, jetzt zu sterben.

Fürwahr, mit dem echten Glauben kann man nicht diskutieren. Fürwahr »glücklich, wer beten kann oder sich von jemandem verabschieden«[43]. Etwa dreizehn Menschen beschlossen aber, den Zustand der Verzweiflung abzuschütteln und nicht auf den Kampf zu verzichten. Schließlich wartete hier wie dort der Tod – sie entschlossen sich, aus dem Waggonfenster zu springen. Sie machten es der Reihe nach. Buchalter warf seinen Neffen aus dem Waggonfenster, dann seine Schwester, danach sprang er selbst. Sie haben vorher verabredet, daß sie versuchen werden, nach Miedzeszyn durchzukommen, wo sie einen polnischen Bekannten hatten.

---

* *Reb* (hebr.): Herr (in höflicher Anrede),
  Id (jidd.): Jude.

Seine Schwester mit ihrem Sohn wurde gleich nach dem Abspringen von zwei »Szmalcowniki«[44] angehalten, die sich als *Werkschutz* vorstellten und damit drohten, sie zur Polizei zu bringen. Sie kaufte sich mit einem goldenen Fünfrubelstück frei; zufrieden mit der Beute zeigten sie ihr den Weg.

Bei der Brücke in Świder hielt sie ein anderer »Szmalcownik« an; er nahm den goldenen Ehering und ließ sie ebenfalls frei.

Direkt am Bahnhof in Świder hielt sie ein elegant gekleideter Pole an. Am Aussehen merkte er sofort, daß er es mit einer Jüdin zu tun hatte; er kam schnell dahinter, daß sie einem Zug entsprungen sein muß. Voller Mitleid zog er sein zweites Frühstück aus seiner Tasche: Weißbrot mit Butter und Schinken und schenkte es ihnen. Er bot ihnen auch Geld an.

Buchalters Schwester dankte herzlich für das Brot, wollte das Geld aber nicht annehmen. Der elegante Herr zeigte ihnen den Weg, bot ihnen nochmal Geld an, drückte sein Mitleid aus, wünschte einen glücklichen Weg und fuhr weg. Alles zusammengenommen: das außergewöhnliche Benehmen des Herren, die außergewöhnliche Eleganz seiner Kleidung, das außergewöhnliche Verhalten, die Güte, die namenlose Opferbereitschaft, das plötzliche Auftauchen und Verschwinden – ließ ihn einem Märchenprinzen ähnlich erscheinen.

Buchalters Schwester, durch diese Begegnung wieder aufgerichtet, erreichte nun ohne Probleme Miedzeszyn. Dort wurde sie von ihrem Bekannten, Tadeusz S. sehr gut aufgenommen.

Kurz nach ihr traf auch Buchalter ein. Sie blieben bei S. etwa eine Woche, kamen zu sich, beruhigten sich und sammelten neue Kräfte für den weiteren Kampf. Als in Miedzeszyn das Gerücht umging, die Gendarmerie sollte kommen, mußte Herr S. seine Gäste leider verabschieden. Er empfing sie mit offenen Armen, nährte sie, half, die Garderobe wieder in Ordnung zu bringen – aber letztlich hatte er Angst um die eigene Haut. Es half also nichts, sie mußten weiter.

Buchalter brach zeitweilig zusammen, wollte nach Gift schicken, um den ungleichen Kampf zu beenden. Seiner Schwester gelang es, ihn davon zu überzeugen, daß er später immer noch umkommen könne. Sie beschlossen, mit der Bahn nach Warschau zu fahren und einen anderen Bekannten aufzusuchen.

Im Zug verdeckte Buchalter die ganze Zeit sein Gesicht mit einem

Strauß Flieder. Der Schaffner lächelte ihn bedeutungsvoll an, kam aber nicht näher. Er ging erst bei der letzten Haltestelle auf sie zu und erklärte, daß er sie sofort als Juden erkannt hätte, zugleich bot er ihnen beim Verlassen des Bahnhofs Hilfe an. Als sie bereits auf der Straße waren, traf der Schaffner seine Bekannte. Buchalters Schwester bat diese Frau, sie zur Ogrodowa-Straße zu bringen, was diese auch gerne tat.

Ich muß wohl nicht erst sagen, daß der Schaffner Wacław war und die Bekannte unsere Frau Hela. Sie verabredeten sich für den nächsten Tag in der Ogrodowa. Buchalter fragte noch, ob sie bei Frau Hela nächtigen dürften, aber unsere Wirtin redete sich heraus. Nichtsdestoweniger küßte Buchalters Schwester sie aus Dankbarkeit ab und gab ihr irgendeinen Geldschein, der gerade als erster greifbar war. Als Frau Hela nach Hause kam, erzählte sie uns von dieser Begegnung und als sie merkte, daß sie hundert Złoty bekommen hatte, war sie sehr mit sich zufrieden. Wir waren sicher, daß wir bald neue Gefährten bekommen würden. Das war am ersten Mai.

Am nächsten Tag begaben sich Wacław und Hela zur Ogrodowa-Straße. Sie warteten über eine halbe Stunde vergeblich. Ich war sicher, daß Buchalter mit Absicht nicht erschien, weil er zu den Fremden kein Vertrauen hatte. Ich habe aufgehört, mich zu wundern, daß Menschen zugrunde gehen.

Wie sollte es anders sein, wenn sie die Chance nicht zu nutzen verstehen, die einem unter zehntausend angeboten wird?

Der Pole, zu dem Buchalter sich begab, war ein flüchtiger Bekannter, Franek S. Er hat über lange Zeit verschiedene Geschäfte mit dem Warschauer Ghetto gemacht. Sie haben so manches Geschäft zusammen abgewickelt und so manches Glas zusammen geleert. Franek S. verkörperte den Typen des geschäftigen, aber ehrlichen Jungen; er liebte es, gut zu essen, gut zu trinken und gut zu verdienen – aber nicht auf Kosten menschlichen Leids. *Garçon débrouillard**, ein Wagemutiger. Der Krieg bot ihm die Chance, Karriere zu machen, er verdiente ein Vermögen und konnte sich einen aufwendigen Lebensstil leisten. Er behielt Buchalter in seiner

---

* Ein umtriebiger Junge (franz.).

Wohnung, wo sich schon zwei andere Juden versteckten, die vom gleichen Transport geflohen waren.

Die dreizehnte und letzte Person, die aus ihrem Waggon sprang, war Mandelbaum. Er fuhr von Pilawa nach Warschau und ist bei Franek aufgetaucht. Seine Tochter Bogda wohnte schon früher in Franeks Haus und galt als dessen Verwandte. Sie besaß fertige polnische Papiere, hatte also große Chancen, den Krieg zu überleben. Leider verlangte ihre Mutter im April, daß sie die Feiertage zusammen mit der Familie im Ghetto verbringen müsse. Als gute Tochter gehorchte sie und wurde bei den Eltern von der Aktion überrascht. Auf dem *Umschlagplatz* mimte sie auf Anraten ihrer Mutter die Polin. Sie und einige andere jüdische Mädchen, die polnische Papiere besaßen, gingen nicht in den Waggon, sondern wurden auf der Stelle erschossen.

Mandelbaums Frau, die ebenfalls aus dem Waggon sprang, kam unterwegs um. Mandelbaum selbst, der die geringsten Chancen hatte, rettete sich.

Auch der fünfzehnjährige Romek Gutman konnte sich retten. Auch er traf bei Franek ein und ging später zu einem anderen polnischen Bekannten. Am Ende teilten Mandelbaum und Romek das Los von Buchalters Schwester und ihrem Sohn, davon werde ich aber später berichten.

Buchalter konnte nicht zum Treffen mit Frau Hela kommen, denn das Haus war von der Polizei umstellt. Ausgerechnet in der Ogrodowa-Straße kamen die Juden heraus, die durch die Kanalisation aus dem brennenden Ghetto flohen. Die Polizei hat eine Razzia auf sie organisiert.

Bei Franek verbrachte Buchalter zwölf Tage, zuerst im Versteck hinter dem Schrank, später in der gerade renovierten Wohnung, die noch leer stand.

Dort waren alle Juden vom Transport eingeschlossen und Franeks Frau versorgte sie mit Essen. Ihre häufigen Besuche in der »leeren« Wohnung rechtfertigte sie vor den Nachbarn mit dem langsamen Umzug. Jedesmal brachte sie demonstrativ ein paar Teller mit, und in der Tasche war das Essen versteckt.

Während Franek ein herzensguter Kerl und ein guter Kumpel war, erwies sich seine Frau als scheinheilig und als ein raffiniertes Weib.

Sie verstand es – wie sich zeigen sollte –, den Leuten das Geld aus der Tasche zu ziehen. Jeden Tag erzählte sie den Versteckten von bevorstehenden Häuserblockaden, bekundete laut ihr Mitgefühl und jammerte, daß sie bald auf die Straße gehen müssen, wo sie gewiß sofort umgebracht werden. Zu allem entschlossen, kniete sie vor einem Heiligenbild nieder, betete laut: »Gast im Haus, Gott im Haus«[*] und schlug die Stirn auf den Boden. Nach Beendigung der Gebete sagte sie:

– Soll geschehen, was geschehen muß. Bleiben Sie noch einen Tag …

Jeden Tag wiederholte sich die gleiche Geschichte. In der Nacht kam sie sie wecken. Sie sollten sich schnell anziehen, in Bereitschaft bleiben, denn die Gendarmerie schien hinter dem Haus zu sein.

Sie ließ alle so lange angezogen stehen, bis ihr die Lider schwer wurden. Als sie einschlief, konnten auch die Juden schlafen gehen. Selbstverständlich kaufte sie ihnen keine Zeitungen, denn sie lebte gut, auch ohne Zeitungen zu lesen. Als sie später in der neuen Wohnung waren, erholten sie sich schnell, denn sie waren den ganzen Tag allein. Aber auch dort zeigte Franeks Frau, was sie konnte.

Eines Tages brachte sie das Essen und verlangte sofort Baldriantropfen und Wasser. Sie wurde ohnmächtig und kam gar nicht mehr zu sich. Es schien, als verfolge sie der Hausmeister. Natürlich waren es Inszenierungen.

Nach zwölf Tagen mußten sie die Wohnung verlassen, denn Franek zog dort ein. Seine Wohnung eignete sich nicht als Versteck, denn alle wußten, daß er mit dem Ghetto Handel trieb. Er wurde verdächtigt, Kontakte mit Juden zu unterhalten.

Bevor sie weggingen, veranlaßte Franek seine Frau, die Rechnung zu machen und die Differenz zu erstatten zwischen der Summe, die er von den Versteckten erhalten hatte, und den Unterhaltskosten, die entstanden waren. Da kniete die Frau vor dem Heiligenbild nieder und schwor, daß sie über fünftausend Złoty für den Lebensunterhalt ausgegeben hat. Folglich stand ihr noch eine Nachzahlung zu.

Buchalter blieb nichts anderes übrig, als gute Miene zum bösen

---

[*] Ein polnisches Sprichwort.

Spiel zu machen, zuzuzahlen und sich von ihnen zu verabschieden. Obwohl Franeks Frau ihnen den Aufenthalt vergiftete und viel an ihnen verdiente, rettete sie ihnen doch das Leben. Nachdem sie Franek verlassen hatten, gingen die Flüchtlinge nach Żoliborz, wo ein neues Versteck auf sie warten sollte. Daraus wurde aber nichts. Buchalter schickte seine Schwester mit ihrem Sohn zurück zu Franek. Er hoffte, daß sich für zwei Personen irgendwo ein Platz finden ließe, er selbst blieb auf der Straße.

Zufällig traf er einen zweiten Juden, einen gewissen Filip. Auch dieser drückte sich auf den Straßen herum, weil er keine Bleibe hatte. Filip war gegenüber Buchalter im Vorteil, weil er sich elegant kleiden konnte, ein erstklassiges arisches Aussehen hatte und in den nächsten Tagen seine legale *Kennkarte* erhalten sollte. Es fehlte ihm nur eine Kleinigkeit. Er hatte nicht einmal einen einzigen Złoty bei sich und seit drei Tagen nichts gegessen.

Beim Verlassen des Ghettos verfügte er über viel Geld, aber im ersten Versteck wurde ihm alles weggenommen. Das einzige, was ihm blieb, war eine kleine Summe bei einem seiner polnischen Freunde. Leider war dieser Freund in die Ferien gefahren, so schien er langsam verhungern zu müssen. Obwohl Buchalter und Filip einander vorher nicht gekannt haben, band sie doch das gemeinsame Schicksal sofort zusammen. Sie waren ein gutes Paar: der eine war draufgängerisch und sah gut aus, der andere hatte Geld.

Sie kauften Lebensmittel ein, aßen zu Abend und verbrachten die Nacht in den Sträuchern am Weichselufer. In der Nacht weckte sie der Wärter der nahegelegenen Schrebergärten und fragte, was sie dort zu suchen hätten. Er interessierte sich hauptsächlich dafür, ob sie Juden wären. Darauf antwortete Filip mit seinem erstklassigen polnischen Akzent, daß sie keine Lust hatten, vom Maiausflug nach der Polizeistunde heimzukehren.

Er erklärte sich auch gerne bereit, bei der Jagd mitzumachen, falls Juden in der Nähe sein sollten.

– Nicht wahr, Franek? — fragte er Buchalter laut.

Der Wärter war beruhigt und bat sie noch in sein Dienstzimmer, aber die beiden machten von der Einladung keinen Gebrauch. Den nächsten Tag verbrachten sie in Miedzeszyn und nächtigten im dortigen Wald. Am Morgen entschied sich Buchalter, nach Warschau zurückzukehren. Sie stiegen in die Bahn ein und die erste Person, die sie trafen, war Wacław.

Er erinnerte sich noch an den hocherfreuten Buchalter. Dieser entschuldigte sich, bei dem Treffen nicht erschienen zu sein. Danach verabredeten sie sich für den gleichen Tag auf einer Straße in der Innenstadt.

Seine Schwester traf Buchalter bei Franek. Sie war von Żoliborz aus dorthin gekommen und es stellte sich heraus, daß Spezialisten in der Jagd auf Juden sie unterwegs angehalten hatten. Diese Menschenjäger verfolgten eine wahrhaft geniale Arbeitstaktik. Sie beruhte darauf, daß ausgesuchte Schnösel jeden Passanten auf der Straße anbrüllen mit: Jude! Jüdin! Judenbalg! – je nach Geschlecht und Alter. Die Menschenjäger selbst stehen weiter entfernt und beobachten die Reaktionen der Passanten sehr genau.

Wenn die Reaktion »normal« ausfällt, vertreiben sie die Schnösel, wenn sie aber nur ein wenig verdächtig ist – greifen sie selbst ein.

Sie bitten höflich in eine Toreinfahrt, dort nehmen sie das ganze Geld weg und lassen ihre Opfer dann in der Regel frei.

Auf diese Weise fiel auch Buchalters Schwester herein, aber sie besaß noch so viel Geistesgegenwart, sich energisch zu weigern, in eine Toreinfahrt zu gehen. Sie sagte, daß sie ohnehin vorhatte, Selbstmord zu begehen, also sollten sie sie ruhig zur Gendarmerie bringen. Wenn sie aber etwas von ihr wollten, könnten sie die Sache auch auf der Straße abwickeln.

Ein Wort ergab das andere, und sie machten das Geschäft perfekt. Sie gab ihnen zweieinhalbtausend Złoty, dann brachte sie einer von ihnen zur Haltestelle. Bevor sie in die Straßenbahn stieg, küßte er ihr sogar die Hand und ging weg.

Franek hatte für sie eine Bleibe in Aussicht, aber die sollte mit Unterhalt siebentausend Złoty monatlich kosten. Das war eine kolossale Summe, aber es gab keine Alternative.

Buchalter verabschiedete sich von seiner Schwester und sagte, wenn er nicht zurückkommen sollte, dann bedeutete es, der Schaffner – so nannte er Wacław damals – habe ein Versteck gefunden, wo er bleiben könnte.

Auf dem Weg zum Treffpunkt hielt ihn irgendein Polizist an. Filip gelang es zu verschwinden, der Polizist führte Buchalter in eine

Einfahrt und fing an, seine Taschen zu durchsuchen. Als er nichts fand, drohte er, ihn auf der Stelle umzubringen. Buchalter bewahrte die Fassung und sagte höflich zu dem Polizisten, daß man diese Drecksarbeit lieber den Deutschen überlassen sollte, er möge ihn freilassen und dafür eine Uhr der Marke Dox und fünfhundert Złoty nehmen. Der Polizist ließ sich nicht lange bitten, nahm die Uhr, das Geld und verschwand.

Ich stellte mir vor, wie sie beide nach dem Krieg vor Gericht stehen werden. Ernste Vergehen werden ihnen zur Last gelegt, dem Polizisten, daß er die Ratlosigkeit eines Juden ausgenutzt und ihn ausgeraubt hat; dem Juden, daß er einen Polizisten mit einer Uhr betrog, die gar nicht von der Marke Dox war (sondern eine ganz gewöhnliche, Marke Box, die keinen Wert darstellte). Als mildernden Umstand wird das Gericht im Fall des Polizisten die Tatsache anerkennen, daß die Polizei wenig verdient. Im Falle des Juden könnte als mildernder Umstand gewertet werden, daß er sein Leben retten wollte und gerade diese und keine andere Uhr hatte. Auf das Urteil des Gerichts dürfen wir gespannt sein.

Als Buchalter sah, wie gefährlich es war, auf der Straße zu gehen, stieg er in die Straßenbahn ein. Er ging von der Plattform in den Wagen und stieß direkt auf eine größere Gruppe polnischer Polizisten mit einem Offizier an der Spitze. Es waren alles ältere Leute. Als sie Buchalter bemerkten, lächelten sie einander zu und stellten sich vor ihn, um ihn vor zwei Deutschen zu verdecken, die vorne im Wagen saßen. Sie rieten ihm auch, an welcher Haltestelle er aussteigen sollte, um sicher zu sein. Die Schaffnerin merkte auch, daß sie einem Juden gegenüberstand. Mit einem freundlichen Lächeln drückte sie ihr Mitgefühl aus und ermutigte zum weiteren Kampf.

Er stieg glücklich aus und traf an der verabredeten Ecke Frau Hela in Begleitung Wacławs. Dieser schilderte ihm kurz die Situation.

– Wenn sie sich in einem Versteck einquartieren wollen — sagte unser Betreuer — dann gibt es einen geeigneten Ort, es ist ein abgeschlossenes Geschäft, in dem seit acht Monaten einige Juden versteckt sind.

Der Ort mißfiel Buchalter, er glaubte nicht, daß man sich in einem Ladenraum verstecken und sicher sein konnte. Aber er hatte keine Wahl, und als Wacław sagte, daß dort der junge Perechodnik sei, zögerte er nicht mehr. Er fand, wenn etwas gut ist für Perechodnik, kann es auch für Buchalter gut sein.

Was den Preis angeht, stellte Wacław die Sache sehr nett und ehrlich dar. Er sagte, daß er nicht beabsichtige, seine Lage auszunutzen und daß Perechodnik fünfhundert Złoty monatlich pro Person zahle. Weil aber alles teurer werde, verlangte er im Namen Frau Helas siebenhundert Złoty. Er fügte hinzu, daß sie völlig in Ordnung ist, obwohl sie Geld nimmt, denn sie hält eine Jüdin kostenlos versteckt und gibt ihr auch zu essen. Für sich verlangte er gar nichts. Er erklärte nur, daß er glücklich sei, einen Menschen retten zu können. Buchalter könne sich höchstens – so fügte er hinzu – nach dem Krieg erkenntlich zeigen.

Buchalter akzeptierte auf der Stelle, und sie gingen sofort zu dem Versteck. Frau Hela überholte sie, ging als erste ins Zimmer und ließ die Tür weit offen. Als beide Männer nach einer gewissen Zeit merkten, daß niemand auf der Straße war, gingen sie auch ins Zimmer und schlossen die Tür. Während dieser Zeit standen wir hinter dem Schrank versteckt und wußten überhaupt nicht, wen sie zu uns brachten. Erst später verstanden wir, daß wir es mit einem Juden zu tun hatten. Auf diese Weise vergrößerte sich der Kreis der Untermieter »unserer Herrin« um einen weiteren Juden, Frau Hela bekam siebenhundert Złoty pro Monat dazu.

Wacław aber konnte ein weiteres gerettetes Menschenleben auf seinem Konto verzeichnen.

Ich finde, ich sollte auch über das weitere Schicksal von Filip berichten. Das Geld, das er von Buchalter bekommen hatte, gestattete ihm, die Zeit bis zur Rückkehr seines Freundes aus den Ferien zu überdauern. Er beschaffte sich eine *Kennkarte,* mietete ein Zimmer in Międzylesie und fuhr täglich mit der Bahn nach Warschau, wo er als Gamaschenmacher arbeitete. (Er ist seinerzeit Besitzer einer großen Schuhfabrik gewesen, und um die Branche besser kennenzulernen, erlernte er auch das Gamaschenmacherhandwerk.) Er verdiente bescheiden, aber ausreichend. In der Bahn traf er oft auf Wacław. Sie sprachen gewöhnlich über Buchalter. Filip war der Meinung, daß dieser von der Gendarmerie erledigt wurde; Wacław stimmte ihm zu, ohne zu verraten, daß er wußte, wo und wie Buchalter lebte.

Mit der Ankunft Buchalters kehrte bei uns neues Leben ein. Er sagte, daß die meisten Polen, die er in letzter Zeit getroffen hat, der Meinung waren, der Krieg ginge bald zu Ende. Diese Behauptung machte uns wieder Mut.

Gleichwohl konnten sich Buchalters Nerven über längere Zeit nicht beruhigen. Er glaubte nicht so recht, daß er sicher war, hatte Angst, laut zu reden, er hatte sogar Angst, laut zu atmen, er erlaubte uns nicht, Holz zu hacken oder zu klopfen. Immer wieder sprang er hoch vor Schreck, daß wir entdeckt werden könnten. Es gab schließlich auch Gründe dafür: unsere Herrin ersetzte selbstverständlich die Scheiben nicht, die beim Luftangriff zu Bruch gegangen waren. Sie hat auch die Läden nicht befestigt. Ich vermute, daß man sie nur hätte anstoßen müssen und schon wäre ein Zugang zur Wohnung frei gewesen.

Ich kann es bis heute nicht verstehen, wie der schlimmste Abschaum der Gesellschaft, oft stundenlang auf unserer Treppe saß und nicht merkte, daß hinter der dünnen Tür so viele Juden versteckt waren. Gebe Gott, daß sie davon erfahren, aber erst nach dem Krieg. Dann wird einer zum anderen sagen:

– Schau her, Kumpel, verdammt und zugenäht, da lag das Geld im Rinnstein, man hätte sich nur bücken und es aufheben müssen, und wir haben auch noch diese Jüdlein, verdammt nochmal, umsonst bewacht.

Weil sie den ganzen Tag dort saßen, haben sie uns tatsächlich bewacht. Wegen ihnen ist Frau Helas Wohnung frei von jeglichen Verdächtigungen. Darüber hinaus lehren sie uns – gegen ihren Willen und ohne ihr Wissen – die »grammatische« Aussprache des Polnischen. Die ständigen Besucher unserer Treppe – die wir nur als Stimmen und mit Vornamen kennen: Jurek, Janusz, Roman – gaben uns täglich Nachrichten aus aller Welt und aus der Umgebung bekannt, sie informierten uns, wieviel sie an dem Tag verdient und wieviel sie versoffen haben. Und sie sorgten sich, daß diese Engländer, verdammt noch mal, Angst vor diesen italienischen »Hurensöhnen« haben.

Als unsere Wirtin eines Tages heimkam, ließ sie die Tür weit offen stehen. Nach einer gewissen Zeit entwickelte sich ein Gespräch zwischen ihr und dem Kutscher Roman, der auf der Treppe saß.

– Sie sollten mir danken — hörten wir eine Stimme von draußen —
und für die Bewachung der Wohnung bezahlen. Den ganzen Tag
sitze ich auf der Treppe und passe auf.

– Und wovon leben Sie — antwortete Frau Hela — wenn Sie den
ganzen Tag auf der Treppe sitzen?

– Na ja, von der Treppe, gute Frau, denn hier warte ich auf meine
Kundschaft und auf meine Kumpel. Wissen Sie, vor dem Krieg
wohnte in diesem Zimmer ein jüdischer Schneider. Ich paßte so
gut auf seine Wohnung auf, daß er die Tür offen ließ, wenn er
rausging. Man kann sagen, daß er ein ordentlicher Jude war.

Das Gespräch lief auf der Schwelle des Zimmers weiter. Roman
gab Frau Hela recht, als sie über die »Schmutzfinken und Drecks-
kerle« schimpfte, die sich auf die Treppe setzten und sogar in ihrer
Gegenwart häßliche Worte gebrauchten. Nicht so er, der wußte,
wann es sich ziemt und wann nicht. Danach besprach man die »Tu-
gend« verschiedener Fräulein im Haus, diskutierte über die Preise
für Fensterscheiben, die nach Frau Helas Meinung erst vor dem
Winter ersetzt werden müßten. Vorher lohnte es nicht. Danach
brach das Gespräch ab. Die offene Tür lud alle ein und zeugte vor
der ganzen Stadt und für alle Welt davon, daß hier in diesem einzelnen Zimmer eine alleinstehende Person wohnt. Unterdessen saßen
hinter dem Schrank vier Juden in aller Ruhe und hörten dem Gespräch aus Langeweile und notgedrungen zu.

Auch daran mußte man sich gewöhnen; am schwersten fiel es
Buchalter, den wir alle bereits Sewek nannten. Aber nach der harten
Schule, in die ihn Franeks Frau nahm, ist unsere Wirtin für ihn der
reinste Engel.

Seit dem Winter bringt mir Frau Hela regelmäßig eine Zeitung mit.
Es imponiert ihr, daß für sie in der Imbißstube die Zeitung bereit-
gelegt wird, genauso wie man das für den Stationsvorsteher oder
den Fahrdienstleiter macht. Von Zeit zu Zeit haben wir sogar Un-
tergrundzeitungen von Wacław. Aber gerade das irritiert Frau Hela
besonders. Nach dem Durchlesen verbrennt sie sie sofort. In ihrem
Verständnis sind sie gefährlicher als die im Haus versteckten Juden.
Wir können uns darüber nicht genug amüsieren. Im Anflug guter
Laune sagt Wacław manchmal zu ihr, sie sollte doch auch ein Radio
haben.

– Wacław, was sagst du da? – wundert sich jedesmal Frau Hela – ich sollte ein Radio haben? Damit ich umgebracht werde, nie im Leben!

Mit Ausnahme dieser Kleinigkeit hat Frau Hela in dem halben Jahr enorme Fortschritte gemacht. Sie ist regelrecht aufgeblüht, innerlich wie äußerlich. Sie führte sich auf wie eine große Dame. Von ihrem früheren Leben behielt sie nur die Angewohnheit, bei jeder Sache, die sie für uns kauft, wenigstens einen Złoty Trinkgeld zu nehmen. Wir machen gute Miene dazu und tun so, als wüßten wir es nicht. Auf diese Weise kostet uns das Trinkgeld nicht viel.

Sewek Buchalter ist zufrieden, daß er es so gut und günstig traf. Ich habe ihm ein Handtuch und ein Hemd geliehen, weil er aus dem Zug nur mit dem, was er anhatte, sprang. Bettbezüge braucht er nicht, denn er schläft zusammen mit mir. Von Tag zu Tag schöpft er mehr Vertrauen zu unserem Versteck. Er sorgt sich nur, ob sein Geld ausreicht, um den Krieg zu überleben. Insgesamt hat er fünftausend Złoty und vierzig Dollar in Gold bei sich. Zu den heutigen Bedingungen müßte es für ein Jahr reichen. Schlimmer steht es mit seiner Schwester, die höchstens noch für sechs Monate Geld hat.

Ich bin froh, daß er bei uns ist. Erstens kam mit einem neuen Menschen auch neues Leben und eine neue Atmosphäre in unser Zimmer. Darüber hinaus freue ich mich, daß Frau Hela immer größeres Interesse daran hat, uns am Leben zu erhalten. Außerdem fand ich einen Kumpel für längere Diskussionen und zum Kartenspielen. Damit sorgten wir für Abwechslung unserer monotonen Lebensweise. Außerdem brachte Sewek meine Haare in Ordnung, seitdem sehe ich ganz manierlich aus.

Die ersten Wochen seines Aufenthaltes verliefen angenehm und ruhig. In dieser Zeit besuchte uns Wacław oft. Ich dachte dann, Liebe muß blind sein. Wacław ist ein junger Mann, schön und männlich, wie ein Traum, einigermaßen gebildet, sehr intelligent, mit einem ungewöhnlich guten Charakter. Unsere Frau Hela ist aber schon über vierzig, ungebildet, ohne Lebensart, nicht schön, böse von Natur aus und besitzt sadistische Neigungen. Aber sie hat eine wunderschöne Figur und ein unerklärbares Fluidum, das Wacław anzieht.

Wie verbrachten wir unsere Zeit? Wir diskutierten hauptsächlich, wann Pantelleria[45] fallen würde, wann Italien zusammenbrechen wird, und wir beteten zu Gott.

Wofür sollten wir Juden zu Gott beten?

1) dafür, daß unsere Herrin ihre Stellung nicht verliert!
2) dafür, daß Wacław seine Stellung nicht verliert!
3) dafür, daß sie keinen Streit bekommen und sich nicht trennen!
4) dafür, daß beide gesund bleiben!
5) dafür, daß Wacławs Frau nicht hinter den Charakter ihrer Beziehung kommt!
6) dafür, daß unserer Herrin kein Heiratskandidat auf den Leim geht!
7) dafür, daß es keinen Luftangriff geben soll und unser Haus nicht bombardiert wird!
8) dafür, daß uns niemand erwischt und niemand merkt, daß Frau Hela jemanden versteckt!
9) dafür, daß unsere Herrin Geld ausgibt, denn wenn sie zuviel davon haben sollte, wird sie nicht mehr danach gieren!
10) dafür, daß sie sich nicht zu elegant kleidet, sonst fangen die Leute an, darüber nachzudenken, woher sie das Geld hat!
11) dafür, daß alle gesund bleiben, denn man kann keinen Arzt in dieses Zimmer holen!
12) dafür, daß das Geld für Miete und Lebensunterhalt bis Ende des Krieges reicht!

Für das alles sollen wir beten und – o Wunder! – wir sind glücklich, daß wir um so wenig beten müssen. Man hat Angst, darüber nachzudenken, was wäre, wenn wir noch zusätzlich dafür beten müßten:

1) daß unsere Herrin keine schlechten Träume haben sollte, wie z. B. von einer gescheckten Kuh oder einem Vogel mit abgeschnittenen Schwanzfedern – untrügliche Vorboten einer Razzia;
2) daß sie uns täglich keine Märchen von bevorstehenden Hausdurchsuchungen erzählte!
3) daß sie uns täglich keine Kommödie vorspielt, sie habe Angst, uns zu verstecken und infolgedessen die Miete nicht erhöht!
4) daß sie keinen Appetit auf unsere ganze Habe bekommt und uns zusammen mit einem polnischen Polizisten in der Nacht beseitigt!

Für das alles brauchen wir, Gott sei Dank nicht zu beten. Der makellose Charakter Wacławs und die Gradlinigkeit Frau Helas garantierten uns die Ruhe vor solchen Befürchtungen. Auch so bleiben genügend Dinge, für die man zu Gott beten muß. Was macht aber ein Mensch, der nicht an Gott glaubt?

———

Ganz weit weg, auf einer großen Lichtung hütet ein alter Mann eine Kuh. Er treibt sie mit dem Stock an, immer wieder setzt er sich. Was wunder – er ist alt und müde vom Leben, der graue Schnauzbart hängt ihm herunter. Plötzlich springt er auf, hebt den Kopf hoch. Die Sonnenstrahlen zwingen ihn, die Mütze anzulegen, aber er senkt den Kopf nicht, ausdauernd schaut er zum Himmel in Richtung Osten.

Bauern gehen von weitem an ihm vorbei, nicht einer bleibt verwundert stehen: was sieht der Alte am Himmel, was beobachtet er? Sie zucken mit den Schultern und vergessen ihn bald. Andere, die näher an ihm vorübergehen, schauen ebenfalls zum Himmel, sehen aber nichts, sie rufen ihm kurz zu:

– Gelobt sei!

Der Alte schaut immer noch bezaubert zum Himmel, nur seine Lippen bewegen sich unsichtbar. Was sieht er dort am Himmel? Wer ist das?

Das ist ein alter Jude, der mit bedecktem Kopf zu seinem Gott betet. Jetzt spricht er gerade das Morgengebet. Er bittet Gott um Verzeihung, daß er seinen Namen nicht laut preisen kann; er bittet den Gott Abrahams, Isaaks und Jakobs, daß er ihn und die nicht mehr zahlreich gebliebene Familie in diesen schweren Zeiten beschützt. Er möge ihnen helfen zu überdauern, bis zu dem Augenblick, wo er dem Herrn zum Dank ein Gotteshaus errichten kann, um dort den Namen des Gottes Israels zu preisen. Immer schneller, immer leiser bewegen sich seine Lippen, ein inniges Gebet entströmt ihnen, durchstößt die Atmosphäre schlechter Taten und erreicht die Füße des Allerhöchsten. Zu den Vorübergehenden sagt der alte Mann aber immer wieder:

– In Ewigkeit. Amen.

Dieser alte Jude war niemand anderer als mein Vater. Er kam in das Dorf in Gesellschaft seines Bekannten, des Schusters, der ihn dort als seinen Verwandten vorstellte. Mein Vater sagte, daß er sein ganzes Leben im Grenzland verbracht habe, daher sein besonderer Akzent und die gedehnte Aussprache.

Der ihm bekannte Schuster hat an dieses Märchen geglaubt, die Bauern im Dorf auch, und sie empfingen ihn mit offenen Armen. Die grauen Haare geboten Respekt, der Verstand – der jüdische, selbstverständlich – verschaffte Ansehen. Die angeborene Höflichkeit und der nette Umgang bewirkten, daß man ihn »den Herrn aus Warschau« nannte.

Jeder Bauer zog zuerst vor ihm die Mütze und beriet sich gerne mit ihm in allen Angelegenheiten. Alle erhielten einen Rat oder die Ermunterung, nach den eigenen Plänen vorzugehen – im schlimmsten Fall aber ein ehrliches Beileid. Seine Wirtin gewann Vater schon am ersten Tag, indem er ihr Geschwür mit Hilfe von *Hansaplast* heilte.

Mit einem Wort, er lebte, wie Gott in Frankreich. Das Leben war im Vergleich zu Warschau sehr billig. An Miete zahlte er keine fünfhundert, sondern dreißig Złoty im Monat. Täglich trank er einen Liter Milch und bestrich das Brot mit Butter – mit einem Wort, leben und nicht sterben.

Schlimmer war es mit dem täglichen Morgen- und Abendgebet; man mußte vor einem Heiligenbild niederknien und nach dem Vorbild der Gastgeber laut ein Gebet aufsagen. Mein Vater war aber ein zu sturer Jude, um christliche Gebete aufzusagen, selbst um den Preis der Lebensrettung. Also schummelte er, wie er nur konnte. Wenn seine Gastgeber sein Zimmer betraten, trafen sie ihn immer in dem Moment an, als er sich vom Boden vor dem Bild erhob. Unschwer zu erraten, daß er vorher gar nicht gebetet hatte.

Um aber für einen guten Christen gehalten zu werden, mußte man sich noch in der örtlichen Kapelle sehen lassen. Am ersten Sonntag machte sich Vater in Begleitung seines Gastgebers dorthin auf. Er verwickelte ihn derart in ein Gespräch, band unterwegs so oft seine Schnürsenkel, daß sie ihr Ziel erst nach dem Gottesdienst erreichten. Vor der Kapelle begrüßte Vater die ihm bekannten Männer und kehrte zusammen mit ihnen heim. Seitdem wurde er als ein patenter Katholik und anständiger Mensch geachtet. Es kam vor, daß in seiner Gegenwart ein Satz dieser Art fiel:

– Chaim, den Hurensohn, haben die Deutschen umgebracht.

Er mischte sich dann ins Gespräch ein und fragte, ob Chaim der Vor- oder der Nachname sei oder er fragte etwas anderes in dieser Art. Er war völlig legal angemeldet – die Gendarmerie hatte sogar seine *Kennkarte* überprüft –, genoß allgemeinen Respekt und befand sich unter der fürsorglichen Obhut seiner Wirtin.

Er hätte ruhig leben und mit Kochanowski sagen können:

> Dorf so ruhig, Dorf so fröhlich,
> Welche Stimme vermag dich zu loben
> Wer wird deinen Erholungswert, deinen Nutzen
> sogleich benennen können?
> Der Mensch lebt in deiner Obhut ehrlich
> von keiner Unbill bedroht,
> Gottesfürchtig sein Streben
> und sicher sein Dasein [...][46]

Er hätte ruhig leben können, wenn da nicht noch eine Kleinigkeit wäre: er glaubte selbst daran, daß er Pole sei, ein Pole aus Fleisch und Blut. Es konnte nur eine Folgerung geben: wenn es ihm gelang, warum dann nicht die Ehefrau hierher bringen. Man sah der Frau doch nichts an. Nach einem Monat Aufenthalt im Dorf beschloß er, zu uns zu kommen und meine Mutter mitzunehmen.

Eines Abends hörten wir ein Klopfen an der Tür. Wir versteckten uns, wie immer, hinter dem Schrank, Frau Hela öffnete – in der Tür stand Vater, bis zur Unkenntlichkeit verändert. Es ging ihm sichtlich besser, sein Gesicht hatte einen aristokratischen Ausdruck, war sehr gebräunt und stach deutlich von seinen grauen Haaren ab. Er hatte den Gestus eines verarmten Gutsherren angenommen, insgesamt trat er hervorragend auf.

Er begrüßte uns auf genau die gleiche Weise wie Sewek, den er schließlich persönlich kannte. Er brachte ein paar Flaschen Sahne und etwas Butter mit und erzählte uns wunderbare Sachen über das Dorf, verriet aber nicht, wo es liegt. Er war so vorsichtig und aufmerksam, daß er mir noch nicht mal gestattete, seine *Kennkarte* in die Hand zu nehmen, damit ich am Stempel nicht merken konnte, wo er angemeldet war.

Er sagte sofort, daß er Mutter mitnehmen möchte. Am Anfang lehnte sie ab, weil sie jegliches Risiko scheute. Nach einigen Tagen breitete Vater das Bild eines ruhigen und sicheren Dorfes vor ihr aus, wo man täglich Milch direkt von der Kuh trinken kann, wo Butter und Sahne zur täglichen Mahlzeit gehören, wo ringsum undurchdringliche Wälder rauschen, die einen frischen, sauberen Lufthauch spenden, dort könne sich Mutter erholen. Aufgrund von Fett-, Luft- und Bewegungsmangel faule ihr Körper regelrecht. Dort werde ein neuer Mensch aus ihr.

Er sagte auch, im Dorf würde niemand darauf achten, daß es mit ihrer Nase etwas hapert, daß ihre Augen dunkel sind und ihre Aussprache nicht besonders polnisch klingt. Er erinnerte daran, daß sie eine Geburtsurkunde und die Abmeldebescheinigung besitze, es reiche also aus, wenn sie sich ein Medaillon um den Hals hänge, zweimal täglich vor dem Bild bete und sich ab und zu bekreuzige, dann würde alles wie geschmiert gehen. Er fügte noch hinzu, daß sie ohnehin nicht zusammen wohnen werden, er sie aber aus der Ferne betreuen wolle. Zu seinen Gastgebern werde er öfter sagen:

– Der Teufel soll die Alte holen, dauernd habe ich Ärger wegen ihr, aber was soll's. Sie ist schließlich die Schwester meines Freundes.

Die Verlockung war sehr groß: auf dem Dorf leben, nicht mehr unter den Launen unserer Herrin leiden, gutes Essen haben und sich erholen. Schließlich schienen auch seine Selbstsicherheit und sein Glauben so überzeugend zu wirken, daß Mutter sich zu fahren entschloß.

Mein Vater beschäftigte sich mit den Vorbereitungen. Von der Mutter des Magisters bekam er einen schwarzen Hut, er kaufte eine dunkle Brille, lieh von Frau Hela einen Schleier aus und schon war die Trauerkleidung fertig.

Mein Vater schlug auch mir die Abreise vor. Ich lehnte entschieden ab, denn ich wollte nicht legal leben. Ich dachte auch darüber nach, warum ich es zuließ, daß Mutter fuhr. Wahrscheinlich deshalb, weil ich nicht über das Schicksal anderer Leute entscheiden wollte und weil meine Mutter täglich schwächer wurde. Ich dachte, daß es entweder gelingt: sie fängt sich wieder, sammelt Kräfte und wird wieder ein gesunder Mensch, oder es gelingt nicht – dann kann man nichts machen.

Ich wußte, und wir hatten den dritten Juni, daß der Krieg noch nicht zu Ende ging, und in dem dunklen, engen Zimmer zerfiel Mutters Organismus buchstäblich. Die Sorgen, die sie durchgemacht hatte, der Gram, die Unterernährung, das fortgeschrittene Alter und der Bewegungsmangel brachten einen ins Grab.

Am nächsten Tag fuhren Vater und Mutter weg. Bevor sie gingen, gab es einen kleinen, aber bezeichnenden Zwischenfall. In dem Augenblick, als meine Mutter sich das Medaillon umhängte, sagte Vater ganz kategorisch:

– Bitte Gott um Verzeihung!

Meine Mutter wurde aber durch den Judengott so schmerzlich verletzt, daß sie ihn weder um Verzeihung bitten noch überhaupt an ihn glauben wollte.

Diesmal hinterließ mir Vater – ausnahmsweise – die Adresse seines Dorfes und den Namen seines Wirtes. Das Dorf lag im Großraum Radom, bei Stachanowice und der Wirt hieß Władysław Słyk.

Erst als er hinausging, bemerkte ich, daß er etwas hinkte. Das rechte Bein versagte ihm immer deutlicher den Gehorsam. Aber es paßte nicht zu seinem Charakter, auf solche Kleinigkeiten zu achten. Seine Energie und seine Vitalität trieben ihn vorwärts. Der schwache Körper mußte mit dem starken Geist mithalten.

Ich blieb in der Wohnung mit Sewek und Genia allein zurück. Es war etwas traurig ohne Mutter, wir mußten selber kochen, aber die Tage vergingen irgendwie.

Ich riet Sewek, seine Schwester mit ihrem Sohn zu uns zu holen. Bei uns würde ihr Geld für ein Jahr reichen, sie wäre hier sicher und auch für uns wäre es lustiger. Vielleicht etwas unbequem, aber zusammen geht alles besser.

Sewek stimmte mir zu, aber er erklärte, daß es unmöglich auszuführen ist. Er selbst könne seine Schwester nicht abholen und wenn er eine Karte an Franek schriebe, daß seine Schwester kommen soll, würden es ihre Gastgeber schlicht verheimlichen. Sie ließen die Schwester nicht ziehen, solange sie noch Geld hat. Es gebe also keine Möglichkeit, ihr zu helfen.

Vorläufig freuten wir uns darüber, daß Pantelleria gefallen ist, und wir führten lange Diskussionen über unsere Erlebnisse. Sewek beweinte am meisten den Tod seines Sohnes, dann den seiner Eltern und erst zum Schluß den Tod seiner Frau.

Für mich ist es unverständlich. Meine größte Tragödie ist der Verlust meiner Frau, dann erst der Verlust meiner Tochter. Meine Eltern – mögen sie am längsten leben – stehen an letzter Stelle. Das sind aber Dinge, die man nicht diskutieren kann. Das ist eine Frage von Liebe und Bindung.

Wir diskutieren täglich Themen des Krieges: wie wird der Krieg zu Ende gehen und wann das sein wird. Sewek ist ein überzeugter Optimist, er glaubt an die Macht Englands und an die Überlegenheit Amerikas. Er ist vom baldigen Fall Italiens genauso überzeugt, wie von dem automatischen Zusammenbruch Deutschlands. Bei mir ist es umgekehrt, ich sehe die Dinge schwarz, offenbar habe ich so einen Charakter.

Wir denken auch darüber nach, woher der Haß der Deutschen auf die Juden kommt und inwiefern die Juden selbst daran Schuld sind. Wenn man den angeborenen deutschen Sadismus, den Willen, Menschen aus reiner Freude am Töten zu morden und die Goldgier beiseite läßt, geht meine Meinung dahin, die ganze Schuld der jüdischen Religion zuzuschreiben.

Man kann nicht die Gastfreundschaft anderer Völker in Anspruch nehmen und sich gleichzeitig als das auserwählte Volk, das bessere und klügere betrachten. Man kann nicht im täglichen Gebet wiederholen: »Du hast uns auserwählt unter allen Völkern und uns geheiligt.« Vielleicht hat uns Gott auserwählt, aber wofür? Dafür, daß wir der Sündenbock aller Völker sind, daß wir verantwortlich sein sollen für alle Sünden der Welt? Was verbindet mich mit Blum[47]? Was verbindet mich mit Kaganowicz? Was verbindet mich mit Rozenman? Was verbindet uns mit ihnen? Was verbindet sie mit uns? Nicht mehr, als das, was Juden mit Chinesen verbindet. Wir stammen doch alle von einem gemeinsamen Urvater ab, wahrscheinlich sogar von der selben Spezies Affen.

Jedoch wir europäischen Juden haben alle Rechnungen mit dem Blut unser unschuldigen Kinder und Frauen und mit unserem eigenen Blut bezahlt. Verflucht sei der Bund[48], der den jüdischen Arbeitern den Kampf um besseres Auskommen hier vor Ort befal und die Emigration nach Palästina verbot.

Wo seid ihr jetzt, ihr Anführer des Bund? Ihr seid als erste nach Amerika geflohen, um die gleiche Verderbnis unter den dortigen Arbeitern zu verbreiten.

Verflucht sei Aguda[49] mit ihrem Fanatismus und ihren Anführern, die sich jetzt auch in Amerika breit machen, während das durch sie verdummte jüdische Volk in Treblinka zugrunde geht.

Ihr Rabbiner, ihr Aguda-Anführer, die ihr so unbeirrbar an den Satz glaubt: »Was kann mir der Mensch antun, wenn Gott bei mir ist«[50], glaubt ihr auch daran, daß eine Stadt nicht zugrunde geht, wenn sechsunddreißig Zaddikim[51] zu finden sind. Warum seid ihr dann geflohen? Ihr hättet doch mit euren heiligen Persönlichkeiten das jüdische Volk vor der Vernichtung schützen können. Ja, die jüdische Religion trennte uns durch eine chinesische Mauer von anderen Völkern ab, sie prägte uns eine Sonderpsyche ein und gebot uns, die Knaben zu beschneiden. Wir stempelten uns freiwillig nicht etwa mit dem Zeichen der Einheit mit Gott, sondern mit dem Todesstempel, der uns nach Treblinka brachte.

Täglich wiederholten wir die Worte des Gebetes: »Jerusalem, wollte ich deiner vergessen, soll verdorren meine Rechte!« Leider vergaßen wir Jerusalem und nicht nur unsere Rechte, sondern unser ganzer Organismus verdorrte. Nur zwei Dinge hätten die Juden retten können. Das erste wäre ein kompromißloser Zionismus: wenn auch nur trockenes Brot, aber im eigenen Heim; das zweite – die völlige Assimilation, nicht nur im Hinblick auf die Bräuche und die Religion, sondern auch auf die Regeneration unseres Blutes.

Es gab und es gibt keinen Mittelweg. Ich glaube an keine demokratischen Parolen. Der Mensch hat einen schlafenden Teufel in sich und er wird ihn auch im Himmel behalten. Ich habe sechsundzwanzig Jahre unter Polen gelebt und der Teufel hat geschlafen, als er aber unter günstigen Bedingungen erwachte, zeigte er sein höllisches Gesicht.

Ihr Juden anderer Länder, begeht unsere Fehler nicht, denn es gibt keinen Mittelweg im menschlichen Leben. Es gab eine Zeit, da das jüdische Volk einen besseren Weg hätte wählen können. Das Volk wandte sich an den Propheten Samuel mit folgender Forderung: »Wir wollen so sein wie andere Völker, gib uns einen König, der uns regieren soll.«[52] Der Prophet hörte die Juden an, bewies ihnen aber, daß Gottes Herrschaft besser ist als die der Menschen. Heutzutage bekommen wir eine Kostprobe davon, wie gut es ist, in der mächtigen Obhut Gottes zu sein. Und es wird die Zeit kommen, da die demokratische Welt siegen wird und die Fanfaren die Freiheit der Völker verkünden werden. Die Juden werden frei leben und nach Palästina zurückkehren können – und daß von drei Millionen Menschen vielleicht nur zwanzigtausend übrigbleiben, das ist eine Kleinigkeit. Hauptsache, daß die Gerechtigkeit erneut siegen wird.

Die Rabbiner, diese gemeinen Feiglinge, die beizeiten geflohen sind, werden erneut den Namen Gottes preisen, dessen Macht sein Volk aus der Gefangenschaft ins Gelobte Land führte. Ein neues Passahfest wird vereinbart – mit einem kleinen Unterschied: in Ägypten kamen die Juden an mit allein siebzigtausend Männern und verließen es als Volk von etwa drei Millionen Seelen; wir waren in Polen eine Ansammlung von drei Millionen, aber das Land werden nicht mehr als siebzig vollständige Familien verlassen.

Was bedeutet letztendlich die große Zahl gegenüber der Ewigkeit, gegenüber dem Sieg des Guten über das Böse.

Schließlich wird sich das unscheinbare Häufchen vermehren, in tausend Jahren wird es neue Millionen Juden geben. Preisen wir den Namen des Herren!

Nein! Juden, ihr irrt, wenn ihr so denkt! Wir haben den Krieg verloren. Vielleicht gibt es einen Gott auf dieser Welt, umso schlimmer für ihn – offensichtlich ist es ein Gott der Starken und Mächtigen und nicht der Schwachen und Benachteiligten. Und wenn es gar keinen Gott gibt, dann gibt es keinen Grund zu streiten.

Wenn ich einen Zeitsprung in die Vorkriegszeit machen könnte, wie gern würde ich mich des ganzen Vermögens entledigen und mit meiner Frau nach Palästina fahren. Mit meiner Hände Arbeit, im Schweiße meines Angesichts würde ich die Zufriedenheit mit dem Leben suchen. Jetzt ist es bereits zu spät. Selbst wenn ich überleben sollte, würde ich nicht nach Palästina fahren. Nach dem, was ich durchgemacht habe, kann ich nicht mehr normal leben und auf glückliche Menschen schauen. Ich werde auch nicht in Polen bleiben, werde auch keinen neuen Wohnsitz gründen, und ich werde nie wieder ein nützliches Glied der Gesellschaft sein. Was könnte sonst noch aus mir werden? Weder Jude noch Katholik, weder ein anständiger Mensch noch ein Dieb – ganz einfach ein Entgleister. Wenn es eine Gerechtigkeit auf dieser Welt gäbe, müßten nach dem Krieg freiwillige Bataillone gebildet werden, die aus solchen Entgleisten bestehen wie mir, Sewek und anderen Juden. Nach dem Vorbild ukrainischer Bataillone müßten wir die Aussiedlung der Deutschen nach Treblinka durchführen – genau dorthin und nirgendwo sonst.

Ich habe in meinem Leben noch nicht die Hand gegen den Nächsten erhoben, aber ich spüre, daß ich dann kein Wasser mehr trinken, sondern meinen Durst nur mit deutschem Blut, besonders dem kleiner Kinder stillen würde. Für meine kleine Tochter, für alle jüdischen Kinder würde ich hundertfache Rache nehmen. Mein Herz bebt schon vor Freude, die blassen Wangen erröten freudig bei dem Gedanken, welche psychischen und physischen Torturen ich den Deutschen vor ihrem Tod zufügen würde. Und dann, durch Blut und Rache gesättigt, kann ich zusammen mit meinen Feinden untergehen.

———

Am fünfzehnten Juni, einen Tag nach Pfingsten, erschien unsere Herrin nach mehrtägiger Abwesenheit. Ein paar Minuten nach ihrer Ankunft hörten wir ein Klopfen an der Tür. Frau Hela öffnete und eine ältere Frau kam herein, ganz in Schwarz mit einem kleinen Koffer in der Hand. Mir wurde schwindelig – ich erkannte meine Mutter. Einen Augenblick später erschien mein Vater. Was ist auf dem Dorf passiert? Meine Mutter nahm Wohnsitz bei einer armen Bäuerin, in einem abseits stehenden Haus. Just zu dieser Zeit bat eine Bekannte meines Vaters darum, »die Alte« bei ihr unterzubringen. Mein Vater verhielt sich leider nicht sehr vorsichtig, besuchte sie zu oft, brachte jedesmal etwas mit – genug, daß man Verdacht schöpfte. Die Wirtin sagte unverblümt zu meiner Mutter:
– Meine Feindin behauptet, daß Sie eine Jüdin sind und die Ehe-
  frau dieses Herren.
Als meine Mutter das hörte, täuschte sie Entrüstung vor und meinte, wenn man sie beschuldigen könne, eine Jüdin zu sein, dann wolle

sie sofort den Wohnort wechseln. Sie ging dann zu »Herrn Michał«, klagte und forderte laut, er sollte sie zu ihrem Bruder nach Warschau bringen.

Es ist noch nichts passiert, aber mein Vater war ein zu vorsichtiger und aufgeschreckter Mensch, um dort zu bleiben. Er wunderte sich laut darüber, daß man ihn beschuldige, Jude zu sein.

– Als wenn man das, verdammt noch mal, bei einem Mann nicht sofort feststellen könnte, ob er Jude ist oder nicht — sagte er zu seinem Wirt.

In der nächsten Nacht packte er aber seine Siebensachen und verschwand schnellstens.

Die Wurst ist nicht für den Hund, die Freiheit nicht für den Juden! Sie haben bei der Gelegenheit ein paar Hundert Złoty verloren, aber Hauptsache, es ist ihnen nichts passiert. Das Schlimmste war nur, daß Vater nicht mehr dorthin zurückkehren konnte. Er konnte und konnte nicht – jedenfalls hatte er Angst.

Sie kamen nach Warschau am dreizehnten Juni. Als sie in unsere Straße gelangten, war die Tür leider von außen mit einem Vorhängeschloß gesichert. Es hatte keinen Sinn zu klopfen. Sie verstanden sofort, daß Frau Hela die Feiertage in Falenica verbrachte. Sie hatten also keine Bleibe. Sie konnten noch nicht einmal davon träumen, in ein Hotel zu gehen. Auf der Straße zu bleiben bedeutete den sicheren Tod.

Da sie keinen anderen Ausweg hatten, begaben sie sich zum Magister, der sie so gut empfing, wie er nur konnte. Die Wohnung gehörte zwar nicht ihm, sondern seinem Schwager, der nach längerer Abwesenheit für die Feiertage zurückgekehrt war. Aus bestimmten Gründen war in dem Haus zwar ein Besuch der Gendarmerie möglich, aber der Magister zögerte keinen Augenblick.

– Wenn Sie an meine Gastfreundschaft appellieren — erklärte er — dann muß ich Sie empfangen, gnädige Frau.

Die Nacht verbrachte Mutter in einem der vielen Zimmer, Vater fuhr zum Übernachten zu seinem Bekannten, dem Schuster. Am Morgen brachte ihr das Dienstmädchen Tee und Gebäck ans Bett. Meine Mutter wußte nicht, wie ihr geschah. Ihr kam es vor, als würden alle um sie herum springen, obwohl sie ihr nur den normalen Respekt zollten, der ihrem grauen Haar und ihrem Stand gebührte.

Später baten der Magister und seine Schwester meine Mutter um Verzeihung und erklärten, daß sie die nächste Nacht nicht mehr bei ihnen verbringen könne. Sie entschuldigten sich damit, daß sie dem Schwager keine Unannehmlichkeiten bereiten wollten. Da der Magister die Gefühle meiner Mutter verstand, fügte er noch hinzu:

– Schauen Sie, gnädige Frau, so ein großes Haus, ist es zu glauben, daß wir trotz bester Absichten keinen Platz für Sie für eine weitere Nacht finden können?

Den Tag verbrachten meine Eltern auf dem Friedhof. Sie haben auch Doktor R. konsultiert. Es stellte sich heraus, daß meiner Mutter nichts fehlte, sie brauchte nur eine bessere Ernährung. Schlimmer stand es um Vater. Ihm drohte die Lähmung eines Beines.

Dank der Protektion des Schusters verbrachten sie die Nacht bei seinem Kumpan. Mein Vater spendierte eine »Vierziger«* Wodka, und die Sache war erledigt. Erst die dritte Nacht konnten sie mit uns verbringen.

Unsere Wirtin ließ sie herein, begriff aber sofort, daß sie der letzte Rettungsanker war. Sie verstand, daß sie Oberwasser hatte und tun konnte, was sie wollte. Sofort änderte sie den Ton. Sie sagte, sie sei nicht mehr gewillt, meine Mutter zu verstecken, sie wollte eigentlich niemanden mehr verstecken, wolle mehr Geld und so weiter und so weiter.

Schließlich willigte sie ein, Geld für den nächsten Monat anzunehmen, erklärte dann aber, daß meine Mutter ausziehen müsse. Nun, man kommt durch die Waffe um, mit der man kämpft. Mein Vater hatte so lange mit dem Auszug gedroht, daß sie lernen konnte, die gleiche Taktik anzuwenden.

Als meine Mutter ihre Erlebnisse beim Magister erzählte und ihn endlos lobte, sagte sie auch noch, er sei wohl etwas dumm, sonst hätte er nicht so gut sein können. Was kann man da sagen? So sind die Zeiten, echte und selbstlose Güte wird heute mit Dummheit gleichgesetzt.

Ich hörte mir den Streit mit Frau Hela und die Erzählungen meiner Mutter ruhig an, um dann die nackten Tatsachen von den blumigen Worten zu scheiden. Der Magister nahm meine Mutter für eine

* Eine 40cl-Flasche.

Nacht auf, obwohl er sie nicht persönlich kannte, sie noch nie gesehen hatte. Eine zweite Übernachtung konnte er, trotz bester Absichten – die ich überhaupt nicht bezweifle – nicht anbieten. Frau Hela aber ermöglichte meiner Mutter nicht nur eine, sondern mindestens zweihundert Übernachtungen, und, was das Wichtigste ist – sie machte eine weitere Rettung möglich. Ich kann nicht verstehen, warum meine Mutter ihr Leben lang an den Magister denkt und ihn bis an ihr Lebensende segnet, unserer Wirtin gegenüber aber keine Dankbarkeit empfindet.

Das kommt davon, daß nur wenige Menschen die gegenwärtigen Ereignisse gemäß ihrem eigentlichen Gewicht, ohne Beschönigungen, beurteilen können. Man kann doch keinesfalls das, was unsere Wirtin für meine Mutter getan hat, mit dem vergleichen, was der Magister für sie getan hat. Das käme dem Vergleich des täglichen Brotes mit dem köstlichen Kuchen zum Dessert gleich.

Ich möchte das Vorgehen des Magisters keineswegs geringschätzen. Wir haben ihm gegenüber eine Dankesschuld, die nicht zu begleichen ist. Nicht nur dafür, was er getan hat, sondern auch dafür, was er tun wollte. Ich kann nicht vergessen, daß er meine kleine Tochter vor dem Tod retten wollte.

Soll ich auch dafür dankbar sein, daß er meine Sachen aufbewahrt hat, daß er nicht gierig darauf wurde? Das wäre für ihn die größte Beleidigung!

Mittlerweile stellt sich unsere Situation nicht rosig dar. Wir haben wenig Geld, mein Vater kann nicht in das Dorf zurückkehren, obwohl er dorthin einen Brief schickte, er käme bald zurück. Er hat nicht die geringste Lust, bei Frau Hela zu bleiben, zugleich darf er nicht zuviel gehen, da ihm die Lähmung des Beines droht. Was nun?

Weit hinter Warschau, unweit von Grochów, grünen die Kleingärten. Man arbeitet mit Hochdruck. Die Kleingärtner graben den Boden um und düngen ihn, sie wässern die Beete und binden die Tomatensträucher an. Immer wieder unterbrechen sie die Arbeit und rennen zum Schuppen.

– Herr Bogdański, geben Sie mir eine Gießkanne!
– Herr Bogdański, wieviel Dünger brauchen Tomaten?
– Herr Bogdański, verkaufen sie mir einen Stock für die Tomaten!

Solche Worte hört man den ganzen Tag. Der alte Bogdański antwortet allen höflich, gibt ihnen, was sie brauchen, erteilt jedermann Ratschläge. Er hatte zwar nie etwas mit Gärtnerei zu tun, aber dank seiner Intuition antwortet er klug, wenngleich unverbindlich. Alle sind von dem neuen Mitarbeiter begeistert, fragen nach seinem Wohlbefinden. Der Herr Vorsitzende begrüßt ihn täglich, bietet vom mitgebrachten Kaffee an, der Herr Sekretär besorgt einen kostenlosen Mittagstisch in der Küche des Zentralrates der Fürsorge[101]. Für die Nacht schließt Bogdański die Geräte in den Schuppen ein, wo er auch selbst schläft.

Wie wir sehen, hat der alte »Bogdański« den Geist nicht aufgegeben. Dank der Unterstützung seines bekannten Schusters bekam er die Stellung bei den Kleingärten. Er verdient zwar wenig, nur zehn Złoty am Tag, aber er hat eine Schlafstelle. Er verdient etwas dazu, indem er Dünger kauft und ihn an die Kleingärtner weiterverkauft.

Manchmal bringt er jemandem ein Eimerchen und dieser gibt ihm gnädig ein Trinkgeld. Der alte Vermieter aus der Kościelna-Straße zieht die Hand nicht zurück. Sein ganzes Leben hat er vom Mietzins gelebt, auf die alten Tage muß er von Trinkgeldern leben.

Was soll man machen, so ist wohl Gottes Wille. Wichtig ist, daß sich von siebenhundert Kleingärtnern gerade zwei dafür interessiert haben, welcher Nationalität er ist und warum er so gedehnt spricht. Er sagte, er käme aus dem Grenzland, und sie waren damit völlig zufrieden. Alle Zweifel wurden von der Postkarte beseitigt, die Bogdański erhielt. Da der Alte nicht gut sehen konnte, bat er darum, daß man sie ihm laut vorliest:

Łuków, den 27.6.43

Lieber Michał!

Deinen Brief habe ich erhalten. Ich beeile mich, Dir mitzuteilen, daß Dein Cousin, der Organist Malecki aus Białystok mir diesen Monat geschrieben hat, daß er einen Brief von Deiner Frau erhielt. Sie hält sich in Słonim auf, ist gesund und kommt irgendwie zurecht. Bei mir gibt es Veränderungen, meine Frau gebar mir einen Sohn. Ich schreibe Dir, wann es die Taufe gibt, vielleicht gelingt es Dir zu kommen. Herzliche Grüße

Dein Antek

Der Absender war Anton Wierzbicki aus Łuków, Warszawska-Straße 12. Der Adressat: Herr Cz. Nowowiejski, Warschau, Straße ... mit dem Hinweis: für Herrn Bogdański. Das war die Adresse des Schusters. Der richtige Absender war der Magister, der die Karte auf die Bitte meines Vaters hin aufgesetzt und abgeschickt hat. Wenn es irgendwelche Zweifel an der Herkunft meines Vaters gab, so wurden sie durch die Karte zerstreut.

Wahrscheinlich liefe alles weiterhin so gut und mein Vater hätte seine Stellung immer noch, wäre da nicht eine Kleinigkeit. Der Herr Vorsitzende wollte einen Übermantel für seinen Pelz kaufen und da mein Vater gerade so etwas hatte, bot er sich als Vermittler zwischen ihm und einem imaginären Bekannten an.

Sie wurden sich leicht handelseinig, danach erfolgte folgender Dialog:

– Herr Vorsitzender, wenn wir uns in zwanzig Jahren wiedersehen und sie diesen Übermantel immer noch tragen, nehme ich gerne Ihre Dankesworte entgegen.

– Herr Bogdański, Sie preisen die Ware mit der Mentalität jüdischer Händler an. Wissen Sie, der Wächter sagte zu mir, daß Sie Jude sein müssen, denn Sie sprechen so merkwürdig — antwortete der Vorsitzende mit einem Probeschuß.

– Wie Sie meinen, Herr Vorsitzender, wenn Ihnen der Grenzlandakzent geläufig ist.

– Was weiß ich, wenn sie auch ohne Hose in Ordnung sind, dann ist es ja gut. Wenn aber nicht, dann muß man sehr vorsichtig sein.

Damit war das Gespräch zu Ende. Es war eigentlich nichts passiert, nichtsdestotrotz war mein Vater beunruhigt. Er bedauerte sehr, im Winter dem Beispiel Dr. Feldhofs, Szlamowiczs und anderer Juden nicht gefolgt zu sein. Sie unterzogen sich einer chirurgischen Operation, die ihr männliches Glied verstümmelte.

Diese Operation war sehr schmerzhaft und unangenehm, aber sie rettete z. B. Szlamowicz das Leben. Als ihn die Verfolger einem Gendarmen auslieferten, stritt er ab, ein Jude zu sein. Der herbeigerufene polnische Arzt behauptete nach einer kurzen Untersuchung, daß er nicht imstande sei festzustellen, ob er es mit einem Juden oder einem Polen zu tun habe. Vater bedauerte sehr, diese Gelegenheit verpaßt zu haben, aber es half nichts. In der gegenwärtigen

Situation mußte er eine neue Stellung suchen. Vorläufig erfüllte er noch seine Pflichten, schaute sich aber bereits nach etwas Neuem um.

Bei Frau Hela vergingen die ersten Tage nach Ankunft meiner Mutter unter großer Nervenanspannung. Dauernd dachten wir daran, wie es Vater bei den Kleingärten ergeht. Erst nach einiger Zeit vernahmen wir eine Stimme von der Straße, die uns mitteilte, daß alles in Ordnung war. Es war Vater, der uns halblaut Bescheid gab, wie es um ihn bestellt war, während er auf unserer Treppe seine Schnürsenkel richtete. Wir antworteten aber nicht, denn wir fürchteten, daß jemand auf der Straße vorbeigehen könnte.

Die Zeit verging wieder langsam. Wir vertrieben sie uns mit Erzählungen über unsere Schicksale und über die Geschicke uns bekannter Juden.

Wacław erzählte uns vom traurigen Ende meines Freundes Szmul Kołkowicz.

Er fuhr nämlich mit der Bahn in dem Waggon, in dem Wacław Schaffner war. In Józefów stieg in den Waggon ein Unteroffizier der polnischen Polizei aus Otwock, ein gewisser Sokołowski, in Begleitung eines anderen Agenten ein. Die Polizisten schauten sich im Wagen um, danach fragte Sokołowski, ob dort nicht zufällig Kołkowicz auf der Bank säße. Abstreiten half nichts. Die Polizisten gingen an Kołkowicz heran, zogen die Revolver und befahlen ihm, die Hände hochzunehmen. Kołkowicz war nicht besonders verängstigt, er beabsichtigte weder zu fliehen noch sich zu verteidigen. Er nahm an, daß ihm von seiten eines polnischen Polizisten nichts drohte und er ihnen höchstens etwas für Wodka werde geben müssen.

Als er aber seine Hände nicht hochnahm und zu scherzen versuchte, wurde er mit einem Kolbenhieb in die Schläfe zu Boden geschlagen. Sokołowski legte dem Benommenen Handschellen an.

Sie stiegen in Świder aus. Kołkowicz nutzte eine Menschenansammlung aus und versuchte zu fliehen. Er hatte Schwierigkeiten, mit angelegten Handschellen zu laufen, aber er konnte sich doch ziemlich weit entfernen, als ihn eine Kugel traf. Am Bein verletzt, fiel er zu Boden. Bei der Durchsuchung fanden die Polizisten bei ihm einen Revolver, also brachten sie ihn mit einem Pferdewagen

257

zu Schlicht. Er wurde etwas auskuriert und später einer genauen Untersuchung unterzogen, um festzustellen, woher er die Waffe hatte. Es ist unbekannt, was die Fahndung ergab. Es ist aber bekannt, daß Schlicht Kołkowicz eines Tages mit einer Droschke außerhalb des Otwocker Parks fuhr. Dort wollte er ihn mit dem Revolver erschießen, der aber klemmte. Kołkowicz ergriff sofort die Flucht. Sicher hätte er im Wald fliehen können, wenn ihn nicht die Kugeln polnischer Polizisten getroffen hätten, die bei der Exekution assistierten.

So kam Szmul Kołkowicz durch jene um, von denen er den Tod am wenigsten erwartet hatte. Viele Jahre arbeitete er für die polnische Polizei, versagte ihnen weder Fahrradreparaturen noch kostenloses Brot. Für das alles dankte ihm die polnische Polizei mit einer ordentlichen Portion erhitzten Bleis. Sokołowicz rühmte sich in einem späteren Gespräch damit, persönlich zum Tod Kołkowiczs beigetragen zu haben und daß er jeden jüdischen Hurensohn, den er erwischt, eigenhändig umbringen wird. Noch so ein Held, der uns da geboren wurde!

Am vierundzwanzigsten Juni erhielt Wacław, unter der Mithilfe eines kleinen Mädchens, eine Postkarte folgenden Inhalts:

Sehr geehrter Herr Wacław,

Ich bitte sehr darum, sich mit mir in einer sehr wichtigen Angelegenheit in Verbindung zu setzen. Ich bin Seweryn Buchalters Schwester und wohne im Hotel Polski, Długa-Straße 26, Zimmer Nr. 68. Bitte nach Mela fragen.

In Erwartung baldiger Kontaktaufnahme

Mela

Noch am selben Tag erfuhren wir durch eine Mitteilung unserer Herrin von dem Brief, den Seweks Schwester geschrieben hatte. Wir kannten seinen Inhalt aber nicht, denn Wacław behielt den Brief für sich. Sewek war total verzweifelt. Er vermutete, daß seine Schwester ihr Versteck verloren, daß man ihr das Geld weggenommen und sie nun keine Bleibe mehr hat. Er dachte darüber nach, wie er mit Frau Hela verhandeln könnte, damit sie zustimmt, Mela zu uns zu holen.

Als Frau Hela nach einigen Tagen die erwähnte Karte mitbrachte, waren wir genauso klug wie vorher. Es kam uns vor, als sei es ein

Traum. Wie kam Seweks Schwester in das Hotel Polski? Sie wohnte dort offiziell und verheimlichte nicht, daß sie Jüdin ist. Man konnte sie sogar besuchen, denn sie lud selber ein. Kaum zu glauben! Wie kam sie dorthin? Wir konnten nichts, aber auch gar nichts verstehen. Es gab keine andere Möglichkeit, als zu warten, bis Wacław dort hingehen würde.

Am achtundzwanzigsten Juni traf Wacław Seweks Schwester und das Geheimnis wurde aufgeklärt. Im Hotel Polski befanden sich an die zweihundert Juden, ausländische Staatsbürger, die nach Vittel[54] gebracht und dort interniert werden sollten. Einige meinten, daß es von dort weitergehen werde, über Portugal nach Amerika, im Rahmen eines Austausches von Staatsbürgern kriegsführender Staaten. Seweks Schwester gelangte ebenfalls ins Hotel Polski und sollte bald mit der ganzen Gruppe abreisen. Sie war der Meinung, und das sagte sie Wacław, daß Sewek schnellstens ihrem Beispiel folgen sollte. Wir wußten nicht, wie wir diesen Vorschlag werten sollten.

Ich sah darin eine Falle, die gestellt wurde, um versteckte Juden anzulocken und diese diskret zu erledigen. Sewek war unentschlossen. Er vertraute seiner Schwester, die sich vor Ort ein Bild machen konnte. Er meinte, daß sie ihn nicht holen würde, wenn sie irgendeinen Verdacht hätte. Da er nicht wußte, was er tun sollte, schickte er schließlich durch Wacław einen Brief mit der Frage, wie sich die Sache darstellt und wer aus dem Bekanntenkreis auch noch in dem Hotel ist.

Am dritten Juli bekam er die Antwort. Im Folgenden gebe ich einige Auszüge dieses Briefes wieder.

Lieber Sewek!

Ich bin glücklich, von Dir einen Brief bekommen zu haben. Ich bin hier mit dem Jungen seit über einem Monat. Ich reise ganz sicher am 6. Juli ab. Ich weiß nicht genau, ob es Vittel oder ein Ort am Bodensee sein wird. Unsere Betreuer sind Lolek Skosowski (Jude, Gestapomann) und Adam (Pole, Gestapomann, von mir hinzugefügt.). Ich bin verzweifelt, daß wir jetzt nicht zusammen sind. Franek wies mich hierher. Mandelbaum und Romek sind ebenfalls hier. Mir bricht das Herz, daß ich ohne Dich reisen muß. Falls Du mich hier nicht antreffen solltest, so ist hier meine Freundin Szochet, eine

259

Staatsbürgerin Palästinas. Ihre Gruppe reist noch nicht, Du kannst Dich bei Bedarf an sie wenden. Bemühe Dich, hierher zu kommen.

Mela

Mandelbaum und Romek Gutman waren Juden, die zusammen mit Buchalter aus demselben Transport geflohen sind. In dem Brief wurden noch viele Bekannte Seweks aufgezählt, die sich auch im Hotel befanden. Das waren reiche Leute mit vielen polnischen Bekanntschaften.

Wir begannen, heftig zu diskutieren. Sewek berichtete genau über jeden bekannten Juden, der sich dort befand. Er erwähnte viele hundertprozentig sichere Verstecke, in denen diese Leute bisher untergetaucht waren. Einige hatten legale *Kennkarten* und das entsprechende Aussehen. Er zog daraus nur einen Schluß: wenn diese Leute dorthin gingen, dann kann es sich nicht um eine verdächtige Angelegenheit handeln.

Die Sache war auch nicht völlig neu. Während des ganzen Krieges trafen ausländische Papiere für verschiedene jüdische Familien ein, die dann in Vittel interniert wurden. Die von dort ankommenden Briefe waren denkbar gut. Die abtransportierten Juden befanden sich die ganze Zeit unter der Obhut des Internationalen Roten Kreuzes. Als das Warschauer Ghetto noch existiert hat, war es der Traum eines jeden, nach Vittel zu kommen.

Wir vermuteten, daß unlängst neue Papiere für verschiedene Juden angekommen sind. Weil diese Menschen meist nicht mehr am Leben waren, bedienten sich andere Juden dieser Papiere.

Obwohl all das stimmte, konnte es dennoch der Kritik nicht standhalten. Die Gegenargumente waren folgende:

Während dieses Krieges hat es noch keinen Juden gegeben, der die Deutschen betrogen hätte. Im Gegenteil, alle Juden, die klügsten eingeschlossen, wurden von den Deutschen betrogen. Die Deutschen müssen wissen, daß es eine Finte ist. Wenn sie das aber tolerieren, dann nur zu ihnen bekannten Zwecken. Welche Garantie gibt es, daß man nicht irgendwo hingebracht und dort ganz einfach erschossen wird? Wer wird einen Juden in Schutz nehmen? Wen wird überhaupt der Tod eines Juden interessieren? Können ausländische Papiere einen Juden schützen? Wer weiß das schon? Wenn man schon Jude ist, dann gibt es nur ein sicheres Prinzip: »verstecke dich gut«.

Sewek wollte es aber doch riskieren und plante, am fünften Juli ins Hotel Polski zu gehen, um mit seiner Schwester zu sprechen. Er wollte vor Ort Einblick nehmen und eventuell gleich dort bleiben, wenn die Aussichten günstig schienen. Wacław wollte aber auf keinen Fall sein Einverständnis geben. Er wollte mit Rücksicht auf die Sicherheit unseres Verstecks Sewek nicht hinauslassen. Er hatte nichts dagegen, daß Sewek weggehen und nicht zurückkehren würde. Hinausgehen und zurückkommen aber barg die Gefahr, entdeckt zu werden. Wohl oder übel mußte Sewek bleiben.

Am selben Abend kam Vater zu uns. Weil er irgendwelche Pakete trug, wußten wir sofort, daß er nicht mehr bei den Kleingärten arbeitet. Es zeigte sich, daß er selber zur rechten Zeit verzichtete. Er bereute es überhaupt nicht. Er bereute auch Mutters Eskapade auf das Dorf nicht. In der Zwischenzeit wurde nämlich das Bahnfahren nach Stachanowice verboten. Wäre Vater noch auf dem Dorf, könnte er vorläufig nicht zu uns kommen.

Es zeigte sich erneut, daß dieser Mensch, einer Katze gleich, immer auf allen Vieren landet. Schließlich sagte er oft, daß es im Leben so sein muß, wie es ist, und man nie wissen kann, wie es besser sein könnte.

Auch diesmal hatte er Glück. Als er bei den Kleingärten gearbeitet hat, lernte er eine Polin kennen, die seit vielen Jahren bei einem achtzigjährigen Professor arbeitete. Der alte Professor vertraute ihr hundertprozentig, so daß sie seinen Haushalt führte. Weil die Wohnung groß war, vermieteten sie ein Zimmer an verschiedene Untermieter.

– Wenn Sie keine Möglichkeit zum Wohnen haben — sagte eines Tages diese Polin zu Vater — dann können Sie bei mir wohnen. Bettbezüge brauchen Sie nicht mitzubringen, denn ich habe genug eigene.

Sie einigten sich auf hundertzwanzig Złoty monatlich. Die Summe war für einen Polen etwas zu hoch, für einen Juden aber entschieden zu niedrig. Vater war sehr zufrieden. Die Polin schien eine anständige Frau zu sein, und sie schien ihn auch nicht als Juden zu erkennen.

Später stellte sich ein weiteres Mal heraus, daß die menschliche Naivität unbegrenzt ist. Diese Polin stammte nämlich aus Równe und verbrachte ihre Jugend unter Juden. Sie erkannte einen Juden auf einen Kilometer Entfernung. Als sie die ersten zwei Worte mit Vater gewechselt hat, wußte sie, mit wem sie es zu tun hatte. Sie beschloß, sich um ihn zu kümmern, und vermietete ihm ein Zimmer, eigentlich ein Bett in der Küche. Sie nahm von ihm mehr, als sie von einem Polen nehmen könnte, aber eben viel weniger, als sie von jedem Juden hätte verlangen können.

Später sagte sie Vater, wenn sie könnte, würde sie nicht nur einzelnen, sondern zehntausenden von Juden das Leben retten. Sie wollte aber zugleich rechtlich in Ordnung sein. Deshalb vermietete sie die Wohnung an Juden, die arische Papiere hatten. Auf diese Weise konnte sie so tun, als ob sie nicht wüßte, daß es Juden sind. Die Miete war bei ihr nur leicht erhöht.

In ihrer Wohnung traf mein Vater auf drei Personen »polnischer Nationalität«. Als sie meinen Vater sahen, bekamen sie Angst, in Gesellschaft eines echten Polen wohnen zu müssen. Sie schlugen ihrer Wirtin sogar vor, zusätzlich hundert Złoty monatlich zu zahlen, wenn sie Vater absagen würde. Innerlich lachend lehnte sie selbstverständlich ab.

Zwei Tage nach seinem Einzug zogen zwei weitere Mieterinnen, Mutter und Tochter, aus. Es ist nicht ausgeschlossen, daß sie vor Vater Angst bekamen. Nach einer gewissen Zeit erfuhr die Wirtin, daß sie während einer Razzia auf dem Dorf entdeckt und umgebracht wurden.

Vater blieb also mit nur einer Mitbewohnerin, einer Masseuse, zurück. In diesem Haus wurde wie am Wenigsten über Juden gesprochen. Die Wirtin korrigierte Vaters polnische Aussprache, Vater korrigierte die polnische Aussprache des Fräuleins, alle waren in Ordnung, alle waren zufrieden. Die Wirtin konnte sich um Juden kümmern und rechtlich in Ordnung sein, die Mieter wohnen mit dem Recht eingefleischter Polen und mußten kein unbedachtes Wort oder Zeichen fürchten. Vater ist dort angemeldet, bald soll er Lebensmittelkarten bekommen, und er ist, wie immer, guter Dinge. Daß er uns seine Adresse nicht sagen will, was soll's. Am fünften

Juli teilte uns Vater mit, daß er nicht mehr arbeitet, aber eine Wohnung in Aussicht hat.

Vater blieb ein paar Tage bei uns und wir erzählten einander, was vorgefallen war. Über die Sache mit Seweks Schwester wollte er nichts hören. Er sagte, er habe nicht die Absicht, dort hinzugehen, um irgendetwas zu erfahren und er würde es auch niemandem raten. Er erklärte, daß er den Deutschen grundsätzlich nicht glaube und damit niemals schlecht gefahren sei. Er hatte schließlich zu niemandem Vertrauen – seine neue Adresse wollte er uns selbstverständlich auch nicht geben.

Bevor er ging, kam es zum Krach. Vater wollte für mich die Miete bezahlen, aber unsere Wirtin wollte das Geld nicht annehmen. Sie fing wieder ihre alten Kunststücke an und verlangte, daß wir am sechzehnten bei ihr ausziehen.

Sie war überhaupt böse auf Vater, hauptsächlich, weil er uns bei seinen Besuchen für längere Zeit mit Lebensmitteln versorgte. Das verunmöglichte ihr den Zusatzverdienst. Außerdem war Vater kleinlich. Für vier Nächte, die er bei ihr verbrachte, ließ er nur zwanzig Złoty, eine lächerliche Summe. Um das Maß voll zu machen, sagte meine Mutter noch zu Frau Hela, wenn wir hier nicht mehr sein werden, wird niemand mehr hier sein. Diese Worte rochen förmlich nach Erpressung und brachten unsere Wirtin zu Recht aus der Fassung.

In diesem Streit wurde sie von Wacław voll unterstützt, indem er sagte, daß man die Juden hinauswerfen müsse, wenn sie sich nicht benehmen könnten. Er hielt auch eine längere Konferenz mit Sewek. Wacław sagte, der alte Perechodnik setze sie unter Druck, also muß seine Familie gehen. Fräulein Genia habe eine Bleibe, also müsse auch er seine Sachen packen.

Wacław versprach, sich darum zu kümmern, ihn irgendwo unterzubringen.

Alle Überredungsversuche Seweks brachten kein Resultat. Also sagte er Wacław, daß er beabsichtige – nach dem Vorbild seiner Schwester –, nach Vittel zu reisen. Er bat ihn, einen Brief ins Hotel Polski zu bringen. Er schrieb den Brief, gab ihn Wacław und damit war das Gespräch beendet.

Der nächste Tag war der Bußtag für meine Mutter. Als ihr klar wurde, daß sie die Bleibe verlieren konnte, verflüchtigte sich ihre Auflehnung. Sie weinte pausenlos, war bereit, viel mehr Miete zu zahlen, und äußerte keine Drohungen mehr. Sie war den ganzen Tag wie betäubt. Sie sagte zu Genia, daß Calel ruhig sei, weil er wisse, wo er bleiben könne, aber sie selber wisse nicht wohin. Es bliebe ihr wohl nur noch, sich auf der Straße zu vergiften.

Dieses Jammern erfüllte mich mit Mißbehagen. Seit vier Monaten haben Vater und sie nichts anderes getan, als unserer Wirtin mit Auszug zu drohen. Sie spielte so lange mit dem Feuer, daß sie sich letztlich verbrennen mußte.

Ich selbst war ruhig, denn ich betrachtete es als ein Zeichen, daß ich nun zum Hotel Polski gehen sollte. Wenn meine Mutter wollte, war ich bereit, sie mitzunehmen.

Was war unsere Rettung? Es war vor allem Szochets Antwort an Sewek, die uns Wacław brachte. Die Freundin von Seweks Schwester schrieb:

Sehr geehrter Herr Seweryn!

Als Mela das Hotel verließ, kündigte sie an, daß sich Ihr Freund bei mir melden wird. Ich war die ganze Zeit darauf vorbereitet, daß jeden Moment Besuch kommen kann, also ging ich häufig hinunter, weil man mit uns nur schwer Verbindung aufnehmen kann. Nun fasse ich zusammen, wie unsere Lage ist. Obwohl Sie für mich ein Fremder sind, schreibe ich offen zu Ihnen. Vorläufig sind wir nicht viele im Hotel. Mit dem Transport aus dem Pawiak[55] sind wir ungefähr zweihundert Personen. Es sind alles unbekannte Menschen, es gibt unter uns keine Familie, die zusammenarbeiten würde. Jeder hat Angst vor dem eigenen Schatten. Um Gottes Willen bloß niemandem etwas sagen oder zuraten.

Wir sind im Hotel ausländische Bürger. Jeder von uns besitzt persönliche Papiere über seine Staatsbürgerschaft. Ihre Schwester hatte die palästinensische Staatsbürgerschaft, die sie sich in Warschau verschaffte. Im Hotel muß man mit fertigen Papieren vorstellig werden. Die Verwaltung ist gehalten, jede Neuankunft gleich zu melden, auf die Liste der Gruppe einzutragen und eine Befragung durchzuführen. Aber die Prozedur gelingt gewöhnlich. Es hat sich etwas verschärft, aber man kommt zurecht.

Warten Sie nicht bis zur Ausreise unserer Gruppe, diese soll bald erfolgen. Es sind Nachrichten von der ersten Gruppe angekommen, also bin ich hundertprozentig sicher.

Ich will nicht länger in Warschau bleiben. Ich besitze die wichtigste Garantie: eine ausländische Staatsbürgerschaft. Die Papiere wurden durch das Orbis-Büro, Linie Amerika erledigt. Mich persönlich hat es viel Geld gekostet. Ihre Schwester sagte mir, daß es sie mit der Bezahlung des Vermittlers alles in allem an die vierzehntausend Złoty gekostet hat. Es ist alles legal erledigt.

Kommen Sie ins Hotel mit den Papieren. Ein Teil der Gruppe aus dem Pawiak ist bereits abgereist, ein Teil ist geblieben. Die Abreise unserer Gruppe soll zwischen dem 5. und dem 10. August erfolgen. Der Wunsch Ihrer Schwester war, daß Sie auf die Ausreise setzen. Ich soll Sie von Ihrer Schwester grüßen und wünsche Ihnen eine glückliche Abwicklung der Sache.

Szochet

Dieser Brief klärte vieles auf. Erstens sprach nun alles dafür, ebenfalls in das Hotel zu gelangen, zweitens änderte es die Einstellung unserer Herrin. Als Wacław ihr den Brief vorlas und erklärte, daß wir nun eine Zuflucht hätten, zeigte sich, daß Frau Hela ihre Mieter gar nicht verlieren wollte.

Ja nun, sie hat sich an das monatlich eingehende Geld gewöhnt und auch an unsere Anwesenheit, aber am meisten wohl an Genias Dienste. Man kann auch daran erinnern, daß unsere Anwesenheit unseren moralischen Betreuer Wacław an sie band, so wie kleine Kinder ein Ehepaar verbinden. Ich will damit nicht sagen, daß Wacław die Beziehung aufgeben würde, wenn wir weggingen. Aber er besuchte sie sicherlich häufiger, da er gebunden war durch die gemeinsame Last, diese unselbständigen und unbeholfenen Kinder, zu denen wir im Laufe des Krieges geworden sind, am Leben zu erhalten.

Einen wesentlichen Einfluß auf ihre Entscheidung hatte auch eine Zeitungsmeldung über die Landung der Alliierten auf Sizilien und die damit verbundene Prognose auf ein baldiges Ende des Krieges. Jetzt lohnte es nicht mehr, sich mit den Mietern zu überwerfen und sie aus der Verpflichtung zur Dankbarkeit zu entlassen, die durch die vielen Monate ihres Aufenthaltes aufgebaut worden war.

Anderseits gerieten ich und auch Sewek in Verlegenheit. Der Brief war sehr überzeugend. Das Hotel bot zwei Alternativen: entweder überlebt man den Krieg sicher oder man kommt unerwartet um. *Tertium non datum**, im schlimmsten Fall wird es ein »Tod unter Chloroform«, wie es Sewek umschrieb. Einen Mittelweg gab es nicht. Wenn wir in unserem Versteck blieben, drohten uns folgende Gefahren:

1) ein überraschender Reinfall,
2) eine mögliche Blockade aller Häuser, die die Deutschen durch-führen, um alle Juden zu finden,
3) ein möglicher Luftangriff mit Bombenabwurf auf unser Haus,
4) verschiedene »Schikanen« unserer Herrin,
5) die Möglichkeit, daß uns das Geld fehlen wird, um den Krieg zu überleben.

Für Sewek konnte man die letzte Gefahr streichen. Er wußte, wie-viel Geld er hatte, und meinte, daß es ausreichen würde, wenn man den Schwung der alliierten Aktion berücksichtige. Mit mir stand die Sache anders. Ich hatte Geld und hatte keines. Das, was ich hatte, waren »Klamotten« beim Magister in Verwahrung. Wer weiß, wieviel sie wert waren. Man mußte sie alle verkaufen und dann vielleicht eine goldene zwanzig Dollar Münze kaufen, dann wäre erst klar, wieviel man zusammen hätte. Das war meine Mei-nung, die eigentlich maßgebend sein sollte, wenn man bedenkt, daß es meine und nicht Vaters Kleider waren. Mein Vater war anderer Meinung. Als er im Winter auf meine Empfehlung zwei Anzüge und einen Wintermantel für insgesamt achttausend Złoty verkauft hat, war das ein schlechtes Geschäft. Wenn er noch zwei Monate gewartet hätte, bekäme er an die achtzehntausend Złoty dafür. Außerdem nahm Michalski Vater Geld ab für zwei Pullover und einen Rock. Er behauptete, die Empfänger hätten erkannt, daß es jüdische Sachen sind und sie einfach mitgenommen. Dabei hatte Vater noch Glück, als Michalski ihm das Geld für den Mantel gab,

---

* Eigentlich: »… datur«: Ein Drittes gibt es nicht. (lat.)

nahm er wohl an, daß Vater noch mehr und noch teurere Sachen zum Verkauf bringen würde. Es hat nicht viel gefehlt, und wir wären auch mit den Anzügen bei ihm hereingefallen.

Also änderte Vater seine Meinung und beschloß, die Sachen erst im letzten Augenblick zu verkaufen, wenn er gar kein Geld mehr haben sollte. Vater wollte in seinem Egoismus gar nicht darüber nachdenken, daß ein Unglück passieren könnte, daß er entdeckt werden könnte, daß ihm sein Bein den Gehorsam verweigern und ihn ans Bett fesseln könnte.

Ich hätte Vater das alles nicht sagen können, es wäre sicher zu einem zünftigen Krach gekommen mit Beschuldigungen, daß ich es sage, weil ich es wünsche.

Vater hatte immerhin ein ausgezeichnetes Argument bei der Hand:
– Vorläufig gibt es keine Käufer, die Ernte läuft.

Also mußte ich in meiner Gefahrenrechnung noch berücksichtigen, daß

6) Vater ein Unglück zustoßen könnte und wir ohne Geld dastehen würden.

Denn ich war mir darüber im klaren, daß ich beim Verkauf unter Mithilfe Dritter soviel verlieren würde, daß es nicht einmal für zwei Monate reichte.

Alles das bewog mich dazu, ins Hotel Polski zu gehen, um alles auf eine Karte zu setzen. Ich wollte mich nicht mehr quälen, wollte nicht mehr von sovielen Faktoren abhängig sein. Ich mußte aber verzichten, denn erstens wollte mein Vater das nicht für mich erledigen und zweitens mußte ich auf meine Mutter Rücksicht nehmen. Frau Hela würde sie sicher nicht als Einzige verstecken.

Sewek aber war unabhängig, und er spürte, daß sein Schicksal in den eigenen Händen lag, also überlegte er angestrengt: Was soll man tun? Wie soll man entscheiden? Gehen oder bleiben?

Wahrscheinlich stellte das Hotel keine Falle dar. Ich war der Meinung, daß eine Abreise von Vittel ins Ausland fragwürdig sei, daß man dort aber bis ans Ende des Krieges interniert werde. Ich erklärte Sewek, daß es möglich ist, wichtige Persönlichkeiten, die einflußreiche Familien im Ausland haben, im Austausch freizubekommen. Keineswegs aber einen grauen Durchschnittsmenschen, der auch noch unter einen fremden Namen schlüpft. Außerdem mußte noch eine andere Möglichkeit in Betracht gezogen werden. Unmittelbar vor dem Kriegsende könnten in Deutschland Unruhen ausbrechen. Die ersten Opfer wären dann Juden. Niemand würde dann darauf schauen, ob sie irgendwelche ausländischen Papiere hätten.

Um besser entscheiden zu können, schickte er einen weiteren Brief ins Hotel und er erhielt eine Antwort darauf. Im Folgenden gebe ich den Text des Briefes zum Teil wieder:

Sehr geehrter Herr Seweryn!

Ich antworte auf Ihren Brief, den ich erhalten habe. Wenn Sie also den Anschluß an die Gruppe wünschen, dann zögern Sie bitte nicht. Es sei denn, Sie möchten vor Ort bleiben. Ich weiß, es verlockt sehr, dennoch bin ich persönlich der Meinung, daß man ausreisen sollte. Wie ich bereits geschrieben habe, werde ich in Warschau nicht bleiben und werde das Ende des Krieges dort erwarten, wo auch alle sind. Ich hoffe, daß alles gut wird. Die Kosten für die Dokumente belaufen sich auf etwa zehntausend Złoty. Es dauert bis zu zwei Wochen, denn es braucht viel Zeit, Sie im Magistrat von Kraków abzumelden. Ihre Fotografie habe ich bereits erhalten und reichte sie ein. Bitte antworten Sie und schicken *à conto*.

Szochet

Für Sewek war es zum Verrücktwerden, er wußte nicht, was er tun sollte.

Am einundzwanzigsten Juli besuchte uns Vater. Wie sich zeigte, entging er nur durch ein Wunder dem Tod. Sowie er eines Tages am Morgen in die Stadt gegangen ist, kamen drei Männer in die Wohnung, die sich als Mitglieder der Gestapo ausgaben und alles plünderten. Die durch den Lärm alarmierten Nachbarn holten die Gendarmerie. Es kam zu einer Schießerei, die dazu führte, daß einer der Angreifer fliehen konnte, der zweite verletzt wurde, der dritte erschossen.

Die Gendarmerie eröffnete die Fahndung, zu der alle Hausbewohner mit Ausnahme meines Vaters vorgeladen wurden.

Mein Vater erzählte von dem Vorfall im normalen Ton, als wenn nichts gewesen wäre. Er fand, daß er jetzt ein richtiger Pole war, und vor allem, daß ihn sein Gott bewacht.

Kann man einem alten Menschen, der dazu noch stur ist wie ein Bock, etwas aus dem Kopf schlagen? Ich bewundere Vaters unverwüstliche Energie, bewundere seine Klugheit, bewundere sein Glück mit Menschen –, aber es geht mir nicht in den Kopf, wie ein Mensch nur so egoistisch sein kann. Ich wollte ihn fragen, was passiert wäre, wenn sie ihn bei dieser Gelegenheit entdeckt hätten. Wovon sollten wir leben? Aber ich verzichtete darauf.

Ich saß schweigend dabei und beobachtete mit Neid, daß Sewek meinem Vater erklärte, wie er für ihn die Abreise zum Hotel Polski arrangieren sollte. Sewek aber schaute zu, als unsere Wirtin das Geld für meinen und Mutters Aufenthalt entgegennahm, und er entschloß sich plötzlich zu bleiben.

Später sagte er zu mir, daß ihm eingefallen war, wie man belgische Juden liquidierte, wie man ihnen ebenfalls Papiere aushändigte, wie man sie in Pullmannwagen zum Ort der Vernichtung brachte, und mit welchem Lächeln auf den Lippen sie nach Treblinka fuhren. Er machte sich die deutsche Perfidie klar, dachte an Sizilien und änderte seine Meinung: Ich bleibe hier. Die Zukunft wird zeigen, ob er es richtig gemacht hat.

Wieder sind ein paar Tage vergangen. Die Zeit verstreicht langsam, den ganzen Tag leben wir eigentlich nicht, sondern vegetieren dahin und quälen uns furchtbar. Um die Monotonie totzuschlagen, versuchen wir zu erraten, was uns die Abendzeitung bringen wird. Gibt es irgendwelche wichtigen Nachrichten, ist die Zeitung auf der Stelle vergriffen und wir hören die Rufe der Zeitungsjungen nicht. Wenn aber der »Nowy Kurier Warszawski« nicht interessant ist, hören wir bis zum späten Abend, wie die Zeitung zum Verkauf angepriesen wird. Wenn unsere Wirtin am Abend zurückkommt, schnappen wir die Zeitung, lesen die Nachrichten und haben je nach Inhalt einen guten oder schlechten nächsten Tag.

Am sechsundzwanzigsten Juli hörten wir Romas Stimme von der Straße:

– Wie geht es dir, altes Haus. Mussolini haben sie auseinandergenommen, was? Der Marschall – wie heißt er doch gleich, dieser Hurensohn? – soll ihn vertreten. Schluß mit den Makkaronis.

Wir trauten den eigenen Ohren nicht. Am Abend kam Frau Hela mit der Zeitung. Den eigenen Augen mußten wir dann trauen:

Marschall Badoglio übernahm die Regierung in Italien.

Wir konnten die ganze Nacht vor Aufregung nicht schlafen; es war für uns erfreulich und schmerzhaft zugleich. Erfreulich, denn wir erlebten die Genugtuung, daß der Krieg bald zu Ende gehen wird, daß unsere Qualen bald beendet sein werden – aber gleichzeitig weinten unsere Herzen bei dem Gedanken, daß unsere Frauen diesen glücklichen Augenblick nicht mehr erleben durften. Uns kommt derselbe Gedanke in den Sinn: wir sehnen das Ende des Krieges herbei, wir beten um seine baldige Beendigung, und gleichzeitig zittern wir bei dem Gedanken, daß der Krieg beendet wird.

Wohin sollen wir dann gehen, mit wem werden wir die Freude teilen?

Heute am ersten August besuchte uns Vater zufällig. Ich bewundere meine Nervenstärke, daß ich mich noch ruhig an den Tisch setzen kann, um zu schreiben. Was ist passiert? Seinerzeit haben wir Vater gebeten, für uns Marmelade zu kaufen. Er fuhr deswegen nach Wilanów. Ein naiver Mensch könnte fragen, ob man nicht in Warschau Marmelade bekommen konnte. So kann aber nur jemand fragen, der meinen Vater nicht kennt. In Wilanów gibt es nämlich ein Geschäft, wo man das Kilo Marmelade für fünf Złoty weniger kaufen kann.

Das Geschäft lag unweit des Lagers von Wilanów, also erkundigte sich Vater nach Einzelheiten der Hinrichtung Kronenbergs und er hatte keinerlei Befürchtungen, als Jude erkannt zu werden. Er meinte, daß es nur wenige Menschen gibt, die einem echten Polen so ähnlich wären wie er. Er kaufte oft Marmelade in diesem Geschäft und war felsenfest davon überzeugt, daß sie ihn für einen waschechten Polen hielten. Wenn ich gewagt hätte, daran zu zweifeln, käme ich nicht mehr heil heraus.

An der Art zu sprechen und Handel zu treiben, konnte man Vater sofort als Juden erkennen. Ich habe ihm seinerzeit geraten, weniger zu reden und den Handel in der Stadt zu unterlassen. Er schrie mich daraufhin an, er sei es seit fünfundfünfzig Jahren gewohnt, viel zu reden und er beabsichtige, es auch weiterhin zu tun.

Ich weiß nicht, ob die Geschäftsinhaberin selber meinen Vater gefragt hat, was er zu verkaufen hätte, oder ob er es ihr anbot, jedenfalls kamen sie überein, daß Vater ihr ein Damenkostüm bringen werde. Wie schon erwähnt, beschloß Vater, nur wenige Sachen zu verkaufen. Er verkaufte gerne, wollte aber den vollen Preis erzielen und bevorzugte deshalb den Verkauf aus erster Hand. Für Vaters Charakter war es unakzeptabel, Vermittler zu dulden. Das war schon vor dem Krieg und vor der Judenermordung so. Die Aussicht auf eine erfolgreiche Transaktion freute Vater sehr. Er packte ein Kostüm und einen Rock meiner Frau ein und fuhr bester Laune nach Wilanów Als er vor dem Geschäft erschien, wartete auf ihn bereits eine unliebsame Überraschung – Spürhunde. Die Kennkarte nützte Vater nichts.

– Zeigen Sie uns die Walze* — verlangten sie.

Sie nahmen Vater das Kostüm und ein paar hundert Złoty ab, die sie bei ihm fanden, danach ließen sie ihn frei. Das waren bestimmt keine professionellen Spürhunde, sondern Familienmitglieder der Geschäftsinhaberin. Sie nutzten die Gelegenheit, die ihnen selber in die Arme lief, und raubten den Juden aus.

Vater erzählte uns das alles in ruhigem Ton; von Natur aus geizig, hat er sich mittlerweile daran gewöhnt, eine Feder aufzuheben, ohne zu merken, daß die ganze Bettdecke verloren geht.** Er verdiente an der Marmelade fünfzehn Złoty und verlor an der Marmelade tausendfünfhundert Złoty.

Er hat das Geld nur aus Leichtsinn vergeudet, aber das kann er nicht begreifen, ebensowenig kann er begreifen, daß die Spürhunde ihn zur Gendarmerie hätten bringen können. Das hätte sein und auch unser Schicksal besiegelt.

Der Verlust der tausendfünfhundert Złoty regte mich gar nicht auf, obwohl es den Wert von sieben Kilogramm Butter darstellte. Mein Vater schwillt fast an, so leidet er an Fettmangel, meiner Mutter fault das Fleisch, ich selbst sehe wie eine Leiche aus. Wir können uns nichts leisten, und da werden tausendfünfhundert Złoty zum Teufel geschickt.

Ich denke darüber nach, ob wir uns tatsächlich kein besseres Leben leisten können? Selbstverständlich nicht, wenn man das Haus und

---

* Eine Bezeichnung der polnischen Umgangssprache für das männlich Geschlechtsorgan.

** Ein jüdisches Sprichwort.

die Grundstücke für »nach dem Krieg« bewahren will. Selbstverständlich nicht, wenn es einem leid tut, Sachen zu verkaufen, und statt darüber nachzudenken, wovon man jetzt leben kann, man daran denkt, wovon man nach Kriegsende leben wird.

Daß man jeden Tag umgebracht werden kann und das ganze Vermögen irgendwem überläßt – solche Gedanken gehen nicht in den Kopf eines frommen Juden. Da ich keine Möglichkeit habe, das Haus zu verlassen, bin ich machtlos. Es bleibt mir nichts anderes übrig, als an das Glück und an den Gott meines Vaters zu glauben, zu leiden, zu hungern, zu schweigen und auf das Ende des Krieges zu warten. Zum Glück gibt es in Vaters Wohnung keine Überraschungen. Seine Wirtin umgibt ihn mit sorgsamer Obhut, er beschaffte sich Lebensmittelkarten. Seine Mitbewohnerin, die Masseuse, zog aus Angst vor den Nachforschungen der Gendarmerie aus. An ihre Stelle kam ein Anwalt aus Łódz, ein weiterer »eingefleischter« Pole, der – nach Meinung meines Vaters – keine Ahnung hat, daß er mit einem Juden die Wohnung teilt.

Gebe Gott, daß er nichts davon erfährt, daß Vater Jude ist. Gebe Gott, daß Vater nichts davon erfährt, daß der Anwalt Jude ist. Gebe Gott, daß die Gendarmerie nichts davon erfährt, daß beide Juden sind.

————

18. August 1943. Heute beende ich meine Memoiren.

Morgen, meine teuerste Anka, werde ich sie Dir vorlesen, und meine Hand wird sie nie mehr berühren.

Ich glaube, über alles geschrieben zu haben, unabhängig davon, ob es für mich angenehm war oder nicht. Eigentlich sollte ich noch Genias Geschichte aufschreiben, obwohl sie mich nicht unmittelbar betrifft. Da sie aber unter uns lebt und unser Schicksal teilt, muß ich wohl über sie schreiben. So wie es für jeden tragischen Tod eines Juden eine Erklärung gibt, so wird auch jeder Jude nach dem Krieg erklären müssen, welchem Wunder er sein Leben verdankt.

Wie kam es, daß Genia bis heute überleben konnte? Vor allem rettete sie der Geldmangel. Das klingt komisch, aber der Krieg hat es gezeigt, daß Geld die Menschen meist zu Grunde richtet und nicht rettet.

Weil Genia arm war, mußte sie noch vor der Aktion das Ghetto verlassen und im polnischen Viertel »schmuggeln« gehen. Der Hunger zwang sie, täglich das Leben aufs Spiel zu setzen. Aus diesem Grunde war für sie das polnische Viertel nicht *terra incognita*. Weil sie kein Geld hatte, wußte sie, daß sie im Ghetto während der Aktion nichts verloren hatte und daß ihr dort der *Umschlagplatz* drohte.

Zufällig traf sie Wacław. Hätte sie genug Geld gehabt, wäre es nie dazu gekommen. Vorher hatte sie sich entschlossen, zu einer ihr bekannten Bäuerin in ein Dorf zu gehen. Weil sie den Weg nicht gut kannte, bat sie ein Mädchen um Hilfe. Das Mädchen verlangte fünfzehn Złoty, Genia bot ihr zehn an. Wegen lächerlicher fünf Złoty trennten sich ihre Wege. Unverrichteter Dinge kehrte Genia auf halbem Weg um und traf gerade dort auf Wacław.

Sie riskierte eine Fahrt mit ihm nach Warschau, sie riskierte den Weg zu Frau Hela – denn sie hatte nichts zu verlieren.

Selbst wenn sie es gewollt hätte, konnte sie nicht mehr ins Ghetto zurückkehren, denn sie hatte kein Geld, um die Wache zu bezahlen und um die dringendsten Bedürfnisse zu befriedigen. Weil sie für ihren Aufenthalt nicht bezahlen konnte, ging sie sofort an die Arbeit, das heißt, sie ging Frau Hela zur Hand. Anfangs hielt sie unsere Wirtin versteckt, weil Wacław es wollte, dann gewöhnte sie sich an ihre Dienste und ihre Arbeit. Genia hatte keinerlei Bedürfnisse. Das Essen kostete fast gar nichts, es gab kein spezielles Risiko, weil auch andere Juden in dem Raum waren. Genia beendete einen Pullover und fing den nächsten an. Nach einer gewissen Zeit trennte sie das auf, was sie früher gemacht hatte und arbeitete eine Weste in eine Bluse, die Bluse in eine Weste um.

Als Genia im März krank wurde und ein paar Tage nicht arbeiten konnte, war Frau Hela fast soweit, sie ins Ghetto zu befördern. Damals haben wir verstanden, daß Genias Arbeit, die wir keineswegs als Äquivalent für die kostenlose Unterbringung einer Jüdin werteten und sie deshalb auch geringschätzten, für unsere Herrin von größter Bedeutung war. Um Genia für die gewissenhaft ausgeführte Arbeit zu loben, war ihr Sadismus zu groß – je größer ihre Zufriedenheit, umso mehr Schelte gab es.

Genia hatte einige gute Charaktereigenschaften: sie war taktvoll und stolz. Andererseits grenzte ihr Stolz an Arroganz, und sie war recht kalt und steif. In der langen Zeit bei unserer Herrin vermochte sie keine emotionale Bindung aufzubauen. Genia nahm nie irgendetwas ohne Erlaubnis unserer Herrin und sie bat auch nie um etwas. Ob es an ihrem Charakter lag oder die Umstände sie dazu zwangen, jedenfalls regte sie sich nie über die Launen unserer Herrin auf, widersprach nie, entschuldigte sich nie. Eine völlig kalte Natur, die gar nichts aufregen konnte. Bei alldem besaß sie aber einen stählernen Organismus, der die »Kost« unserer Herrin aushielt: fünfhundert Gramm Brot für einen Tag. Sie kam mit wenig aus – *vivere parvo** –, eine seltene Kunst. Den ganzen Winter hatte sie erträgliche Bedingungen. Frau Hela brachte ihr ziemlich regelmäßig Suppe mit. Wenn sie Genia ohne Essen ließ, gaben wir ihr etwas ab. Vater forderte dann stets Brot oder Suppe von Frau Hela zurück. Sie kam der Forderung nie nach, brachte aber am nächsten Tag wieder Essen für Genia mit. Damals regte uns Vaters Vorgehen ziemlich auf, später sahen wir ein, daß er recht hatte, denn es war zu Genias Vorteil.

Als Sewek im Mai zu uns kam, wurden die Lebensbedingungen besser und schlechter zugleich. Sie wurden besser, weil sie bis dahin nur mit einem Bein bei uns war: wurde ein Pullover fertig, wollte Frau Hela mit Frau G. Kontakt aufnehmen und Genia sollte uns verlassen. Dieses Lied war mir seit unserer Ankunft vertraut. Nach einem Pullover kam der nächste, Frau Hela hatte keine Zeit, um Frau G. zu suchen. Einmal suchte sie sie auf, traf sie aber nicht an, und in der Zwischenzeit vergingen Tage, Wochen und Monate.

Erst als Sewek zu uns kam, hat Wacław erklärt, daß niemand unser Zimmer verlassen darf. Er fürchtete wohl, daß das Geheimnis unseres Verstecks verraten werden könnte. Seit dieser Zeit war Genia sicher, daß sie ihr nicht die Tür weisen werden. Ihre Versorgungssituation wurde aber schlechter. Denn mein Vater war nicht mehr da. Er war der einzige Mensch, der den Mut besaß, unsere Wirtin wegen Genias Essen anzumahnen.

Als Wacław mit Sewek die Bedingungen festlegte, sagte er, daß im Zimmer außer mir und meiner Mutter auch noch eine arme Jüdin

* Zum Leben (braucht es) wenig. (lat.)

wohnt, die man mitversorgen muß, und wenn Hela das nicht macht, würden sie die Perechodniks durchfüttern. Sewek war damals in so einer Verfassung, daß er mit allem einverstanden gewesen wäre, nur um ein Versteck zu bekommen. Als er Wacławs Worte hörte, versicherte er, daß er Genia ernähren werde.

Er bestätigte das auch, als er zu uns kam, indem er noch hinzufügte, daß man ohnehin nicht überleben könnte, wenn der Krieg noch lange dauerte, für ein paar Monate würde es ihm aber reichen. Ich bin davon überzeugt. daß er es ehrlich meinte. Nach ein paar Tagen aber, als er sich beruhigt hatte und hörte, daß wir hier schon neun Monate da sind, und ihm klar wurde, daß man so bis in die Ewigkeit bleiben kann, änderte er seine Meinung. Er dachte sicher, daß der Krieg noch länger dauern könnte, länger als ein Jahr, sein Geld würde aber nur für zwölf Monate reichen.

Nicht genug, daß er Genia nichts gab, er versagte sich selber alles und begnügte sich mit trockenem Brot. Unsere Herrin hatte keine Ahnung und mit der höheren Lebensphilosophie kannte sie sich gar nicht aus:

– Er sagte es zu, also wird er ihr etwas geben — sprach's und brachte Genia von nun an kein Essen mehr mit.

Dieses Arrangement gefiel ihr gut, denn es war Sommer und sie kehrte nach der Arbeit nicht direkt nach Hause zurück. Lieber fuhr sie mit der Bahn nach Karczew oder Jabłonna hin und her, um darauf aufzupassen, daß Wacław in der Bahn auch ja nicht flirtete. Würde sie schwere Suppenkannen schleppen, hielte sie jeder für eine Köchin und nicht für eine Angestellte. Also brachte sie reinen Gewissens keine Suppe mehr mit, denn:

– Herr Buchalter gibt, er hat viel Geld.

Genia litt Hunger, war aber zu taktvoll, um sich zu beklagen. Die Situation wurde für sie sehr schwierig: Frau Hela fühlte sich ihr gegenüber nicht mehr in der Pflicht, Sewek hatte nicht die Absicht, ihr etwas zu geben, meine Mutter meinte, sie sei zu arm und ich enthielt mich der Stimme. Die arme Genia konnte gar nichts ausrichten. Wovon sollte sie leben, um Körper und Seele zusammenzuhalten? Nach einiger Zeit sagte sie unserer Herrin, daß sie kein Mittagessen bekam, doch das half auch nicht mehr. Mein Vater fehlte, um Frau Hela kräftig die Meinung zu sagen:

– Einem im Stall eingesperrten Pferd muß man auch zu essen geben!

Wir besaßen nicht diesen Mut, Sewek stellte sich dumm, und Genia mußte für den Schlafplatz auf dem Boden dankbar sein. Genia lebte nur von der Grütze, die sie von meiner Mutter heimlich für die Umarbeitung meines Pullovers bekam.

Im Juni, als meine Mutter nicht da war, ging es Genia besser, denn ich war nicht mehr gehemmt und gab ihr einen Teil meines Essens.

Endlich erschien – unter glücklichen oder unglücklichen Umständen, ich weiß es selber nicht – Frau G., bei der Genia ursprünglich wohnen sollte. Wie sich herausstellte, war Frau G. eine Schulfreundin von Genias Mutter. Sie stammte aus Nasielsk und wurde, wie Genias Eltern, ausgesiedelt. Sie wohnte dann in Legionów und in Warschau, dort besaß sie ein Geschäft, das sie nicht selber führte. Sie war eine sehr hilfsbereite, ältere Frau mit einem edlen Gemüt. Genias Schwester Sonia begab sich unmittelbar nach der Aktion in Legionów zu ihr und wurde freundlich aufgenommen. Sonia besorgte sich eine *Kennkarte* und lebt bis heute ganz legal.

Man wußte in Piekelko, daß Genia mit Wacław weggefahren ist. Genias Vater wußte davon, ihre Schwester blieb mit dem im Lager inhaftierten Vater in Kontakt und erfuhr es über ihn. Sie konnten sich Genias langen Aufenthalt nicht erklären, also begab sich Frau G. auf Sonias Bitte zu Frau Hela auf die Brücke. Diese brachte Genia einen Brief ihrer Schwester mit, und die Hoffnung verwandelte sich in Gewißheit und Freude.

Mit dieser Nachricht nahm aber ein neuer »Teufel« Besitz von unserer Herrin. Bisher hat sie angenommen, Genia sei besitzlos und könne ihr nichts geben, also müsse man sie durchfüttern. Nun zählte ihr »schlauer Kopf« zwei Tatsachen zusammen.

1) alle Juden sind reich und haben Sachen bei anderen Leuten versteckt,

2) Frau G. ist nicht mit Genia verwandt, interessiert sich aber für Genias Schicksal, also muß sie Genias Sachen verstecken. Warum behält sie sonst Genias Schwester bei sich?

Sie bereitete ein Köfferchen vor und wartete auf Genias Sachen, die ihr zustanden. Schließlich hielt sie Genia seit neun Monaten kostenlos versteckt.

Sonia schickte mit dem ersten Brief ein Hemd und eine Bluse für ihre Schwester, wußte sie doch, daß sie auf der Flucht gar nichts dabei hatte. Diese Sachen wanderten – klare Sache – in das Köfferchen unserer Herrin, aber sie vermochten es nicht auszufüllen.

– Schreiben Sie Ihrer Schwester, Fräulein Genia, was Sie noch alles brauchen.

Gemeint war natürlich, daß Genia um Sachen schreiben sollte, die unsere Herrin gebrauchen könnte. Sehr schön, aber woher diese Sachen nehmen? Genia stimmte unserer Herrin zu, sie hatte Anspruch darauf, denn sie hat sie gerettet, sie gewährte ihr Unterkunft und »Ersatz« für Nahrung. Keine Summe war groß genug, um das zu begleichen und ruhigen Gewissens zu sagen, man habe sich in angemessener Weise kenntlich gezeigt.

Genia hoffte darauf, nach dem Krieg mit dem in Amerika lebenden Bruder Kontakt aufzunehmen und sich dann unserer Herrin dankbar zu erweisen. Woher aber jetzt etwas nehmen? Sie hatten weder bei Frau G. noch sonst irgendwo Sachen versteckt. Genias Schwester hielt sich gerade so über Wasser mit ihrer Hände Arbeit, sollte man unserer Herrin davon erzählen? Sollte man sein Herz vor ihr ausschütten? Würde das helfen? Würde sie es glauben? Sicher nicht! Nicht umsonst hämmern Zeitungen den Leuten in die Köpfe, das ganze Gold dieser Welt läge in jüdischen Händen. Also mußte doch ein kleiner Teil davon Genia gehören. Was sollte man tun? Wie sollte man sich aus dieser Situation retten?

Ich schrieb für Genia zwei Briefe an Frau G. Im ersten, den unsere Herrin Frau G. im Geschäft übergab, dankte Genia für Frau G.'s Anteilnahme, lobte die Güte unserer Herrin über alle Maßen, merkte aber an, daß sie Frau G. nicht besuchen könne:

Aber was hat das alles zu sagen, im Vergleich zu der Tatsache, daß Du, meine Schwester, lebst, daß ich lebe und daß wir beide ein Dach über dem Kopf haben.

In diesem Brief gab es kein Fragezeichen, der ganze Brief war ein einziger stummer Aufschrei:

Liebe Schwester, schicke Frau G. nicht mehr zu mir!

Ich riet zu einem zweiten Brief, da ich über den Intelligenzgrad von Genias Schwester nicht bescheid wußte. Diesen zweiten Brief brachte mein Vater heimlich zu Frau G. Unsere Herrin wurde auch dort sehr gelobt, aber zwischen den Zeilen konnte man bereits deutlich lesen, daß Frau G.'s Ankunft Genias Interessen mehr geschadet als geholfen hat. Es wäre besser, Frau G. erschiene nicht mehr auf der Brücke. Genia deutete auch an, daß sie ab und zu hungern müsse. Woran nicht etwa unsere Herrin schuld sei, sondern eine höhere Macht: immer wenn Genias Betreuerin in Falenca nächtigte. Sie bat deshalb ihre Schwester um ein Lebensmittelpaket, das im Geschäft für den »älteren Herren« deponiert werden sollte. Sie schrieb, der »ältere Herr«, als Überbringer dieses Briefes, sei zu hundert Prozent vertrauenswürdig, und er sei ein Verwandter Frau Helas. Kein Wort davon, daß er ein Jude war und daß dort noch andere Juden weilten.

In Folge dessen erschien Frau G. nicht mehr auf der Brücke. Genias Lage wurde dadurch schlimmer, denn Frau Hela, um ihre Hoffnungen betrogen, rächte sich an Genia, indem sie ihr jeden Abend, jeden Augenblick Frau G.'s Fernbleiben vorwarf.

Nach einiger Zeit brachte Vater ein Paket für Genia. Es enthielt drei Kilo Grütze, ein Kilo Feinmehl und einen langen Brief. Dieser beinhaltete neben den üblichen Phrasen, die Briefe junger Fräulein kennzeichnen, einige wichtige Sätze:

> Teuerste Schwester, es hat keinen Sinn, bei Deiner Betreuerin
> zu bleiben und zu hungern. Ich kann Dich bei mir aufnehmen,
> wo es Arbeit und eine ausreichende Verpflegung für Dich gibt.
> Das ist leichter für mich, als Dir ständig Pakete zu schicken.

Es wurde klar, daß Genia, unser Aschenputtel, über die beste Absicherung verfügte: ihr standen gleich zwei hundertprozentige Verstecke zur Verfügung. Als die Ärmste von uns allen hatte sie die wahrscheinlich besten Chancen, den Krieg zu überleben. Sie regte sich deshalb gar nicht auf, als Frau Hela uns allen gekündigt hat, denn sie hatte einen Unterschlupf.

Vorerst freute sie sich über den Brief und die Grütze. Das war alles schön und gut, aber die Grütze wird eines Tages ausgehen und man muß dann entscheiden: Zu der Schwester gehen, oder vor Ort bleiben und weiter hungern? Unser Versteck zu verlassen hätte keinen Sinn. Solange man bleiben konnte, sollte man bleiben. Zu der Schwester könnte sie immer gehen, aber von der Schwester zu Frau Hela zurück, das ginge nicht mehr. Oder sollte man *va banque**

spielen, unserer Herrin zeigen, daß es eine gute Möglichkeit zu gehen gibt. Vielleicht würde sie sie nicht gehen lassen und etwas besser für sie sorgen? Woher soll man wissen, welchen Wert unsere Herrin Genias Arbeit beimißt. Möglicherweise wird sie den Ton ändern und Genia normal versorgen, wenn sie mit Genias Weggang rechnen muß. Das Hotel hat unsere Lage sehr verbessert, vielleicht würde Genia ein Brief ihrer Schwester in ähnlicher Weise helfen. Genia schickte also einen Brief, den mein Vater überbrachte.

Hier sein Wortlaut:

Liebe Sonieczka!

Deinen Brief und das Paket habe ich erhalten. Ich danke Dir sehr dafür. Du kannst Dir nicht vorstellen, wie mich Dein Brief erfreut hat. In ähnlicher Weise könnte mich nur noch die Nachricht vom Ende des Krieges freuen. In so schweren Zeiten, wie ich sie jetzt durchmache, gibt mir der Gedanke, nicht völlig verlassen zu sein, eine liebe Schwester zu haben, die für mich sorgt und mir nach Möglichkeit hilft, die nötige Kraft für den weiteren Kampf. Ich denke, der »ältere Herr« hat Frau G. von meinen Lebensbedingungen erzählt, aber das ist nicht so wichtig. Meine derzeitige Lage hier bei meiner Betreuerin kann man verschieden betrachten. Man kann darüber nachdenken, wie sehr ich leide, oder, und das halte ich für das Wichtigste und Wesentlichste, daß ich noch lebe. Ich halte mich über Wasser und vielleicht, wer weiß, werde ich diesen schrecklichen Krieg überleben. Aus diesem Blickwinkel betrachte ich meine Betreuerin und ich empfinde eine tiefe Dankbarkeit für sie. Warum vernachlässigt sie mich ein wenig? Es ist eigentlich nicht ihre Schuld. Im Winter kehrte sie nach der Arbeit heim und brachte eine Kanne voll Suppe mit. Jetzt möchte sie nach der Arbeit einen Spaziergang machen, sie kommt auch spät heim, wen wundert es, daß sie keine schwere Suppenkanne schleppen will? Außerdem ist sie etwas böse darüber, daß Frau G. nicht mehr erscheint. Wahrscheinlich versprach ihr Frau G. einhundert Złoty in Deinem Namen und ein Paket für mich. Sie ist im Grunde gut und hilfsbereit, sie hat Menschen

---

* Alles auf eine Karte setzen. (franz.)

das Leben gerettet, aber im täglichen Umgang ist sie etwas unangenehm. Ich denke, liebe Sonieczka, jetzt weißt Du über meine Situation Bescheid. Wie könntest Du mir helfen? Vor allem bitte Frau G., sie möge meiner Betreuerin erklären, daß sie krank gewesen ist und deshalb nicht früher erscheinen konnte. Sie soll ihr einhundert Złoty überreichen, sofern das möglich ist. Und schicke bitte ein weiteres Paket an mich. Gleichzeitig übergib ihr einen Brief, den Du wörtlich von der Karte abschreibst, die ich Dir mitschicke. Ich glaube, daß ich später nichts mehr von Dir benötigen werde und daß sich meine Umstände bessern werden. Ich hoffe, daß ich hier bis zum Ende des Krieges ruhig weiterleben kann, dann werden wir uns wiedersehen und ich erzähle Dir alles ganz genau.

Schreib mir bitte einen ausführlichen Brief, den Du im Geschäft für den älteren Herren hinterläßt. Beantworte mir in diesem Brief ganz genau die folgenden Fragen:

1) Wo hältst Du Dich augenblicklich auf?
2) Bist Du angemeldet und hast Du eine Kennkarte?
3) Wo hast Du Platz für mich?
4) Kannst Du mich auch aufgrund meiner polnischen Geburtsurkunde anmelden?
5) Wovon lebst Du und woran arbeitest Du?

Wenn ich auf diese Fragen genaue Antworten erhalten habe, wird es mir besser gehen. Obwohl ich alles daran setze, um hier bleiben zu können. Ich stricke hier den ganzen Tag, ich trenne Pullover und Blusen auf und fertige neue an. Ich habe schon ziemliche Fortschritte gemacht, und meine Arbeit sieht ganz anständig aus. Und so halte ich mich einigermaßen auf den »stürmischen Wellen des Ozeans der menschlichen Niedertracht«, wie Du das sehr poetisch umschrieben hast. (Den letzten Satz, den ich in einem Anflug von guter Laune geschrieben habe, hat Genia durchgestrichen und nicht aus der Kladde ins Original übertragen.) Bleib gesund und schick mir schnell eine Antwort. Es tut mir sehr leid, daß ich Frau G. belästigen muß, aber was soll ich tun? Ohne die Hilfe guter Menschen könnten wir überhaupt nicht existierren. Meine Ehrerbietung an Frau G. und die ganze Familie. Ich möchte nicht schreiben, wie dankbar ich ihr bin für ihre Anteilnahme. Wenn Gott will, so werde ich es ihr mit Taten beweisen. Viele Küsse, Deine Genia.

Den folgenden Brief schreibst Du ab und sendest ihn durch meine Betreuerin:

Liebe Genieczka! Es tut mir sehr leid, daß ich Dir so lange nicht geantwortet habe. Du wirst verstehen, daß es nicht meine Schuld war. Frau G. war krank und fühlte sich sehr schlecht, so daß ich keine Möglichkeit hatte, Dir einen Brief oder ein Päckchen zu schicken. Auf die Vermittlung durch andere Personen wollte ich aus verständlichen Gründen nicht zurückgreifen. Ich nutze jetzt die Gelegenheit und schicke Dir einen Brief und ein Päckchen. Gerne möchte ich Dir regelmäßig größere Pakete schicken, aber Du verstehst, teuerstes Schwesterchen, daß ich selber auf das Gnadenbrot bei guten Menschen angewiesen bin. Zwar arbeite ich und verdiene meinen Lebensunterhalt, aber es ist nicht so viel, daß ich Dir helfen könnte. Ich habe versucht, mit Frau M. aus Nasielsk Kontakt aufzunehmen, damit sie uns wenigstens einen Teil unserer Sachen zurückgibt. Leider habe ich gar nichts bekommen. Ach, wenn ich doch nur etwas von den Sachen hätte, dann könnte ich sie zu Geld machen und Dir helfen. Ich könnte mich dann auch bei Deiner Betreuerin kenntlich erweisen. Leider besitze ich gar nichts außer meinem guten Willen und zwei Händen zur Arbeit.

Es ist mir Deiner Betreuerin gegenüber sehr unangenehm, besonders weil sie Dich alleine nicht ernähren kann. Ganz zu schweigen davon, daß sie Dich völlig uneigennützig versteckt hält. Andererseits möchte ich nicht, daß Du Mangel leidest. Wenn Du bei mir wärst, könntest Du leicht Deinen Unterhalt verdienen. Ich habe hier soviel Arbeit, daß ich nicht nachkommen kann. Deshalb sollst Du wissen, Schwesterchen, daß Du immer auf mich zählen kannst. Du hast einen Ort, den Du aufsuchen kannst, wo Du ein Heim findest und wo es Verpflegung gibt in ausreichendem Maße. Selbstverständlich wirst Du arbeiten müssen, aber da ich Dich kenne, weiß ich, daß Du Arbeit nicht fürchtest.

Ich meine aber, daß Du nicht unbedingt zu mir kommen mußt, denn bald geht der Krieg zuende. So Gott will nehmen wir dann Kontakt auf zu unserem Bruder in Amerika. Dann werden unsere Leiden ein Ende haben, und wir werden uns unseren Betreuern dankbar erweisen können. Bleib gesund und grüß Deine Betreuerin. Viele, viele Küsse von Deiner Sonia.

Derzeit warten wir auf die Ankunft des oben zitierten Briefes, und wir überlegen, wie unsere Herrin auf die hundert Złoty und die Nachricht reagiert, daß Genia eine Bleibe hat. Und zwar eine Bleibe, wo sie täglich mehr zu essen bekommt als fünfzig Gramm Brot. Gerade legt unsere Herrin eine solche Scheibe Brot auf das Fensterbrett, als Frühstück für Genia. Das Mittagessen interessiert sie nicht, sie ist der Meinung, daß wir ihr etwas abgeben sollten. Und Abendessen? Was ist denn ein Abendessen? Sie selber kommt schließlich »hungrig« aus der Küche nach Hause und geht ohne Abendessen ins Bett.

In letzter Zeit mußte Genia nicht mehr sonderlich hungern. Nachdem ihre Grütze zur Neige ging, bekam sie von uns allen etwas zu Mittag. Sogar Sewek hat sich verändert und gibt öfter ein Stück Brot ab. Manchmal gibt meine Mutter etwas und abends teile ich heimlich mein Abendessen mit Genia. Das ist zwar zuwenig zum Leben und zuviel zum Sterben, aber Hauptsache ist, daß man leben kann. Wie wird unsere Herrin reagieren? Wie wird sich Genias Schicksal weiterentwickeln? Wird sie bleiben oder zu ihrer Schwester gehen? Und wird sie den Krieg überleben oder nicht? Darüber werde ich nicht mehr schreiben. Vielleicht wird es der Leser selbst ergänzen, oder der Herausgeber wird es für richtig halten, es zu beschreiben? Auf jeden Fall interessiert es mich nicht mehr.

Ich wünsche ihr und allen übrigen Juden, daß sie den Krieg überleben. Weil Genia mit ihren achtzehn Jahren den Tod der Juden sehen mußte, soll sie in den nächsten Jahren Zeuge der Vernichtung des deutschen Volkes sein. Amen.

———

Heute, am 19. August, jährt sich der Golgatha-Tag meiner Frau, morgen ist der Jahrestag ihres Todes. Ein Jahr ist vergangen, seit ich sie das letzte mal sah.

Siehst Du, Anka, ich glaube nicht an Gott und ich werde nie wieder an ihn glauben, aber ich glaube an eine Sache und ich muß daran glauben: an die Unsterblichkeit der menschlichen Seele. Ich kann mir nicht vorstellen, daß von Dir nichts übbriggeblieben ist. Ich weiß zu gut, daß Dein Körper, den ich so oft geküßt habe, von den Deutschen verbrannt und als Dünger benutzt wurde. Vielleicht sind auf Deiner Asche die Kartoffeln gewachsen, die ich gerade verzehre; vielleicht ist der Weizen gewachsen, aus dem das Brot gemacht wurde, das ich gerade esse. Ich möchte daran nicht denken – ich würde schnell den Verstand verlieren –, aber ich will und muß daran denken und glauben, daß Deine Seele lebt und von weitem auf mich schaut. Sie sieht alle meine Taten, heißt sie gut oder tadelt sie. Weißt Du noch, Anka, jeden Abend habe ich Dir die Ereignisse des Tages erzählt. Du hast sie Dir aufmerksam angehört. Vielleicht haben Dich meine beruflichen Belange manchmal gelangweilt, aber das hast Du Dir niemals anmerken lassen. Du hast alle meine Taten und alle meine Gedanken gekannt. Ich brauche Dir nicht zu versichern, daß ich Dich weder belogen noch irgend etwas vor Dir verheimlicht habe. Du hast das immer gewußt und warst immer so stolz auf Deinen Calel. Selbst im letzten Augenblick, als es meine heilige Pflicht gewesen wäre, Dich zu belügen. Dir zu sagen, man hätte den Keller gefunden, in dem Czerna versteckt war, und man hätte sie auf der Stelle umgebracht, dazu hat mir die Kraft gefehlt. Ich habe Dir nicht sagen können, daß es für Dich in diesem Keller keine Rettung geben würde. Ich war nicht imstande, Dich zu belügen.

Meine Memoiren – obwohl ich in der Einleitung schrieb, daß sie als Beichte vor dem Tod zu betrachten sind – sind im Grunde genommen ein Bericht, der Dir am Jahrestag Deines Todes vorgelegt wird. Da ich Dir nicht an jedem Abend meine Gedanken und Erlebnisse mitteilen konnte, mußte ich das alles zu Papier bringen und es Dir heute vorlesen. Soll ich Dir versichern, daß ich nichts ausließ, daß ich alles wahrheitsgemäß aufschrieb? Nein! Du kennst mich, teuerste Aneczka, Du weißt, daß ich außerstande war, Dich zu belügen.

Du hörst aufmerksam zu, wahrscheinlich kennst Du nicht nur meine Vergangenheit, sondern auch meine Zukunft. Vielleicht weißt Du, daß das Schicksal aller Juden auch mich nicht verschont hat. Fühlst Du mit und bedauerst Du, daß ich noch ein Jahr lang leiden und soviel Grausames mitansehen mußte? Denkst Du, es wäre besser gewesen, wenn ich an dem verfluchten Tag mehr Mut bewiesen und Dich tapfer auf Deiner letzten irdischen Reise begleitet hätte? Vielleicht weißt Du, Anka, daß es mir bestimmt ist, Deiner ewig zu gedenken, Dich ewig zu lieben und zu ehren.

Siehst Du, Anka, ich hatte nicht vor, sondern nach der Aktion in Otwock furchtbare Angst vor dem Tod. Vor der Aktion war ich Fatalist: da es vorherbestimmt ist, wird es auch so kommen. Aber ich konnte mir, falls Du das glaubst, Anka, niemals vorstellen, daß Du umkommst und ich am Leben bleibe.

Ich war sicher, daß wir unzertrennlich sind, daß keine Macht uns entzweien könnte. Leider bin ich schwach geworden. Das Vorbild der Masse hat mich mitgerissen, ich ließ Dich ins Ungewisse ziehen und blieb allein zurück. Danach bekam ich eine furchtbare Angst vor dem Tod. Vielleicht nicht so sehr vor dem Tod selber, sondern vor der Schande, daß ich einfach gestorben bin, obwohl ich mit Anstand hätte leben und Dir die letzten Minuten Deines Leben versüßen können.

Heute fürchte ich den Tod nicht mehr und in einem Monat werde ich gar nichts mehr fürchten. Bist Du über diese Metamorphose verwundert, da Du doch meine Gedanken im Flug erraten konntest, noch bevor ich sie ausgesprochen habe, bevor sie mir bewußt geworden sind. Vielleicht konnte ich Dich auch deswegen nicht belügen? Vielleicht habe ich Dich zu sehr geachtet, zu sehr geliebt, um Dir die Unwahrheit zu sagen?

Also wirst Du mich auch jetzt ausgezeichnet verstehen können.

Einst wollte ich ein Kind haben, auf daß es nach meinem Tod meiner gedenken wird. Jetzt, da ich ganz allein geblieben bin und nichts Lebendes nachlassen kann, mußte ich eine tote Frucht zeugen, der ich Leben einhauchte. Aluśka hast Du unter Schmerzen geboren, so wie auch unser neues Kind. Aber Du hast diese Frucht unter noch schlimmeren Schmerzen zur Welt gebracht – nicht unter Schmerzen des entstehenden Lebens, sondern unter Todesschmerzen.

Diese Frucht sind diese Memoiren, die – daran glaube ich – irgendwann gedruckt werden, damit die ganze Welt von Deinen Leiden erfährt. Ich habe Dir zu Ehren geschrieben, um Dich unsterblich zu machen, um Dir ein ewiges Denkmal zu setzen. Aluśka, unsere erste Tochter, ist mit Dir umgekommen. Zum Glück hast Du, teuerste Aneczka, an jenem verfluchten Tag nichts davon gewußt, daß sie der Magister retten wollte. Er wollte unsere Tochter mitnehmen und zu seiner Schwester in Pflege geben.

Dein Herz würde Dir bei dem Gedanken zerspringen, wie nah die Rettung war, in welche guten Hände sie hätte kommen können.

Jetzt weißt Du das, aber jetzt sind Dir auch alle menschlichen Leiden fremd.

Ich aber, der ich zurückblieb, muß weiter leiden, muß meinen Leib in Stücke reißen, wenn ich an unsere Aluśka denke, wenn ich an meine Schuld denke. Jetzt, wo unsere kleine Tochter nicht mehr lebt, muß man dieses zweite Kind pflegen und es beschützen, bis zu der Zeit, da es keine Macht mehr zerstören kann.

Unsere zweite Frucht könnte mit mir zusammen umkommen, also werde ich sie nicht bei mir behalten. In den nächsten Tagen schicke ich sie dem Magister, damit er sich ihrer annimmt und sie bis zu der Zeit verwahrt, wenn wieder die Freiheit des Wortes in Europa herrschen wird.

Ich glaube daran, daß Millionen Menschen diese Memoiren lesen und um Dich trauern werden. Sie werden Dich bemitleiden, daß Dich das Schicksal ausgerechnet mit mir durch den Bund der Ehe verband. Wärest Du allein, hättest Du nicht so unverbrüchlich an mich geglaubt, Du hättest Dich bestimmt retten können.

Ich habe Dich ins Verderben gestürzt und ich werde Dich rächen.

Dein zweites Kind wird Dich rächen, das in Todesschmerzen geboren wurde. An dem Tag, an dem ich dieses Kind beim Magister unterbringe, gewinne ich das seelische Gleichgewicht zurück. Ich werde nicht nur keine Angst mehr vor dem Tod haben, sondern vor gar nichts mehr Angst haben. Ich werde keine Angst vor der Zukunft haben und ich werde nicht bereuen, am Leben geblieben zu sein und Dich im letzten Augenblick so gemein betrogen zu haben.

Ich spüre in mir die Unsterblichkeit, ich habe ein unsterbliches Werk geschaffen, ich habe Dich verewigt. Dir kam es vor, Anka, daß Du stirbst und mit Dir Deine ganze Familie, daß keiner von Euch am Leben bleibt. Aber aus Deinen Schmerzen, aus Deinen Qualen entsteht ein »Nachgeborener«.

In der Regel kann nur der Vater vor der Geburt seines Kindes sterben, hier entstand eine Ausnahme. Du bist gestorben und nach Deinem Tod wurde ein lebendes Kind geboren. Eine lebendige und unsterbliche Frucht.

Worüber soll ich Dir noch schreiben, Aneczka?

Vielleicht sollte ich meine Taten des vergangenen Jahres vor Dir rechtfertigen. Sie finden sicher Deine Zustimmung nicht. Du mußt viele, viele Sachen tadeln.

Du bist vor allem böse auf mich, daß ich Janek umkommen ließ, daß ich auf Vater hörte und unsere Adresse nicht beim Magister hinterließ. Du hast recht, Anka. Aber was sollte ich tun? Ich war nicht allein beim Magister, wenn ich die Adresse hinterlassen hätte, hätte es einen Riesenkrach gegeben, der mich enorm kompromittiert hätte. Was sollte ich tun? Wer hätte auch gedacht, daß im Januar eine Aktion stattfindet, und unser Janek auch hereinfällt. Aneczka, später wollte ich Aron retten. Ich dachte damals, ich müßte wenigstens einen Menschen vor dem Tod retten, um vor mir selber eine Entschuldigung dafür zu haben, daß ich am Leben blieb.

Aber leider kam auch Aron um.

Damals verstand ich, daß ich niemanden mehr retten konnte und das auch völlig zurecht.

Da ich Dich nicht retten konnte, da ich unsere Aluśka nicht retten konnte, brauchte ich niemanden mehr zu retten.

Ich muß Dir zu Ehren ein unsterbliches Denkmal errichten. Anfang Mai habe ich damit begonnen, um es heute, da sich dieser verfluchte Tag jährt, zu beenden. Ich weiß, wie sehr Du mich dafür tadelst, in welchem Licht ich Franeks Frau darstellte, wo sie doch fünf Leuten im wahrsten Sinne des Wortes das Leben rettete und eine weitere Rettung ermöglicht.

Ich weiß, wie sehr Du mich dafür tadelst, wie ich »unsere Herrin« darstellte, wo sie doch fünf Leuten im wahrsten Sinne des Wortes das Leben rettete und weiterhin vier Personen vor dem Tod bewahrt.

Mit welchem Recht übte ich so starke Kritik? Warum habe ich Mitleid, weil Genia bei unserer Herrin hungert? Können irgendwelche Taten die Tatsache infrage stellen, daß sie uns vor dem Tod rettet? Nein und tausendmal nein!

Ich weiß das zu gut. Wie glücklich wäre ich, hättest Du Genias Bedingungen, wärest aber am Leben. Warum kritisierte ich sie in dieser Weise, wirst Du dann fragen.

Zum einen, weil ich doch die Wahrheit schreiben mußte. Ich durfte nichts vor Dir verheimlichen. Siehst du, Aneczka, das Leben besteht aus vielen alltäglichen Episoden. Man kann nicht in jedem Augenblick daran denken, daß Dir die Person das Leben rettet. Du mußt Dich auch an die verschiedenen alltäglichen Schikanen erinnern. Nach einer gewissen Zeit gewinnst Du Abstand und vergißt die Schikanen. Es bleibt nur das Empfinden tiefer Dankbarkeit für die Lebensrettung. Das beste Beispiel dafür ist Sewek. Das Portrait von Franeks Frau zeichnete ich nach seinen Erzählungen. Als ich ihm das vorlas, war er sehr aufgebracht und verlangte, ich sollte das streichen. Er findet, es entspräche nicht der Wahrheit. Die Schikanen geschahen, weil sie selber Angst hatte, aber im Grunde genommen sei es die beste Frau der Welt. Sie habe ihm auch gar nicht das Leben schwer gemacht und überhaupt sei sie eine liebe Frau. Und er hat Recht, wenn er das sagt. Ausschließlich ihr und ihrer Hilfe verdankt er sein Leben. Er vergaß bereits die kleinen Episoden und erinnert sich nur noch an das Wesentliche: Sie rettete ihm das Leben, ihm und anderen Juden auch.

Außer meiner Mutter, die eine undankbare Natur besitzt, werden wir uns nach gewisser Zeit auch nicht mehr an den Sadismus unserer Herrin erinnern, sondern nur noch mit größter Hochachtung und Dankbarkeit an sie denken.

Wenn ich heute davon schreibe, dann nur, um Dir zu zeigen, daß wir nicht idyllisch verklärt und Engeln gleich leben.

Sicherlich verwundert es Dich, was ich über das Vorgehen der Polen gegenüber Juden schrieb. Du hättest Dir so etwas niemals vorstellen können. Ohne Zweifel denkst Du jetzt, wofür Dein Bruder Mietek mit solchem Enthusiasmus an die Front ging, von der er nicht mehr zurückkehrte. Du denkst darüber nach, warum Dein zweiter Bruder Kencio eine Waffe in der Erde vergrub, eine Waffe, die in Zukunft Freiheit für Polen bringen sollte, die aber wegen des Verrates einer Polin drei Juden den Tod brachte.

Sicher glaubst Du nicht, was ich über das Verhalten der Alchimowiczs schreibe. Von diesen Leuten hättest Du so etwas nie erwartet. Aber siehst Du, Anka, zum Glück sind nicht alle Polen gleich, es gibt auch eine Menge sehr anständiger und edelmütiger Menschen. Sicher tadelst Du mich, daß ich so wenig über den Magister geschrieben habe. Du sollst aber wissen, daß er eine zu große Ausnahmeerscheinung ist, um ihn als Vorbild hinzustellen. Ich mußte darauf eingehen, was die Masse getan hat.

Doch immer wieder gibt es Ausnahmen. Der alte Doktor Mierosławski, der meinen Vater so ungerecht behandelt hat, verstarb. Sein Sohn hat freiwillig und durch nichts gezwungen meinem Vater fünfhundert Złoty zurückgegeben. Er gab damit zu verstehen, daß er das Verhalten seines Vaters nicht billige. Es ist unwichtig, daß mein Vater wesentlich mehr verloren hat, die Geste des Sohnes ist sehr schön und wirft ein gutes Licht auf ihn.

Ich muß mich vielleicht noch für das Verhältnis zu meinen Eltern entschuldigen. Du, Anka, hast Deine Eltern nicht gekannt, Du hast aber immer gesagt, was für eine gute Tochter du wärest. Kein Wunder, daß meine Eltern Dich mehr lieben als mich.

Die Wahrheit ist, daß ich meine Eltern gar nicht liebe – aber ist es meine Schuld? Du hast alle anderen Empfindungen in mir zerstört. Im Feuer meiner Liebe zu Dir sind alle Möglichkeiten verbrannt, andere Menschen zu lieben.

Ich kann für meine Eltern alles opfern: Geld, Sachen, meine Arbeit, aber ich kann ihnen keine Liebe geben.

Schließlich weißt Du es selbst – meine Mutter verdient sie nicht sonderlich. Ich und sie, das sind zwei Welten. Letztlich hat sich auch das nicht verändert, ich verstehe mich auch mit Vater nicht mehr.

Du weißt ja, Anka, als ich meiner Mutter Gift geben wollte, so nur, um ihr einen besseren Tod zu bescheren. Ich gestehe ein, ich hatte Unrecht. Es hat sich gezeigt, daß der Mensch bis zum letzten Augenblick kämpfen muß, denn man weiß nie, in welche Richtung sich das eigene Schicksal entwickelt.

Versuche auch zu verstehen, wie ich leide, wie ich mich vor Sewek schäme, daß mein Vater mir seine Adresse nicht verraten will. Ich wünsche meinen Eltern nur das Beste, ich werde ihnen immer helfen, aber nach dem Krieg werde ich nicht mehr mit ihnen wohnen, und ich werde sie auch nicht wieder lieben.

Ich habe mich im Laufe des letzten Jahres sehr verändert. Ich war eingebildet und stolz, habe sie oft zurückgestoßen.

Jetzt bin ich still und demütig, ich habe gelernt zuzuhören und zu schweigen und nicht erkennen zu lassen, ob ich zufrieden oder aufgebracht bin. Ich habe die Maske der Höflichkeit angelegt, um im täglichen Leben keinen Zwist hervorzurufen. Ich habe gelernt, mich bei den Menschen nicht unbeliebt zu machen, indem ich ihnen die Wahrheit ins Gesicht sage. Außerdem habe ich verstanden, daß man Geld im Leben braucht, aber nur, wenn man nicht dessen Sklave wird. Man muß alles in eine Waagschale werfen können, wenn es um die Rettung des Lebens geht. Worüber soll ich Dir noch berichten an diesem Tag, der der dritte Jahrestag der Geburt unserer Aluśka und der erste Deine Todes ist. Ich denke an Euch und ich werde an Euch denken, bis ich die Augen schließe, aber ich kann nicht mehr schreiben. Ich fühle mich zu sehr schuldig.

Zum Schluß möchte ich noch etwas sagen, das nur für Deine Ohren bestimmt ist.

Siehst Du, Anka, ich habe Dich betrogen, nach neun Monaten hielt es mein Organismus nicht mehr aus, und er beging den Verrat.

Es passierte am dreizehnten Mai, in der Nacht nach dem russischen Luftangriff auf Warschau. Wie Du weißt, rettete uns ein Wunder. Unsere Wirtin fuhr nach Falenica, um dort zu übernachten, wir blieben vor Ort und erwarteten einen neuen Angriff.

Neun Monate lang hatte ich keinen Geschlechtsverkehr. Andere verhielten sich da ganz anders. Nach der Aktion trat eine große moralische Enthemmung ein. Niemand nahm mehr Rücksicht, wohlwissend, daß er bald sowieso zugrunde gehen wird. Einige Jungs hatten unmittelbar nach der Aktion etwas mit Mädchen, die am nächsten Tag erschossen werden sollten.

Mit Abscheu nahm ich Abstand davon, aber nach längerer Zeit wurde der Körper schwach. Ich leistete keine körperliche Arbeit, war ausgeruht und dachte, daß ich bald umkommen würde.

Kurz: Am dreizehnten Mai habe ich mit Genia geschlafen.

Ich tat es auch meiner Mutter zum Trotz. Als im März die Rede davon war, Aron hierher zu holen, planten meine Eltern, in ein Dorf zu ziehen, ich sollte in ein Lager gehen. Aron wäre dann in diesem Zimmer allein mit Genia gewesen. Meine Mutter wollte dem mit der Begründung nicht zustimmen, daß daraus schlimmstes Unglück erwachsen könnte.

Ihrer Meinung nach war es kein Unglück, daß Aron im Ghetto saß und umkommen könnte – umgekommen ist –, schlimmer wäre es, wenn er im polnischen Viertel mit einem jüdischen Mädchen alleine wohnen und leben würde.

Um ihr Leben zu retten, war meine Mutter sofort bereit, unser Versteck für ein besseres aufzugeben. Sie hätte mich mit Genia allein gelassen. Als ich mich daran erinnerte, zeigte ich in ihrem Beisein, daß es niemanden ärgert, daß man deswegen nicht sterben muß.

Du wirst mir verzeihen, daß weiß ich. Verstehe doch: ich kann Dir versichern, daß ich ein zweites Mal nicht heiraten werde, daß ich keine Kinder mehr haben werde, daß ich Dich immer lieben werde, aber ich kann Dir doch nicht versprechen, daß ich keinen Verkehr mehr haben werde. Ich bin doch erst siebenundzwanzig Jahre alt.

Was Genia betrifft, so verstehe ich nicht, warum sie sich mir in jener Nacht hingab, insbesondere, weil sie mir damals ihre Jungfräulichkeit schenkte. Vielleicht fand sie Gefallen an mir, oder vielleicht gelangte sie zu der Überzeugung, daß sie ins Jenseits auch ohne ihr Jungfernhäutchen gelangen kann.

Drei Monate leben wir bereits miteinander, aber das Wort Liebe ist zwischen uns nicht gefallen und wird aus meinem Munde niemals fallen.

Ich schließe nun, Aneczka, ich habe Dir alles gesagt. Du weißt, daß Du blutig gerächt wirst. Du weißt, daß die Rache bereits begonnen hat, daß die täglichen Luftangriffe auf Deutschland den Tod unzähliger Frauen und Kinder nach sich ziehen. Das ist nur ein Tropfen in dem Blutmeer, das vergossen wird, um Dich und Millionen unschuldiger jüdischer Frauen und Kinder zu rächen, die von den deutschen Barbaren ermordet wurden.

Du weißt alles, Aneczka – vielleicht weißt Du auch, ob mein Bruder Pejsach noch lebt oder auch er schon umgekommen ist. Er ist der einzige Mensch, den ich außer Dir noch liebe.

Wenn er noch lebt, so schicke mir ein Zeichen, damit ich weiß, daß mich in der Höhe neben Dir noch der moralische Beistand eines lieben Menschen erwartet. Schicke mir, Anetka, ein Zeichen, daß er noch lebt. Schicke mir, Anetka, ein Zeichen, daß Du mir vergeben hast. Ich brauche Deinen Segen so sehr, mehr als das tägliche Brot, mehr als die Luft. Anka, Anka, hast Du mir wirklich vergeben?

Warschau, 7. Mai - 19. August 1943

Epilog

19. Oktober 1943. Ich greife wieder zur Feder, wieder setze ich mich an den Tisch, um zu schreiben. Der Untergang unserer Familie nähert sich seinem Ende. Mir als dem letzten Opfer fällt die Rolle des Chronisten zu. Noch vor zwei Monaten dachte ich, so Gott will und gute Menschen helfen, werden die Perechodniks mit dem Leben davonkommen. Woher kam die Hoffnung?

Mein Vater hatte ein erstklassiges arisches Aussehen, war legal angemeldet und hatte sogar Lebensmittelkarten. Seine Wirtin wußte es und wußte es zugleich nicht, daß er Jude war. Das heißt, sie wußte es, aber sie wollte es nicht wissen, damit sie ihm uneigennützig helfen konnte, den Krieg zu überleben.

Wir waren mit Mutter an einem guten Ort versteckt. Wir hatten gute Hauswirte, die kleinen Mißverständnisse wurden glücklich ausgeräumt, und es fehlte uns nicht an Geld. Mein Vater unterstützte uns, er bewegte sich frei in der Stadt. Alle sagten, daß der Krieg bald zu Ende geht. Es gab also Gründe, guter Dinge zu sein. Aber das entpuppte sich als Täuschung.

Am zwanzigsten August besuchte uns Vater. Er bezahlte die Miete für einen Monat an Frau Hela, brachte uns Lebensmittel und eine gute Portion guter Nachrichten. Bevor er ging, gab ihm Sewek ein goldenes Zwanzigdollarstück zum Verkauf mit. Er hatte zwar noch Bargeld, wollte aber für alle Fälle eine größere Summe Geld bei sich haben, falls man die Wohnung verlassen oder sich freikaufen müßte.

Am sechsten September suchte uns Vater erneut auf. Er zahlte das Geld für Sewek und brachte Lebensmittel und gute Neuigkeiten mit: die Nachricht von der Invasion in Italien und Informationen über die Stimmung in der Stadt. Einige Tage später kam er wieder, aber Frau Hela war nicht anwesend und niemand hat das Vorhängeschloß an der Tür öffnen können. Während der darauffolgenden Woche haben wir täglich Vaters Stimme von der Straße hören können, aber er konnte in keinem Fall zu uns gelangen. Frau Hela kehrte immer sehr spät heim.

Am Abend des vierzehnten September – es war schon völlig dunkel – klopfte jemand an unsere Tür. Wir erkannten die Stimme meines Vaters, als er fragte:

– Soll ich warten?

– Nein! — antwortete Mutter.

Das war das letzte Gespräch. Damals haben wir Vaters Stimme zum letzten Mal gehört.

Vater hat schnell weggehen müssen, um vor der Polizeistunde in der Wohnung zu sein. Er erwartete selbstverständlich, in ein helles und warmes Zimmer zu kommen. Er hat wohl gehofft, daß seine Wirtin auf ihn mit dem Abendessen wartet, daß er sich in ein sauberes, weiches Bett schlafen legen könnte. Leider vergeblich!

Zu Hause empfing ihn die deutsche Gendarmerie. Beim Anblick der Deutschen ist der alte Bogdański zum ersten Mal in seinem Leben zusammengebrochen. Er sah ein, daß ihm weder die grauen Haare noch die *Kennkarte* werden helfen können. Das Todesurteil war nämlich auf seinem Körper eingetragen. Er gab zu, ein Jude zu sein und verbrachte die Nacht bereits nicht mehr in seinem Bett, sondern auf einer Pritsche im Arrest. Seine Wirtin wurde auch verhaftet. Nach ein paar Tagen wurde sie aber freigelassen, denn vom rechtlichen Standpunkt aus ist alles in Ordnung gewesen.

Mein Vater hatte gute Papiere, und sie war nicht verpflichtet, in seine Hose zu schauen. Bevor sie ging, bat mein Vater sie, den Magister von all dem zu verständigen, was sie auch tat.

Vater verbrachte zwei Tage und zwei Nächte im Arrest. Kann man sich vorstellen, woran ein Mensch denkt, der weiß, daß er jeden Augenblick erschossen wird, daß keine Macht der Welt ihn retten kann? Man kann nur zu Gott beten, daß die Henker einen leichten Tod gewähren und einen vor der Exekution nicht noch foltern.

Woran dachte Vater? Sicher an sein ganzes Leben, an seine ganze Familie, an die, die umgekommen sind, und an die, die noch leben. Er erinnerte sich an die Mühen, ein Vermögen zu erlangen und die Anstrengungen, es zu erhalten, an die Arbeit, die Kinder zu erziehen und auszubilden. Ich denke, daß ihm klar wurde, daß er trotz seiner 55 Jahre noch gar nicht richtig gelebt hat. Wenn das Leben Glück sein soll, dann stirbt man als Säugling; das Leben bedeutet aber Leiden und schwere Arbeit, man stirbt also als Jahrhunderte alter Greis.

Der Mensch denkt an sein ganzes Leben zurück und sieht die Fehler, die nicht mehr zu berichtigen sind. Er denkt, daß jetzt nach der

Kapitulation Italiens der Krieg sicher bald zu Ende geht. Nur noch ein lächerlicher Monat, und man könnte überleben.

Ein Bild löst das andere ab, der Schmerz wächst von Sekunde zu Sekunde. Plötzlich fällt einem ein, daß die Ehefrau und der Sohn völlig ohne Geld zurückbleiben. Wer wird ihnen Brot bringen? Wer wird sich ihrer annehmen?

Vielleicht hatte der Sohn recht, als er sagte, daß die Villa und die Sachen für den Menschen geschaffen sind und nicht der Mensch für sie? Die Gedanken werden wirr, die Bilder aus dem Leben erscheinen wie durch den Nebel. Nichtigkeit, nur Nichtigkeit, »aus Staub bist du entstanden und wirst auch wieder zu Staub« – sagte Kohelet. Gut, gut, einverstanden, macht nur schneller, um bloß nicht zu denken, man sei schuldig geworden, man komme wegen der eigenen Rechthaberei um und trage zum Untergang der Ehefrau und des Sohnes bei.

Soll ich den Tod meines Vaters beschreiben? Niemand hat es mir erzählt, aber ich kenne doch die kleinste Einzelheit und sehe es wie auf meiner Hand: man hat ihn zum Ghetto geführt, zwischen die Mauern ausgebrannter Häuser und befal ihm zu *laufen*, er hat nur ein paar Schritte geschafft, als ihn die Kugel traf.

Der alte Bogdański fiel zu Boden, das Blut lief, und ein lebendiger Mensch verwandelte sich in organische Masse. Man warf ihn in eine Grube, aber zuvor zog man mit der Zange alle Goldkronen aus dem Mund. Nicht verwunderlich, denn ein Gramm Gold kostet derzeit über hundert Złoty. So ging Uszer Perechodnik alias Michał Bogdański, ein unerschrockener Kämpfer zugrunde. Er wurde das Opfer des deutschen Vandalismus und der polnischen Niedertracht. Vater, Vater! Du wirst nie mehr an unsere Tür klopfen, wir werden uns nie wiedersehen, du wirst uns nie wieder Brot bringen und wirst uns mit deinem Glauben nicht trösten, daß wir alle den Krieg überleben werden.

Welche Rede soll ich an deinem Grab halten, wen soll ich für deinen Tod verantwortlich machen? Den deutschen Vandalismus oder auch den »Unbekannten«, der seine stille »patriotische« Pflicht erfüllte? Jemand hat doch der Gendarmerie zugetragen, daß in Warschau, Leszno-Straße 28, Wohnung Nr. 3 im ersten Stock wahrscheinlich ein Jude wohnt. Wer hat das getan? Der Hausmeister oder der Verwalter, der Nachbar oder die Nachbarin, ein Bekannter oder ein Unbekannter? Das bleibt für immer Satans Geheimnis. Vater, du bist menschlicher Niedertracht zum Opfer gefallen – und nichts macht dich wieder lebendig.

Wenn dieser »Unbekannte« gewußt hätte, daß er mit seiner Anzeige nicht nur einen, sondern mittelbar auch vier weitere Juden peinigt – er hätte sicher Freude daran gehabt.

Sein Verdienst gegenüber Gott und dem zukünftigen Polen wäre um ein Vielfaches größer. Er hat sich um eine nationale Angelegenheit verdient gemacht, er wurde zu einem stillen, bescheidenen und anonymen Helden. So eine Tat ist vielleicht sogar besser als einen Deutschen umzubringen, nicht wahr?

Aber vielleicht hast du selbst die Schuld an deinem Tod, Vater? Du jagtest hinter einem Ideal her, einer Chimäre, hinter etwas, was für uns Juden unerreichbar ist. Es kam dir nämlich nur so vor, du täuschtest dich, indem du glaubtest, daß man den Krieg überleben kann, wenn man über ein gutes Aussehen verfügt und legal angemeldet ist.

In deinen Berechnungen hast du alle Möglichkeiten berücksichtigt, eine hast du vergessen.

Du hast die menschliche Niedertracht nicht berücksichtigt und nicht, daß man einen Juden jagt, nicht um ihn auszurauben, sondern um ihn zu vernichten.

Vater, du hast dreizehn Monate gekämpft, und nichts konnte dich umwerfen. Du hast viele Nächte in Treppenhäusern verbracht, viele Nächte in Aborten auf Feldern, um dich vor den Bauern zu verstecken. Es hat dich seelisch nicht gebrochen, daß du so oft ausgeraubt wurdest. Immer wieder hast du dich hochgerafft, stets bereit für den nächsten Kampf. Dich selbst hast du gerettet, deine Frau hast du aus dem Lager in Kołbiel herausgeholt, deinen Sohn hast du an einem sicheren Ort untergebracht. Du hast nicht gezögert, im Sommer in ein Dorf zu reisen, bei Schrebergärten zu arbeiten. Du hast die Launen unserer Herrin ertragen, hast Dich über die guten politischen Nachrichten gefreut. Du hast gespart, gehungert und stets die Hoffnung gehabt, daß du ans Ziel kommen wirst. Du hast gedacht, daß deine Mühe unmöglich vergeblich sein kann. Und doch!

Du hast über eine unzerstörbare Energie und Seelenstärke verfügt, du hast an Begabung und an den Verstand geglaubt, was dir von Jugend an Erfolg brachte. Ein »anonymer Held«, gegen den man nicht hat ankämpfen können, hat dich besiegt.

Ich habe viele deiner Charaktereigenschaften kritisiert, jetzt schäme ich mich. Ich habe so geschrieben, weil ich davon überzeugt war, daß du den Krieg überlebst. Man kann doch einen lebendigen Menschen kritisieren, auch wenn es der eigene Vater ist. Jetzt weiß ich aber nicht, ob ich streichen soll, was ich geschrieben habe, oder ob ich deine Vergehen erklären soll?

Du bist der beste Ehemann, der beste Vater gewesen, du hast dich stets für uns aufgeopfert. Dir selbst hast du alles versagt. Deine einzig negativen Chaktereigenschaften sind Hartnäckigkeit und Bindung an materielle Werte gewesen. Woher hattest du das? Als kleiner, fünfzehnjähriger Junge bist du aus der dunklen Provinz, aus dem Morast von Polesie, nach Warschau gekommen. Ohne Geld, ohne Protektion, nur mit harter Arbeit und einem ungewöhnlichen Verstand hast du dir eine Damenhutfabrik und später eine große Villa in Otwock aufgebaut. Als zwanzigjähriger hattest du bereits ein großes Vermögen, das es dir ermöglichte, deine ganze Familie nach Warschau zu holen und sie auf deine Kosten einzurichten.

Das Leben ist dir gnädig gewesen, deshalb hast du dir eingebildet, daß du immer recht behältst, daß du immer deinem Verstand folgen mußt. Dein ganzes Leben hast du schwer gearbeitet, von deinen Eltern hast du nichts geerbt, also hast du stets daran gedacht, wie schwer es ist, die ersten Złoty zu verdienen. Du hast gemeint, daß man das Geld achten muß und es nicht vergeuden darf.

Während der geschichtlichen Katastrophe hast du dich als zu wenig elastisch erwiesen, um die neuen Lebensumstände zu verstehen. Du hast nicht begriffen, daß man jetzt alles opfern muß, vor allem das Vermögen, um nur mit dem Leben davonzukommen.

Ins Verderben gestürzt hat dich nicht nur der fanatische Glaube an ein besseres Morgen, sondern auch die Bindung an materielle Güter, an die Villa und die Grundstücke, von denen du dich nicht hast trennen können.

Aber unabhängig davon, in welch dunkles Labyrinth du uns geführt hast, unabhängig davon, daß wir wegen deiner Überklugheit nun zum Tode verurteilt sind, verzeihen wir dir. Du hast alles im besten Glauben getan, um unser Leben zu retten.

Möge dir die Erde leicht sein! Du wurdest ein Opfer des heiligen Namens des Herrn. Du bist sicher mit dem Ruf: »Höre Israel«[110] gefallen, also erlaube mir, Vater, das Gebet: »Iskadal wiskadasz szmo rabo«[56] zu sprechen.

———

War Vater tatsächlich selbst an seinem Tod schuld? Ich habe den Eindruck, daß es nicht seine Schuld war. Bisher haben wir angenommen, das größte Ideal für einen Juden sei ein arisches Aussehen, legale polnische Papiere und offen zu leben im Besitz von Lebensmittelkarten. Noch so eine Täuschung. Es gibt keine Rettung, für keinen Juden, denn wir sind von unbekannten Feinden umgeben. Man kann sich nicht vor einer Million Augen in acht nehmen. Die Niedertracht der Menschen ist der beste Verbündete der Deutschen in ihrem Kampf gegen die Juden. Die Juden fallen ihnen mühelos in die Hände. Die einen aufgrund von Anzeigen, die anderen, weil sie von Spürhunden oder den eigenen Freunden ausgeraubt werden, denen sie ihr Vermögen anvertraut haben. Wenn mir zum Beispiel das Geld ausgeht, um die letzten zwei Kriegsmonate zu überleben, und wir mit Mutter infolgedessen umkommen, wird dann Dr. Mierosławski gleichermaßen für unseren Tod verantwortlich sein, wie die deutschen Henker? Er eignete sich den Otterpelz an und verkürzte damit automatisch unsere Möglichkeit, den Krieg zu überleben und half aktiv den Deutschen bei der Judenvernichtung.

Nach der Aktion gab ich Janek zwei Wintermäntel, zwei Daunendecken und ein Federbett. Er brachte es zur Aufbewahrung zu seinem polnischen Bekannten.

Beim nächtlichen Transport in dessen Wohnung hat Janek den Kopf riskiert. Warum tat er das? Um am nächsten Tag keinen Zutritt mehr zu bekommen? Schließlich ist das ein Wert von circa zwanzigtausend Złoty, der das Überlebensproblem von drei Leuten gänzlich lösen würde.

Ich bin sicher, mein Vater würde bis zum heutigen Tage bei uns sein, wenn jener es zurückgegeben hätte. Wem soll ich also die Schuld an Vaters Tod geben? Antwortet selbst: dem unmittelbaren Henker, dem unmittelbaren Denunzianten oder auch dem mittelbaren Täter, der diese und keine andere Situation herbeigeführt hat? Die menschliche Niedertracht und die Zeit arbeiten unermüdlich für die Deutschen. Sie geben ihnen die beste Garantie, daß kein Jude auf dem Gebiet von ganz Polen den Krieg überleben wird.

In Vaters Fall besteht kein Zweifel daran, daß der Aufenthalt auf dem Dorf ein riskantes Spiel war, die Reise mit Mutter zu diesem Dorf war ein Irrsinn, der leicht mit dem Tod beider hätte zu Ende gehen können, seine Arbeit bei den Schrebergärten wiederum war eine sportliche Leistung. Dieses ganze Glücksspiel hätte aus eigener Schuld zum Tode führen können. Es hätte können, tat es aber nicht. Es ging glücklich aus, also sollte man nicht weiter darüber schreiben.

Der legale Verbleib bei seiner Wirtin war schon ein erträumtes Ideal, das war das Ziel, das jeder Jude im Krieg anstrebte. Wir waren alle glücklich, daß Vater es so gut traf. Wir waren alle sicher, daß er jetzt den Krieg überleben wird. Wir haben nur nicht die menschliche Niedertracht berücksichtigt, selbstverständlich waren wir auf alle möglichen Schikanen vorbereitet, aber nicht auf einen anonymen Telefonanruf direkt bei der Gendarmerie. Vater konnte sich selbst keine Schuld an dem Reinfall geben. Es ist wahr, würde er zusammen mit uns wohnen, er wäre noch am Leben. Letztlich aber gebot der Verstand, in Freiheit zu leben und nicht in einem Käfig.

Im Augenblick des Todes konnte sich Vater nicht vorwerfen, irgendetwas für die Rettung seines Lebens vernachlässigt zu haben. Wenn es etwas gab, so war es vielleicht die Sache mit Vittel, die er vernachlässigt hatte. Aber das bleibt weiterhin ein Rätsel.

Anderseits beging Vater ein Verbrechen, als er unser Los, unser Leben an sein Schicksal band, er wollte uns nicht mit Geld versorgen, wollte nicht alles auf einmal verkaufen, wollte seinerzeit von Michalski die fünfzehntausend Złoty nicht annehmen, die ihm für einen halben Morgen Land, das ich »Magistrackie Piaski« nenne, geboten wurden. Er wollte den Gedanken nicht an sich heranlassen, daß ihm ein Unglück zustoßen könnte, obwohl er wußte, daß wir damit automatisch zum Tode verurteilt wären. *Hélas**, Vater verstarb, wir aber blieben mit tausend Złoty in der Tasche zurück und mit einigen Sachen beim Magister, die man aber leider nicht essen kann. Laut General Sosnkowski wird der Krieg frühestens in einem Jahr zu Ende gehen.

Schöne Perspektiven und große Chancen, den Krieg zu überleben!

Am fünfzehnten September hörten wir Vaters Stimme auf der Straße nicht, am nächsten Tag durchlebten wir die Feuerprobe unseres Verstecks. Die Zähler wurden ausgewechselt, und in unser Zimmer kamen vier Monteure, ein aufsichtsführender Ingenieur, der Hausmeister, die Hausmeisterin und einige Mieter. Bis die Arbeiten beendet wurden und sich die Tür hinter ihnen schloß, vergingen gut zwei Stunden.

Wie kam es, daß uns niemand bemerkte? Wir nahmen ganz einfach ein Bett auseinander und machten aus den Brettern eine künstliche Wand hinter dem Schrank. Dort verbrachten wir völlig regungslos zwei Stunden. Zwei Dinge hätten uns verraten können: wenn einer von uns gehustet hätte oder wenn die Monteure einen Hund dabei gehabt hätten. Keine dieser Möglichkeiten trat ein, also fürchteten wir nur, daß Vater in der Zeit käme, als fremde Leute im Zimmer waren. Es kam uns nicht mal in den Sinn, wo er sich zu der Zeit befand …

Am siebzehnten September waren wir schon deutlich beunruhigt wegen Vaters Fernbleiben, am nächsten Tag hatten wir alle schlechte Laune, zwei Tage später hatten wir böse Vorahnungen und am dritten Tag waren wir sicher, daß ein Unglück geschehen war. Wir vermuteten eine Lähmung oder einen Zwischenfall mit der Gendarmerie, nichts anderes hätte Vater aufhalten können.

Nach einigen weiteren Tagen waren wir ganz sicher, daß etwas Schlimmes passiert war. Ich beschloß, einen Brief an den Magister zu schreiben, Wacław brachte ihn hin. Vielleicht konnte ich von ihm etwas über Vaters Schicksal erfahren. Der Wortlaut des Briefes:

Sehr geehrter Herr Magister!

In der schwierigen Lage, in der ich mich befinde, bleibt mir nichts anderes übrig, als mich an Sie mit einer Bitte zu wenden.

* Ach! Leider! (franz.)

Seit dem 15. dieses Monats hatten wir von Vater keine Nachrichten. Alles spricht dafür, daß wir keine mehr bekommen werden. Ein Hoffnungsschimmer besteht noch darin, daß Vater Sie von einer möglichen Erkrankung informiert hat. Das Herz glaubt an diese Möglichkeit, nicht so der Verstand. Ich finde, Ihnen muß ich nicht darüber schreiben, wie sehr uns der Verlust meines Vaters mitgenommen hat. Der Schmerz über den Verlust einer so nahen Person ist ein doppelter: daß es kurz vor dem Ende unserer Leiden passiert ist und daß wir aufgrund seines Todes ohne flüssige Geldmittel und ohne Hilfe von Außen bleiben. Unsere Lage ist ziemlich tragisch, aber nicht so hoffnungslos, um sich aufzugeben und die Arme sinken zu lassen.

Jedoch der Zahltag naht und ich möchte am allgemeinen Werk der Rache mit Hand anlegen. Das wird möglich, wenn Sie mir weiterhin Ihre Unterstützung nicht verweigern. Im Augenblick kann ich mit Ihnen nicht persönlich Kontakt aufnehmen. Meinen Besuch muß ich auf November verschieben, wenn die Abende lang und dunkel werden. Deshalb bitte ich Sie, dem Überbringer dieses Briefes den Saldo zu übergeben, den mein Vater bei Ihnen gelassen hat. Ich bitte auch um den sofortigen Verkauf folgender Sachen: eine weiße Garnitur bestehend aus zwei Decken und vier von Hand bestickten Bezügen, ein schwarzes Damenkostüm und ein Übermantel für einen Herrenpelz. Ich hoffe, daß sich diese Sachen leicht zu Geld machen lassen, den Preis überlasse ich Ihrem Ermessen. Nach dem Verkauf dieser Sachen oder einem Teil davon verständigen Sie bitte telefonisch den Überbringer dieses Briefes von dem Stand der Dinge. Der Überbringer ist mein älterer Schulkollege und ein bewährter Freund, überflüssig zu sagen, daß man ihm voll vertrauen kann. In der Hoffnung, daß meine Bitte erfüllt werden kann, verbleibe ich hochachtungsvoll.

Ingenieur Bogdański.

Wacław besuchte den Magister in seinem Otwocker Büro. Zuerst hörte er die Schilderung von Vaters Schicksal. Der Magister erklärte auch, daß meine Sachen zur Verfügung stünden und er sie jedem herausgeben würde, der sich in meinem Namen meldete. Er selbst wolle sie aber nicht verkaufen.

Wie reagierten wir auf die Nachricht vom Tod des alten Bogdański? Zuerst die Mutter. Soll ich über das Tränenmeer schreiben, das sie vergoß und immer noch vergießt, soll ich von den schlaflosen Nächten schreiben und davon, daß sie in einem Monat um zwanzig Jahre alterte? Oder soll ich von dem Herz der Mutter und Ehefrau schreiben, das auch diesen Schlag aushielt und vor Schmerz nicht zerbrach? Über dreißig Jahre verbrachte Mutter an der Seite ihres Mannes. Sie wurde immer mit Respekt, Liebe und Wohlstand umgeben. Sie freute sich an einem guten Mann, an wohlgeratenen Kindern und einer entzückenden Enkelin. Der Krieg kam, zerstörte den Wohlstand und nahm die Kinder weg. Der älteste Sohn verschwand mit Frau und Kind in Rußland. Vielleicht leben sie noch? Die Tochter, die Schwiegertochter und die Enkelin kamen unter ihren Augen an einem Tag um. Sie verlor die Schwägerin und den Neffen. Sie selbst wurde zu einer zum Tode verurteilten Heimatlosen. Und ihr Herz zerbrach nicht.

Jetzt nahmen sie ihr den Mann weg, sie blieb ohne Geld und war diesmal unwiderruflich zum Tode verurteilt. Die Tränen flossen, der Rücken krümmte sich noch mehr, und trotzdem zerbrach das Herz nicht. Woher nimmt Mutter die Kraft, um all diese Schicksalsschläge auszuhalten? Was hat sie verbrochen, daß sie den Untergang des Judentums und den Niedergang der ganzen Familie mit eigenen Augen mitansehen muß? Für welche Sünden muß sie so büßen?

Die alte Mutter schlägt sich mit Gedanken herum, sie möchte leben und die Niederlage der verhaßten Deutschen mitansehen. Sie sieht aber, daß wir nicht genug Geld haben, um den Krieg zu überleben. Für eine Person würde es vielleicht reichen, für zwei sicher nicht.

Die alte Mutter will sich opfern, sie will ihrem Sohn das Überleben ermöglichen, aber ihr fehlt die Kraft, sie hat den Mut nicht und auch nicht die Seelenstärke. Mutter, ich brauche deine Aufopferung nicht. Wenn wir zugrunde gehen, dann nicht aus Geldmangel. Wenn uns etwas bedroht, dann ist es das böse Los Israels. Vorläufig müssen wir noch bis zum letzten Augenblick kämpfen, obwohl ich heute schon weiß, wenn wir gewinnen sollten, wird der Fluch unserer Väter wahr und wir werden die Toten beneiden, wir werden bedauern, am Leben geblieben zu sein.

Manchmal kommt es mir vor als leide das Herz meiner Mutter zwar, daß es Qualen durchmacht, aber es dem Schmerz standhält und nicht zerbricht, während mein Herz aufgehört hat, auf die Welt draußen zu reagieren. Ehrlich gesagt, kann mich nichts mehr aus der Fassung bringen: weder die unmenschlichen Bedingungen, unter denen ich lebe, noch das Lachen der Kinder, die auf der Straße spielen, noch die Zeitungsanzeige, die für das Auffinden eines verschwundenen Haustieres, Katze oder Hund, eine hohe Belohnung verspricht, noch der tragische Tod meines Vaters noch das Gespenst des eigenen Todes.

Am neunzehnten August des vergangenen Jahres starb etwas in mir. Es blieb ein lebender Mensch zurück, der nicht mehr imstande ist zu leiden.

Es fällt mir schwer, es zu erklären, aber eines weiß ich, daß ich nicht eine Träne wegen Vaters Tod vergossen habe. Noch nicht einmal die Gewißheit meines baldigen Unterganges bringt mich aus der Fassung.

Ehrlich gesagt – es ist nicht mehr von Bedeutung, ob ich den Krieg überlebe. Ich weiß aber, daß ich kämpfen, ich weiß, daß ich leiden muß. Warum? Ich weiß, daß ich als Zeuge nach dem Krieg gebraucht werde, und ich will wissen, daß ich als Henker nach dem Krieg gebraucht werde. Wenn meine Memoiren alleine diese Rolle erfüllen, kann ich ohne Bedauern untergehen.

Wenn sich diese Memoiren aber als zu blaß gegenüber der jüdischen Tragödie erweisen sollten, dann muß ich den Krieg überleben. Es muß auch jemand auf der Welt bleiben, um Ankas Namen mit Hochachtung zu gedenken und für den Frieden ihrer Seele zu beten.

Wacław zeigte sich, wie man es auch erwarten konnte, als sehr einfühlsam und edelmütig. Er sagte, ich sollte mir keine Sorgen darüber machen, daß ich kein Geld hätte und daß Frau Hela gerne warten werde. Obwohl er selber wegen der Sicherheit unseres Verstecks in Sorge war, beruhigte er uns und sprach uns Mut zu.

Frau Hela verhielt sich ebenfalls sehr nett. Sie drückte uns ihr Beileid aus und sagte, daß Vater lieber bei uns in Sicherheit hätte bleiben anstatt Abenteuer in der Stadt suchen sollen. Überhaupt hat sich ihr Verhältnis zu uns merklich gebessert. Wir stiegen von der Stellung als Haustiere beinahe in die Stellung von Hausgenossen auf.

Daher ist unser Versteck ganz erträglich. Wir beginnen, Hoffnung zu schöpfen, den Krieg doch noch zu überleben, aber nur unter einer Bedingung: wir müssen Geld haben. Nicht viel, etwa tausend Złoty pro Person im Monat. Wenn also nicht irgendeine unvorhersehbare Katastrophe eintritt und der Krieg so zu Ende geht, wie wir das berechnen, brauchen wir mit Mutter mindestens fünfundzwanzigtausend Złoty.

Leider lehnt der Magister den Verkauf meiner Sachen ab. Das überrascht mich nicht im geringsten. Er gehört zu der Kategorie Menschen, die alle Mühen auf sich nehmen, um einen anderen Menschen zu retten, mit Ausnahme materieller Transaktionen. Solche Menschen möchten nicht beschuldigt werden, daß ihnen aus ihrer Tätigkeit irgendwelcher Nutzen erwächst.

Das ist eine sehr edle Einstellung, aber wenn es mir nicht gelingt, die Abneigung des Magisters gegen Abrechnungen mit Geld erfolgreich zu bekämpfen, wenn ich ihn nicht dazu bringe, uns auch diesbezüglich tatkräftig zu helfen, ist unser Schicksal besiegelt. Ich muß Miete zahlen und Lebensmittel kaufen.

Weil selten ein Unglück alleine kommt, sind wir auch ohne jegliche Vorräte geblieben; ohne Grütze, Fett und Brot, es fehlt uns sogar an Seife. Frau Hela denkt nunmehr daran, für uns einzukaufen, aber dafür braucht man Geld. Viel Geld – soviel, daß es für uns und Frau Hela reicht.

Unsere Wirtin versteht es nämlich, siebzig Złoty beim Kauf von sechs Kilo Brot zu »verdienen«. Wenn sie Grütze kauft, dann ist ihr Preis um mindestens zehn Złoty höher als die Preise in der Stadt. Um das Maß vollzumachen, »irrt« sicher der Verkäufer sehr oft und gibt weniger heraus als er sollte.

Aber unsere Ansprüche sind minimal, wir kommen mit fünf Kilo Grütze und fünfzehn Kilo Brot pro Person einen Monat lang aus. Außerdem kaufen wir gar nichts und reden uns ein, daß ein Mensch nicht mehr Lebensmittel zum Leben braucht. Wenn wir nur wenig kaufen, dann ist auch das Trinkgeld nicht hoch, höchstens zweihundert Złoty. Wo steht geschrieben, daß die Miete fünfhundert und nicht siebenhundert Złoty betragen soll?

Ich wandte mich an Wacław mit der Bitte, er möge ein paar Sachen von Vater verkaufen, die bei ihm in Verwahrung waren. Er versprach, es sofort zu tun. Aber Wacio, wie er eben ist, er hat seine Betätigungsfelder. Eine Nacht muß er in Falenica bei seiner Ehefrau schlafen, eine Nacht in der Woche muß er unserer Wirtin widmen, ebenfalls eine Nacht muß er mit Jadzia aus Henryków verbringen. Außerdem muß er dienstlich im Bereitschaftsraum in Karczew oder in Jabłonna übernachten. Er arbeitet den ganzen Tag bei der Bahn – wen wundert es also, daß der Verkauf unserer Sachen rein physisch unmöglich ist.

Nach einem Monat gelang es ihm, ein Objekt zu verkaufen: die Winterjacke meines Vaters. Eigentlich machte es Frau Hela. Nach dem Abzug der Provision bekam ich neunhundert Złoty. Das ist ein sehr niedriger Preis, aber ich gräme mich nicht, ich bedaure nur, nicht hundert solcher Jacken auf Lager zu haben. Unsere Wirtin hätte dann Gelegenheit, Rechnungen zu machen, einmal auf der Hand, einmal unter der Hand – und ich hätte Geld, um den Krieg zu überleben.

Irgendwann in diesen Tagen fahre ich zum Magister, ich will ihn um tätige Hilfe bitten und die Memoiren bei ihm lassen.

Ich möchte auch Magistrackie Piaski, das heißt Vaters Otwocker Immobilien verkaufen. Ich werde gar nichts bereuen, nur um den großen Tag der Rache zu erleben. Und wenn es nicht glücken sollte, wenn sie mich unterwegs schnappen und umbringen, wenn der Magister seine Hilfe verweigert, wenn es nicht gelingt, Magistrackie Piaski zu verkaufen, dann wird niemand auch nur eine Träne über meinem nicht vorhandenen Grab weinen. Ich verdiene es nicht.

Um eines bitte ich nur: Führt mein Testament der Rache gewissenhaft aus und gedenkt der Lichtgestalt meiner Frau Anka und des engelhaften Bildes meiner Tochter Atalia. Was haben sie verbrochen, daß sie dem deutschen Sadismus zum Opfer fielen? Was haben sie verbrochen, daß sie der polnischen Niedertracht zum Opfer fielen? Was haben sie verbrochen, daß sie der jüdischen Feigheit zum Opfer fielen? Und ich? Ich muß meinen dornigen Weg fortsetzen mit dem Refrain auf den Lippen: »*zol zajn az majn szyl wet kajn breg nit dergejn*«[*].

Es geht nicht darum, daß mein Boot am Ufer anlegt, sondern darum, daß ich das Ziel ansteuere.

ENDE

---

[*]   Auch wenn mein Schiff an keinem Ufer ankommt. (jidd.)

Anmerkungen

1 Adam Asnyk (1838-1897), polnischer Dichter; die Textstelle war nicht genau zu ermitteln.

2 Ein von den deutschen Besatzern herausgegebenes offizielles Organ in polnischer Sprache, das seit Oktober 1939 Verlautbarungen und Anweisungen veröffentlichte. Verlagsort war Warschau.

3 Volksdeutsche, die Bevölkerung der eingegliederten Ostgebiete, wurde nach der 1941 erlassenen »Verordnung über die Deutsche Volksliste und die deutsche Staatsangehörigkeit in den eingegliederten Ostgebieten« in vier Klassen eingeteilt. Klasse 1 und 2 waren »deutsche Volkszugehörige«, die sich vor dem 1.9.1939 aktiv für das »Deutschtum« eingesetzt, bzw. sich »ihr Deutschtum bewahrt« hatten. Sie erhielten ohne besonderen Verleihungsakt die deutsche Staatsangehörigkeit. In der dritten Klasse erhielten Personen die deutsche Staatsangehörigkeit auf Widerruf (Frist von zehn Tagen), die als »eindeutschungsfähig« anerkannt waren. Die vierte Klasse bestand aus Polen, die lediglich als »rückdeutschungsfähig« eingestuft waren; sie erwarben durch einen besonderen Einbürgerungsakt ebenfalls die deutsche Staatsangehörigkeit auf Widerruf, konnten aber leichter zurückgestuft werden. Alle übrigen ehemaligen polnischen und Danziger Staatsangehörigen wurden »Schutzangehörige des Deutschen Reiches«, ausgenommen sämtliche Juden und Zigeuner, die überhaupt keinen rechtlichen Status erhielten.

Davon zu unterscheiden sind in der Sprache der deutschen Justiz Reichsdeutsche. Dieser Terminus bezeichnet alle Staatsangehörigen des Deutschen Reiches in seinen Grenzen von 1937, die »deutschen oder artverwandten Blutes« waren und am 15.9.1935 (Datum des Inkrafttretens des »Reichsbürgergesetzes«) das Wahlrecht für den Reichstag besaßen. Staatsangehörigen, die nicht zugleich Volksangehörige waren (insbesondere Juden und Zigeuner), wurden die politischen Rechte einschließlich des Wahlrechts und des Rechts zur Ausübung öffentlicher Ämter entzogen. Im Reichsbürgergesetz wurde die bis dahin juristisch selbstverständliche Unterscheidung von Staatsbürgerschaft und Volkszugehörigkeit aufgehoben zugunsten einer völkisch und rassisch definierten Aufteilung in Angehörige »deutschen und artverwandten Blutes« und Angehörige »rassefremden Volkstums«. Letztere konnten danach nicht mehr die deutsche Staatsbürgerschaft erwerben.

Im Jahre 1944 gehörten von den insgesamt 9,5 Millionen Einwohnern der »eingegliederten Ostgebiete« 1,8 Millionen zu den »Deutschen auf

Probe«, 1,7 Millionen waren »Reichs- und Volksdeutsche«, 6 Millionen waren Polen.

4   Generalgouvernement: jener Teil des von der deutschen Wehrmacht besetzten westlichen Polens, der nicht zu den »eingegliederten Ostgebieten« (dazu zählten die »Reichsgaue«, Danzig-Westpreußen und der Warthegau) gehörte und zum »Nebenland« des Großdeutschen Reiches erklärt wurde. Zwischen Weichsel und Bug wurden 12,1 Millionen Polinnen und Polen aller Altersgruppen, eingeschlossen die jüdische Bevölkerung, kolonisiert, darunter bis Ende des Zweiten Weltkriegs etwa eine Million »Fremdarbeiter«, die sich in Deutschland verdingen mußten. Die Juden wurden gezwungen, Ghettos zu bilden. Kulturelle Betätigung war beiden Gruppen weitgehend untersagt. Die »eingegliederten Ostgebiete« waren demgegenüber Objekt gezielter Besiedlungspolitik, um möglichst schnell einen rassisch verstandenen Abstand zum Generalgouvernement zu schaffen, das lediglich als Arbeitskräftereservoir dienen sollte. »Generalgouverneur für die besetzten polnischen Gebiete« war seit dem 26. Oktober 1939 Hans Frank, mit Sitz in Kraków auf dem Königshügel Wawel. Frank war ein früher Parteigänger Hitlers, der 1934 »Minister ohne Geschäftsbereich« wurde und von 1933 bis 1942 als Präsident die »Akademie für deutsches Recht« leitete. Kraków wurde am 18. Januar 1945 durch die Rote Armee von der deutschen Besatzung befreit. Frank wurde am 16. Oktober 1946 vom Internationalen Militärgerichtshof zum Tode verurteilt und hingerichtet.

5   Am 28. November 1939 erließ Hans Frank die »Verordnung über die Einsetzung von Judenräten«, die die Wahl von Judenräten in den jüdischen Gemeinden des Generalgouvernements vorschrieb. Nicht selten ernannten die deutschen Behörden die Judenräte und ihre Vorsitzende. Die jüdische Bevölkerung selbst hatte kein Recht, mit deutschen oder polnischen Behörden Kontakt aufzunehmen, einzig der Judenrat war dafür zuständig. Er sollte deutsche Weisungen ausführen, wenngleich mit eigenem Zuständigkeitsbereich. Die Judenräte in den Ghettos waren in gewisser Hinsicht die gezwungenen Nachfolger der alten Gemeindevorstände Kehillas (»Ältestenräte«). Hatten die Kehillas vor der deutschen Besatzung fast ausschließlich mit Wohlfahrt, Fürsorge, religiösen Belangen, Kultur und Erziehung zu tun, so mußten die Judenräte auch administrative Aufgaben übernehmen, die sonst Stadtverwaltungen überlassen waren. In den Aufgabenbereich der Judenräte fielen: Maßnahmen zur Arbeitsbeschaffung, die Versorgung mit Lebensmitteln, Wohnungszuteilung, das Gesundheits- und Sanitätswesen und die Organisation der Ghettopolizei. Eine besonders perfide Aufga-

be war die Auswahl und Verschickung zu Zwangsarbeiten. Dies trug vielen Judenräten den Haß der eigenen Bevölkerung ein und diskreditierte ihre Arbeit.

6 Ghettopolizei, offiziell Jüdischer Ordnungsdienst. Zu ihren Aufgaben zählt die Bewachung der Zugänge zum Ghetto, die Regelung des Straßenverkehrs, sanitätspolizeiliche Maßnahmen sowie die Durchsetzung der Einberufungen zur Zwangsarbeit.

7 Der damalige Geheimdienst der UdSSR.

8 Lasar Moiseyewitsch Kaganowitsch (1893-1991) war neben Molotow der wichtigste Sekretär Stalins, der wesentlich für das brutal durchgesetzte Industrialisierungsprogramm der dreißiger Jahre verantwortlich zeichnete. Kaganowitsch war gebürtiger Jude, der sich vom Judentum lossagte und zum führenden Administrator der Sowjetmacht wurde. Er begleitete seit 1922 den Aufstieg Stalins und wurde 1930 Mitglied des Politbüros.

9 Samuel Rosenman, ebenbfalls jüdischer Abstammung, war Berater des amerikanischen Präsidenten Franklin D. Roosevelt.

10 Leiter der deutschen Verwaltung eines Landkreises im Generalgouvernement. Parallel zur deutschen Administration existierten die polnischen Verwaltungseinheiten auf kommunaler Ebene weiter. Gegenüber den Juden gab es also auch polnische Verwaltungsmacht.

11 Identitätsausweis, verbindlich für alle nicht-deutschen Einwohner auf dem Gebiet des Generalgouvernements. 1942 gingen die Besatzer dazu über, spezielle Kennkarten auszustellen, bis dahin wurden polnische Ausweise anerkannt.

12 Adam Czerniaków (1880-1942), ein Ingenieur, war seit November 1939 Präsident des Judenrates in Warschau. Am zweiten Tag der großen Deportationsaktion beging er Selbstmord. Sein Tagebuch der Jahre 1939 bis 1942 ist in deutscher Übersetzung erschienen.

13 Szop – polnische Schreibweise des englischen »shop«, zu übersetzen mit »Schuppen«, »Laden« oder »Bude«. Es handelte sich um Räumlichkeiten, in denen jüdische Handwerker oder Facharbeiter im Auftrage der deutschen Besatzer tätig waren. Die in den Szops Beschäftigten waren ausdrücklich von Deportationen ausgenommen.

14 »Móski, Jośki i Srule«, eine Geschichte von Janusz Korczak, deutsch: »Die Mojsches, Joscheks und andere Lausbuben« .

15 Eine seit Juni 1940 herausgegebene jüdische Zeitung in polnischer Sprache. Die Besatzer gestatteten sie, um Anweisungen und Verlautbarungen zu veröffentlichen, die Juden betrafen. Erscheinungsort war Kraków.

16 Eigentlich: »Sonderkommando der Sicherheitspolizei – Umsiedlung«.

Es handelte sich um eine Sondereinheit der Sicherheitspolizei (Sipo), die abgestellt war für die Durchführung der Massendeportationen. Der Name ist Programm der Verschleierungstaktik. Seit der Wannseekonferenz (20. Januar 1942) sollte die »Endlösung«, also die Vernichtung der Juden, vorangetrieben werden, nicht länger ihre Umsiedlung.

17 Das jiddische Wort Mencz (auch Mentsch geschrieben) läßt sich nur sehr unzureichend mit »Mensch« übersetzen. Es muß vielmehr je nach Zusammenhang mit »Erwachsener«, »zuverlässiger Bürger« oder »Aufrechter« umschrieben werden.

18 Tragödie von Juliusz Słowacki (1809-1849).

19 Jüdische karitative Vereinigung, die Waisenhäuser, Tagesstätten und Armenküchen führte. Sie nahm sich vornehmlich verwaister oder verlassener Kinder an.

20 Angelehnt an Słowacki, »Lilla Weneda«.

21 Oder auch »Judas Makkabäus«, wahrscheinlich abgeleitet vom hebräischen makkaba (»Hammer«), ehrender Beiname des Freiheitshelden Judas, der 166-160 v. Chr. das jüdische Volk siegreich gegen die Selenkiden anführte.

22 Leicht verändertes Zitat aus Adam Mickiewicz (1798-1855) Sonety Krymskie IV Burza.

23 »El male rachamim« (hebr.), zu übersetzen mit »Gott voller Erbarmen«, die Anfangszeile des Trauergebets.

24 Gebetsmantel (hebr.), bei Unverheirateten Gebetsschal.

25 Kiddusch (Heiligung des Sabbats und der Feiertage).

26 Psalm 55.

27 Fragment der Haggada – des Abschnitts der jüdischen Geschichte, der den Auszug aus Ägypten behandelt. Die Haggada wird vor dem Beginn des Passah-Festes vorgelesen.

28 Gebetsriemen (hebr.).

29 Eine Polnische Unabhängigkeitspartei gab es nicht. Perechodnik meint wahrscheinlich die Armia Krajowa (AK), die »Heimatarmee«, die 1942 aus dem 1939 gegründeten Zwiazek Walki Zbrojnej (ZWZ) – »Verband für den bewaffneten Kampf« – hervorgegangen war und der polnischen Exilregierung in London unterstand. Ihr Oberbefehlshaber war General »Grot« Rawiecki in London. Die Zivilorganisation Polityczny Komitet Prozumiewawczy (PKP) – »Politisches Koordinationskommitee« – verfügte über einen ausgedehnten regionalen Unterbau. Das Ziel der AK in der PKP war die Wahrung der Einheit Vorkriegspolens ohne jede Besatzung. Sie wandten sich sowohl gegen die deutsche als auch gegen die sowjetische Fremdherrschaft. Nach dem deutschen Angriff auf die Sowjetunion und dem Rückzug der Roten

Armee aus dem 1939 besetzten Teil Polens und verstärkt nach dem polnisch-sowjetischen Beistandspakt von 1941 versorgte die polnische Seite die sowjetische Führung mit militärischen Nachrichten und organisierte Sabotageakte auf deutsche Nachschublinien. Nach Einschätzung jüdischer Widerstandskämpfer war die AK mit den kommunistischen Partisanen verfeindet. Sie galt zudem als antisemitisch.

30 Das Zentralorgan des Oberkommandos der Heimatarmee (AK) erschien wöchentlich und fand von Warschau aus im ganzen Land Verbreitung.

31 So der gebräuchliche Name der Polnischen Polizei, die auf Anordnung der deutschen Besatzer im September 1939 installiert wurde. Sie setzte sich zusammen aus Mitgliedern der Vorkriegspolizei sowie auf Freiwilligen, die gesondert rekrutiert wurden. Der Name »blaue Polizei« bezieht sich auf die Farbe der Uniformen.

32 Polnische Arbeiterpartei («Polska Partja Rabotnicza«, PPR). Sie wurde im Januar 1942 gegründet und löste den »Verband zum Kampf um die Befreiung« (»Zwiazek Walki o Wyzwolenie«, ZWW) ab. Die »Volksgarde« der PPR sicherte nach 1943 den sowjetischen Einfluß, als Wladyslaw Gomulka Sekretär des ZK wurde.

33 Produktionsbetriebe der Besatzer, ähnlich wie die Szops, aber angesiedelt außerhalb der Ghettos.

34 Jakub Lejkin, Rechtsanwalt, war stellvertretender Kommandant des jüdischen Ordnungsdienstes im Ghetto. Er wurde 1942 vom jüdischen Untergrund exekutiert.

35 Sicherheitsdienst, ein dem Reichssicherheitshauptamt unterstellter Zweig der deutschen Polizei. Dieser Zweig agierte neben der Geheimen Staatspolizei und dem Reichskriminalamt in den besetzten Gebieten.

36 Juliusz Słowacki: Hymn o zachodzie słońca na morzu.

37 5. Buch Mose 6.4. Eines der wichtigsten jüdischen Gebete, das Bekenntnis zum alleinigen Gott, das morgens und abends gebetet werden soll. Es soll zugleich der letzte Satz des Lebens sein.

38 Polska Partia Socjalistyczna – Polnische Sozialistische Partei; Im November 1892 in Paris gegründet; sie ist die erste polnische Gründung, die überdauert. Der Gründung vorauf gingen die Unruhen von Lódz Anfang Mai 1892, die am 5. Mai ein schweres Judenpogrom auslösten. Viele Parteigründer waren jüdische Intellektuelle.

39 Im Warschauer Ghetto gab es eine Vielzahl von jüdischen Widerstandsorganisationen, die sich nach politischer Zugehörigkeit gruppierten. Die bekanntesten waren Żydowski Związek Wojskowy (ZZW) – »Jüdischer Militärverband« – und Żydowska Organizacja

Bojowa (ZOB) – »Jüdische Kampforganisation«. ZOB wurde am 20. Juli 1942 gegründet, ihr gehörten Mitglieder des Bund, der Kommunisten sowie Mitglieder von acht zionistischen Organisationen an, unter ihnen auch Bejtar.

40 Jósef Andrzej Szerynski war Oberstleutnant und vor dem Krieg Inspektor bei der Hauptkommandantur der Staatspolizei. Im Warschauer Ghetto wirkte er als Kommandant des Jüdischen Ordnungsdienstes. Die ZOB verurteilte ihn als Verräter zum Tode, Szerynski überlebte die Vollstreckung des Urteils und beging im Januar 1943 Selbstmord.

41 Perechodnik irrt sich. Das Fragment entstammt dem Gedicht »Do młodych« von Adam Asnyk.

42 Jan Kochanowski, Tren XI.

43 Das Fragment ist angelehnt an Adam Mickiewicz »Sonety Krymskie, IV Burza«.

44 Szmalcownik, Mehrzahl: Szmalcowniki: auf die Jagd nach Juden spezialisierte polnische Kriminelle, die es auf deren Geld und Schmuck abgesehen hatten. Oft denunzierten sie Juden gegen ein Kopfgeld, das von der Gestapo gezahlt wurde.

45 Pantelleria ist eine italienische Insel südwestlich von Sizilien. Im Zweiten Weltkrieg befand sich dort eine Marinebasis der Achsenmächte, die große strategische Bedeutung hatte. Die Insel wurde am 11.6.1943 von den Amerikanern erobert, die Eroberung symbolisierte den Anfang vom Ende des italienischen Faschismus.

46 Jan Kochanowski, Pieśń świętojańska o sobótce (Panna XII).

47 Léon Blum (1872-1950) war 1936/37 und 1938 der Ministerpräsident der Volksfront.

48 Abkürzung für »Allgemeiner jüdischer Arbeiterbund für Litauen, Polen und Rußland«. Es handelt sich um die älteste jüdische Arbeiterpartei in Osteuropa, sie wurde 1897 in Wilna gegründet.

49 Kurzbezeichnung für Agudat Israel. Die damit erfaßte Gruppe verfolgte nichtzionistische Ziele, die ausschließlich der religiösen Orthodoxie verpflichtet waren.

50 Psalm 56.5: »Ich preise Gott für sein helfendes Wort. Ich vertraue ihm und habe keine Angst. Was könnte ein Mensch mir schon tun?« Auch Psalm 118, 6: »Der Herr steht mir bei. Nun fürchte ich nichts mehr. Was könnte ein Mensch mir schon tun?«

51 Zaddik, Mehrzahl Zaddikim; ursprünglich der vollendet Fromme oder der Gerechte.

52 1. Samuel 8. 19/20.

53 Eine im Februar 1940 entstandene Wohlfahrtsorganisation, die ausschließlich an die polnische Bevölkerung des Generalgouvernements

Lebensmittel, Kleider und Geld verteilte.

54 In Vittel, Frankreich, wurden Juden aus ganz Europa interniert, die ausländische Pässe oder anerkannte Dokumente besaßen. Die wurden vor allem von den USA, einigen südamerikanischen Staaten und der Britischen Administration Palästinas ausgestellt. Etwa 350 Juden aus dem Hotel Polski hielten sich dort auf. Später verweigerten einige südamerikanische Staaten die Aufnahme der Internierten. Diese wurden daraufhin in Auschwitz ermordet.

55 Das Polizeigefängnis in der Pawia-Straße. Das Gefängnis war berüchtigt und gefürchtet wegen der Mißhandlungen und der Folter in den Kellerräumen.

Editorische Notiz

Das polnische Manuskript, das dieser Übersetzung zugrunde liegt, hat eine bemerkenswerte Geschichte. Calel Perechodnik schrieb seine Memoiren vom 7. März 1943 bis zum 18. August 1943, um dann, nach zweimonatiger Unterbrechung, am 19. Oktober 1943 den Epilog zu verfassen. Perechodnik entschloß sich, das Manuskript bei seinem Freund, dem Magister, zu hinterlegen. Dort überdauerte es das Ende der deutschen Besatzung in Polen und des Zweiten Weltkriegs.

Unmittelbar nach dem Krieg wurde ein Typoskript angefertigt und der *Centralna Komisja Historyczna Żydow w Polsce* (Zentrale historische Kommission der Juden in Polen) übergeben. Dieses Typoskript befindet sich heute im *Żydowski Instytut Historyczny* (Jüdisches historisches Institut) in Warschau. Das handschriftliche Manuskript (und ein weiteres Typoskript) fand seinen Weg in das Archiv *Yad Vashem* in Jerusalem. Der vorliegenden Übersetzung liegen die Kopien des Manuskripts (1. Teil) sowie Kopien des Typoskripts (1.-3. Teil, Epilog) zugrunde. Beide Quellen hat der Verlag Keter Publishing House, Jerusalem, als Inhaber der Verlagsrechte zur Verfügung gestellt.

Perechodnik wählte als Titel: »Jüdische Geschichte einer jüdischen Familie während der deutschen Okkupation in Polen«. Die polnische Ausgabe hieß: »*Czy ja jestem mordercą?*« (»Bin ich ein Mörder?«) Dieser Titel ist ein Zitat, der Titel rechtfertigt sich, da der Autor die Frage an sich selber richtete. Hätte er sie nicht gestellt, würde er wahrscheinlich gar nicht geschrieben haben. Zu diesem Schluß kommt auch der Herausgeber der polnischen Ausgabe, Paweł Szapiro.

Alle im Original fremdsprachigen Wendungen werden kursiv gedruckt. Für den polnisch sprechenden Perechodnik waren die Wendungen der Besatzer fremdsprachig, deshalb erscheinen auch einige deutsche Ausdrücke in kursiver Stellung. Die Übersetzungen der fremdsprachigen oder mundartlichen Wendungen wurden von mir angefertigt.

Es ist nahezu ein halbes Jahrhundert vergangen, bis Perechodniks Memoiren in gedruckter Form der Öffentlichkeit zugänglich gemacht werden konnten. Eine hebräische Übersetzung erschien erst 1993, kurz darauf im selben Jahr die polnische Ausgabe, andere Übersetzungen folgten. Daß die deutsche Ausgabe erst 1997 vorgelegt werden kann, hat verschiedene Gründe, darunter verlagsrechtliche und auch solche der Übersetzung. Vielfach war es schwierig und heikel, angemessene deutsche Ausdrücke für Szenen, Begebenheiten und Sprachen zu finden, die deutsche Schuld und Täterschaft verraten.

Für Hinweise, die mir bei der Übersetzung halfen, möchte ich danken:

Herrn Prof. Dr. Jan Peter Locher (Insitut für Slavistik der Universität Bern), Frau Cornelia Klein (Stud. phil. Universität Bern), Herrn José Kaufmann, Kantor der Jüdischen Gemeinde Bern, sowie meinem Vater, Herrn Werner Cyrol (Efferen bei Köln).

Lavinia Oelkers

A^{t}V

Band 1338

Franz J. Jürgens
»Wir waren ja eigentlich Deutsche«

Juden berichten von Emigration
und Rückkehr

248 Seiten
ISBN 3-7466-1338-8

Was kann deutsche Juden nach Jahren im
Exil dazu bewegen, wieder nach Deutschland zurückzukehren? Wie empfinden sie
eine solche Rückkehr? Wie begegnen sie
den Enttäuschungen? Was heißt es schließlich, nach vielen Jahren wieder die Muttersprache zu sprechen?
Die in diesem Band porträtierten Menschen haben in vielen Jahrzehnten die
schmerzlichen Erfahrungen von Vertrei-
bung und Exil zu verarbeiten versucht. Im
Gespräch mit Franz J. Jürgens geben sie
freimütig Auskunft über das im Dritten
Reich Erlebte, über die Rettung, über ihre
Rückkehr.

A^tV

Band 1395

»Wir verreisen ...«
in die Vernichtung
Briefe 1937–1944

Herausgegeben von Hanne Hiob und Gerd Koller

Eingeleitet und mit Erläuterungen von
Kurt Pätzold und Erika Schwarz

215 Seiten
ISBN 3-7466-1395-7

Die privaten Briefe, die in diesem einzigartigen
Buch der Öffentlichkeit zugänglich gemacht
werden, geben Einblick in den Alltag der jüdischen Bevölkerung im Dritten Reich. Das Buch
ist eine wichtige Ergänzung zu den Tagebü-
chern Victor Klemperers, denn hier kommen
die kleinen Leute zu Wort: jüdische Handwerker und Arbeiter, vor allem aber ihre Frauen.
Dieser Briefwechsel ist ein erschütterndes Dokument, weil die hier Schreibenden sich nicht annähernd das Ausmaß dessen vorstellen können,
was allmählich mit ihnen geschieht, geschweige
denn, was sie erwartet – die »Reise« nach There-
sienstadt und der sichere Tod in einem Konzentrationslager.

»Voll Ohnmacht, Beklommenheit und Trauer
spürt man, wie sich die Schlinge um diese Menschen, die mit jedem Brief vertrauter werden,
enger zusammenzieht. Es sind Dokumente von
großer Ausdruckskraft!«   *Die Zeit*

Germaine Tillion

Frauenkonzentrationslager Ravensbrück

Das Buch ist das wichtigste Dokument und die bedeutendste wissenschaftliche Untersuchung über das einzige Frauenkonzentrationslager des Nazireichs. Verfaßt von einer Wissenschaftlerin, die als Mitglied der französischen Résistance deportiert und inhaftiert wurde, ist es ein einzigartiges Buch in der Literatur über das KZ-System.

»Germaine Tillion gelingt es, das zu zeigen, was sich weder erklären noch rechtfertigen läßt: das Absurde der Unmenschlichkeit der kleinen Exekutorinnen. Portraits von einfachen Leuten, die belegen, daß man sich, mit der Mentalität des braven Beamten ausgestattet, sehr einfach in ›Schlächter‹ verwandeln kann ... Selten findet man ... ein Buch, das in diesem Punkt so nüchtern und gerade aufgrund dieser Tatsache so überzeugend ist.«

Le Devoir

Aus dem Französischen von Barbara Glassmann
410 Seiten, Paperback, ISBN 3-924245-72-X
DM 48,–/ sFr 44,50/ öS 350,–

zu Klampen Postfach 1963 • 21309 Lüneburg
Tel.: 04131/ 73 30 30 • Fax: 73 30 33

A*t*V

Band 5053

Egon Erwin Kisch
Geschichten aus sieben
Ghettos

148 Seiten
ISBN 3-7466-5053-4

Hier wird nichts idealisiert: Gute und Böse,
Dumme und Kluge sind unter Kischs
Juden, Arme und Reiche, kabbalistisch
Versunkene und rationalistisch Han-
delnde. Man spürt die Lebendigkeit, die zu
leichtem Lächeln fähig ist und zu großem
Zorn, zu Entsetzen und Zuversicht.

A*t*V ————————————————————

Band 8505 Aufbau Thema
Herausgegeben von Wilhelm von Sternburg

Ignatz Bubis
Juden in Deutschland

Originalausgabe

106 Seiten
ISBN 3-7466-8505-2

Ignatz Bubis, seit 1992 Vorsitzender des
Zentralrats der Juden in Deutschland,
warnt vor antisemitischen Tendenzen in
unserer Gesellschaft und vor dem Verdrän-
gen und Vergessen deutscher Schuld an
der Vernichtung des europäischen Judentums. Er plädiert für einen vorurteilsfreien
Umgang mit Minderheiten und für das
Wiederentdecken der gemeinsamen
deutsch-jüdischen Wurzeln: »Ein jüdischer
Deutscher ist ein Bürger der Bundesrepu-
blik Deutschland mit denselben Rechten
und Pflichten wie jeder andere Deutsche.«